Die Jüdin

Iris Krumbiegel

ISBN: 1499712588
ISBN-13: 978-1499712582

Es war ein kalter, stürmischer Wintertag. Das Thermometer zeigte zwölf Grad minus an und die wenigen Menschen, die an diesem Abend unterwegs waren, hatten sich dick eingepackt, so dass man ihre Gesichter kaum erkannte.

Keuchend schippte Ignatz Spiegel die immer höher werdende Schneeschicht vom Eingang seiner Apotheke fort. Obwohl die Kälte langsam in seine Glieder kroch, standen ihm Schweißperlen auf der Stirn. Vereinzelt liefen Leute an ihm vorbei, nickten kurz herüber und verschwanden wenig später im dichten Schneetreiben.

In der Apotheke war Lina gerade dabei die Schürze abzulegen, als Maria Spiegel nach ihr rief. Schnell durchquerte sie den leeren Verkaufsraum und stieg die Treppe nach oben in die Privaträume der Spiegels.

„Weißt du eigentlich, was heute für ein Tag ist?“, empfing Maria sie lächelnd.

Lina dachte kurz nach. Hatte sie etwas vergessen? Sie schüttelte den Kopf. So sehr sie sich auch anstrengte, ihr fiel zu diesem Tag nichts Besonderes ein.

„Nun Lina, dann will ich dir auf die Sprünge helfen. Es ist jetzt genau ein halbes Jahr her, seit du begonnen hast, für uns zu arbeiten. Und um dir zu zeigen, wie zufrieden wir mit dir sind, habe ich uns jetzt Kaffee gekocht und ein Stück Kuchen ist auch noch da. Ignatz kann uns leider keine Gesellschaft leisten, der muss nämlich Schnee schaufeln. Komm, setz dich

Lina! Und schau nicht so verwundert!“

Das war leichter gesagt, als getan, dachte Lina, der es tatsächlich schwerfiel, ihre Überraschung zu verbergen. Mit einer Einladung zum Kaffee hatte sie nun gar nicht gerechnet. Natürlich freute sie sich, dass Frau Spiegel ihre Arbeit zu schätzen wusste. Sie war so froh, in der Apotheke Anstellung gefunden zu haben. Ein Privileg, welches in dieser Zeit, in der die Auswirkungen des Ersten Weltkrieges noch deutlich zu spüren waren, nicht wirklich vielen Menschen vergönnt war. Wo man hinschaute, herrschten Armut und Elend. Die Kinder auf der Straße waren dünn und ausgehungert. Es war sehr schwer Arbeit zu finden, bei den wenigen Leuten, denen es besser ging.

Lina konnte es auch heute kaum fassen, dass ausgerechnet sie dieses Glück hatte. Seit einem halben Jahr putzte sie für die Spiegels und half in der Apotheke aus. Und nun sollte sie auch noch mit einem Kaffeekränzchen belohnt werden. Das freute sie mehr, als sie zeigen konnte.

Gleichzeitig dachte sie jedoch an ihre Jungen, die bei der Nachbarin auf sie warteten. Nur äußerst ungern kam sie später als erwartet nach Hause. Doch Maria wischte alle Einwände vom Tisch und ganz entgegen ihrer beflissenen Art, ließ Lina sich überreden und saß wenig später vor einer dampfenden Tasse Kaffee. Als Ignatz Spiegel eine halbe Stunde später polternd die Treppe heraufkam, sah sie erschrocken zur Uhr.

„Schon so spät, ich muss los!“

Noch bevor sie den Satz beendet hatte, war sie bereits aufgesprungen und griff nach ihrem abgetragenen Mantel. Die eben noch so entspannte Stimmung wurde durch diesen hektischen Aufbruch schlagartig zerstört. Seltsam berührt bemerkte Frau Spiegel die Veränderung, die mit ihrem Gegenüber geschah. Eben noch hatte Lina unbeschwert von ihren Jungen erzählt, wirkte sie nun fast verzweifelt. Mit fahrigen Händen band sie sich das Kopftuch um, bevor sie sich schnell verabschiedete.

„Danke für den Kaffee, Frau Spiegel. Aber ich muss mich nun wirklich beeilen. Nicht auszudenken, was geschieht, wenn mein Mann vor mir zu Hause ist."

Behutsam legte Maria, die ebenfalls aufgestanden war, ihr die Hand auf die Schulter. „Du musst keine Angst haben, Lina! Sag einfach, dass wir dich heute länger gebraucht haben. Es wäre schließlich nicht das erste Mal. Und damit er dir glaubt, zeigst du ihm das hier." Mit diesen Worten steckte sie Lina ein Einmarkstück zu und lächelte sie beruhigend an.

„Wir sind wirklich froh, dich bei uns zu haben. Und jetzt will ich dich nicht länger aufhalten. Ich sehe doch, wie unruhig du bist. Auf Wiedersehen, Lina. Wir sehen uns dann morgen."

Bedrückt lächelte Lina zurück, bevor sich die Tür hinter ihr schloss. Eisiger Wind schlug ihr entgegen, doch nicht die Kälte ließ sie zittern. Lina wusste genau, was sie erwarten würde, wenn sie es nicht schaffte, das Essen rechtzeitig auf den Tisch zu bringen. Und dennoch hatte sie sich von Frau Spiegel überreden lassen. Der Gedanke, einmal für zehn Minuten in Ruhe zu plaudern, war einfach zu verlockend gewesen. So, wie der Duft vom frisch gebrühten Kaffee, den es bei ihnen zu Hause schon lange nicht mehr gab, dazu war das Geld viel zu knapp. Sie war ja schon froh, wenn es für Tee reichte.

Ihr Mann Georg war wie viele andere auch arbeitslos. Früher, vor dem Krieg, hatte er in der großen Kartonagenfabrik am Stadtrand gearbeitet. Pflichtbewusst war er Tag für Tag seiner Arbeit nachgegangen. Doch dann war er eingezogen worden und als völlig anderer Mensch aus dem Krieg zurückgekehrt. Den Mann, den sie damals kennen gelernt und geheiratet hatte, gab es nicht mehr. Georg hatte sich verändert, leider nicht zum Guten.

An manchen Tagen, an denen er besonders grob zu ihnen war, lag Lina nachts im Bett und wünschte sich, er wäre nie zurückgekehrt. Doch gleichzeitig mit diesen Gedanken kamen die Schuldgefühle. Ihr Mann hatte den Krieg hautnah miterlebt, so viel Schreckliches gesehen. Außerdem war er verwundet worden. Nicht schwer, aber seine rechte Hand war steif geblieben und kaum noch zu gebrauchen und so erntete er, sobald er irgendwo nach Arbeit fragte, nur ein Kopfschütteln.

Irgendwann hatte er es dann aufgegeben zu suchen. Seitdem lebten sie von ihrem Verdienst bei den Spiegels und der kleinen Stütze die er bekam und hinten und vorne nicht reichte.

Doch viel schlimmer traf es Lina und die Kinder, dass er jede Mark, die sie nicht heimlich beiseitelegte, versoff. Und als ob das allein nicht reichte, wurde er mit den Jahren zunehmend aggressiver und schlug sie und die Kinder immer häufiger.

Lina seufzte und lief schneller. Mit kalten Händen umkrampfte sie das Geldstück in ihrer Manteltasche. Ein kleiner Funken Hoffnung flammte in ihr auf. Vielleicht würde der unerwartete Zusatzverdienst Georg wirklich für heute besänftigen und er ließ sie und die Jungen in Ruhe.

Sie war gerade dabei die Kartoffeln vom Herd zu nehmen, als sie die Wohnungstür laut zuschlagen hörte. Lina zuckte zusammen. Mit einem jahrelang geübten Blick warnte sie die Kinder still zu sein. Doch das wäre nicht nötig gewesen. Der dreijährige Hermann und sein zwei Jahre älterer Bruder Hans wussten auch so, dass jeder Laut von ihnen den Vater reizen würde. Ängstlich verkrochen sie sich in die Ecke des Raums.

Währenddessen polterten im Flur die schweren Stiefel zu Boden und Lina wusste, ihr Mann hatte wieder einmal getrunken. Tränen stiegen ihr in die Augen. Wie so oft in letzter Zeit drängte sich ihr die Frage auf, was aus ihnen werden sollte. Heute hatte es Geld gegeben, aber so wie es aussah, war wohl nicht mehr viel davon übrig. Dabei hatte ihnen der Vermieter schon zweimal mit Rauswurf gedroht. Dass er es ernst meinte, hatte er bewiesen, als er die anderen Mieter, die im Rückstand waren, mit Sack und Pack vor die Tür gesetzt hatte. Würden sie dieses Schicksal bald teilen müssen?

Um sich machte sich Lina längst keine Gedanken mehr. Sie hatte ihr Leben verpfuscht als sie Georg heiratete, aber die Jungs taten ihr leid. Sie waren noch so klein und konnten doch nichts dafür, dass ihr Vater es nicht fertigbrachte, pünktlich die Miete zu zahlen. Traurig schaute sie zu ihnen hin, es waren so artige liebe Kinder. Der kleine Hermann, der seinem Vater so ähnlich sah, und Hans ihr Großer, von dem Herr Spiegel immer behauptete, dass er ein ganz Gescheiter sei.

Hatten sie nicht schon genug mitgemacht? Genügte es nicht, dass sie den Krieg miterlebt hatten mit all seinem Leid und Elend? Konnten sie jetzt nicht einfach in Frieden leben und eine einigermaßen unbeschwerte Kindheit haben?

Schnell schüttete sie das Wasser ab und legte die wenigen Kartoffeln in die Schüssel. Sie schaffte es gerade noch Salz dazuzustellen, als die Tür laut aufschlug. Mit glasigen Augen starrte Georg Schneider seine Frau an.

„Ich hab Hunger, ist das Essen fertig?", brüllte er. Sofort schlug Lina eine Fahne von billigem Schnaps entgegen. Angewidert hielt sie den Atem an.

„Was ist, krieg ich keine Antwort?" Herrisch baute sich Georg vor seiner Frau auf. „Redest wohl nicht mehr mit mir? Bist was Besseres geworden, seit du bei dem feinen Apotheker arbeitest, was?"

Lina wusste aus Erfahrung, dass es besser war, ihm nicht zu antworten. Sie sah ihn nur vorwurfsvoll an. Doch allein dieser Blick reichte aus, um Georg noch wütender zu machen.

„Was glotzt du mich so blöd an? Bin dir wohl nicht mehr gut genug? Aber dir werde ich zeigen, was gut für dich ist."

Mit diesen Worten holte Georg Schneider aus. Bevor Lina es schaffte sich zu ducken, knallte seine Faust in ihr Gesicht. Stechender Schmerz durchströmte ihren Körper. Ihre Lippe war unter dem Schlag aufgeplatzt, sie schmeckte das Blut an ihrem Mund. Nur mit großer Anstrengung konnte sie sich auf den Beinen halten. Schwankend hielt sie sich an der Tischkante fest. Doch noch immer hatte Georg sich nicht beruhigt. Mit rotem Kopf stand er vor ihr. Bereit, beim ersten Mucks erneut zuzuschlagen.

In diesem Moment begann der kleine Hermann leise vor sich hin zu wimmern. Sofort stürzte sich sein Vater auf ihn, was den Kleinen dazu veranlasste, sich ängstlich hinter seinem älteren Bruder Hans zu verstecken. Doch nichts und niemand, dass wusste Lina, war in diesem Moment vor ihrem Mann sicher.

„Halts Maul!“, schrie er den Kleinen immer wieder an, obwohl Hermann schon längst keinen Mucks mehr von sich gab. „Halts Maul, du Bastard! Oder ich bring dich um.“

Bevor ihr Mann den Kleinen greifen konnte, war Lina bei ihm und stieß ihn auf das alte zerschlissene Sofa. Normalerweise hatte die schmächtige Frau nicht den Hauch einer Chance gegen ihren bulligen Mann, dessen Muskeln durch die Arbeit in der Fabrik gestählt waren. Im Moment jedoch war er betrunken und wacklig auf den Beinen und fiel wie ein nasser Sack nach hinten. Völlig überrascht blieb Georg dort sitzen und schaute seine Frau fassungslos an. Doch Lina ahnte, dass das nicht lang so bleiben würde.

Schnell schnappte sie sich den weinenden Hermann, nahm ihn auf den Arm und zerrte mit der freien Hand den völlig eingeschüchterten Hans hinter sich her zur Haustür hinaus. In dem Moment kam Georg Schneider zu sich. Doch so sehr er sich auch bemühte, er kam in diesem Zustand nicht vom Sofa hoch. Bevor Lina die Tür hinter sich zufallen ließ, hörte sie ihn ein letztes Mal brüllen.

„Wo wollt ihr denn hin? Komm zurück, du Miststück!“

Als Georg bemerkte, dass seine Frau nicht wie gewohnt auf ihn hörte, schrie er. „Verschwinde doch, hau ab! Aber eines sag ich dir, das wird dir noch leidtun.“

Offensichtlich hatte Georg Schneider seine alte Fassung schnell wiedergewonnen. Lina war es in diesem Moment einerlei. Sie wollte nur raus hier, fort von ihrem gewalttätigen Ehemann.

Draußen angekommen, schlug ihnen eisige Kälte entgegen, es schneite unaufhörlich. In ihrer Eile hatte sie weder für sich noch für die Kinder nach Jacken gegriffen. Eng drückte sie die Jungen an sich und spürte, wie sie vor Kälte bibberten. Hilflos standen sie so mitten auf der Straße. Dann kam Leben in Lina. Entschlossen nahm sie die Kinder an die Hand, sah in ihre kleinen Gesichter und lächelte zuversichtlich, wenn sie auch alles andere als das war.

„Ich bringe euch hier weg!“, versprach sie ihnen. „Euch wird nichts passieren. Es ist vorbei.“ Ungläubig schauten die

Kinder zu ihrer Mutter auf, bevor sie ihr durch den tiefen Schnee folgten.

***

Maria und Ignatz Spiegel saßen gerade beim Abendessen, als es an der Haustür schellte. Verwundert sah Maria zuerst zur Uhr und dann ihren Mann an.

„Wer kann das denn noch sein? Du hast doch nicht etwa vergessen, Frau Becker die Medizin zu bringen? Du weißt doch, dass die alte Frau bei dem Wetter nicht rausgeht." Sie schüttelte vorwurfsvoll den Kopf. Doch Ignatz lächelte seine hübsche Frau an.

„Natürlich weiß ich das, mein Schatz. Frau Becker hat ihre Arznei bekommen, ich habe sie persönlich bei ihr abgeliefert. Aber nun will ich schauen, wer bei diesem Schneetreiben vor der Tür steht."

Wenig später kehrte er mit Lina und ihren zwei Jungen im Schlepptau zurück. Die Kleinen zitterten vor Kälte. Man sah deutlich, dass sie geweint hatten. Und auch in Linas Gesicht erkannten die Spiegels sofort, dass etwas passiert sein musste. Während die Wangen der Kinder durch die Kälte rot leuchteten, war Lina unnatürlich blass.

Obwohl Maria sofort viele Fragen auf der Zunge lagen, bemerkte sie, wie dem Kleinen auf Linas Arm die Zähne klapperten. Energisch schob sie deshalb ihren Mann Richtung Küche.

„Mach Tee, Ignatz! Und hol Decken!"

An diesem Abend saßen die Spiegels und Lina noch lange zusammen und redeten. Neben ihnen lagen Hans und Hermann in warme Decken eingekuschelt auf dem großen Sofa. Nachdem sie alles Essbare in sich hineingeschlungen hatten, was Maria ihnen vorsetzte, waren sie friedlich eingeschlafen.

„So", begann Maria. „Nun erzähl, was passiert ist!"

Doch das war leichter gesagt als getan. Zum einen schämte sich Lina plötzlich für ihren Besuch. Sie hatte die Spiegels ja praktisch überfallen. Zum anderen wusste sie überhaupt nicht, wo sie beginnen sollte. Bis heute hatte sie mit keiner Menschenseele über ihre schwierigen Familienverhältnisse gesprochen.

„Ist es wegen Georg?“, half ihr Maria, die sich gut daran erinnerte, wie ängstlich ihre Angestellte am Nachmittag aufgebrochen war.

„Ist es meine Schuld? Bist du zu spät gekommen?“

„Nein.“ Lina schüttelte den Kopf. „Daran lag es nicht. Und eigentlich ist nichts passiert, was nicht auch sonst bei uns geschieht.“

„Und was geschieht sonst bei euch?“, mischte sich nun Ignatz ein. Lina sah zu ihm und erkannte die Sorge in seinen Augen. Er und seine Frau hatten eine Erklärung verdient. Also begann sie zu erzählen. Als sie fertig war, herrschte betretenes Schweigen. Nur die erschrockenen Blicke der Eheleute deuteten auf ihre Anspannung hin.

Natürlich hatte vor allem Maria geahnt, dass Lina es daheim nicht leicht hatte. Nicht umsonst steckte sie ihr öfter, als nötig gewesen wäre, eine Extramark zu. Trotzdem war ihr verborgen geblieben, wie schlimm es wirklich um Lina und die Kinder stand. Nun machte sie sich Vorwürfe. Sie dachte an die blauen Flecken, die ihr des Öfteren an Lina aufgefallen waren. Aber nachdem sie ihre Angestellte zweimal darauf angesprochen hatte und diese ihr beteuerte, dass es sich dabei um die Folgen kleiner Missgeschicke handelte, war sie beruhigt gewesen.

Erst jetzt fiel es ihr wie Schuppen von den Augen. Im Nachhinein ärgerte sie sich über ihre eigene Gutgläubigkeit. Kein Mensch lief ständig gegen eine Tür oder stolperte die Treppe hinunter, zumal Lina beim Verrichten ihrer Arbeit in der Apotheke überhaupt nicht tollpatschig war.

‚Ich hätte es merken müssen‘, dachte Maria und suchte noch einmal den Blick ihres Mannes. Eine unausgesprochene Aufforderung lag darin. Ignatz Spiegel, der jede Geste seiner Frau auf Anhieb zu deuten wusste, verstand auch dieses

Zeichen und nickte leicht zu ihr hin. Dann fällte er eine Entscheidung.

„Ihr könnt bei uns wohnen, auf keinen Fall lasse ich euch zu dem brutalen Kerl zurück. Wer weiß, was als Nächstes kommt. Ihr bleibt erst einmal hier!“

Lina, die still und nachdenklich dagesessen hatte, schaute die Spiegels ungläubig an.

„Ist das wahr? Wir dürfen bei Ihnen bleiben?“

Maria nickte ihr bestätigend zu. Sie war mit ihrem Mann einer Meinung. Lina konnte nicht zurück. Die suchte verzweifelt nach Worten.

„Aber das geht doch nicht. Ich kann das nicht wiedergutmachen.“

Über ihre Wangen liefen Tränen. Gerührt stand Maria auf und nahm sie in die Arme. „Das musst du auch nicht, Lina. Hör auf zu weinen! Du hast jetzt uns.“

So standen die zwei so unterschiedlichen Frauen schweigend da. Lina, deren dünner Körper von Weinkrämpfen geschüttelt wurde und Maria, die ihr fortwährend übers Haar streichelte.

„Schon gut Lina, beruhige dich“, versuchte nun auch Ignatz Spiegel, der verlegen neben die beiden Frauen getreten war, sie zu trösten.

„Du brauchst keine Angst mehr haben, hier bei uns wird dir nichts geschehen.“

Bei diesen Worten schluchzte Lina erneut auf. Plötzlich brachen all ihr Kummer und ihr Leid aus ihr heraus.

„Ich weiß gar nicht, wie es so weit kommen konnte. Früher war Georg ganz anders. Er war sicher nicht der Liebevollste, aber man konnte mit ihm auskommen. Aber jetzt, der Alkohol, es vergeht kaum noch ein Tag, an dem er mich oder die Jungen nicht schlägt. Dabei tun wir alles, um es ihm recht zu machen. Und dennoch, meinen Sie wirklich, ich kann meinen Mann einfach so verlassen? Was ist, wenn er seine Drohungen wahr macht?“

In Lina kamen plötzlich Angst und Zweifel auf.

„Ich bin Ihnen so dankbar für das, was Sie heute für uns

getan haben, aber Sie kennen Georg nicht. Der wird es nicht einfach so hinnehmen, dass ich mit den Kindern weggelaufen bin.“

Lina stand auf und ging zu ihren Söhnen. Zärtlich streichelte sie über die Wange des kleinen Hermann, bevor sie sacht die Decke zurückzog. Sofort war Maria neben ihr, nahm ihr die Decke aus der Hand und breitete sie erneut über dem kleinen Körper aus.

„Was tust du denn da? Du weckst ihn ja auf.“

„Wir müssen nach Hause“, flüsterte Lina. „Wenn Georg ausgeschlafen hat und bemerkt, dass wir fort sind, wird die Hölle los sein.“

„Gar nichts müsst ihr“, widersprach Maria. Sie konnte nicht glauben, dass Lina tatsächlich zu diesem brutalen Kerl zurückgehen wollte.

„Denk doch an deine Kinder, Lina! Willst du zuschauen, wie er sie weiter schlägt?“

„An die denke ich doch die ganze Zeit.“ Verzweifelt sah Lina ihre Söhne an.

„Wissen Sie, wie oft Georg mir ihretwegen gedroht hat? Er wird sie umbringen. Das hat er oft genug gesagt. Glaubt mir, er meint es ernst, soweit kenne ich ihn.“

„Jetzt mal ganz langsam!“ Energisch schob der Hausherr Lina zurück zum Stuhl.

„Du bleibst hier, Lina und die Buben auch! Hier bei uns seid ihr sicher vor dem Kerl, habt ein warmes Bett und was zu essen wird sich in dem Haus wohl auch finden lassen. Wir haben doch gesehen, wie ausgehungert Hermann und Hans sind und das nicht nur nach Wurst und Brot“, fügte er hinzu.

„Aber Herr Spiegel, das geht doch nicht“, warf Lina ein. „Wir haben kein Geld …“ Weiter kam sie nicht.

„Genug jetzt mit dem Gejammer!“, unterbrach Ignatz sie. „Ihr bleibt hier und Schluss damit! Ihr sollt ja nicht umsonst bei uns wohnen. Du verrichtest natürlich weiter deine Arbeit in der Apotheke. Und dein Hans, von dem ich im Übrigen glaube, dass er ein ganz helles Köpfchen hat, kann mir bestimmt auch manch kleinen Dienst erweisen. Außerdem erfährst du nun als Erste, dass Maria ein Kind erwartet. Auch deshalb wird es hier bald mehr als genug zu tun geben."

Und mit einem zärtlichen Blick auf seine Frau fügte er hinzu. „Ich habe nämlich vor, Maria zu schonen. Also du siehst, wir brauchen dich."

Ungläubig sah Lina zu Maria. Sagte Herr Spiegel die Wahrheit oder wollte er sie nur beruhigen? Zu viele Gedanken schwirrten in ihrem Kopf durcheinander. Wenn das alles stimmte, hätten sie und die Kinder ja richtiges Glück. Sie konnte das Gehörte kaum fassen. Auch die Neuigkeit, dass Frau Spiegel schwanger war, machte sie sprachlos. Davon hatte sie nichts geahnt. Doch ein Blick in die strahlenden Augen der Eheleute bestätigte es.

Noch einmal ging sie zu ihren Kindern hin, die von der ganzen Aufregung nichts mitbekamen. Eng aneinander gekuschelt lagen sie da und schliefen. Die zwei Jungen würden es hier gut haben, ein richtiges Zuhause. Das, was sie sich schon immer für ihre Kinder erträumt hatte. Schwer seufzte sie auf. Es war alles zu viel für einen Tag. Ohne es zu wollen, brach sie erneut in Tränen aus.

„So, nun aber genug geweint", tröstete Maria sie. „Freust du dich denn nicht ein bisschen?"

„Doch natürlich, deshalb muss ich ja weinen." Linas Stimme versagte. „Ich kann es immer noch nicht glauben."

„Dann schläfst du am besten erst einmal eine Nacht darüber", forderte Ignatz sie auf. „Für heute haben wir wahrlich genug geredet. War wohl alles ein bisschen viel, nicht? Die Buben können einfach hier weiterschlafen und du weißt ja, wo unser Gästezimmer ist. In den nächsten Tagen werden wir schon etwas für euch herrichten, für diese Nacht geht es auch so. Und nun schlaf erst einmal gut und denk daran! Morgen beginnt ein neuer Tag und für euch ein neues Leben."

Nachdem Lina die Tür hinter sich zugezogen hatte, gab es für die Eheleute noch einiges zu bereden. Maria, die frischen Tee aufgebrüht hatte, hielt ihre Tasse nachdenklich in der Hand.

„Ganz unrecht hat sie ja nicht", flüsterte sie ihrem Mann

zu, um die Kinder nicht zu wecken. „Was ist, wenn dieser Saufkopf plötzlich vor unserer Tür steht?“

Beruhigend streichelte Ignatz seiner Frau die Wange.

„Keine Angst, Liebling, das krieg ich schon hin. Sollte er es wirklich wagen hier aufzutauchen, werde ich notfalls die Polizei einschalten. Schließlich ist es kaum rechtens, dass er Lina und die Kinder jahrelang verprügelt hat. Und außerdem sollst du dir nicht so viele Gedanken machen. Ich will nämlich nicht, dass unser Kind mit Falten auf der Stirn zur Welt kommt. Es soll doch genauso schön wie seine Mutter werden.“

Bei diesen Worten konnte Maria sich ein Lächeln nicht verkneifen. Glücklich sah sie ihren Mann an. „Du hast wie immer recht, mein Schatz. Hoffentlich wird unser Kleines genauso gescheit wie du.“

***

Die Tage und Wochen nach diesem Abend vergingen für Lina wie im Flug. Gleich am nächsten Morgen machte Ignatz Spiegel für sie und die Kinder die Dachkammer zurecht. Die Jungen, die sich früher eine alte Matratze geteilt hatten, bekamen jeder ein eigenes Bett. Doch damit nicht genug, hatte Maria ihnen eine wunderschöne alte Kommode hinauftragen lassen, in der nun die wenigen Habseligkeiten lagen, die sie besaßen. Da sie bei ihrer Flucht nichts hatten mitnehmen können, bestand ihr einziger Besitz aus den paar Sachen, die sie trugen. Doch das machte ihnen nichts aus.

Bei den Spiegels waren sie endlich vor ihrem Vater sicher und bekamen nicht nur ausreichend zu Essen, sondern auch Zuwendung. Nur das war wichtig. Immer wieder sah Lina sich in der Kammer ungläubig um. Dass sie und die Kinder hier wohnten, kam ihr vor wie ein Traum.

Zwei Tage später war es wieder Maria, die Lina überraschte und erneut zum Weinen brachte. Mit einem fröhlichen Lächeln kam sie schweratmend die Treppe zu ihrer Dachkammer hinauf und stellte einen großen Karton in der Mitte des Zimmers ab. Sofort eilte Lina ihr zur Hilfe und sah Maria vorwurfsvoll an.

„Sie dürfen doch in Ihrem Zustand nicht so schwer heben, Frau Spiegel!“, mahnte sie besorgt. Doch Maria winkte ab.

„So schlimm ist es ja nun auch noch nicht, Lina. Und außerdem muss sich ja wohl irgendjemand darum kümmern, dass ihr nicht ewig in den gleichen Klamotten rumlauft.“

Beschämt sah Lina an sich herunter. Sie wusste nur zu gut, wie abgetragen ihr Kleid war und auch die Jungen sahen nicht viel besser aus. Ihr Unbehagen ignorierend, öffnete Maria Spiegel den Karton und brachte ein Kleidungsstück nach dem anderen zum Vorschein.

„Natürlich ist das alles schon gebraucht“, sagte sie entschuldigend. „Aber sieh, das Kleid zum Beispiel habe ich nur einmal getragen.“ Mit diesen Worten hielt sie ein schlichtes graues Schürzenkleid vor sich.

„Ich pass jetzt schon kaum noch rein und danach … na ja, du weißt ja selber, ein paar Pfunde werden wohl hängen bleiben.“

Fröhlich griff sie erneut zu und beförderte Röcke, Blusen, Schals und jede Menge anderer Kleidung ans Tageslicht. Lina traute ihren Augen kaum. Nie im Leben hatte sie so viele Sachen auf einmal zum Anziehen gehabt. Und dann waren die Kleider von Frau Spiegel auch noch so vornehm.

„Kann ich das überhaupt tragen, das ist alles so fein?“ Vorsichtig strichen ihre Finger dabei über den flauschigen Kragen eines Mantels. Mit ihrem eigenen schäbigen Fähnchen, das sie seit Jahren trug, war er nicht zu vergleichen.

„Natürlich kannst du das anziehen! Meinst du, ich habe das alles umsonst hier hoch geschleppt?“, kam die resolute Antwort von Maria. „Außerdem sollst du mich von nun an auch im Laden vertreten. Da ist es wichtig, dass du einen guten Eindruck auf unsere Kunden machst.“

„Na dann“, antwortete Lina und zeigte ihre Freude endlich offen. „Muss es wohl sein.“ Lächelnd sah sie zu ihren Kindern. Hermann und Hans hatten die ganze Zeit über keinen Mucks von sich gegeben. Als Frau Spiegel ihrer Mutter nun den schönen Mantel überstreifte, sahen sie Lina staunend an. Noch nie zuvor hatten sie ihre Mutter so gesehen. Vor ihren Augen verwandelte sich die unscheinbare Frau in eine richtige Dame.

Noch immer waren die Kinder sehr still und verschüchtert. Nicht ein einziges Mal hatten sie nach ihrem Vater oder ihrem alten Zuhause gefragt. Der kleine Hermann hing den ganzen Tag an Mamas Rockzipfel und wich ihr kaum von der Seite. Erst in den letzten Tagen ließ er sich manchmal auch von Maria zu einem Spiel überreden und heimste so manche Süßigkeit ein.

Hans hingegen, der in seinem Alter natürlich viel mehr von dem Geschehen zuhause mitbekommen hatte, saß oft traurig auf seinem Bett und starrte in die Luft. Nur wenn er zu Herrn Spiegel in die Apotheke durfte, taute er auf. Stundenlang konnte er zusehen, wie der Apotheker Salben anrührte oder Medizin mischte. Wenn Ignatz, der sich sehr über das Interesse des Jungen freute, ihn dann auch noch bat, ein Rezept von einem Kunden zu holen oder Medikamente vorbeizutragen, gelang es ihm sogar, ein Lächeln in das sonst so ernste Gesicht des Jungen zu zaubern.

Ganz in Gedanken hatte Lina nicht bemerkt, dass Frau Spiegel lachend vor ihren Söhnen stand. Maria hatte den kleinen Hermann und Hans in dicke graue Wolljacken gesteckt. Gerade war sie dabei, ihnen die passenden Mützen überzustülpen.

„Seht ihr, sie passen. Wie gut, dass meine Neffen nicht viel älter sind als ihr. Na, wie gefallt ihr euch?“

Doch wenn sie eine Antwort erwartete, wurde sie enttäuscht. Beide Kinder standen stocksteif in der Mitte des Zimmers und rührten sich nicht vor lauter Verlegenheit. Selbst Lina musste bei diesem Anblick lachen, die zwei sahen zu komisch aus.

„Euch hat’s wohl die Sprache verschlagen Kinder?“, fragte Maria. „Na mal sehen, ob ich euch nicht doch noch zum Reden bringe.“

Mit diesen Worten griff sie erneut in die Kiste und hielt

wenig später jedem der Jungen ein Spielzeugauto aus Blech hin. „Hier die sind für euch, nehmt ruhig!"

Und wieder wurde Maria Spiegel enttäuscht. Sie hatte erwartet, dass die Jungen sich voller Begeisterung auf das Spielzeug stürzen würden. So, wie es Buben in ihrem Alter eben taten. Stattdessen standen sie mucksmäuschenstill da und starrten auf ihre Hände. Keiner der beiden wagte, danach zu greifen.

Maria wurde von Mitleid förmlich überschwemmt. Nur mit Mühe konnte sie die aufsteigenden Tränen zurückhalten. Stattdessen versuchte sie, die beklemmende Situation mit Humor zu retten.

„Na gut, wenn ihr nicht wollt." Verschwörerisch blinzelte sie Lina zu, die schweigend neben ihren Söhnen stand. „Irgendjemand wird sich schon finden."

In diesem Moment schaute Hermann seine Mutter fragend an. Als diese ihm bestätigte, dass er das Geschenk ruhig annehmen durfte, lächelte er glücklich und nahm das Auto in die Hand.

Dankbar sah er zu Maria. Nun griff auch Hans etwas zögernd nach dem Spielzeug. Unsicher drehte er das Auto in seiner Hand. Dann erschien ein Lächeln in seinem Gesicht.

„Danke", sagte er leise.

***

Sieben Monate später stand Lina wie gewohnt in der Apotheke und sortierte dort verschiedene Teesorten in das große Holzregal ein. Obwohl diese Arbeit mühsam schien, sang sie fröhlich ein Lied vor sich hin. Die Frau, die da so sorgfältig ihre Arbeit erledigte, hatte kaum mehr etwas mit dem unscheinbaren Wesen von früher gemein.

Es war nicht in erster Linie ihr Aussehen, das sich gewandelt hatte, obwohl das helle Sommerkleid im krassen Gegensatz zu den abgetragenen Sachen von früher stand. Mit ihr war vielmehr eine innere Veränderung vorgegangen. Immer öfter sah man sie nun lachen. Überhaupt hatte es den Anschein, als hätte man dieser Frau eine schwere Last abgenommen. Selbst ihre Kinder nahmen staunend zur Kenntnis, wie gelöst und fröhlich ihre Mutter jetzt wirkte.

Freundlich sah sie auf, als die Glocke am Eingang des Verkaufsraumes schellte. Lächelnd wandte sie sich sofort der Kundin zu.

„Guten Tag, Frau Becker, wie kann ich Ihnen helfen?", fragte sie zuvorkommend. Frau Becker war schon seit Jahren Kundin der Spiegels. Meistens wurde ihr die Medizin gebracht, schließlich ging die alte Frau stramm auf die Achtzig zu. Heute jedoch war ein sonniger Junitag, und so hatte sie einen kurzen Spaziergang gemacht und dabei Lina in der Apotheke gesehen.

Lina wusste, dass Frau Becker weder Mann noch Kinder besaß und sich oft recht einsam fühlte. Eben aus diesem Grund nahm sie sich immer ein wenig mehr Zeit für die alte Dame. Frau Becker wiederum dankte es ihr, indem sie fast immer eine Kleinigkeit für die Jungen bei sich hatte. So auch heute. Sobald die alte Frau eingetreten war, schaute sie sich suchend um.

„Guten Morgen, Lina, ist das nicht ein schönes Wetter heute? Wo sind denn Hans und Hermann?"

Lina lächelte. „Ich weiß es nicht genau, Frau Becker. Seit Herr Spiegel mit Hermann das alte Fahrrad flott gemacht hat, kriege ich ihn kaum noch zu Gesicht. Ich bin ja schon froh, wenn er mit heilen Knochen nach Hause kommt, so halsbrecherisch wie er fährt. Aber Hans müsste eigentlich da sein, ich habe ihn vorhin noch bei Herrn Spiegel gesehen. Moment, ich schau gleich mal nach."

Doch Lina kam nicht mehr dazu, nach hinten zu gehen. Sie hatte sich gerade umgedreht, als die Glocke erneut schrillte. Höflich drehte sie sich wieder zur Kundschaft um und erstarrte. Auf wackligen Beinen, mit rot unterlaufenen Augen, betrat Georg den Laden. Seine Klamotten starrten vor Dreck und man konnte nur erahnen, wann er sich zum letzten Mal rasiert und gewaschen hatte. Alles in allem machte er einen ziemlich heruntergekommenen Eindruck. Lina konnte ihr Entsetzen kaum verbergen.

Seit Wochen hatte sie nicht mehr an Georg gedacht. Langsam aber sicher war er aus ihrem Kopf verschwunden, was vor allem daran lag, dass sich ihr Mann wider Erwarten nicht blicken ließ. Natürlich wusste Lina, dass sie sich irgendwann begegnen würden. Außerdem war sie noch immer seine Ehefrau. Aber die Angst vor ihm und seinen Schlägen hatte ihre Schrecken verloren.

Manchmal erzählten ihr Kunden, dass ihr Mann sich fast täglich in irgendwelchen Kneipen herumtrieb und nur selten nüchtern nach Hause ging. Aber diese Geschichten berührten sie nicht mehr. Es war sein Leben. Für sie zählte nur, endlich Ruhe vor ihm zu finden. Und nun stand er vor ihr, genauso wie sie ihn in Erinnerung hatte. Die alte Angst kroch in ihr hoch.

Als Georg Lina und ihren entsetzten Blick entdeckte, erschien ein selbstgefälliges Grinsen auf seinem Gesicht.

„Na, mich haste wohl nicht erwartet, was? Wollt doch mal sehen, wie's meiner Frau so geht, nachdem sie mich hat sitzen lassen."

Er schwankte und um ein Haar wäre er gestürzt. Es war wie immer, nichts Ungewohntes für Lina. Gerade deshalb erholte sie sich schneller als erwartet vom ersten Schrecken.

‚Er kann dir nichts mehr tun', sagte sie sich immer wieder und war erleichtert, dass die Kinder nicht da waren. Welch ein Glück, dass sie ihren Vater nicht so sehen mussten. Gerade jetzt, wo sie anfingen, das neue Leben zu genießen.

„Gut siehste aus, Lina. Eine richtig feine Dame biste geworden. Kümmert sich wohl gut um dich der Herr Spiegel, was?"

Lina hörte die unterschwellige Anschuldigung aus Georgs Äußerung. Plötzlich kroch Wut in ihr hoch. Hatte ihr Mann nicht schon genug Unheil angerichtet? Konnte er sie und die Jungen nicht einfach in Ruhe lassen? Entschlossen trat sie ihm in den Weg und sorgte gleichzeitig für einen gewissen Abstand zwischen ihm und Frau Becker, die mit offenem Mund dastand und völlig überrascht keinen Ton mehr herausbrachte.

„Kann ich dir irgendwie behilflich sein, Georg? Willst du etwas kaufen? Wenn nicht muss ich dich bitten, die Apotheke zu verlassen ...“ Weiter kam sie nicht.

„Du willst mich rausschmeißen? Mich? Deinen Mann, der jahrelang für dich und die Bälger gesorgt hat?“

Herausfordernd schaute Georg Lina an, die jedoch keine Spur von Angst zeigte. Im Gegenteil, fast hätte sie laut aufgelacht.

‚Und wie er gesorgt hatte für sie’, dachte sie bitter.

Doch sie beherrschte sich. Schließlich wollte sie Georg so schnell wie möglich loswerden.

„Georg, bitte“, versuchte sie es ruhig. „Du hast getrunken. Lass uns später in Ruhe darüber reden. Wenn die Kunden dich sehen …“

„Was dann?“, brüllte Georg, als hätte er nur auf eine solche Äußerung gewartet.

„Was ist, wenn deine feinen Kunden mich sehen?“

Wütend stürzte er auf sie zu. Aber er kam nicht dazu, nach ihr zu schlagen. In seinem Rausch übersah er die große Kiste, in der der Tee geliefert worden war. Mit einem lauten Poltern stürzte er der Länge nach auf den kalten Boden. Doch bevor er sich aufrappeln oder erneut losschimpfen konnte, kam Lina auf ihn zu und stellte sich selbstbewusst vor ihn.

„Sieh dich doch an, Georg! Was ist nur aus dir geworden? Du kannst nicht einmal gerade stehen. Wenn du nicht so erbärmlich wärst, müsste man fast schon Mitleid mit dir haben. Du kannst mir keine Angst mehr machen. Verschwinde aus unserem Leben, Georg!“

Mit diesen Worten ließ Lina ihren erstaunten Mann einfach sitzen, ging hinter die Verkaufstheke und wandte sich so freundlich wie immer, als wäre nicht das Geringste geschehen, an ihre Kundin.

„Ich mache Ihnen das Rezept gleich fertig, Frau Becker. Hans kann es Ihnen dann später vorbeibringen, ja?“

Die alte Frau war außerstande zu antworten. Immer wieder wanderten ihre Blicke von Lina zu Georg. Ein wenig hilflos nickte sie Lina zu und ging in großem Bogen um Georg herum aus der Apotheke. Lina überlegte, nun da sie alleine mit ihrem Mann war, was sie tun sollte. In diesem Moment hörte sie, wie Herr Spiegel aufgeregt nach ihr rief.

„Schnell Lina! Du musst kommen, meine Frau!“

Lina erschrak. Am Zittern seiner Stimme erkannte sie, dass etwas passiert sein musste. Unschlüssig warf sie einen letzten Blick auf Georg, der noch immer versuchte sich aufzurappeln. Dann drehte sie sich um und lief nach oben, wo der Apotheker schon auf sie wartete. Nur selten hatte Lina ihn so nervös gesehen.

„Schnell Lina!“, drängte er sie. „Wir müssen etwas tun! Ich glaube, das Baby kommt.“

Lina atmete erleichtert auf. Im Gegensatz zu Herrn Spiegel beunruhigte sie die anstehende Geburt nicht sonderlich. Der Apotheker hingegen schien völlig neben sich zu stehen.

„Keine Angst, Herr Spiegel, ich kümmere mich schon! Am besten Sie gehen nach unten und rufen die Hebamme an. Ihre Frau hat die Nummer neben das Telefon gelegt, Sie können also nichts verkehrt machen.“

„Wenn du meinst.“ Man konnte die Erleichterung im Gesicht des Apothekers förmlich sehen. Er war froh, Lina in seiner Nähe zu wissen. Schließlich wusste die am besten, was zu tun war. Sie hatte ja schon zwei Kinder zur Welt gebracht und kannte sich damit aus. Er hingegen wusste nicht, was er zuerst tun sollte, als bei Maria die Wehen einsetzten. Etwas beruhigt ging er nach unten zum Telefon.

„Herr Spiegel“, rief Lina ihm nach. „Schauen Sie doch gleich nach, ob noch Kundschaft im Laden ist! Ich glaube, es ist besser, wir schließen für heute.“

Auch daran hatte der werdende Vater keinen Moment gedacht. Dankbar nickte er Lina zu. „Natürlich“, antwortete er. „Alles was du sagst, Lina.“

Noch immer lachend schüttelte diese den Kopf und öffnete die Tür zum Schlafzimmer. Dort fand sie eine völlig entspannte Maria vor, die ihr schmunzelnd entgegensah.

„Na Lina, ich hoffe, du konntest meinen Mann wenigstens

ein bisschen beschäftigen. Man könnte fast meinen, er bekommt das Kind und nicht ich.“

„Er freut sich halt wahnsinnig auf das Baby, Frau Spiegel. Aber Sie haben schon recht, hier steht er jetzt sowieso nur im Weg herum. Zum Glück werden die Jungen bald zurück sein. Die werden ihn schon ablenken.“

Kurze Zeit danach traf auch die Hebamme ein und nur wenige Stunden später, gerade als Ignatz Lina zum achten Mal fragte, wann es denn endlich soweit sei, hörten sie aus dem Schlafzimmer den ersten Schrei des Kindes. Der frischgebackene Vater wurde ganz käsig im Gesicht. Hilflos schaute er zu Lina.

„Es ist da, Lina. Mein Kind ist geboren“, stotterte er, rührte sich aber nicht vom Fleck, sondern stand mit hängenden Armen einfach da.

„Nun machen Sie schon!“, forderte Lina ihn auf. „Gehen Sie! Ihre Frau und Ihr Kind warten.“

Das ließ Ignatz sich nicht zweimal sagen und öffnete mit zitternden Händen die Tür. Im Zimmer war die Hebamme gerade damit fertig geworden, das Kind abzunabeln. Fürsorglich wickelte sie das Baby in eine flauschige Decke ein. Dann drückte sie dem Vater das Bündel in den Arm.

„Herzlichen Glückwunsch, Herr Spiegel. Sie haben eine gesunde, wunderschöne Tochter.“

Ignatz war mit der Situation völlig überfordert. Hilflos hielt er das Bündel weit von sich. Aber ein Blick in das Gesichtchen seiner Tochter genügte, um sein Herz im Sturm zu erobern. Liebevoll sah er seine Frau an, die erschöpft, aber überglücklich im Bett lag.

Lina stand gerührt im Hintergrund und freute sich mit den Eheleuten. Wie anders waren bei ihr die Geburten verlaufen, dachte sie. Da hatte kein stolzer Vater bei ihr am Bett gestanden. Doch Lina wischte die trüben Gedanken beiseite und ging zu Herrn Spiegel, um die Kleine anzuschauen und den Eltern zu gratulieren.

Lächelnd sah sie das Kind an. Der Kopf des Mädchens war über und über mit schwarzem Haar bedeckt. Seine Haut war ungewöhnlich rosig und glatt. Es war wirklich ein schönes Baby.

„Darf ich sie mal anfassen?“, fragte Lina. „Sie ist so niedlich, ich glaube sie hat Ihre Augen, Herr Spiegel.“

„Nicht wahr? Jetzt wo du es sagst, sehe ich es auch. Hast du gehört, Maria? Lina meint, die Kleine kommt ganz nach mir.“

Stolz gab er das Bündel an Lina weiter. Maria Spiegel aber lachte. „Na Ignatz, ganz so hat Lina das ja nicht gesagt. Ein klein wenig wird Hannah wohl auch von mir haben.“

„Hannah“, wiederholte Lina. „Du sollst also Hannah heißen. Ein schöner Name für eine kleine Prinzessin wie dich.“ Und mit einem Seufzen fügte sie hinzu. „Ich hoffe, du verdrehst meinen Jungen später nicht den Kopf.“

Bei diesen Worten mussten alle lachen. Als die Kleine daraufhin erschrocken losschrie, nahm Ignatz das Mädchen sofort besorgt an sich, was wiederum Maria und Lina erneut zum Lachen brachte.

***

Genau wie Lina es erwartet hatte, wurde Hannah schon bald zum Mittelpunkt der Familie. Sie war ein liebes Kind, ein richtiger kleiner Sonnenschein. Sobald man sich ihr zuwandte, lächelte sie. Schreien hörte man sie nur, wenn sie Hunger hatte oder die Windel voll war.

Auch Hans und Hermann hatten das Mädchen sofort in ihr Herz geschlossen und sahen in ihr so etwas wie eine kleine Schwester. Lina die wohl wusste, dass sie, so nett sich die Spiegels ihnen gegenüber auch verhielten, nur ihre Angestellte war, musste ihre Söhne oft bremsen. Als Hermann wieder einmal kaum von Hannah zu trennen war, nahm sie den Jungen zur Seite.

„Hör mal, Hermann“, begann sie. „Mir ist klar, wie sehr du Hannah magst, aber du darfst nicht vergessen, dass sie nicht deine Schwester ist.“

Verwundert sah Hermann seine Mutter an. „Aber das ist doch egal. Ich spiele doch nur mit ihr, Hannah freut sich jedes Mal darüber.“

„Ja, ich weiß.“ Lina seufzte. Wie sollte sie dem Kleinen nur erklären, dass die Spiegels wohlhabende Geschäftsleute waren? Sie hingegen dankbar sein mussten, hier ein Heim gefunden zu haben.

„Außerdem“, riss Hermann sie aus ihren Gedanken. „Hat Frau Spiegel gesagt, dass ich der beste Spielkamerad bin, den Hannah sich wünschen kann. Hans kommt nämlich gar nicht so oft zu ihr, der ist viel lieber bei Herrn Spiegel in der Apotheke.“

Was konnte Lina darauf noch antworten? Zärtlich streichelte sie Hermann über seinen blonden Schopf. „Also gut, wenn Hannahs Mutter das gesagt hat, kann ich ja kaum etwas dagegen haben. Und nun lauf schon! Ich merke doch, dass du zu ihr willst.“

So kam es, dass Hermann und Hannah in den kommenden Monaten unzertrennlich wurden. Der sonst so wilde Junge schob nun stolz die kleine Tochter des Hauses im Kinderwagen spazieren. Dafür verzichtete er sogar aufs Fahrradfahren.

Eines Tages, Lina kam gerade von einem Einkauf zurück, beobachtete sie, wie andere Jungen in Hermanns Alter ihn deshalb auslachten.

„Kinderwagen schieb, Hermann hat einen Piep“, höhnten sie, während sie hinter ihm herliefen. Lina blieb stehen. Im ersten Moment wollte sie die Straße überqueren, um ihrem Sohn beizustehen, doch irgendetwas in Hermanns Gesicht hielt sie davon ab. Sie wusste selber nicht genau, was es war und warum ihr die Ähnlichkeit mit seinem Vater gerade heute besonders auffiel, aber irgendetwas bewog sie, einfach stehen zu bleiben und das Geschehen zu beobachten.

Währenddessen wurden die anderen Kinder, die natürlich bemerkten, dass Hermann sich nicht wehrte, immer übermütiger. Von allen Seiten sprangen sie nun um den

Kinderwagen und riefen laut. „Kinderwagen schieb, Hermann hat einen Piep. Kinderwagen schieb, Hermann hat einen Piep."

Dabei lachten sie, klopften sich gegenseitig auf die Schulter und warteten gespannt auf Hermanns Reaktion. Doch der tat, als ginge ihn ihr Geschrei nichts an. Unbeeindruckt schob er die kleine Hannah weiter und achtete nicht auf das Gegröle. Bis plötzlich der Größte der Jungen von der Seite herankam und gegen den Wagen stieß.

„Na Hermann, hast wohl schon eine Freundin?", fragte er und die anderen johlten los.

Hannah, die bis zu diesem Zeitpunkt friedlich geschlafen hatte, wurde durch den Stoß geweckt und begann, wie am Spieß zu schreien. Das war zu viel für Hermann.

Eine Hand schützend am Wagen drehte er sich blitzschnell zu dem Jungen um, welcher zwar um einiges größer, allerdings nicht so flink wie Hermann war und schlug ihm seine kleine Faust mit voller Wucht ins Gesicht, so dass dieser heulend zu Boden ging. Mit einem Mal waren alle Kinder still. Keiner lachte mehr beim Anblick des schnell zu schwellenden Auges des Freundes, nur Hannah schrie noch immer. Drohend sah Hermann den Jungen an.

„Tu das nie wieder!", presste er hervor, drehte sich zu Hannah um, tröstete sie und schob den Kinderwagen weiter. Lina, die von der gegenüberliegenden Straßenseite alles mit angesehen hatte, wusste nicht, ob sie stolz auf ihren Sohn oder eher entsetzt über seine Reaktion sein sollte.

Immer wieder redete sie sich ein, dass er nur die Kleine beschützen wollte. Dennoch gelang es ihr nicht, die Bilder zu verscheuchen, die sich ihr aufdrängten. Es war nicht Hermann, den sie da mit erhobener Faust auf den Jungen einschlagen sah. Sie sah Georg. Georg, wie er drohend vor ihr stand. Bereit, immer wieder auf sie einzuprügeln.

Trotz der sommerlichen Wärme fing Lina an zu frösteln. Erschrocken schrie sie auf, als sich plötzlich eine Hand auf ihre Schulter legte.

„Er ist nur ein Junge, Lina. Ein mutiger Bub, der eben seine kleine Freundin beschützt hat. Nicht mehr und nicht weniger.

Du kannst stolz auf deinen Sohn sein.“

Lina hatte nicht bemerkt, dass Ignatz schon eine ganze Weile neben ihr stand. Er war vermutlich durch Hannahs Geschrei aus der Apotheke gelockt worden und hatte die Szene ebenfalls beobachtet. Ein wenig verwundert darüber, dass er nicht sofort zu seiner Tochter gelaufen war und eingegriffen hatte, sah Lina ihm nun in die Augen.

‚Ist das so?‘ schien ihr Blick zu fragen. Doch obwohl kein Wort über ihre Lippen kam, nickte Ignatz ihr zu. Gemeinsam gingen sie über die Straße zur Apotheke. Hermann jedoch verlor kein Wort über den Vorfall. Wenn es überhaupt eine Reaktion von ihm gab, dann nur, dass er noch seltener von Hannahs Seite wich.

***

Zehn Jahre waren seitdem vergangen. Jahre, in denen die Menschen die Schrecken des Krieges langsam hinter sich ließen. Man träumte wieder von einem eigenen kleinen Wohlstand und sah zuversichtlicher in die Zukunft.

Auch Lina und den Jungen war es recht gut ergangen. Sie wohnten noch immer bei den Spiegels und noch immer war Hannah das Nesthäkchen der Familie.

Am Abend hatten die Kinder beschlossen, den nächsten Morgen für einen Ausflug zu nutzen. So wie es aussah, würde ihnen das Wetter garantiert keinen Strich durch die Rechnung machen. Im Gegenteil, es war beinahe schon zu heiß. Unbarmherzig brannte die Sonne auf sie nieder, wobei Hermann besorgt feststellte, dass sich Hannahs Gesicht bereits rötete.

„Du wirst dir wegen Hans noch einen Sonnenbrand holen, wo bleibt der denn wieder?“ Er hatte noch nicht richtig zu Ende gesprochen, als sich das Fenster der Dachkammer öffnete und Hans seinen Kopf herausstreckte.

„Ich bin gleich bei euch, wartet!“

„Komm schon, Hans! Beeil dich ein bisschen!", rief Hermann seinem Bruder ungeduldig nach, der wie immer über seinen Büchern saß. Neben ihm stand die kleine Hannah, die für ihre elf Jahre nun schon recht groß war. Es kam nicht zum ersten Mal vor, dass die beiden Kinder auf Hans warten mussten. Deshalb setzte Hannah den Korb mit den Broten, die Lina ihnen noch schnell zubereitet hatte, auf dem Bürgersteig ab und machte es sich daneben bequem.

„Mann, wie lange dauert denn das?", nörgelte Hermann. Nie konnte Hans pünktlich sein. Nur wenn Herr Spiegel rief, da rannte er. Dann ließ er sogar seine heißgeliebten Bücher liegen. Um sich abzulenken, kontrollierte Hermann nun zum wiederholten Mal seinen Rucksack. Hatte er auch nichts vergessen? Aber Hammer, Säge und Nägel waren noch am selben Fleck wie zwei Minuten zuvor.

In diesem Moment kam Hans aus der Apotheke gerannt. Als er in das mürrische Gesicht seines Bruders blickte, lachte er.

„Keine Angst, Hermann, wir schaffen das schon. Ich weiß gar nicht, was du hast? Das Haus ist doch fertig und die Treppe bekommen wir auch noch hin."

Doch so einfach gab Hermann sich nicht zufrieden.

„Ja, ja gerade du musst das ja wissen. Wer hat denn die meiste Arbeit gehabt? Du bestimmt nicht, wenn du da in der Apotheke immer deine komischen Salben rührst."

Es war wie immer. Hermann gab den störrischen Bruder und versuchte, sich so in den Vordergrund zu stellen. Meistens machte er sich dann darüber lustig, dass Hans so viel Interesse an der Arbeit in der Apotheke zeigte. Hans und auch Hannah kannten dieses Verhalten von ihm. Aber heute war ein so schöner Sommertag und Hans wollte nicht streiten. Gutmütig stupste er Hermann an.

„Du hast recht, ohne dich würde es unser Baumhaus gar nicht geben. Also los, lasst uns gehen!"

„Ach, plötzlich hast du es eilig", murrte Hermann, der sich nicht so schnell besänftigen ließ. Hannah stand ohne ein Wort zu sagen neben ihnen und fühlte sich sichtlich unwohl.

Niemals würde sie für einen der beiden Brüder Partei ergreifen. Auch wenn Hermann glaubte, dass Hannah ihn mehr mochte als Hans, empfand sie für beide dasselbe.

Für sie gab es auf der einen Seite Hermann, der ihr das Fahrradfahren beigebracht hatte und sie vor jeder Neckerei oder Hänselei auf dem Schulhof beschützte. Aber auch den Hermann, der manchmal, ohne dass sie den Grund dafür kannte, plötzlich aufbrauste oder einfach stundenlang verschwand. Wenn er dann einfach davonging, setzte Hannah sich auf die Stufen der Apotheke und wartete geduldig auf die Rückkehr ihres Freundes.

Dann war es oft Hans, der zu ihr kam und sie freundlich fragte. „Na Hannah, wartest du wieder auf meinen Bruder?" Und wenn die Kleine ihn dann traurig ansah, setzte er sich zu ihr auf die Treppe und erzählte ihr von sich.

Hans war viel stiller als Hermann. Auch wenn das Mädchen diesen gerade wegen seines Temperaments so mochte, liebte sie auch die ruhige sanfte Art, mit der Hans zu ihr sprach. Für sie waren diese Gespräche immer etwas Besonderes, obwohl sie eher selten stattfanden. Sie wusste, dass er seine Zeit am liebsten bei ihrem Vater verbrachte. Nie wurde er müde, über medizinische Dinge zu diskutieren. Manchmal standen er und ihr Vater noch spät am Abend im Labor und experimentierten mit irgendwelchen Pulvern und Flüssigkeiten, bis Lina in der Tür stand.

„Schluss jetzt Hans! Du musst schlafen, morgen ist Schule, schon vergessen?"

Eines Abends, als Lina wieder einmal ihren Sohn bei Herrn Spiegel abholte und zu Bett schickte, hatte Hannah ein Gespräch der Erwachsenen belauscht. Lina hatte ihren Vater nochmals ermahnt, dass Hans viel zu viel Zeit in der Apotheke verbrachte.

„Ich weiß, Sie meinen es nur gut, aber Hans kommt wirklich zu spät ins Bett. Morgens geht er zur Schule und wenn er dann nicht in ihren Büchern liest, ist er hier bei ihnen. Ich sehe ihn ja kaum noch."

Ignatz Spiegel hatte abwinkt. „Sei doch froh Lina. Der

Junge weiß eben, was er will. Wäre es dir lieber, er würde wie andere auf der Straße rumlungern?"

„Nein, natürlich nicht. Aber Hans ist doch auch noch ein Kind. Nie spielt er Fußball mit den anderen oder fährt Fahrrad wie Hermann."

„Lina", Ignatz sprach nun zu ihr wie zu einem Kind, ganz langsam und beruhigend. „Dein Hans ist ein ganz normaler Junge, nur eben überdurchschnittlich intelligent. Du kannst stolz auf deinen Sohn sein. Denn eines ist sicher, er wird sich mal in keiner Maschinenfabrik abrackern müssen, das kannst du mir glauben."

Doch Lina war ganz und gar nicht überzeugt.

„Was kann er schon werden? Was nützt ihm die ganze Lernerei? Sie brauchen mich gar nicht so anzusehen. Natürlich freut es mich, dass er so gescheit ist. Aber was bringt ihm das schon? Sie wissen selbst, in was für Zeiten wir leben. Wer hoch hinaus will, braucht entsprechend Geld und zu den Leuten gehören wir ganz bestimmt nicht."

Ignatz Spiegel hörte die Verbitterung, die aus ihren Worten sprach. Dabei war die, zumindest was Hans anging, völlig unbegründet. Er hatte sich längst Gedanken über die Zukunft des Jungen gemacht. Eigentlich wollte er erst später mit Lina darüber reden, doch nun erzählte er ihr, was er mit Hans besprochen hatte.

„Hans will Arzt werden und ich glaube, kein anderer wäre geeigneter für diesen Beruf als er. Für ihn ist die Medizin eine Berufung, Lina. Du kannst ihm diesen Weg nicht verbauen. Ich weiß, er ist erst sechzehn, aber in diesem Jahr wird er mit der Schule hier fertig. Willst du wirklich, dass er dann beim Metzger anfängt oder in der Fabrik? Hans weiß genau, was er will. Er wird ein hervorragender Arzt sein. Du musst dich nur damit einverstanden erklären, dass er auf eine Oberschule gehen und später studieren kann."

Lina konnte nicht glauben, was sie da hörte. Natürlich wusste sie, dass ihr Sohn sich für die Apotheke und die Medizin interessierte. Aber Arzt werden, das war völlig unmöglich. Woher kamen nur diese Flausen im Kopf ihres

Sohnes? Sie musste unbedingt mit ihm reden, so leid es ihr auch tat, den Traum ihres Jungen zu zerstören.

Bestimmt und ein wenig ärgerlich sah sie ihren Arbeitgeber an.

„Haben Sie ihm das eingeredet? Hans kann kein Arzt werden, das wissen Sie genauso gut wie ich. Ich mag vielleicht nicht so schlau sein wie mein Sohn, aber selbst ich weiß, dass dazu ein Studium nötig ist. Hans müsste nach Berlin. Das aber hieße entweder zwei Stunden Fahrt mit dem Zug oder ein Zimmer in einer Pension."

Lina lachte bitter auf. „Meinen Sie wirklich, ich hätte die finanziellen Mittel, um das alles zu bezahlen?"

„Das weiß ich doch, Lina!"

Unbeeindruckt hatte Ignatz ihr zugehört, „Natürlich besitzt du nicht so viel Geld, um Hans das Studium zu finanzieren. Aber du weißt auch, dass er in all den Jahren wie ein Sohn für mich geworden ist. Er ist so begabt und ehrgeizig."

Der Apotheker geriet ins Schwärmen. „Um es kurz zu machen, ich habe bereits mit Maria gesprochen. Wir würden Hans, natürlich mit deinem Einverständnis, in all seinen Plänen unterstützen." Eindringlich sah er Lina an.

„Er muss diesen Beruf ergreifen, Lina! Ich habe so viel Zeit mit ihm verbracht. Glaub mir, die Medizin ist sein Leben."

Lina war völlig verstört. Ihr Hans, ihr eben noch kleiner stiller Junge, wollte Arzt werden. Hatte sie geschlafen oder warum hatte sie nicht bemerkt, wie erwachsen Hans geworden war? Die Gefühle in ihr fuhren Achterbahn. Wenn sie ehrlich war, musste sie zugeben, dass sie auch ein klein wenig Eifersucht auf Herrn Spiegel verspürte. Offenbar wusste er genau, was in Hans vorging, während sie völlig ahnungslos war, was seine Zukunftspläne anbelangte. Warum hatte ihr Sohn nie mit ihr über seine Ziele gesprochen? Andererseits war sie doch immer ganz froh gewesen, dass Ignatz den Vater ersetzt hatte.

Lina seufzte. Es machte keinen Sinn, sich heute Abend weiter den Kopf zu zerbrechen. Sie musste in Ruhe darüber nachdenken. Unwillig schüttelte sie den Kopf. Und auch

Ignatz sah ein, dass es wenig brachte, in diesem Moment weiter über dieses Thema zu reden. Später würde dafür noch genug Zeit sein. Lina musste das eben Gehörte erst einmal verarbeiten, schließlich hatte sie bisher nichts davon gewusst.

Er legte Lina beruhigend die Hand auf die Schulter.

„Für heute ist genug gesagt, denk in Ruhe darüber nach! Aber vergiss nicht, es ist eine Berufung Arzt zu werden und Hans ist dazu berufen."

Mit diesen Worten ließ er Lina allein, die sich erschöpft auf einen Stuhl fallen ließ.

Hannah hatte nicht alles verstanden, worüber sie redeten. Doch sie hatte sehr wohl begriffen, dass Hans sie vielleicht verlassen würde. Als er sich ein paar Tage später wieder einmal zu ihr auf die Stufen setzte, sah sie ihn traurig an.

„Stimmt es, dass du von uns weggehst?", fragte sie.

Überrascht schaute Hans auf. „Wie kommst du denn darauf Hannah?"

„Ich habe gehört, wie Papa und Lina sich unterhalten haben. Papa hat gesagt, du willst ein Arzt werden und Lina, dass du dann nach Berlin musst. Willst du wirklich Doktor sein?"

„Ja, Hannah, das will ich", antwortete er ernst. „Seit ich gesehen habe, wie dein Vater den Menschen hilft, wie dankbar sie sind, habe ich diesen Wunsch. Die Medizin ist so vielseitig, so interessant. Man kann damit Leben retten, Schmerzen lindern und ständig wird Neues erforscht. Ach Hannah, glaub mir, ich würde zu Fuß nach Berlin laufen, wenn ich dort lernen dürfte."

In den nächsten Minuten breitete Hans seine ganzen Träume vor dem Mädchen aus. Er vergaß, wer vor ihm saß und wo er war. Still hörte Hannah ihm zu, ohne ihn zu unterbrechen. Sie freute sich darüber, dass Hans mit ihr sprach, als wäre sie genauso alt wie er und kein kleines Kind. Und auch Hans, der sonst so ruhig und verschlossen war, fühlte sich in ihrer Gegenwart seltsam gelöst und wunderte sich später selber darüber, dass er der Kleinen soviel von sich preisgegeben hatte.

An diesem Nachmittag jedoch war Hans weder nachdenklich noch still. Er freute sich, mit Hannah und Hermann zu dem Baumhaus zu gehen. Sein jüngerer Bruder hatte bei einem seiner Streifzüge zufällig diese verwilderte Stelle im Wald entdeckt und die Idee gehabt, ein Baumhaus zu bauen.

Und Hans, der wusste, dass seine Tage zu Hause gezählt waren, versuchte so viel Zeit wie möglich mit Hermann und Hannah zu verbringen. So hatten die drei Kinder die letzten Tage ihrer Ferien dazu genutzt, eine Hütte zu bauen und sie zu ihrem Unterschlupf erklärt. Heute würden sie noch die Treppe zimmern, dann war ihr Baumhaus fertig.

Hans wusste sehr gut, dass Hermann, der handwerklich viel begabter war als er, die letzten Arbeiten auch ohne seine Hilfe geschafft hätte. Aber er wollte diesen Ausflug nutzen, den Beiden zu erklären, dass er schon zum Ende der Ferien auf eine andere Schule wechseln würde. Doch als sie dann später nach getaner Arbeit unter der alten Eiche im Gras lagen, fiel es ihm schwer, die richtigen Worte zu finden. Ein Zufall kam ihm zur Hilfe. Hermann, der die letzten Minuten vor sich hingedöst hatte, fragte unvermittelt.

„Was war das eigentlich für ein Brief, den du heute bekommen hast?“

Hans war froh über die unerwartete Frage. Damit nahm sein Bruder ihm die Entscheidung, das Gespräch vielleicht doch zu verschieben, ohne es zu wissen ab. Ernst sah er die Beiden an. Würde er ihnen wehtun mit seinem Entschluss oder würden sie verstehen, dass er nicht anders handeln konnte? Liebevoll sah er zur kleinen Hannah, die nichtsahnend im Gras lag. Er wusste, wie sie an ihm hing, auch wenn sie viel mehr Zeit mit Hermann verbrachte. Wenn es ihm schon bei seiner Mutter nicht leichtgefallen war, beim Anblick der Kleinen wurde ihm richtig schwer ums Herz. Trotz allem musste er ihnen seine Entscheidung mitteilen.

„Ich habe euch ja schon erzählt, dass ich studieren möchte“, fing er langsam an. „Heute habe ich die endgültige Bestätigung bekommen, dass ich auf die Schule nach Berlin darf. Ich werde also fortgehen."

Zuerst blieb es mucksmäuschenstill. Hermann lag noch immer mit geschlossenen Augen im Gras. Nichts deutete darauf hin, dass das eben Gehörte ihn irgendwie berührte. Plötzlich begann Hannah leise zu weinen. Sie konnte nicht fassen, dass Hans, der wie ein Bruder mit ihr aufgewachsen war, sie verlassen würde. Hilflos nahm Hans sie in die Arme und drückte sie an sich.

„Ich komme euch besuchen, so oft es geht. Ich verspreche es dir, kleine Schwester", tröstete er sie. Doch Hannah ließ sich kaum beruhigen.

„Wann?", fragte Hermann unvermittelt. Noch immer hielt er stur die Augen geschlossen.

„Nach den Ferien", antwortete Hans.

„Was?" Erschrocken sah Hannah ihn an. „Aber das ist ja schon in zwei Tagen."

„Ich weiß", sagte Hans und drückte sie erneut an sich. „Ich wollte, dass es kein allzu langer Abschied wird, so ist es für uns alle am besten."

In diesem Moment stand Hermann wortlos auf und marschierte davon, ohne auf die anderen zu achten. Kopfschüttelnd sah Hans ihm nach, war sich jedoch sicher, dass sein Bruder sich schon wieder einkriegen würde.

Zwei Tage später wartete Herr Spiegel mit dem Auto vor der Apotheke, bereit Hans zum Bahnhof zu fahren.

„Hans, mach schon!", rief er. „Der Zug wartet nicht, auch nicht auf dich."

Doch drinnen im Haus hatte Hans kaum eine Chance, sich von seiner in Tränen aufgelösten Mutter zu trennen. Immer wieder drückte sie ihren Großen an ihre Brust und redete ununterbrochen auf ihn ein.

„Melde dich sofort, wenn du angekommen bist, hörst du! Und schau dir alles genau an! Wenn es dir nicht gefällt, komm einfach zurück! Du kannst auch hier etwas lernen. Und iss ordentlich, du bist sowieso schon so dünn!"

Lachend versuchte sich Hans zu befreien. „Schon gut Mama, ich melde mich, versprochen. Außerdem gibt es in

Berlin auch Ferien, dann komme ich so schnell wie möglich zurück. Und nun muss ich los, ich werde euch auch vermissen, aber wir sehen uns bald wieder."

Hans umarmte Lina ein letztes Mal, verabschiedete sich herzlich von Maria, gab der kleinen Hannah, der die Tränen über die Wangen liefen, einen Kuss und ging zu Hermann, der die ganze Zeit über teilnahmslos in der Ecke stand.

„Mach's gut Hermann, pass gut auf Mutter auf!" Hans wollte seinen Bruder an sich ziehen. Doch Hermann wehrte die Umarmung ab und streckte Hans kühl die Hand entgegen.

„Mach's gut!", sagte er, drehte sich um und ging. Doch Hans hatte keine Zeit mehr, sich über das sonderbare Verhalten seines Bruders Gedanken zu machen. Er musste sich beeilen, Herr Spiegel hatte schon zum wiederholten Mal mahnend gehupt. Noch einmal warf er einen Blick in die Runde. Dann nahm er seinen kleinen Koffer und verließ die Apotheke. Den Ort, an dem er all die Fähigkeiten erworben hatte, die er nun mit nach Berlin nahm. Er war bereits zur Tür hinaus, als die kleine Hannah ihn rief.

„Warte Hans, bleib stehen!"

Ignatz Spiegel hupte ungeduldig, doch lächelnd wandte Hans sich zu Hannah um.

„Damit du mich nicht vergisst", sagte sie und drückte ihm einen kleinen Marienkäfer aus Holz in die Hand. Dann drehte sie sich schluchzend um und ließ sich von Maria trösten. Gerührt hielt Hans den Käfer in der Hand. Das Mädchen besaß ihn schon seit Jahren. Er wusste, was es für sie bedeutete, ihren Glücksbringer nun wegzugeben. Noch einmal ging er deshalb zu ihr hin und drückte sie an sich. Dann lief er ohne einen Blick zurückzuwerfen zur Straße, stieg in das Auto und Ignatz Spiegel fuhr los.

***

So vergingen Wochen und Monate. Hans lebte sich gut in Berlin ein. Seine Lehrer lobten den stillen, wissbegierigen Jungen. Dabei sagten sie ihm eine großartige Laufbahn voraus. Doch der Erfolg flog auch ihm nicht einfach zu, nicht selten saß er bis spät in die Nacht über seinen Büchern.

Außerdem hatte Hans nicht vor, den Spiegels länger als nötig auf der Tasche zu liegen und sich deshalb um eine Arbeit in den Abendstunden bemüht. Da diese knapp waren, hatte er es nur einem Schulkollegen zu verdanken, dass er dreimal die Woche in einer verrauchten Kneipe am Alexanderplatz kellnern konnte.

Hans machte es wenig Spaß, die meist betrunkenen Arbeiter der anliegenden Fabriken zu bedienen. Viel lieber hätte er sich in seinem kleinen Zimmer den Büchern gewidmet. Aber er war auch stolz darauf, eigenes Geld zu verdienen und so saß er tagsüber in seiner Klasse und servierte am Abend Bier.

Dabei bemerkte er immer häufiger einige junge Leute, die sich lautstark über Politik unterhielten. Da sie nur selten alkoholische Getränke bestellten und auch sonst nichts mit den anderen Arbeitern gemeinsam hatten, musste es sich um Studenten oder Schüler handeln. Bei ihren Diskussionen fiel ihm auf, dass immer wieder der Name Hitler erwähnt wurde. Anfangs schenkte er dem kaum Beachtung. Er hatte genug damit zu tun, sich auf sein Studium zu konzentrieren. Außerdem interessierte ihn die Politik nur mäßig.

Als er jedoch bemerkte, dass die Gruppe zunehmend größer und ihre Diskussionen hitziger wurden, blieb er häufiger bei ihnen stehen und lauschte ihren Gesprächen.

So erfuhr er, dass ein Mann aus Österreich Propaganda betrieb und offensichtlich berauschende Reden hielt. Da die deutsche Bevölkerung noch immer unter den Auswirkungen des Krieges litt, die Arbeitsplätze knapp waren und viele Menschen gerade genug zum Überleben hatten, war es leicht für ihn, die Menschen für seine Sache zu begeistern. Denn von Anfang an bemerkte Hans an den hasserfüllten Reden der Studenten in jener Kneipe, lieferte dieser Hitler den Leuten einen Sündenbock für ihre Armut.

„Die verdammten Juden!", hörte er einen kleinen dicken Jungen sagen, der kaum älter als Hermann sein konnte. Hans blieb stehen. Wie so oft in den letzten Tagen spürte er, dass er wütend wurde. Was konnten denn die Juden dafür, dass die Deutschen einen Krieg geführt und verloren hatten?

„Wir müssen sie endlich aus dem Land jagen!", riss ihn ein anderer Junge aus den Gedanken. In diesem Moment hielt es Hans nicht länger aus.

„Oder am besten gleich alle erschießen, nicht wahr?", mischte er sich zum ersten Mal in das Gespräch ein. Dabei ahnte er nicht, wie nahe er der Wahrheit in diesem Moment kam. Eigentlich war sein Einwurf übertrieben ironisch gemeint. Er konnte sich einfach nicht länger zurückhalten bei diesem dummen Gerede. Mit der Antwort, die er nun bekam, hatte er allerdings nicht gerechnet.

„Gar keine schlechte Idee." Plötzlich stand ein anderer junger Mann auf und sah Hans herausfordernd an. „Ich bin sicher, Herr Hitler wäre nicht abgeneigt."

„Offenbar ist euch aber entgangen, dass euer Hitler nicht die Macht dazu hat."

Hans lachte. Die Situation kam ihm absurd vor. Da prahlte dieser Mann damit, wie er das Land retten wollte und diese Studenten fielen auf sein Gerede herein. Dabei steckte genauso viel dahinter, wie in den Parolen dieser jungen Leute.

Hans schüttelte den Kopf. Dann ließ er die erhitzten Studenten sitzen und räumte am Nachbartisch leere Gläser ab. Dabei vernahm er unweigerlich die fortgeführten Gespräche, die sich überwiegend darum drehten, dass sie den jüdischen Geschäftsleuten vorwarfen, Verbrecher und Parasiten zu sein und Schuld an der Niederlage des Krieges zu haben. Sie redeten diesem Hitler nach, nichts weiter. Hans aber verstand zu wenig von Politik, um zu begreifen, welch böse Saat von Hitler und seinen Anhängern ausging. Dennoch nahm er sich vor, bei seinem ersten Besuch zu Hause mit Ignatz darüber zu reden. Schließlich waren die Spiegels selbst Juden und er konnte sich keine anständigere, ehrlichere Familie vorstellen.

Ein paar Wochen später hatte er die Gespräche der jungen Leute jedoch vergessen. Er freute sich auf seine Mutter, den Bruder und die Spiegels. Fast ein Jahr war vergangen, seit er seinen kleinen Koffer gepackt hatte, um nach Berlin zu gehen. Wie versprochen wechselten sie zwar regelmäßig Briefe, doch sein Heimweh wurde dadurch nicht gemildert. Nun würde er endlich alle wiedersehen.

Von seinem wenigen selbst verdienten Geld hatte er schnell noch ein paar Kleinigkeiten besorgt. Weihnachten stand vor der Tür und Hans wollte nicht mit leeren Händen kommen. Deshalb hatte er für Lina einen weichen Schal, für Hermann eine dicke Wollmütze und für Hannah eine viel zu teure Puppe in seiner Tasche. Der Gedanke, dass sie dafür eigentlich schon zu groß sein könnte, kam ihm nicht.

Entspannt lehnte er sich in seinem Sitz zurück. Vor ihm lag eine fast zweistündige Zugfahrt. Das Abteil war ziemlich leer und so fand er Zeit und Ruhe, um in seinem Buch zu lesen. Wie immer war er so in seine Lektüre vertieft, dass er fast vergaß, an seiner Station auszusteigen. Erst die Stimme des Schaffners, der die Reisenden bereits zum zweiten Mal aufforderte, den Zug zu verlassen, schreckte ihn auf. Schnell verstaute er das Buch, schnappte seinen Koffer von der Ablage über ihm und sprang auf den Bahnsteig hinunter. Suchend sah er sich um und entdeckte sofort Ignatz, der sich gerade zu seiner Tochter umwandte.

Hans ging freudig auf die Beiden zu und begrüßte sie. Erstaunt sah er Hannah an und konnte kaum glauben, wie sie sich verändert hatte. Vor ihm stand keineswegs mehr das kleine Mädchen mit den lustigen Rattenschwänzchen, wie er zu ihren Zöpfen immer gesagt hatte. Hannah war ein richtiges kleines Fräulein geworden, wie sie da in ihrem schwarzen Mantel vor ihm stand und ihn schüchtern anlächelte.

„Wenn ich deine Sommersprossen nicht unter tausenden erkennen würde, könnte ich gar nicht glauben, dass du es bist, Hannah. Ignatz? Was habt ihr dem Kind denn zu essen gegeben, dass sie so gewachsen ist?“

Ignatz Spiegel und seine Tochter mussten lachen. Sofort

stellte sich die alte Vertrautheit zwischen ihnen ein.

„Nun ja“, antwortete er auf Hans Frage. „Ich denke, am Essen lag es nicht. Hannah glaubt, dass sie auch bald nach Berlin darf, wenn sie schnell genug wächst.“

„Ist es dafür nicht noch ein bisschen zu früh?“, fragte Hans und bemerkte, wie entschlossen das Mädchen seinen Blick erwiderte.

„Sag das mal meiner Tochter“, stöhnte Ignatz und ging ihnen voraus zum Wagen. Fünfzehn Minuten später hielt er vor der Apotheke, auf deren Stufen seine Mutter stand und auf ihren ältesten Sohn wartete.

„Hans, dass du nur endlich da bist.“ Mit Tränen in den Augen umarmte sie ihn. „Groß bist du geworden. Schau, die Hosenbeine sind viel zu kurz, die werde ich ändern müssen. Aber dünn siehst du aus, isst du auch genug? Oder vergisst du alles über deinen Büchern?“

Hans lachte seine Mutter an. „Natürlich esse ich auch, Mutter. Aber nun lass dich doch erst einmal richtig anschauen, bevor du anfängst meine Kleider zu ändern.“

Da musste auch Lina lachen. Fröhlich hakte sie sich bei ihrem Sohn unter, während sie gemeinsam die Treppe hinaufstiegen.

„Du hast ja recht. Komm lass uns reingehen! Maria wartet sicher schon mit dem Kaffee auf uns.“

Sie gingen ins Haus. Hans begrüßte Maria, die ihn ebenfalls mit Tränen in den Augen umarmte. Danach setzten sich alle um den reichlich gedeckten Tisch. Nur Hans blieb stehen und schaute sich suchend um.

„Wo ist denn Hermann?“, fragte er. „Er weiß doch, dass ich heute komme, oder nicht?“

„Natürlich weiß er es. Vermutlich hält er sich bei Herrn Schröder auf. Der besitzt doch die große Schreinerei und hat Hermann angeboten, bei ihm eine Lehre zu beginnen. Ich dachte, ich hätte dir davon geschrieben. Jedenfalls ist es genau das Richtige für deinen Bruder. Du weißt doch, dass er handwerklich so geschickt ist. Allerdings habe ich ihn extra darum gebeten, heute da zu sein. Ach Hans, Hermann ist ein richtiger Eigenbrötler geworden. Ich habe keine Ahnung, was in seinem Kopf vorgeht."

„So schlimm wird es schon nicht sein", erwiderte Hans, den Hermanns Verhalten nicht sonderlich überraschte. Sein Bruder war immer schon ein wenig störrisch gewesen und manchmal wohl auch etwas eifersüchtig auf ihn. Aber zum Glück waren solche Momente selten, so dass Hans dem Ganzen nie viel Beachtung geschenkt hatte. Außerdem sah er keinen Grund, warum sein Bruder ihn beneiden sollte. Hermann hatte noch nie etwas übrig gehabt für die Arbeit in der Apotheke. Also konnte es ihn auch kaum stören, wenn Ignatz sich fast ausschließlich mit Hans beschäftigte.

Dass Hermann heute bei seiner Ankunft nicht zu Hause war, enttäuschte ihn zwar ein wenig. Immerhin war er fast ein Jahr fort gewesen, doch er war dem Bruder nicht böse. Sicher würde er auch bald nach Hause kommen.

Alles andere als beunruhigt, setzte er sich an den Kaffeetisch, während Lina ihm ein besonders großes Stück von ihrem frisch gebackenen Kuchen auf den Teller lud.

„Greif zu, Hans!", ermunterte sie ihn. „Iss nur tüchtig, siehst ja aus wie eine Bohnenstange."

Hans lächelte. Es rührte ihn, wie besorgt seine Mutter um ihn war. Man konnte ihr deutlich ansehen, wie sehr sie ihren Sohn vermisst hatte und es nun genoss, ihn zu verwöhnen. Also ließ er sie gewähren und aß, während ihm Lina zufrieden dabei zuschaute.

„Erzähl, mein Junge!", forderte ihn Ignatz auf. „Was tut sich in der großen Stadt, gefällt es dir? Was macht die Schule?"

„Nun lass ihn doch erst einmal essen", fuhr Lina dazwischen. „Du wirst noch früh genug erfahren, wie er sich macht. Nicht wahr, Hans?"

„Schon gut, Mutter. Mehr bringe ich sowieso nicht runter. Es sei denn, du möchtest mir die Hosen nicht nur länger, sondern auch weiter machen. Hier!"

Er kramte in seiner Tasche und holte seine Hefte hervor, die er an Ignatz weiterreichte. „Ich hoffe, du bist zufrieden mit mir."

„Und ob ich das bin“, antworte der Apotheker stolz, nachdem er einen Blick auf die Zensuren geworfen hatte. „Ich wusste es, Hans. Du wirst deinen Weg gehen, davon bin ich überzeugt. Es wäre wirklich ein Fehler gewesen, wenn deine Mutter dir diesen Traum verwehrt hätte. Wie gut, dass ich damals so hartnäckig geblieben bin.“

„Früher oder später wäre ich sicher auch dahinter gekommen“, wehrte Lina empört ab, lächelte aber dabei. Sie war Ignatz dankbar dafür, dass er diese Entscheidung herbeigeführt hatte. Selbst ein Blinder konnte das sehen.

„Eines Tages werde ich auch Medizin studieren“, sagte Hannah in diesem Moment, die bis eben still zugehört hatte. „Glaubst du, ich schaffe das Hans?“

„Klar schaffst du das, wenn du es wirklich willst. Du musst nur fleißig weiterlernen. Aber Maria hat mir schon verraten, dass du Klassenbeste bist. In ein paar Jahren nehme ich dich mit nach Berlin.“

Hans sagte das mehr zum Scherz, Hannah hatte ja noch viel Zeit. Doch die sah ihn nun strahlend an. „Versprichst du es mir?“, fragte sie. Hans, der in dem Augenblick bemerkte, wie ernst ihr die Sache war, sah sie nachdenklich an.

„Wenn du dir bis dahin ganz sicher bist, diesen Beruf ausüben zu wollen, dann nehme ich dich mit, versprochen.“

„Wohin willst du Hannah mitnehmen?“

Von den anderen unbemerkt war Hermann nach Hause gekommen und stand nun in der Tür. Er hatte nur die letzten Worte mitbekommen und erschrocken gehört, dass sein Bruder Hannah mitnehmen wollte, wohin auch immer. Er ignorierte die überraschten Blicke der Spiegels ebenso, wie den Vorwurf im Blick seiner Mutter.

„Nun sag schon! Wohin willst du sie mitnehmen?“, wiederholte er seine Frage, wobei seine Stimme einen Ton zu scharf war.

Erstaunt sah Hans ihn an. Auch Hermann hatte sich verändert. Der Bruder, den er vor einem Jahr zurückgelassen hatte, war ein dünnes schmächtiges Kerlchen gewesen. Nicht zu vergleichen mit dem jungen Mann, der nun vor ihm stand.

Hermann war nicht nur einen ganzen Kopf größer geworden, man konnte auch deutlich die Muskeln sehen, die sich unter seinem Hemd abzeichneten. Die Arbeit in der Schreinerei tat ihm sichtlich gut.

„Willst du deinen Bruder nicht erst einmal begrüßen?", fragte Lina ein wenig ärgerlich. Genau das meinte sie, wenn sie von Hermanns Sturkopf sprach. Immer musste es nach seinem Willen gehen. Hoffentlich gab sich das irgendwann. Im Moment sah es jedoch nicht danach aus.

„Kann mir nun endlich mal einer sagen, wohin Hannah gehen soll?"

Mürrisch runzelte Hermann die Stirn. Hans stand auf und ging lächelnd auf seinen Bruder zu.

„Hannah geht nirgendwo hin, jedenfalls nicht heute oder morgen", beruhigte er ihn. „Sie hat uns nur erzählt, dass sie später auch studieren möchte, das ist alles. Also kleiner Bruder, nun lass dich drücken. Ich freue mich, dich zu sehen. Bist ja ein richtiger Mann geworden."

Hermanns Gesichtszüge entspannten sich. Er wusste selbst nicht richtig, was in ihn gefahren war. Es war einfach ein komisches Gefühl gewesen, die anderen so vertraut um den großen Tisch sitzen zu sehen. Seine Mutter, wie sie an Hans Lippen hing, Herrn Spiegel, dem der Stolz aus den Augen leuchtete und dann auch noch Hannah, die Hans regelrecht anstrahlte. Hermann war sich wie ein Eindringling vorgekommen und einen Moment lang im Flur stehengeblieben, als er hörte, was Hans sagte. Jetzt, da er den Zusammenhang kannte, wunderte er sich über sich selbst und umarmte seinen Bruder herzlich.

„Ich freu mich auch, dich zu sehen. Du musst dir unbedingt das Baumhaus ansehen, du wirst es nicht wiedererkennen."

Hans war erstaunt, wie schnell sich Hermann wieder in den Jungen verwandelte, den er kannte. Die angespannte Stimmung löste sich in Luft auf. Trotzdem konnte er Hermanns wütendes Gesicht nicht gleich vergessen, auch wenn der nun friedlich neben Hannah auf der Bank saß, Kuchen in sich hinein schaufelte und den anderen von seiner Arbeit in der Schreinerei erzählte.

In diesem Moment bemerkte er Linas Blicke. Er ahnte nicht, dass es ihr vor Jahren genauso ergangen war. Sie dachte an den Tag zurück, an dem Hermann die kleine Hannah im Kinderwagen vor den anderen Jungen beschützt hatte. Der Ausdruck in seinem Gesicht war der gleiche wie der, als er eben zornig im Türrahmen stand. Leider nicht zum ersten Mal. Er wird Georg immer ähnlicher, dachte sie, bevor sie aufstand, um das schmutzige Geschirr in die Küche zu räumen.

***

Die nächsten Tage sah Hans seinen Bruder das eine oder andere Mal nachdenklich an. Die Geschichte wollte ihm einfach nicht aus dem Kopf gehen. Da er aber nichts Außergewöhnliches an Hermanns Verhalten feststellen konnte und auch seine Mutter sich nicht dazu äußerte, ließ er es auf sich beruhen.

Morgens half er so wie früher Herrn Spiegel in der Apotheke. Die Kunden, vor allem aber Frau Becker, freuten sich ihn zu sehen. Später ging er dann meistens ein wenig spazieren oder besuchte mit Hermann und Hannah das alte Baumhaus.

Er musste zugeben, dass das Haus kaum wiederzuerkennen war. Sein Bruder schien viel Zeit damit verbracht zu haben, alte Hölzer auszutauschen und das Dach abzudichten. Eigentlich sah es kaum noch wie ein Baumhaus aus, eher wie eine solide Gartenlaube. Da es jedoch ziemlich kalt und die Hütte durch den hohen Schnee kaum zu erreichen war, gaben sie diese Ausflüge bald auf.

Hans widmete sich wieder seinen Büchern. Hermann war meistens unterwegs, keiner wusste genau wo. Hannah aber sah entweder still zu, wie Hans lernte oder half den Frauen bei den Weihnachtsvorbereitungen. Den Schneiders zuliebe feierten die Spiegels das christliche Fest, auch wenn sie nicht ihren Glauben teilten.

Einen Tag vor Heiligabend, während alle damit beschäftigt waren, den großen Tannenbaum in der Stube zu schmücken, bat ihn Ignatz, ihn ins Labor der Apotheke zu begleiten. Er musste unbedingt mit Hans reden.

Seit kurzem kursierten in der Stadt die seltsamsten Gerüchte. Keiner wusste was Genaues, aber alle sprachen davon. Ignatz war froh, dass die Frauen noch nichts mitbekommen hatten. Zuerst wollte er mit Hans darüber reden. Der Junge lernte in Berlin und wenn es etwas gab, was sie beunruhigen musste, hätte Hans es sicher erfahren.

„Setz dich!“, forderte er ihn auch gleich auf, kaum, dass er die Tür geschlossen hatte. Hans, der erwartet hatte, dass Ignatz ihm eine neue Arzneimischung vorführen wollte, sah ihn neugierig an.

„Was ist denn los?“, fragte er, als er bemerkte, dass der Apotheker seltsam angespannt wirkte. Nervös knetete Ignatz seine Hände. Er wusste nicht recht, wie er anfangen sollte. Möglicherweise handelte es sich ja nur um Hirngespinste irgendwelcher Leute. Sichtbar unbehaglich rutschte er auf seinem Stuhl herum.

„Nun ja“, begann er. „In den letzten Wochen wird hier viel geredet. Deshalb wollte ich

dich fragen, ob du in der Stadt irgendetwas mitbekommen hast? Vielleicht ist dir etwas aufgefallen, was dir ungewöhnlich vorkam?“

Hans lachte. „Natürlich bekomme ich mit, wie die Leute sich unterhalten, aber das machen sie nicht erst seit gestern. Du musst schon deutlicher werden.“

Ignatz Spiegels Gesicht blieb ernst, als er erneut zu reden begann.

„Das meine ich nicht, es geht nicht um den üblichen Tratsch. Die Leute reden ständig von diesem Hitler. Angeblich will er Reichspräsident werden, dabei ist er gar kein Deutscher. Außerdem halten er und seine Nationalsozialisten fortwährend Reden, in denen sie auf uns Juden schimpfen. Es ist kaum zu glauben, aber wenn es stimmt, was die Leute sagen, gibt Hitler uns die Schuld an der Niederlage des Krieges."

Stumm hatte Hans dem aufgebrachten Ignatz zugehört und schüttelte nun den Kopf. Erst jetzt erinnerte er sich an die Gespräche in der Kneipe. Nun war der Name Adolf Hitler also bis nach Barnitz vorgedrungen. Dennoch glaubte er nicht an eine Bedrohung. Die Angst, die aus der Stimme des Apothekers sprach, schien ihm unbegründet.

„Es stimmt", antwortete er. „Auch ich habe davon gehört. Sein Name ist schon öfter in der Kneipe, in der ich arbeite, gefallen. Die Leute reden von ihm. Aber ich mache mir da keine großen Sorgen. Hörst du nicht selber, wie lächerlich das klingt? Ein Mann, der kein Deutscher ist, will in Deutschland gewählt werden? Wenn du mich fragst, ist das nur ein kleiner Wichtigtuer, der schneller wieder in der Versenkung verschwinden wird, als wir schauen können."

„Du glaubst also, dass keine Gefahr von ihm ausgeht?"

„Ganz sicher nicht", bestätigte ihm Hans. „Dazu ist dieser Mann viel zu unwichtig. Bedenke doch, wie viele Juden in Deutschland leben. Die Hälfte meiner Professoren ist jüdischer Herkunft. Nein Ignatz, auch wenn dieser Hitler glaubt, euch etwas anhaben zu können, es wird ihm nicht gelingen. Schließlich gibt es auch noch Hindenburg."

Erleichtert sah Ignatz Spiegel Hans an. Er hatte gehofft, dass er so etwas sagen würde. Nun musste er sich selber wundern, dass er so beunruhigt reagiert hatte, nachdem ihm die anderen in der Synagoge davon erzählten. Aber Hans war schließlich kein Dummer. Er würde erkennen, wenn etwas passierte, worüber sie sich sorgen müssten. Gleich morgen würde er den anderen davon berichten.

***

Doch Hans sollte schon bald merken, wie sehr er sich geirrt hatte. Nachdem die Weihnachtsfeiertage vorüber waren und er zurück in Berlin, erkannte er schnell, wie leichtgläubig er an die Sache herangegangen war. Er hatte sich nie sonderlich für Politik interessiert, meist saß er ja in seinem Zimmer und lernte. Doch nun stellte er fest, dass er darüber auch die politische Lage völlig falsch eingeschätzt hatte.

Als er nun nach dem Gespräch mit Ignatz hellhöriger geworden war, versuchte er bei den Gesprächen in der Kneipe aufmerksamer zu sein. Gleich an seinem ersten Abend bediente er einen Tisch mit jungen Leuten. Es waren dieselben, die er schon früher in hitzige Gespräche verwickelt, erlebt hatte. Nie hatte es Probleme mit ihnen gegeben. Sie waren zwar laut, aber das waren andere auch. Studenten eben hatte Hans bis heute geglaubt.

Gespannt ging er näher an die Gruppe heran und räumte am Nachbartisch langsam die Gläser zusammen. Doch er hätte auch einfach nur stehen und zuhören können, keiner von denen achtete auf ihn. Als er jetzt dem Gespräch lauschte, kam es Hans zum ersten Mal so vor, als ginge etwas Gefährliches von diesen Leuten aus.

Einer von ihnen, ein langer pickliger Kerl mit blonden Haaren, hatte das Reden übernommen. Mit gerötetem Gesicht sah er die anderen beschwörend an.

„Hitler hat gesagt, die Juden sind schuld daran, dass es uns Deutschen so schlecht geht. Während sie die Geschäfte besitzen und in Wohlstand leben, finden Millionen Deutsche keine Arbeit."

„Stimmt!", rief ein anderer. „Mein Vater sitzt nun schon zwei Jahre untätig zu Hause herum und das Geld reicht hinten und vorne nicht."

„Genau das meint Adolf Hitler ja. Er sagt, dass die Juden alle Verbrecher sind und unser Land vergiften", ergriff der Erste erneut das Wort. „Schaut euch doch um! Wir Deutschen gehen für das Gesindel arbeiten, so weit ist es schon gekommen. Wenn wir diesen Judenbazillus nicht vernichten, wird es uns bald noch sehr viel schlechter gehen."

„Aber was können wir denn dagegen tun?", kam es aus der Ecke.

Hans sah einen schlaksigen, sommersprossigen Kerl. Auf seine Frage hin sahen alle zu dem jungen Mann, der zuerst das Wort geführt hatte. Der beugte sich entschlossen vor und schaute die anderen eindringlich an.

„Ihr könnt etwas tun. Geht zu Hitlers Veranstaltungen! Hört ihn reden! Und ihr werdet genauso überzeugt von ihm sein wie ich. Die Volksgemeinschaft versammelt sich in seinem Namen, darin ist Raum für jeden von uns. Wenn wir als Deutsche zusammenhalten und hinter diesem Mann stehen, wird er die nächste Wahl gewinnen. Dann wird er unser Land wieder zum Wohlstand führen, wie er es verspricht. Und uns wird es endlich besser gehen."

Stumm hatten die anderen ihm zugehört, doch es dauerte nicht lange, bis die Begeisterung, die aus seinen Worten klang, auf sie übersprang. Ja, sie wollten diesen Hitler hören. Sie würden zu seinen Reden gehen und sie wollten dabei sein, wenn es wieder aufwärts ging. Die angespannte Atmosphäre war verflogen. Die jungen Männer am Tisch lachten nun, tranken ihr Bier und gehörten einfach dazu.

Hans stand wie erstarrt noch immer am Nachbartisch. Schon zweimal hatte ein Gast ärgerlich nach ihm gerufen, doch er rührte sich nicht von der Stelle, bevor er auch den letzten Satz gehört hatte. Sofort fiel ihm das Gespräch mit Ignatz ein. Waren die Befürchtungen seines väterlichen Freundes vielleicht doch berechtigt? Hatte er die Lage unterschätzt?

„Nein", sagte er sich immer wieder. Jeder halbwegs klardenkende Mensch wusste doch, dass die Juden nicht die Schuld an Deutschlands Niederlage trugen. So naiv konnte man doch gar nicht sein. Es waren nicht nur die Spiegels, die ihm gezeigt hatten, dass sie ehrliche, fleißige Leute waren. Er kannte auch viele nette jüdische Studenten, die Tag und Nacht lernten, um später Lehrer, Rechtsanwalt oder Arzt zu werden wie er.

Langsam wurde Hans richtig wütend auf den Jungen, der die anderen mit seinem Hitlergerede aufhetzte. Sicher war er selber nicht in der Lage, etwas aus seinem Leben zu machen und deshalb neidisch auf andere. Und mit Hilfe von Hitler hatte er einen Sündenbock gefunden.

Aber niemals, so dachte Hans zu diesem Zeitpunkt, würden sie es schaffen, mit solchen Parolen Wahlen zu gewinnen. Er musste nur daran denken, welches Ansehen der Apotheker in Barnitz genoss und wie eng seine Familie mit den Spiegels befreundet war. Er hatte ihnen so viel zu verdanken, niemals war ihm ihre Religion als anstößig erschienen.

Und trotzdem ließ ihn das Gespräch der anderen nicht mehr los. In dem Gesicht des Redners hatte etwas Brutales gelegen. Plötzlich hatte Hans das Gefühl, nicht länger im gleichen Raum mit diesen Männern atmen zu können. Schnell brachte er dem Gast, der zum wiederholten Mal nach ihm rief, die Rechnung, entschuldigte sich bei seinem Vorgesetzten und verließ die Kneipe. Draußen wehte ihm kalter Wind entgegen. Hans atmete tief ein und lief trotz des Schneetreibens die zwei Kilometer zu Fuß nach Hause.

Dort angekommen, setzte er sich sofort an den Tisch, riss einen Zettel aus einem der herumliegenden Hefte und begann einen Brief zu schreiben. Die Kälte hatte dafür gesorgt, seine Gedanken zu ordnen. Er glaubte noch immer, dass es sich bei all dem Gerede um dummes Zeug handelte. Trotzdem wollte er zumindest Hermann bitten, Augen und Ohren offen zu halten. Ohne zu zögern, begann er zu schreiben.

Lieber Hermann,

Du wirst Dich sicher wundern, von mir Post zu bekommen. Aber ich hielt es für angebracht, Dich über ein beunruhigendes Erlebnis meinerseits zu informieren. Zufällig habe ich ein Gespräch mitgehört, in dem es um diesen Adolf Hitler ging. Wie ich erfahren habe, hält der Mann große Reden, in denen er vor allem auf die Juden schimpft, das aber derart widerwärtig, dass ich es kaum fassen kann. Möglicherweise bewerte ich die Geschichte auch über. Deshalb schreibe ich an Dich und nicht an Ignatz, schließlich will ich ihn nicht unnötig beunruhigen.

Sollte Dir irgendetwas Bedrohliches zu Ohren kommen,

bitte ich Dich, mich sogleich zu benachrichtigen. Ich weiß, dass ich mich auf Dich verlassen kann und Du die Sache ernst nimmst. Sei einfach aufmerksam, Hermann!

Ich hoffe es geht Euch allen gut, so wie mir auch. Sag Mutter und den Spiegels nichts vom Inhalt dieses Briefes! Sie würden sich nur aufregen. Übermittel Ihnen liebe Grüße, ich hoffe Ostern nach Hause zu können, bis bald,

Dein Bruder Hans

P.S. Pass besonders gut auf Hannah auf!

Eine Woche später bekam Hans Antwort auf seinen Brief.

Lieber Hans,

Dein Schreiben habe ich bekommen und will Dich gleich beruhigen. Bei uns hier ist alles so wie immer. Nur Ignatz verlässt nun öfter abends das Haus, aber das hat ganz sicher nichts zu bedeuten. Wahrscheinlich geht er in die Synagoge.

Den Namen Hitler hört man hier nun auch häufig, aber der wird nicht überbewertet, wie es bei Euch in Berlin zu sein scheint. Hannah sagt, dass sie in der Schule kurz darüber gesprochen haben und auch nur deshalb, weil Hitler glaubt, dass seine Partei die nächste Wahl gewinnt. Du weißt, dass die Politik nicht mein Ding ist, ich gehe lieber in die Schreinerei. Trotzdem glaube ich, dass Hindenburg sicher nicht tatenlos zusieht, wie dieses Großmaul Reichskanzler wird.

Auf Hannah passe ich selbstverständlich auf, wenn die sich auch inzwischen selbst ganz gut wehren kann. Du müsstest nur sehen, wie groß sie schon wieder geworden ist. Ansonsten geht es uns allen gut. Die Spiegels lassen fragen, wann Du ihnen endlich wieder einmal schreibst und Mutter natürlich auch. Wir erwarten Dich also zu Ostern, viele Grüße von allen,

Dein Bruder Hermann

***

Hans kam früher nach Hause als erwartet, eine schwere Grippe hatte ihn gepackt. Nur durch Zufall fand ihn ein Kommilitone, der einige Bücher von ihm ausleihen wollte. Als er Hans in diesem Zustand sah, informierte er sofort einen Arzt. Doktor Grünspan, dessen Praxis ganz in der Nähe lag, musste einen Hausbesuch machen. Hans war einfach zu schwach, die Praxis aufzusuchen. Mit Fieber und Schüttelfrost lag er im Bett und wartete auf den Arzt.

„Nun mein Junge", sagte der, nachdem die Untersuchung abgeschlossen war. „Dich hat es ja ganz schön erwischt. Die Schule kannst du erst einmal vergessen."

„Das geht nicht", versuchte Hans zu widersprechen, doch aus seinem Hals kam nur ein undeutliches Kratzen.

Der Doktor tat, als hätte er Hans Einwand nicht gehört. Er wusste genau, was in dem Jungen vorging. Die jungen Leute wollten so schnell wie nur möglich ihr Studium fertigbringen. Meist war das Geld auch noch knapp. Aber in diesem Zustand würde er Hans keinen Gefallen tun, wenn er ihn nicht krankschrieb.

Besorgt sah er sich um. Bei ihm hatte es früher auch so ausgesehen, aber gesund konnte in diesem spärlich möblierten Zimmer bestimmt niemand werden. Es gab nicht einmal einen richtigen Ofen hier. Zum Glück besaß der Junge wenigstens ein Bett. Ansonsten füllten hauptsächlich Bücher das Zimmer, die verstreut am Boden oder in offenen unausgepackten Kartons lagen.

Gutmütig schaute er auf seinen Patienten. „Am besten wird es sein, du rufst deinen Vater an und lässt dich nach Hause holen. Dort kann dich deine Mutter richtig verwöhnen und pflegen. Du wirst sehen, dann wirst du im Handumdrehen wieder auf den Beinen sein. Deine Bücher laufen dir schon nicht davon, glaub mir."

„Schön wär's", krächzte Hans. „Aber erstens habe ich keinen Vater und zweitens ist da nicht nur die Schule, sondern auch meine Arbeit. Wenn ich jetzt ausfalle, hat ganz schnell ein anderer meine Stelle und ich brauche das Geld."

„Soso, du meinst also, du könntest arbeiten. Nun, da muss ich dich enttäuschen und mit deinem Vater, das tut mir leid."

Doktor Grünspan empfand Mitgefühl für den sympathischen Studenten, der ihn irgendwie an sich selber in jungen Jahren erinnerte. War er nicht genauso ungestüm und ehrgeizig gewesen? Doch es war nichts zu machen, der Junge war krank. Wenn er nicht aufpasste, konnte er sich eine gehörige Lungenentzündung einfangen. Dann würde er erst recht nicht zum Lernen kommen.

„Hast du nicht einmal heißes Wasser hier?", fragte er und schaute sich suchend um. „Bevor ich weiter muss, will ich dir wenigstens noch einen Tee aufbrühen. Du kannst ja kaum selber aufstehen."

„Im Schrank steht ein Topf. Aber ob noch Tee da ist, kann ich wirklich nicht sagen", antwortete Hans erschöpft, dann fielen ihm die Augen zu. Als der Doktor ihn kurze Zeit später sanft rüttelte, stand eine dampfende Tasse vor ihm.

„Trink Junge, es wird dir guttun!", forderte der Arzt ihn auf. „Und dann lass uns gemeinsam überlegen, was wir mit dir machen können. Besteht denn keine Möglichkeit, dass dich jemand hier abholt? Ich kann dich doch nicht einfach so liegen lassen."

Hans dachte darüber nach, während er von dem heißen Tee trank. „Nun ja, vielleicht könnte ich Herrn Spiegel bitten. Allerdings wäre es mir schon unangenehm, wenn er wegen mir die Apotheke schließen müsste."

„Sagtest du Spiegel? Bist du etwa mit Juden befreundet?"

„Warum fragen Sie?" Hans wusste gar nicht, was ihm der Doktor damit sagen wollte. Was ging es ihn an, wie Herr Spiegel hieß?

„Meine Frage war nicht ganz unbegründet", begann Dr. Grünspan, der Hans verwunderten Blick natürlich bemerkt hatte. „Ich denke einfach, dass Berlin im Moment nicht der richtige Ort für Juden ist."

„Wie meinen Sie das?" Hans setzte sich jetzt ärgerlich auf. „Gehören Sie etwa auch zu den Leuten, die den Juden die

Schuld am armen Deutschland geben? Als Arzt hätte ich Sie eigentlich vernünftiger eingeschätzt. Ich danke Ihnen für die Hilfe, aber ich muss Sie nun bitten zu gehen."

„Nun mal langsam, mein Junge! Wer sagt dir denn, dass ich etwas gegen Juden habe?" Er lachte. „Ich bin selber einer. Also beruhige dich und trink deinen Tee!"

„Sie sind Jude?" Erstaunt sah Hans den Arzt an. „Entschuldigen Sie, aber man sieht Ihnen gar nicht an …"

„Ach so", unterbrach ihn Grünspan. „Man sieht es also deiner Meinung nach den Leuten am Gesicht an, welchen Glauben sie haben? Wenn das so ist, muss ich mir wirklich Sorgen machen."

„So meinte ich das nicht." Hans ärgerte sich über seine unbedachte Äußerung. „Ich habe nur geglaubt, na ja, ach ich weiß auch nicht", stammelte er.

„Schon gut, nun weißt du es. Trotzdem denke ich, dass es keine gute Idee ist, wenn dein Herr Spiegel dich hier abholt. In der letzten Zeit kam es immer öfter zu Anfeindungen. Noch ist nichts Schlimmes passiert, aber man weiß nie, wie schnell die Stimmung umschlägt."

Hans war die letzten Wochen nichts dergleichen aufgefallen. Nicht einmal die jungen Männer, die in der Kneipe gehetzt hatten, trafen sich noch dort. Er schüttelte den Kopf. Sollte es wirklich so sein, wie Doktor Grünspan nun berichtete, wäre das völlig an ihm vorübergegangen. War es möglich, dass er vor lauter Lernen nicht bemerkte, was in der Stadt los war? Er bezweifelte es. Gleichzeitig fragte er sich, warum der Arzt ihn anlügen sollte?

„So, nun muss ich aber weiter", riss Doktor Grünspan ihn in diesem Moment aus seinen Gedanken. „Ich habe mich schon viel zu lange bei dir aufgehalten. Sieh einfach zu, dass du nach Hause kommst, hörst du! Und wenn sonst irgendetwas ist, kannst du mich jederzeit hier finden."

Mit diesen Worten schrieb er seine Anschrift auf und verabschiedete sich. Zurück blieb ein nachdenklicher Hans, der langsam seinen Tee schlürfte.

Am nächsten Tag fuhr er mit dem Zug nach Hause.

Obwohl er sich kaum auf den Beinen halten konnte, schaffte er es irgendwie, seine Tasche zu packen und sich zum Bahnhof zu schleppen. Er musste nur vier Straßen gehen, doch selbst auf dieser relativ kurzen Strecke fielen ihm plötzlich die vielen Plakate an den Litfaßsäulen und Häuserwänden auf.

„Wählt die NSDAP, wählt Hitler!"

„Wer Hitler wählt, wählt den deutschen Wohlstand!"

Überall standen die Parolen. Langsam wurde Hans bewusst, was Doktor Grünspan gemeint hatte. Die Hakenkreuze an den Wänden der Häuser und in den Köpfen der Menschen nahmen zu. Wie es aussah, gewann dieser Hitler immer mehr Anhänger und würde womöglich wirklich an die Macht kommen.

Aber Hans besaß im Moment keine Kraft, länger darüber nachzudenken. Völlig erschöpft ließ er sich auf die Bank des Zugabteils fallen. Er hatte noch immer Fieber und sein Hemd war bereits schweißnass. Er fühlte sich krank und müde und wollte für einen Moment einfach alles vergessen. Wehmütig sah er aus dem Fenster, an dem die letzten Häuser Berlins vorüberzogen. Dann fuhren sie weiter, vorbei an Wäldern, Wiesen und vereinzelten Gehöften, während Hans unter dem gleichmäßigen Rattern des Zuges einschlief.

Zwei Stunden später hielt der Zug in seiner Heimatstadt. Hans, der sich durch den Schlaf ein wenig erholt hatte, stieg aus. Er war der einzige Fahrgast, der den Zug verließ. Etwas verloren stand er am Bahnsteig. Da ein Brief erst nach ihm angekommen wäre, wusste niemand über seine Ankunft Bescheid. Folglich wurde er auch nicht vom Bahnhof abgeholt.

Langsam verließ er das Gebäude und schaute sich suchend um, bis er erblickte, worauf er gehofft hatte. Drüben an dem Gasthaus zur Post stand ein alter Leiterwagen. Jakob, der in der Brauerei arbeitete und montags immer Bier auslieferte, hatte Hans schon einmal mitgenommen. Da die Apotheke genau auf seinem Weg lag, hatte er auch heute nichts gegen einen Fahrgast einzuwenden.

„Siehst aber gar nicht gut aus", begrüßte er Hans, „Komm steig auf! Ich glaube, es ist besser, du kommst in ein Bett. Du schwitzt ja, als hättest du Fieber."

„Es geht schon", winkte der ab. Aber kaum war er auf den Wagen geklettert, brach er zusammen, so dass der erschrockene Jakob alle Mühe hatte, ihn so schnell wie nur möglich zur Apotheke zu fahren. Er musste wohl ziemlichen Radau gemacht haben. Es dauerte keine fünf Minuten, bis die Spiegels mit der bestürzten Lina im Schlepptau nach draußen gerannt kamen.

„Um Gottes willen", schrie Lina erschrocken. „Schnell, holt einen Arzt!"

***

Drei Wochen waren seit Hans Ankunft vergangen. Drei Wochen, in denen er von Fieberkrämpfen geschüttelt, nichts von seinem Umfeld mitbekam. Manchmal glaubte er, seine Mutter oder Hannah zu sehen, wie sie besorgt an seinem Bett saßen. Aber immer, wenn er versuchte mit ihnen zu reden, fielen ihm erneut die Augen zu.

An diesem Morgen aber erwachte Hans schon frühzeitig und fühlte sich zum ersten Mal ein wenig besser. Langsam spürte er, wie die Kraft in seinen geschwächten Körper zurückkehrte. Leise, um die anderen nicht zu wecken, stand er auf, um sich anzukleiden. Doch sobald er auf seinen Beinen stand, schwankte der Boden unter ihm. Erschöpft setzte er sich zurück auf das Bett. Gerade als er es geschafft hatte, sich die Hose überzustreifen, kam Lina leise zur Tür herein. Als sie ihren Sohn auf dem Bett sitzen sah, schimpfte sie sofort los.

„Hans! Du darfst doch nicht aufstehen, du bist krank. Leg dich sofort wieder hin, hörst du! Umkippen hättest du können. Wie kannst du nur so unvernünftig sein?"

Hans lächelte seine Mutter an und befolgte ihre Anweisung.

„Schon gut, Mama, ich merke ja selber, wie wenig Kraft ich in den Knochen habe. Trotzdem geht es mir heute zum ersten Mal halbwegs gut und ob du es glaubst oder nicht, ich habe einen Bärenhunger."

Lina lächelte zurück. Sie war so froh, dass es ihrem Ältesten wieder besser ging. Eine Zeitlang schien die Lungenentzündung, die der Arzt festgestellt hatte, Hans immer mehr zu schwächen. Tagelang hatten sie und Hannah an seinem Bett gesessen und darauf gewartet, dass endlich die gewünschte Besserung einsetzte. Herr Spiegel hatte die besten Mittel aus der Apotheke gebracht, aber lange Zeit wollte nichts helfen.

Hans ahnte nicht, welche Angst die anderen um ihn ausgestanden hatten. Er freute sich im Moment nur auf ein ordentliches Frühstück und konnte die Aufregung seiner Mutter überhaupt nicht verstehen. Als sie ihm später bei einer dampfenden Tasse Tee erzählte, wie lange er krank gelegen hatte, erschrak er.

„Das kann doch nicht wahr sein, mir ist es gar nicht so lange vorgekommen. Aber an viel kann ich mich auch nicht mehr erinnern. Nur noch daran, wie ich am Bahnhof angekommen bin und zum Glück auf Jakob traf, danach ist Leere."

„Kein Wunder, du hast ja auch die meiste Zeit über geschlafen. Einen ganz schönen Schrecken hast du uns eingejagt, weißt du das? Warum hast du uns denn nicht Bescheid gegeben, dass du kommst? Wir hätten dich doch abgeholt. Gott sei Dank war Jakob zur Stelle."

Lina sah ihren Sohn voller Erleichterung an. Bei der Vorstellung, wie er mutterseelenallein am Bahnhof umgefallen wäre, schauderte es sie.

„Und nun muss ich in den Laden, die Arbeit macht sich nicht von alleine. Aber du bleibst schön im Bett! Vergiss nicht, dass du eine schwere Lungenentzündung hattest. Das steckt man nicht einfach so weg. Hannah wird dann nach dir schauen. Sie hat Ferien und freut sich sicherlich sehr, dass es dir besser geht. Also sei vernünftig und schone dich! Alles Weitere wird sich finden."

Nachdem Hans einen weiteren vergeblichen Versuch unternommen hatte aufzustehen, hörte er auf den Rat seiner Mutter und blieb liegen. Auf seinen Nachttisch hatte Hannah, die wohl ahnte, was Hans als erstes vermissen würde, seine Bücher gelegt. Aber er merkte recht schnell, wie sehr ihn das Lesen erschöpfte. Müde legte er sich zurück in die Kissen und schloss die Augen. Hannah, die mit dem Mittagessen kam, ließ ihn schlafen und ging leise wieder aus seinem Zimmer. Doch Hans musste gespürt haben, dass jemand im Raum war. In dem Moment als die Tür sich schloss, wachte er auf.

„Mutter?", rief er. „Bist du das?"

Hannah wollte gerade enttäuscht die Treppe nach unten gehen. Sie hatte sich so gefreut, als Lina ihr von seiner Besserung erzählte und auf ein Gespräch mit ihm gehofft. Als sie nun hörte, dass er wach war, lief sie schnell die paar Stufen zurück nach oben, in der Hand den Teller, in dem die Suppe gefährlich schwappte.

„Du bist ja wach", rief sie freudig, sobald sie den Raum betreten hatte. „Dann brauche ich die Suppe wenigstens nicht wieder nach unten tragen. Hast du Hunger? Lina hat extra für dich ein Hühnchen gekauft und gekocht. Der Arzt sagt, das wäre das beste Mittel gegen die Grippe. Auch wenn Papa da anderer Meinung ist, aber er muss ja auch an sein Geschäft denken."

Hannah lachte. „Ihm selber hat die Suppe übrigens trotzdem gut geschmeckt, Mama hat ihm zweimal nachholen müssen."

Mit diesen Worten stellte sie den Teller ab und half ihm sich aufzurichten. Hans wurde es richtig warm ums Herz. Genau das war es, was er in Berlin vermisste. Alle hier kümmerten sich so rührend um ihn. Hannah sah ihn dabei auch noch an, als ob sie sich freuen durfte, ihm zu helfen. Dabei war er es, der dankbar sein musste. Energisch drückte sie ihm nun den Löffel in die Hand, bevor er auch nur ein Wort sagen konnte.

„So, jetzt iss erst mal! Du musst wieder zu Kräften kommen, nachdem du die ganze Zeit gelegen und nichts gegessen hast. Ich erzähle dir solange, was es bei uns Neues gibt."

Was blieb Hans anderes übrig, als sich zu fügen?

Bereitwillig nahm er den Löffel und schlürfte genüsslich die köstliche Suppe. Hannah setzte sich derweil auf den einzigen Stuhl im Zimmer und fing an zu berichten.

„Also“, begann sie, „viel ist hier ja nicht passiert. Bei dir in Berlin ist es bestimmt viel aufregender. Hermann ist die ganze Zeit über in der Schreinerei beschäftigt, aber das hat er dir bestimmt schon geschrieben. Lina glaubt ja, dass Schröder ihn nur ausnutzt. Sie haben sich sogar darüber gestritten. Aber du kennst ja deinen Bruder, am Ende hat er sich doch durchgesetzt.“

Entgegen Hannahs Annahme wusste Hans nichts von dem Streit. Lina hatte kein Wort davon erwähnt und Hermann schrieb ihm nur sehr selten. Wenn er es tat, waren seine Briefe kurz und unpersönlich. Aber auch das war Hans gewöhnt.

Sein Bruder verbrachte also die meiste Zeit in der Schreinerei. Hans hatte nichts dagegen. Wenn ihm die Arbeit dort gefiel. Bei ihm verhielt es sich auch nicht anders, nur dass seine Aufmerksamkeit den Büchern galt. Letztendlich jedoch, war es dasselbe.

„Und du?“, nutzte er die kurze Pause, in der Hannah nicht sprach. „Du gehst doch hoffentlich noch zur Schule?“

„Aber ja, hast du etwa vergessen, dass ich Ärztin werden möchte? Noch vier Jahre, dann musst du dein Versprechen einlösen und mich mit nach Berlin nehmen. Ach Hans, “ schwärmte sie. „Glaub mir, dass wird toll werden. Vielleicht kann ich sogar dieselben Kurse belegen wie du, dann können wir zusammen lernen. Wäre das nicht schön? Und wenn ich dann erst Ärztin bin, können wir zusammen eine Praxis eröffnen.“

„Langsam Hannah“, bremste Hans ihren Eifer.

„Vielleicht werden wir dann auch reich und berühmt was? Nein, nun mal ernsthaft, möglich ist alles, aber bis dahin ist ja noch ein bisschen Zeit. Du konzentrierst dich erst einmal hier auf die Schule und dann sehen wir weiter.“

Schmollend wollte Hannah gerade widersprechen, als die Tür aufging und Hermann hereinkam.

„Na, von den Toten auferstanden?“, begrüßte er seinen

Bruder. „Weißt du eigentlich, wie lange du hier rumgelegen hast? Du entschuldigst sicher, dass meine Besuche eher selten waren, aber die Gespräche mit dir waren leider ziemlich einseitig. Viel mehr als ein Schnarchen kam von dir nämlich nicht."

Lachend sah Hans ihn an, Hermann konnte ja richtig schlagfertig sein. Ansonsten hatte er sich nicht groß verändert. Etwas breitere Schultern hatte er bekommen und seine Haare trug er jetzt raspelkurz, was ihm ganz gut stand.

Nach dieser kurzen Begrüßung trat Stille ein. Erst jetzt bemerkte Hermann Hannah, die auf dem Stuhl in der Ecke saß. Seine Miene verfinsterte sich. Hans beobachtete ihn verwundert. Nur um überhaupt etwas zu sagen, fragte er nach der Arbeit in der Schreinerei. Doch Hermanns Antwort fiel ziemlich knapp aus.

„Was macht eigentlich unser Baumhaus?", versuchte Hans das Gespräch am Laufen zu halten. Er spürte, wie er langsam müde wurde und die Einsilbigkeit der anderen machte es nicht einfacher.

„Ach das", Hermann winkte abfällig ab. „Das war doch Kinderkram. Keine Ahnung, ob die Hütte überhaupt noch steht."

„Aber ich dachte, gerade du hängst daran? Schließlich hattest du auch die meiste Arbeit damit." Hans konnte sich nur wundern. Fragend sah er Hannah an.

„Mich brauchst du nicht so anzusehen. Mir sagt er auch nicht, warum er nicht mehr zum Baumhaus möchte. Wahrscheinlich sind wir wirklich schon zu groß dafür. Und wenn ich erst in Berlin bin, bleibt sowieso keine Zeit dafür."

„In Berlin? Was willst du denn in Berlin?"

Obwohl Hermann nach wie vor lässig am Türrahmen lehnte, sah Hans, wie sich die Muskeln unter seinem Hemd anspannten. Argwöhnisch sah er zu dem Mädchen, doch die hatte nur Augen für ihn.

„Wenn du willst, können wir ja mal zum Wäldchen gehen, sobald du wieder auf den Beinen bist. So wie früher, kommst du mit, Hermann?"

Doch der sah sie nur mürrisch an. „Ach geht doch alleine, ihr braucht mich ja doch nicht dabei. Geht zum Baumhaus oder gleich nach Berlin, mir doch egal."

Mit diesen Worten drehte er sich um und verließ das Zimmer.

„Was ist denn mit dem los?"

Etwas verstört fragte sich Hans, womit sie seinen Bruder verärgert hatten. Aber Hannah winkte gleichgültig ab.

„So ist es immer. Du kennst doch Hermann, wenn der nicht die erste Geige spielt, ist er eben so." Entschuldigend fügte sie jedoch hinzu. „Sicher ist es für ihn nicht leicht. Du warst so selten da und nun dreht sich eben alles um dich. Mein Vater war ganz aus dem Häuschen, als du hier ankamst. Und Lina, na das weißt du ja selber. Ihr wäre es am liebsten, wenn du ganz hierbliebst."

„Und du?", fragte Hans. „Hast du dich auch gefreut, kleine Schwester"?

Eine zarte Röte machte sich auf Hannahs Gesicht breit. Hans bemerkte zum ersten Mal, wie hübsch Hannah eigentlich war, die ihn in diesem Moment verlegen ansah und nickte.

„Dann lassen wir Hermann eben bocken, der beruhigt sich auch wieder. Jetzt will ich aber noch ein wenig schlafen. Ich fürchte, mir fallen gleich die Augen zu. Aber zum Baumhaus will ich unbedingt, ob mit oder ohne meinen Bruder."

***

Unterdessen griff Hermann im Flur seine Jacke und lief wütend aus dem Haus. Dabei stolperte er über Lina, die gerade dabei war die Treppe zu fegen. Erstaunt hielt sie inne und stützte sich auf den Besen.

„Wo willst du denn hin?", rief sie ihm hinterher. „Du bist doch gerade erst gekommen?"

Doch Hermann hörte seine Mutter nicht. Er achtete nicht darauf, wohin er lief. Stur stapfte er einfach geradeaus, während sich die Gedanken in seinem Kopf überschlugen. Warum war Hans nicht einfach in Berlin geblieben? Dann würde ihn Hannah nämlich nicht mit diesen Blicken ansehen, die er sich so sehr wünschte. Was hatte sein Bruder nur an sich, dass ihn immer alle mochten und er selbst um jedes Fünkchen Zuneigung kämpfen musste?

Er war eifersüchtig, Hermann wusste das. Dabei mochte auch er seinen Bruder in gewisser Weise. Dennoch konnte er nicht verhindern, dass sich der Stachel immer tiefer bohrte.

„Nicht Hannah“, murmelte er vor sich hin und erinnerte sich daran, wie sie sich lachend über ihre Zukunft unterhalten hatten. „Nicht Hannah, ich werde nicht zulassen, dass er sie mir wegnimmt.“

Doch Hermann konnte nichts dagegen tun. In den folgenden Wochen verbrachten Hans und Hannah jede freie Minute miteinander. Als er seine Mutter nach einiger Überwindung darauf ansprach, winkte die nur ab.

„Ach Hermann, lass doch die Beiden! Sie verstehen sich eben und Hans ist doch so selten hier. Bald geht er zurück nach Berlin, dann hast du Hannah wieder für dich.“

Hermann war enttäuscht darüber, dass seine Mutter ihn nicht ernst nahm. Sah sie denn nicht, wie er unter dieser Situation litt? Schließlich hatte er Hannah gern und nun kam sein Bruder und stellte ihn wie immer in den Schatten.

Von nun an beobachtete er das Ganze mit Argwohn und ärgerte sich über jeden Spaß, den die Beiden miteinander machten. Aber er sagte nichts mehr dazu und ließ sich seine Wut nicht anmerken. Noch hoffte er darauf, dass Hans sehr bald nach Berlin zurückkehren und Hannah wieder ihm gehören würde. Erst als sie erneut einen ganzen Nachmittag ohne ihn verbracht hatten, platzte ihm endgültig der Kragen.

„Wann willst du eigentlich abreisen, du bist doch gesund? Jedenfalls geht's dir gut genug, um die ganze Zeit um Hannah herumzuschwänzeln“, fragte er Hans direkt, als sie alleine waren. Dem war natürlich aufgefallen, wie eifersüchtig Hermann auf ihn reagierte und langsam wurde auch der sonst so besonnene Hans wütend.

„Kannst es wohl nicht erwarten, was? Aber keine Angst, nächste Woche werde ich fahren, Hermann. Du kannst also beruhigt sein. Was ist eigentlich dein Problem? Stört es dich, dass ich hier bin?“

„Ja, es stört mich. Ich bin sogar froh, wenn du endlich fort bist, sehr froh sogar.“

Es schien, als hätte Hermann nur auf den Moment gewartet. Endlich konnte er Hans ins Gesicht schreien, wie sehr er ihn verabscheute.

„Und willst du wissen, warum das so ist? Weil du schon immer bekommen hast, was du wolltest. Du musstest nur mit dem Finger schnippen und alle lagen dir zu Füßen, die Lehrer, die Spiegels, selbst Mutter.“

„Das ist doch Blödsinn, Hermann.“ Hans schüttelte ungläubig den Kopf. „Mutter liebt dich genauso wie mich auch. Merkst du nicht, wie du dir selber einredest, die ganze Welt wäre gegen dich?“ Im Gegensatz zu Hermann wirkte Hans ganz ruhig, doch genau das brachte den Bruder noch mehr auf.

„Oh nein, da irrst du dich gewaltig. Aber weißt du was, es ist mir egal. Sollen sie doch alle den lieben und ach so schlauen Hans mögen. Aber nicht Hannah! Die nimmst du mir nicht weg.“

„Wie kann ich dir etwas wegnehmen, was dir nicht gehört? Hannah ist kein Besitz, Hermann. Sie gehört weder mir noch dir. Wach endlich auf!“

Hans war total verblüfft. Noch nie hatte er seinen Bruder so erlebt. Was ging nur in dessen Kopf vor? Doch Hermann hörte nicht darauf, was Hans sagte.

„Erzähl mir nichts von mir und dir! Glaubst du, ich habe nicht bemerkt, was los ist? Seit du da bist, hat sie nur noch Augen für dich. Ich bin plötzlich Luft für sie. Dabei war ich es, der immer für sie da war.“

„Aber das weiß sie und sie ist dir doch dankbar dafür. Keiner will dir etwas wegnehmen, Hermann. Hannah hat dich doch gern.“

Hans sah zu, wie Hermann sich erschöpft auf einen Stuhl

fallen ließ und ihn nun hoffnungsvoll ansah.

„Hat sie das gesagt? Hat Hannah gesagt, dass sie mich gerne hat?“, fragte er ungläubig.

„Aber ja, das weißt du doch.“ Hans, der froh war über die unerwartete Wendung, die das Gespräch genommen hatte, versuchte seinem Bruder weiter gut zuzusprechen. „Hannah weiß genau, dass du es warst, der auf sie aufgepasst hat in all den Jahren. Du bist ihr Beschützer, ihr Held. Sie liebt dich von ganzem Herzen. Für sie bist du der Bruder, den sie nie hatte.“

Hans ahnte nicht, dass er genau die Worte aussprach, die Hermann nicht hören wollte. Er mochte nicht Hannahs Bruder sein. Er hatte sich in sie verliebt. Er wollte derjenige sein, zu dem sie aufschaute. Und was tat sie? Sie hatte nur Augen für Hans.

„Und du?“ Höhnisch grinsend beugte er sich nach vorn. „Bist du auch wie ein Bruder zu ihr oder gilt das nur für mich?“

Hans, der das Lächeln seines Bruders völlig falsch deutete, setzte sich zu ihm. „Natürlich nehme ich auch die Rolle eines Bruders ein. Ich mag Hannah gern, sie ist mit uns aufgewachsen, unsere kleine Schwester. Aber deine grundlose Eifersucht sagt mir, dass du mehr für sie empfindest. Ist das so, Hermann?“

„Was geht es dich an, was ich fühle? Geh einfach zurück nach Berlin und lass uns in Ruhe!“

„Also habe ich recht.“ Fassungslos schüttelte Hans den Kopf. Was war nur los mit seinem Bruder?

„Und wenn es so wäre“, erwiderte Hermann trotzig. „Was mischst du dich überhaupt ein? Glaubst du, ich merke nicht, wie du versuchst, wieder einmal besser dazustehen vor ihr. Aber dieses Mal werde ich nicht einfach zuschauen, wie du dir alles nimmst, was du willst. Ich bin auch noch da, vergiss das nicht!“

„Hermann, du spinnst dir da etwas zurecht. Du benimmst dich wie ein kleiner Junge, dem man ein Spielzeug wegnimmt. Wer weiß schon, was in ein paar Jahren ist? Hannah ist erst zwölf, fast noch ein Kind.“

Doch sein Bruder hörte ihm nicht mehr zu. Wortlos drehte er sich um und verließ den Raum. Hans schaute ihm nachdenklich hinterher.

***

Die Tage vergingen und Hans ging es zusehends besser. Seine Stunden zu Hause waren gezählt. Er musste zurück nach Berlin. Am letzten Tag vor seiner Abreise unternahm er mit Hannah den lang geplanten Ausflug zum Baumhaus. Wiederholt hatten sie Hermann gefragt, ob er sie begleiten wolle, doch der ließ sie einfach stehen.

„Muss arbeiten", war seine knappe Antwort gewesen. Hans nahm sich vor, an diesem Abend noch einmal mit seinem Bruder zu reden. Es musste doch möglich sein, ihm klar zu machen, wie kindisch er sich benahm. Auch wenn es ihn ärgerte, dass Hermann so störrisch reagierte, wollte er nicht im Streit mit ihm abreisen.

In diesem Moment jedoch schob er die trüben Gedanken beiseite. Nachdem es in der letzten Woche noch einmal geschneit hatte, war heute nicht mehr viel davon übrig. Nur vereinzelt sah man noch kleine Schneehaufen. Zwischen Matsch und Schneeresten streckten sich die ersten Frühblüher dem Licht entgegen.

Neben ihm lief Hannah und plapperte die ganze Zeit vor sich hin. Sie freute sich, dass der mürrische Hermann nicht mitgekommen war. So hatte sie Hans an seinem letzten Tag für sich alleine. Obwohl der Jüngere ihr fast jeden Wunsch erfüllte und immer für sie da war, fühlte sie sich bei Hans viel wohler. Aus Hermann wurde man eben nie richtig schlau, dachte sie. Einmal war er lieb und freundlich, dann redete er wieder kein Wort mit ihr und schickte sie weg.

Selbst Lina schüttelte den Kopf, wenn sie sah, wie grob er Hannah manchmal behandelte. Hans hingegen war gleichbleibend nett und verständnisvoll zu ihr und gab ihr das

Gefühl, dass sie kein kleines dummes Mädchen mehr war, wie Hermann oft behauptete. Im Gegenteil, er freute sich, wenn sie zu ihm kam und ihm von ihren Plänen für die Zukunft erzählte.

Schon bald hatten sie das Wäldchen hinter sich gelassen und näherten sich der Stadt. Sie hatten das Baumhaus in überraschend gutem Zustand vorgefunden. Hans vermutete, dass sich Hermann trotz seiner abfälligen Bemerkung darum kümmerte. Wer sonst wusste von dem Haus und hatte die morschen Stufen ausgewechselt? Er hatte deutlich die neuen von den rostigen Nägeln unterscheiden können. Lange konnte die Reparatur noch nicht her sein. Aber Hans hatte nicht vor, seinen Bruder darauf anzusprechen. Sollte der doch denken, sie hätten nichts davon bemerkt.

Vor der Apotheke wartete schon ungeduldig Herr Spiegel auf sie. Nervös lief er auf der Straße auf und ab.

„Da seid ihr ja endlich, ich dachte schon, ihr kommt gar nicht mehr. Hannah, geh bitte ins Haus! Lina will große Wäsche machen, hilf ihr dabei!"

Verwundert sah Hans den Apotheker an. Er verstand nicht, warum dieser so aufgewühlt war. Ein Blick auf Hannah zeigte ihm, dass auch sie die Aufregung ihres Vaters spürte. Ohne zu fragen, verschwand sie im Haus. Ignatz verlor keine Zeit.

„Komm Hans, ich muss mit dir reden!"

Energisch zog er ihn am Arm in die hinteren Räume der Apotheke. Hier waren sie ungestört. Hans, der endlich erfahren wollte, was eigentlich los war, blieb stehen.

„Was ist denn passiert, waren wir zu lange unterwegs? Ich habe Maria doch Bescheid gesagt, dass…"

„Darum geht es doch gar nicht", unterbrach Ignatz ihn. „Von mir aus könnt ihr Ausflüge machen, wohin und solange ihr wollt."

„Was ist es dann? Ganz ehrlich, Ignatz, ich verstehe die Aufregung nicht."

„Erinnerst du dich an unser Gespräch über diesen Hitler?"

„Ja." Selbstverständlich erinnerte sich Hans. Aber das konnte doch kaum der Grund sein, warum der Mann vor ihm so erregt war. Immerhin lag das Gespräch Monate zurück.

„Und erinnerst du dich auch, wie du mir sagtest, dass dieser Mann völlig harmlos sei? Ein Möchtegern, der nicht mal Deutscher ist?“

„Ja, das habe ich gesagt und der Meinung bin ich noch immer. Sicher, er hat seine Anhänger. Aber du glaubst doch nicht wirklich, dass er intelligente Menschen mit seinen Parolen beeindrucken könnte?“

„Soll ich dir sagen, was ich glaube, Hans?“ Ignatz fuhr sich mit der Hand über die Stirn. „Ich glaube, du unterschätzt diesen Mann, Hitler ist mittlerweile sehr ernst zu nehmen.“ An Hans zweifelndem Blick erkannte der Apotheker, dass er den Jungen immer noch nicht überzeugt hatte.

„Willst du das Ergebnis der Reichstagswahlen wissen? Dann lies, es steht heute in jeder Zeitung.“ Bedrückt kramte der Apotheker eine Ausgabe der Lokalzeitung hervor und reichte sie Hans.

„NSDAP-Triumph – ein Sieg für Adolf Hitler“, stand dort gleich auf der ersten Seite. Die NSDAP, eine der kleinsten Parteien Deutschlands, war durch die Wahlen zur zweitstärksten Partei gewachsen. Allein in Berlin waren die Wählerstimmen um das zehnfache gestiegen. Zwar konnte Hitler damit noch nicht an die Macht kommen, aber sein Einfluss war nicht länger zu verleugnen. Die Zahl seiner Anhänger wurde größer und größer. Die Menschen strömten regelrecht zu der Partei, die ihnen Arbeitsplätze und Aufschwung prophezeite. Obwohl Hitler die Wahl verloren hatte, hatte er auf ganzer Linie gesiegt.

Hans erschrak. Die Reichstagswahlen, er hatte in keiner Minute daran gedacht. Sicher auch, weil er keine Gefahr sah. Für ihn war Hitler ein Scharlatan, der das mit seinen an Größenwahn grenzenden Reden zu vertuschen versuchte. Nun wurde er für seine Kurzsichtigkeit bestraft.

Während er krank im Bett gelegen und später unbeschwert die Zeit genossen hatte, war das Leben in Berlin weitergegangen. Mit einem Schlag wurde er von Ignatz in die Realität zurückgeholt. Betroffen schaute er in das sorgenvolle

Gesicht seines väterlichen Freundes.

Wie sollte man mit dieser Nachricht umgehen? Was für Auswirkungen würde die Wahl haben? Hans wusste es nicht und konnte die fragenden Blicke nur mit einem Kopfschütteln beantworten.

„Hans, ich mache mir Sorgen. Du hast doch mitbekommen, wie Hitler gegen uns Juden hetzt. Das Beste wird sein, du fährst so schnell wie möglich zurück nach Berlin. Möglicherweise erfährst du dort Genaueres."

„Vielleicht ist das wirklich das Beste." Hans nickte. „Ich packe gleich meinen Koffer, aber hör mir noch kurz zu. Ich habe dir noch nicht von Herrn Grünspan erzählt, dem Arzt, der mich in Berlin behandelt hat. Er ist auch Jude und scheint sich politisch gut auszukennen, vielleicht kann der mir mehr sagen. Ich werde mich sofort mit ihm in Verbindung setzen, wenn ich angekommen bin. Bis dahin aber musst du Ruhe bewahren. Ich weiß, dass du dir Sorgen machst, Ignatz. Die mache ich mir auch. Aber lass uns warten, bis wir Konkreteres wissen. Ich verspreche dir, dich auf dem Laufenden zu halten. Ihr lebt am besten weiter wie bisher. Ich hoffe noch immer, dass wir uns irren und die ganze Aufregung umsonst war."

„Das hoffe ich auch", seufzte der Apotheker. Nachdem er mit Hans gesprochen hatte, fühlte er sich schon besser. Herzlich zog er ihn an sich und umarmte ihn.

„Weißt du eigentlich, wie froh ich bin, dass deine Mutter damals gerade zu uns geflüchtet ist und dich in mein Haus brachte? Ich könnte mir selber keinen besseren Sohn wünschen. Ich bin sehr stolz auf dich, Hans."

Die Stimme des Apothekers zitterte leicht bei diesen Worten. Gerührt erwiderte Hans seine Umarmung. Dann ging er nach oben und begann seine Sachen in den kleinen Koffer zu packen.

***

Zwei Stunden später saß Hans im Zug. Mit seinen Gedanken war er unentwegt bei dem Ausgang der Wahlen. Er musste unbedingt erfahren, welche Auswirkungen sie haben würden. Er konnte nur hoffen, dass Doktor Grünspan mehr darüber wusste, was in seiner Abwesenheit in Berlin vor sich gegangen war.

Als der Zug in Berlin hielt, stieg Hans als einer der Ersten aus. Er hatte keine Zeit zu verlieren. Fröstelnd schlug er den Kragen seines Mantels nach oben, bevor er den abgewetzten Koffer nahm und zum Ausgang lief. Dabei fragte er sich, wie lange es her war, dass er fiebernd auf dem Bahnsteig gestanden hatte, nur von dem einem Wunsch erfüllt, schnell nach Hause zu kommen? Ihm kam es wie eine halbe Ewigkeit vor.

Spontan entschied Hans, den Arzt sofort aufzusuchen. Warum sollte er damit warten? Ein kurzer Blick auf die große Bahnhofsuhr verriet ihm zwar, dass es bereits nach neun war. Aber wenn er bis morgen wartete, würde der Doktor sicher zu seinen Patienten unterwegs sein.

Bis zu Grünspans Straße waren es nur ein paar hundert Meter. Hans beschloss, zu Fuß zu gehen. Als er vor dem großen, weiß getünchten Haus ankam, zögerte er kurz. Er hoffte, dass eines der beleuchteten Fenster dem Arzt gehörte und er ihn nicht aus dem Bett holte. Nachdem er jedoch mehrmals auf die Klingel gedrückt hatte und sich niemand rührte, wandte Hans sich enttäuscht ab, um zu gehen. In diesem Moment öffnete sich im zweiten Stock ein Fenster.

„Wer ist da?“, rief es von oben. „Ich habe keinen Dienst mehr.“

Nun war es Hans doch unangenehm, den älteren Arzt gestört zu haben. Sicher war der nach einem anstrengenden Arbeitstag froh, ein wenig Ruhe zu haben.

„Ich bin es, Doktor. Der Student, erinnern Sie sich? Sie haben mich vor einigen Wochen behandelt.“

„Natürlich erinnere ich mich. Geht’s dir gut Junge? Kann ich dir irgendwie helfen?“

Die herzliche Begrüßung machte es Hans viel leichter, sein Anliegen vorzutragen. Leise, um die anderen Leute im Haus nicht zu wecken, antwortete er.

„Mir geht es gut. Ich bin gekommen, um mit Ihnen zu reden. Sie hatten doch gesagt, ich könne mich an Sie wenden. Wenn es Ihnen aber heute nicht passt …“

„Unsinn“, unterbrach ihn der Arzt. „Ich freue mich, dich zu sehen, mein Junge. Warte! Ich komme runter und sperre dir auf.“

Ein paar Minuten später saß Hans im gemütlich eingerichteten Wohnzimmer. In der Küche war Grünspan gerade dabei Tee zu kochen. So konnte Hans sich in Ruhe umschauen. Die Stube war sparsam möbliert, doch bei den wenigen Möbelstücken handelte es sich um ausgesuchte Antiquitäten. Soviel erkannte sogar er, der nicht viel davon verstand. Besonders ein alter Sekretär erregte seine Aufmerksamkeit. Er war reich verschnörkelt. Das braune schwere Holz glänzte in verschiedenen Schattierungen.

Hans stand auf, um das wertvolle Stück näher zu betrachten, als ihm das Foto auffiel, welches darauf stand. Auf dem Bild war eine hübsche Frau zu sehen, die den Mann neben sich glücklich anstrahlte. Die Beiden mussten im Sommer fotografiert worden sein, hinter ihnen blühten Rosen in einem Garten. Erst bei näherem Hinschauen erkannte Hans, dass es sich bei dem Mann um Doktor Grünspan handelte, wenn er auch auf dem Foto um einiges jünger war.

„Das ist Eva, meine Frau.“

Der Arzt stellte zwei dampfende Tassen auf den Tisch und trat zu Hans. Ein wenig erschrocken stellte der das Bild zurück. Er hatte den Arzt gar nicht kommen hören und erst recht nicht den Eindruck erwecken wollen, dass er in dessen Wohnung herumschnüffelte.

„Entschuldigen Sie, ich wollte nicht neugierig sein.“

„Schon gut, du musst dich nicht ständig entschuldigen. Eva ist vor sechs Jahren verstorben, Lungenentzündung! Verstehst du jetzt, warum ich so besorgt um dich war? Du siehst, selbst als Arzt ist man manchmal machtlos. Aber nun setz dich und erzähl mir, was dich so spät zu mir treibt!“

Hans dachte kurz nach. Wo sollte er anfangen? Würde

Grünspan seine und vor allem Ignatz' Befürchtungen nachvollziehen können?

„Ich habe Ihnen doch beim letzten Mal von den Spiegels erzählt, der Familie die uns aufgenommen hat und bei der wir nun schon seit über zehn Jahren leben. Sie erinnern sich sicher. Damals warnten sie mich, meinen väterlichen Freund nach Berlin zu bitten."

„Ja, ich erinnere mich. Ich sprach von der Gefahr für ihn und ich hatte recht damit, wie die letzten Wochen bewiesen. Kein einzelner Jude ist hier in Berlin noch sicher. "

„Also hatte Ignatz recht", sagte Hans erschüttert. „Er ist über den Ausgang der Reichstagswahlen sehr besorgt, zumal das Ganze so überraschend kam. Sie müssen wissen, dass in unserer Stadt Politik bisher ein Fremdwort war. Hauptsache, die Menschen fanden Arbeit oder bekamen Stütze. Mehr interessierte sie nicht. Doch seit Hitler immer lauter auftritt und offen seine antisemitische Haltung zeigt, wird man auch bei uns auf ihn aufmerksam."

„Interessierst du dich denn dafür?"

Täuschte er sich, oder klang Spott in Grünspans Worten mit? Hans sah ihn fragend an.

„Ich weiß nicht", antwortete er ehrlich. "Bisher habe ich mich auch aus allem Politischen rausgehalten. Alles was ich möchte, ist mein Studium durchzuziehen und Arzt zu werden. Zumindest war das bis jetzt so. Aber ich kann ja nicht länger die Augen verschließen, wenn meine nächsten Angehörigen nicht wissen, was dieses Wahlergebnis für sie bedeutet."

Schweigend hatte Grünspan zugehört und nur hin und wieder einen Schluck von seinem Tee genommen. Nun sah er Hans ernst an.

„Zuerst einmal muss ich dir sagen, dass es wirklich dumm wäre, die politischen Ereignisse zu ignorieren. Jeder, der auch nur einen Funken Verstand besitzt weiß, dass man damit denen in die Hand spielt, von denen man am wenigsten wissen möchte. Ich denke, du bist schlau genug, um das zu begreifen.

Aber zurück zu den Wahlergebnissen. Ihr irrt euch, wenn ihr glaubt, dass der Erfolg dieser Partei überraschend kam.

Jeder Schritt, jeder Punkt in ihrem Wahlprogramm war genauestens geplant. Was glaubst du, wo diese Schlägertrupps herkommen, die unsere Straßen beherrschen? Hans, das sind Nationalsozialisten, die politischen Terror betreiben, ihre Gegner einschüchtern wollen. Was meinst du wohl, auf wessen Anordnung sie das tun?

Im Grunde genommen hat man in Deutschland doch auf einen Mann wie Hitler gewartet, auch wenn es keiner richtig zugibt. Aber irgendjemand muss diese Partei schließlich gewählt haben. Wo man hinschaut gibt es Arbeitslose, die Stütze reicht kaum zum Leben. Und da kommt dann einer, der von wirtschaftlichem Aufschwung redet, der ihnen Arbeitsplätze verspricht. Kein Wunder, dass das Volk sich für ihn begeistert, auch wenn er erst seit kurzem die deutsche Staatsbürgerschaft angenommen hat."

Hans hatte seinen Tee ausgetrunken und stellte die leere Tasse zurück aufs Tablett. Er war voller Unruhe. Dabei hatte er gehofft, Grünspan könnte ihm seine Ängste nehmen. Stattdessen bestärkte er sie.

„Ist das nicht eine sehr pessimistische Beurteilung? Sie kennen meine Ansicht. Ich kann noch immer nicht glauben, dass all die Parolen ernst gemeint sind."

„Dann wird es Zeit, dass du aufwachst, Junge!"

Streng sah der ältere Mann ihn an und legte beschwörend eine Hand auf seinen Arm. „Diese Partei ist unser Verderben. Noch heucheln sie uns vor, sie wollen nur das Beste für Deutschland, für das Volk. Aber du wirst sehen, früher oder später zeigen sie ihr wahres Gesicht."

„Und was wäre das ihrer Meinung nach?", fragte Hans.

„Hitler verfolgt ganz andere Ziele, glaub mir! Du musst aufhören, so kurzsichtig zu denken!"

„Aber das versuche ich ja. Warum bin ich heute wohl zu Ihnen gekommen?"

Nachdenklich schob Grünspan die Tassen auf dem Tablett zusammen.

„Tust du das wirklich? Wenn, dann erkenne auch die Gefahr, die über uns schwebt oder vielmehr über der jüdischen

Bevölkerung. Hitler hat mehr als einen Hinweis darauf gegeben, dass wir unerwünscht sind und das ist noch harmlos ausgedrückt. Dieser Mann ist schlau. Noch hält er seine Pläne unter Verschluss, aber die Zeit wird zeigen, dass ich recht behalte."

Betroffen sah Hans die Veränderung im Gesicht des Arztes. Er wirkte mit einem Mal resigniert, weit fort von ihm gerückt, als sehe er die Bilder der Zukunft bereits vor seinen Augen.

„Woher wissen Sie so viel über diesen Kerl?", fragte er und riss Grünspan aus seinen Gedanken.

„Dieser Kerl, wie du ihn nennst, hat ein Buch geschrieben, schon vor Jahren. Es strotzt vor Hass gegen uns Juden. Er vergleicht uns mit einem Bazillus, der das Volk vergiftet und den es zu vernichten gilt. Hitler ist machtbesessen und leidet unter Größenwahn. Ich kann nur hoffen, dass es Hindenburg gelingt, den Mann zu stoppen, ansonsten …"

Der Arzt beendete den Satz nicht, aber Hans wusste auch so, was er damit ausdrücken wollte. Verzweiflung machte sich in ihm breit. Alle seine Befürchtungen waren noch übertroffen worden. Nun glaubte er zu erkennen, welche Gefahr den Juden und damit auch den Spiegels drohte. Es war schon nach Mitternacht, als Hans die Wohnung des Arztes verließ und sich auf den Weg zu seiner kleinen Wohnung machte.

***

In den nächsten Monaten entstand ein reger Briefwechsel zwischen ihm und Ignatz. Erleichtert hatte Hans wahrgenommen, dass die ersten Wochen nach seiner Ankunft verhältnismäßig ruhig verliefen, Deshalb versuchte er anfangs noch zuversichtlich zu klingen und verschwieg das Meiste, was Grünspan ihm offenbart hatte. In der Schule standen mehrere wichtige Klausuren an, so dass Hans sich bemühte, sich auf seine Arbeit zu konzentrieren und den versäumten Stoff nachzuholen.

Am Ende des Schuljahres ging er als bester Absolvent von der Schule und wechselte zum Sommersemester auf die Friedrich -Wilhelms-Universität.

Hans gefiel es dort, es herrschte ein fröhliches buntes Treiben unter den Studenten. Außerdem gab es unter den Professoren einige, die als Koryphäen auf ihrem Gebiet betrachtet wurden.

Auch an diesem Tag beeilte er sich, ins Institut zu kommen. Wie immer hatte er bis spät in die Nacht gelernt und am Morgen verschlafen. Nun musste er rennen, um den Bus zu bekommen. Völlig außer Atem sprang er im letzten Moment auf das Trittbrett und erntete einige missbilligende Blicke der anderen Fahrgäste. Doch viel wichtiger war es, rechtzeitig zu der Vorlesung von Professor Hartmann zu kommen.

Schon von weitem erkannte er, dass sich vor dem Hörsaal mehrere Studenten aufhielten. Hans atmete erleichtert auf. Wenn die anderen noch vor der Tür standen, war auch er nicht zu spät. Als er jedoch näher an die Gruppe herankam, bemerkte er, dass es sich hier keinesfalls um Kommilitonen handelte, die sich über den Lehrstoff austauschten. Im Gegenteil, er erkannte schnell, wie aufgeladen die Atmosphäre war. Drei der jungen Männer versuchten mehrmals zum Hörsaal zu gelangen, wurden aber von den anderen, die eindeutig in der Überzahl waren, abgedrängt.

„Ihr kommt hier nicht mehr rein. Haut ab ihr Scheißjuden! Sucht euch gefälligst eine andere Schule, in der ihr die Luft verpestet!"

„Lass mich durch!", forderte daraufhin einer der drei. „Ich bin seit zwei Jahren auf dieser Uni, Professor Hartmann ist mein Mentor."

Jetzt erst erkannte Hans den Jungen. Sie besuchten einige Kurse gemeinsam. Hans hatte ihn nicht nur einmal mit dem Professor in angeregte Fachgespräche verwickelt gesehen. Erneut versuchte er die Gruppe zu durchbrechen und zur Tür zu gelangen, doch Hans sah, dass er keine Chance haben würde.

„Wen interessiert das?“, erwiderte ein kräftiger junger Mann in einer abgewetzten Lederjacke. Provozierend stemmte er beide Arme in die Hüfte und lachte höhnisch.

„Wir wollen euch hier nicht mehr sehen, begreifst du das nicht, du dreckiger Jude? Entweder ihr verschwindet oder wir helfen euch dabei.“

Mit einem blöden Grinsen im Gesicht vergewisserte er sich, dass seine Kameraden hinter ihm standen.

„Das könnt ihr nicht machen, wir haben das gleiche Recht wie ihr, in diesen Hörsaal zu gehen.“

Der junge Mann gab nicht auf. Als ihm auch nach einem weiteren Versuch der Weg versperrt wurde, stieß er den Anführer der Gruppe beiseite und schob sich Richtung Tür. Am Grölen der anderen erkannte Hans, dass sie nur auf so eine Reaktion gewartet hatten. Jetzt endlich konnten sie zuschlagen und taten das, ohne viel Zeit zu verlieren. Blind schlugen sie auf die drei Wehrlosen ein, beschimpften und bespuckten sie und traten auch dann noch zu, als diese längst am Boden lagen.

Wie erstarrt stand Hans da und sah zu. Es passierte zum ersten Mal, dass sich solche Feindseligkeit und Gewalt, die sich nun fast täglich auf der Straße abspielten, hier in der Uni zeigte. Der erbärmliche Anblick der am Boden Liegenden brachte nun Leben in ihn.

„Hört auf!“, schrie er. „Seid ihr wahnsinnig? Ihr bringt sie ja um.“

Erst jetzt bemerkten die Schläger den Zuschauer. Spöttisch schauten sie sich nach ihm um.

„Und wenn? Ein paar Juden mehr oder weniger, wen juckt das?“

Es handelte sich wieder um den bulligen Kerl, der ihn in diesem Moment herausfordernd ansah. Hans bemerkte angewidert, wie die anderen bewundernd zu ihm aufschauten. Währenddessen lag einer der drei Verprügelten nicht weit von ihm entfernt am Boden und röchelte schwer nach Luft. Ein dünnes Rinnsal Blut lief von seiner Nase über das Kinn und endete im Kragen seines Mantels.

Sofort wollte Hans zu ihm, um zu helfen, kam jedoch nicht weit. Der Anführer der Gruppe versperrte ihm den Weg.

„Lass ja die Pfoten von dem Gesindel oder wir verabreichen dir dieselbe Lektion!"

Der Kerl lachte. Man spürte förmlich, wie viel Spaß ihm dieses Schauspiel bereitete. Hans wollte gerade eine passende Antwort geben, als Professor Hartmann eilig um die Ecke kam. Hans spürte, wie er vor Erleichterung zu zittern begann. Der Professor kam gerade noch rechtzeitig. Ihm würden sich diese Halbstarken nicht widersetzen können.

„Herr Professor", sprach er ihn an. „Gut, dass Sie kommen. Wir müssen sofort einen Arzt rufen."

Mit einem Blick erfasste dieser die ungewöhnliche Situation. Es war nicht üblich, dass seine Studenten am Boden vor dem Hörsaal lagen.

„Was ist hier los?", fragte er mit schneidender Stimme. Als ihm niemand antwortete, wiederholte er streng seine Frage. „Was hier los ist, will ich wissen? Geht's vielleicht ein bisschen schneller? Kümpel, waren Sie das etwa?"

Mit scharfem Blick sah er den Bulligen an, doch der war wenig beeindruckt.

„Und wenn?", fragte er und trat vor den Augen des Professors noch einmal auf den wehrlosen Körper einer der Verletzten ein. „Das ist doch nur ein Jude, der bekommt, was er verdient. Oder sehen Sie das etwa anders?"

Für einen kurzen Moment sahen sich die beiden ungleichen Männer hart in die Augen. Hans beobachtete, wie der Jüngere sein Abzeichen an der Jacke zurechtrückte, auf dem ein Hakenkreuz abgebildet war. Professor Hartmanns Blicke folgten ihm. Dann drehte er sich wortlos um und verschwand im Hörsaal.

Hans traute seinen Augen nicht. Was ging hier vor? Warum half denn der Professor nicht? Er konnte die drei Studenten doch nicht einfach am Boden liegen lassen und so tun, als ob nichts geschehen sei. Doch so sehr er auch hoffte, die Tür zum Hörsaal würde sich öffnen und der Professor zurückkehren, sie blieb verschlossen. Der verstörte Hans blieb alleine mit den jetzt laut stöhnenden Studenten zurück.

Grinsend hatte sich die Schlägertruppe dem Professor angeschlossen und war ihm in den Saal gefolgt. Hans hörte, wie Professor Hartmann die Vorlesung begann, in der jetzt er eigentlich sitzen müsste. Hilflos stand er da und versuchte zu begreifen, was gerade geschehen war. Die ganze Situation erschien ihm so unwirklich. Es konnte doch nicht sein, dass alle einfach zusahen, dass keiner half. Doch so sehr er sich auch Hilfe herbeiwünschte, es kam niemand, er musste alleine damit fertig werden.

Nachdem er kurz überlegt hatte, ging er auf die Studenten zu. Mit schmerzverzerrten Mienen rappelten sich die drei jungen Männer auf und richteten ihre Kleider. Hans durchwühlte seine Jacke, bis er fand, wonach er suchte und hielt ihnen die Karte von Doktor Grünspan hin.

„Ich glaube, es ist besser ihr geht erst einmal zu einem Arzt. Der Doktor ist ein Bekannter von mir, er wird euch helfen“, sagte er.

Einer der drei jungen Männer befühlte vorsichtig seine Nase. Die Blutung hatte aufgehört, doch so wie sie aussah, war sie sicherlich gebrochen.

„Und was machen wir, wenn der Arzt uns Judengesindel auch nicht will? Wer sagt uns denn, ob wir überhaupt noch irgendwo reindürfen?“, fragte er verbittert. Dann schaute er wütend auf die Tür zum Hörsaal und fügte hinzu:

„Normalerweise müssten wir jetzt da rein. Ich habe mich wochenlang auf diese Vorlesung vorbereitet, die können uns doch nicht einfach so daran hindern.“

Einer seiner Kameraden kam zu ihm und legte eine Hand auf seinen Arm.

„Lass es gut sein! Du hast doch gesehen, dass es nichts bringt, oder etwa nicht? Lasst uns lieber zu dem Arzt gehen, deine Nase sieht wirklich schlimm aus. Der Doktor ist selber Jude. Ich kenne ihn, er wohnt nur zwei Straßen von meinem Zimmer entfernt.“

Hans nickte, er war derselben Meinung. Schließlich ließ sich der junge Mann überzeugen. Gemeinsam machten sie sich auf den Weg zur Praxis.

Hans blieb alleine im leeren Flur zurück und überlegte, ob es Sinn machte, noch in die Vorlesung zu gehen. Er entschied sich dagegen, er würde mit seinen Gedanken sowieso nicht bei der Sache sein.

Langsam schlenderte er zum Ausgang der Universität. Draußen schien hell die Sonne. Für einen Moment kniff er geblendet die Augen zu. Dann schweifte sein Blick über den großen Hof, bis er auf die grüne Holzbank an der Eiche fiel. Von einem seiner Professoren wusste er, dass es sich um eine Friedenseiche handelte. Man hatte sie als Symbol des friedlichen Miteinanders nach dem Krieg gepflanzt.

Viel Wirkung schien der Baum ja nicht zu haben, das hatte sich eben gezeigt. Dennoch war es ein schöner Baum. Der Stamm war gerade nach oben gewachsen, während die Krone sich mit ihren unzähligen Ästen und Blättern wie ein grünes Dach über der Bank ausbreitete. Hans stellte seine Tasche ab und setzte sich auf das warme Holz. Dann kramte er eines seiner Hefte hervor, riss ein Blatt heraus und begann ohne lange darüber nachzudenken, zu schreiben.

Lieber Ignatz,

wie Du weißt, bin ich ja erst seit kurzem an der Universität und bis jetzt hat es mir dort sehr gut gefallen. Meine Studienkameraden sind nett, die Lehrer streng, aber kompetent. Heute jedoch wurde ich Zeuge eines Vorfalls, der mich zutiefst schockiert hat und von dem ich Dir berichten will.

Drei jüdischen Kommilitonen, die eine Lesung besuchen wollten, wurde der Zugang zum Hörsaal verwehrt. Sie wurden nicht nur aufs Übelste beschimpft, man hat sie regelrecht krankenhausreif geschlagen. Du kannst dir sicher vorstellen, wie entsetzt ich war, als einer der Professoren dazu kam und nicht einmal den Versuch unternahm, um den jungen Männern zu helfen.

Ich weiß nicht, was hier vorgeht, aber ich spüre, dass die Gewalt zunimmt. Bis jetzt richtete sich dieser Terror überwiegend gegen die Kommunisten. Aber seit heute glaube ich, dass Doktor Grünspann nicht übertrieben hat. Schon bei unserem ersten Gespräch warnte er mich, dass es gefährlich sei, als Jude in Berlin zu leben. Nun frage ich mich, ob das wirklich nur in Berlin so ist.

Ignatz, ich schreibe Dir, weil ich wissen muss, wie es Euch in Barnitz ergeht. Werdet Ihr bedroht oder in irgendeiner Weise bedrängt? Wie steht es mit Hannah in der Schule? Erzählt sie etwas von Anfeindungen?

Auch wenn ich weiß, dass Hermann nicht gut auf mich zu sprechen ist, möchte ich, dass du ihm etwas von mir ausrichtest. Sag ihm, dass ich mich trotz allem auf ihn verlasse. Er soll auf Hannah aufpassen! Ich selber kann frühestens Ende des Jahres nach Hause kommen. Du weißt ja, ich will Euch nicht länger als nötig auf der Tasche liegen. Seit zwei Wochen gebe ich Nachhilfeunterricht und verdiene mir so ein paar Pfennige dazu. Sollte aber irgendetwas geschehen, was euch gefährlich erscheint, schreibe mir sofort. Dann werde ich alles stehen und liegen lassen und zu Euch kommen.

Ich hoffe von Herzen, dass es Euch gut geht. Grüße alle recht schön von mir,

in Freundschaft, Dein Hans.

Wenige Tage später saß Ignatz Spiegel in seinem gemütlichen Wohnzimmer und las den Brief, den er eben vom Postboten in Empfang genommen hatte. Es war Freitagnachmittag, seine Frau und Lina putzten das Haus, so dass er völlig ungestört war, was ihm sehr gelegen kam. Nachdem er den Brief gelesen hatte, legte er ihn nachdenklich beiseite. Er war froh, dass der Junge an ihn und die Familie dachte. Gleichzeitig jedoch sorgte er sich um dessen Studium. Wie sollte Hans in Ruhe lernen können, wenn ihn so viele Sorgen ablenkten?

Auch in Barnitz war das Leben nicht mehr das, was es mal war. Hitlers Hass auf die Juden drang auch in ihre Stadt vor. Noch war es zu keinen Ausschreitungen gekommen, doch die Leute lasen Zeitung. Hitler zwang den Deutschen immer mehr seinen Willen auf und steckte sie mit seiner Judenfeindschaft an.

Stammkunden, die früher wöchentlich seine Apotheke besucht hatten, kauften nun woanders ihre Arznei. Und Nachbarn, mit denen sie stets ein freundliches Verhältnis pflegten, grüßten von heute auf morgen nicht mehr. Besonders Maria litt sehr unter dieser Situation. Trotzdem entschloss sich Ignatz, Hans nichts davon zu schreiben. Er würde ihnen auch nicht helfen können und nur sein Studium dadurch vernachlässigen. Überzeugt davon, das Richtige zu tun, nahm er seinen Füller und begann zu schreiben.

Lieber Hans,

zuerst einmal möchten wir Dir zu Deinem hervorragenden Schulabschluss gratulieren. Du glaubst gar nicht, wie froh ich bin, Deine Mutter damals überredet zu haben, Dich nach Berlin zu schicken. Jetzt ist sie natürlich mächtig stolz auf Dich. Sie ist sogar zu Frau Becker gelaufen, um ihr davon zu berichten.

Doch nun zu Deinem Erlebnis an der Universität. Du ahnst sicher, wie erschrocken ich darüber bin, dennoch habe ich den anderen nichts davon erzählt. Sollte ich einen Grund dafür erkennen, werde ich es selbstverständlich noch tun.

Hier bei uns ist es verhältnismäßig ruhig, wofür ich sehr dankbar bin. Natürlich lesen wir Zeitung und auch in unserer Gemeinde berichten sie davon, wie radikale Jugendliche überwiegend nachts die Straßen unsicher machen. Aber wir haben gelernt, dass es für uns Juden besser ist, im Haus zu bleiben, wenn es draußen dunkel wird. Wie Du weißt, sind wir sowieso keine Nachteulen, so drohte uns bis jetzt keine Gefahr.

Ich hoffe für uns alle, dass dieser Spuk bald ein Ende nimmt und Ruhe einkehrt. Bis zu den nächsten Wahlen müssen die Leute doch erkennen, was Hitler im Schilde führt. Ich bete jeden Tag, dass Hindenburgs Stärke und der Verstand des Volkes ausreichen, um ihn endlich von seinem hohen Ross zu holen. Wir müssen einfach zuversichtlich bleiben.

Also Hans, Du konzentrierst dich wieder voll und ganz auf das Studium. Sobald es hier etwas Neues gibt, lass ich es Dich wissen.

Lass es Dir gut gehen und richte auch Doktor Grünspan Grüße von mir aus. Ich bin froh, einen Mann wie ihn in Deiner Nähe zu wissen.

Bis bald, herzlichst, Dein Ignatz.

***

Im Juli 1932 war es dann soweit, der sechste Reichstag wurde gewählt. Berlin machte sich für einen wahren Triumphzug bereit. Keine Rundfunkrede und kein Zeitungsartikel, in denen es nicht um die Wahl ging. Doch trotz der Begeisterung des Volkes gab es auch Schattenseiten. Es kam zu einem dramatischen Rechtsdruck und die politische Gewalt verstärkte sich drastisch. Dann war es entschieden.

Die NSDAP gewann die Wahlen deutlich vor der SPD und wurde mit Abstand stärkste politische Kraft. Daraufhin forderte Hitler von Reichspräsident Hindenburg seine Ernennung zum Reichskanzler, was dieser vorerst verweigerte.

Doch eine Regierungsbeteiligung der NSDAP lehnte Hitler ab, er bestand auf seinem Führungsanspruch. Immer heftigere politische Machtkämpfe folgten, an deren Ende Adolf Hitler sein Ziel erreichte und am 30. Januar 1933 zum deutschen Reichskanzler ernannt wurde. Am späten Abend jubelte Joseph Goebbels in die Mikrofone der Rundfunkanstalten des Reiches:

„Das, was wir erleben, diese Tausende und Tausende und Zehntausende und Zehntausende von Menschen, die in einem sinnlosen Taumel von Jubel und Begeisterung der neuen Staatsführung entgegenrufen, das ist wirklich die Erfüllung unseres geheimsten Wunsches, das ist die Krönung unserer Arbeit. Man kann mit Fug und Recht sagen, Deutschland ist im Erwachen!“

Hans hatte Ferien und fuhr gleich am ersten freien Tag nach Hause, wo er bereits sehnsüchtig erwartet wurde. Wie immer holten ihn Ignatz und Hannah vom Bahnhof ab.

Erschrocken nahm Hans die äußerliche Veränderung an ihm wahr.

Ignatz' Haar waren völlig ergraut, fast weiß. In sein Gesicht hatten sich tiefe Falten eingegraben. Und selbst seine Augen schienen den früheren Glanz verloren zu haben und schauten Hans müde an. Der Mann, der sonst mit festen Beinen im Leben gestanden hatte, kam ihm nun gebeugt entgegen.

Hans, der regelmäßig mit Ignatz in Kontakt gestanden hatte, wusste, dass die Ereignisse der letzten Zeit ihn vorzeitig altern ließen. Jeden Tag kamen neue Schreckensmeldungen, die Angst und Sorgen wuchsen. Von Hoffen und Zuversicht war längst keine Rede mehr unter der jüdischen Bevölkerung und auch die Familie Spiegel hatte aufgehört daran zu glauben, dass sie je wieder ein normales Leben führen konnten.

Doch Hans versuchte, seine Gefühle zu verbergen und zwang sich, den Beiden entgegen zu lächeln.

„Hallo, Ignatz ", begrüßte er den älteren Mann, der längst zum Freund geworden war. „Es ist schön, dich wiederzusehen. Und wer ist die junge Dame neben dir, doch wohl kaum die sommersprossige Hannah? Also ich erinnere mich da an ein dünnes kleines Mädchen …"

Lachend gab Hannah ihm einen Schubser.

„Ach, Hans, das hast du bei deinem letzten Besuch auch schon gesagt. Ich freue mich jedenfalls, dass du da bist. Endlich ein wenig Abwechslung im Haus."

Mit teilnahmsloser Miene stand Ignatz daneben und hörte nicht, was die Beiden sprachen. Er war mit seinen Gedanken ganz woanders. Seit Hans aus dem Zug gestiegen war, dachte er darüber nach, wann und wo er so schnell wie möglich ungestört mit ihm reden konnte.

„Komm, Papa!" Hannah zerrte ihren Vater am Arm. „Oder willst du ewig hier stehen bleiben? Mama und Lina warten sicher schon. Deine Mutter hat extra für dich einen Kuchen gebacken", verriet sie Hans.

Als sie wenig später bei der Apotheke ankamen, wunderte sich Hans, dass niemand aus dem Haus kam, um ihn zu begrüßen. Bei jedem seiner Besuche hatte Lina vor der Tür gestanden und ungeduldig auf ihren ältesten Sohn gewartet. Es war schon etwas ungewöhnlich, die Straße verwaist vorzufinden. Eine dunkle Ahnung beschlich ihn. Um sich zu beruhigen, redete er sich ein, dass Lina einfach das Auto nicht hatte kommen hören. Schnell ging er die wenigen Stufen nach oben. Hannah, die ihm vorausgeeilt war, öffnete bereits die schwere Eingangstür.

„Mama? Lina? Wo seid ihr denn alle? Hans ist da.“

Inzwischen hatte Ignatz das Auto abgestellt und stand ebenfalls im Flur. Zielstrebig ging er voraus zum Wohnzimmer. Irgendwo mussten die Frauen ja sein. Als er die Tür öffnete, fand er Lina und seine Frau völlig aufgelöst vor. Weinend saßen sie auf dem Sofa und lauschten der kratzigen Stimme, die aus dem Rundfunkgerät hinter ihnen kam.

„Was ist denn hier los? Wieso kommt denn niemand, um Hans zu begrüßen …?“

Ignatz stockte. Die Stimme aus dem Gerät führte nach einer kurzen Pause ihre Rede fort. Wortlos setzten sich die Ankömmlinge hin und lauschten. Hitlers unverkennbare Stimme donnerte auf sie nieder und hetzte unverhohlen gegen die Juden im Land.

„Wir wollen keine Judenverfolgung, aber deutsche Führung ohne jüdischen Geist. Wir verlangen die Wiederherstellung der deutschen Ehre und scheuen auch den Krieg als letztes Mittel nicht…“

Keiner im Raum wagte zu atmen. Zu unfassbar war, was sie da hörten. Jetzt konnten sie nicht mehr die Augen vor der Gefahr verschließen. Mit kreidebleichem Gesicht stand Ignatz auf, ging an den beiden verstörten Frauen vorbei und schaltete den Rundfunkempfänger aus.

„Nun ist es also soweit“, sagte er leise. „Wenn sie unseren Geist vernichten wollen, werden sie uns ganz vernichten. Ich habe es kommen sehen. Dieser Hitler wird nicht ruhen, bis auch der letzte Jude aus Deutschland verschwunden ist. Mit dieser Rede hat er gezeigt, welche Geisteshaltung in seinem deutschen Reich in Zukunft herrschen wird."

„Hör auf, Ignatz! Sei doch endlich still! Du machst uns Angst", flehte Maria ihren Mann an. „Es wird schon nicht so weit kommen. Wenn wir uns ruhig verhalten und nicht auffallen, wird uns doch niemand etwas tun können."

Hilflos sah Ignatz seine Frau an. Nur zu gerne würde er ihr glauben, doch die Nachrichten sagten etwas anderes.

„Ich hoffe es, ich hoffe es für uns alle", flüsterte er und verließ ohne ein weiteres Wort das Zimmer. Eine Weile blieb es still, dann stand Lina auf und ging zu ihrem Sohn. Fest drückte sie ihn an sich.

„Schön, dass du da bist, Hans. Ich freue mich so, auch wenn es mir im Moment schwerfällt, es zu zeigen."

Hans erwiderte ihre Umarmung und versuchte sie zu trösten. „Schon gut, Mutter, lasst uns erst einmal abwarten. Es ist doch nicht das erste Mal, dass sie so reden. Trotzdem seid ihr doch bisher sicher hier gewesen, oder etwa nicht?"

„Eben", sagte nun auch Maria. „Kommt, wir wollen heute nicht mehr darüber reden. Hannah, hol du den Kuchen aus der Kammer, ich brühe inzwischen Kaffee auf."

***

Hans hatte vergeblich im Wohnzimmer auf Ignatz gewartet. Nur zu gerne hätte er mit ihm über die letzten Ereignisse gesprochen. Doch der Apotheker war an diesem Tag nicht mehr aufgetaucht und Hans in sein Zimmer gegangen, in dem er nun nachdenklich auf seinem Bett lag. Das zaghafte Klopfen an der Tür hörte er nicht. Erst als sie sich öffnete, schaute er auf. Hannah trat ein.

„Können wir reden?", fragte sie und fuhr ohne eine Antwort abzuwarten fort.

„Weißt du, niemand spricht richtig mit mir und sagt, was eigentlich vorgeht. Meine Eltern glauben, ich merke nicht, wie sie sich sorgen. Aber ich bin nicht blöd, Hans. Denkt ihr, ich kann keine Zeitung lesen? Auch wenn Papa sie versteckt, ich finde sie ja doch. Ich bin vierzehn Jahre alt. Wann begreifen endlich alle, dass ich nicht mehr das kleine Mädchen bin?"

Aufmerksam hörte Hans ihr zu. Als sie fertig war, blieb sie mit roten Wangen vor ihm stehen. Nein dachte er, sie ist wirklich kein kleines Kind mehr. Vor ihm stand ein junges Mädchen, welches vor Temperament geradezu sprühte. Und sie ist wunderschön, fiel es ihm wie Schuppen von den Augen. Wie hatte er übersehen können, dass sie schon fast erwachsen war?

Noch viele Jahre später fragte sich Hans, ob dies der Moment war, in dem er sich in Hannah, in der er immer die kleine Schwester gesehen hatte, verliebte.

Inzwischen blitzten ihre dunklen Augen ihn herausfordernd an.

„Was ist? Redest du jetzt auch schon nicht mehr mit mir? Dabei dachte ich, wenigstens du würdest mich verstehen."

Hans versuchte sich zusammenzureißen und seine Gefühle unter Kontrolle zu bringen. Wie konnte er sich überhaupt über so etwas Gedanken machen? Um ihn herum herrschten Angst und Verzweiflung und er benahm sich wie ein Trottel. Er konnte sich doch nicht ernsthaft in sie verlieben. Hannah war viel zu jung, außerdem war sie praktisch seine Schwester. Und er hatte weiß Gott andere Sorgen. Mühsam rang er sich ein Lächeln ab.

„Natürlich rede ich mit dir. Du musst verstehen, dass dein Vater sich so verhält, weil er dich beschützen möchte. Das weißt du doch, oder?"

„Aber das ist es ja gerade. Denkst du nicht, es wäre besser, offen mit mir zu reden? Glaubst du etwa, dass die Gefahr die uns droht verschwindet, indem man sie totschweigt? Dann enttäuschst du mich Hans. Gerade von dir habe ich erwartet, dass du es besser weißt."

Hans verstand ihre Gefühle gut und konnte trotzdem nicht verhindern, dass sich Ärger in ihm breitmachte. Warum wollte Hannah ihn nicht verstehen?

„Hast du überhaupt eine Ahnung davon, welche Last dein Vater täglich mit sich rumschleppt? Und willst du wissen, warum er das tut? Weil er möchte, dass du so unbeschwert wie möglich leben kannst. Vielleicht hat er einen Fehler gemacht. Vielleicht hätte er schon längst mit dir reden sollen, aber er tut das nur, weil er dich über alles liebt. Außerdem dachten wir beide, dass die Lage sich irgendwann bessern würde."

In diesem Moment schluchzte Hannah laut auf. Über ihr hübsches Gesicht liefen Tränen. Der erschrockene Hans stand auf und stand nun hilflos neben ihr. Am liebsten hätte er sie in seine Arme genommen und nie wieder losgelassen. Gleichzeitig wurde ihm klar, dass dieser Moment nicht der richtige war. Traurig schaute Hannah ihn an.

„Warum Hans? Was haben wir getan, dass sie uns das antun? Weißt du, was mir neulich in der Schule passiert ist? Monika, ein Mädchen aus meiner Klasse, ist beim Rumalbern gegen mich gefallen. Richtig entsetzt hat die mich angesehen und am nächsten Tag hatte sie eine andere Jacke an. Du brauchst mich gar nicht so ungläubig ansehen, ich habe mir das nicht eingebildet. Monika besitzt nicht viele Jacken und vor diesem Zusammenstoß trug sie immer die andere. Sie hat sich geekelt vor mir, ich habe es in ihren Augen gesehen. Ist das nicht furchtbar?

Weißt du, ich habe mir nie Gedanken darüber gemacht, welchen Glauben oder welche Religion jemand hat. Jetzt frage ich mich immer wieder, welche Unterschiede es gibt. Was ist an uns so anders? Sag es mir, Hans!"

Doch Hans fehlten die Worte. Was sollte er sagen? Es gab keine Antwort darauf. Wahrscheinlich erwartete Hannah auch keine, sie hing weiter ihren Gedanken nach.

„Was hat unser Blut damit zu tun, dass dieser Hitler uns so hasst? Du studierst doch Medizin. Was ist an unserem Blut anders als am deutschen, englischen oder französischen? Und wenn es so ist, warum ist das früher keinem aufgefallen? Bis diese schreckliche Partei an die Macht kam, hat es doch auch keinen gestört. Die Leute sind zu uns in die Apotheke gekommen, waren nett und freundlich. Heute muss ich aufpassen, dass ich von denselben Menschen nicht angespuckt werde."

Gedankenverloren sah Hannah aus dem Fenster. Bei ihrem Anblick schnürte es Hans vor lauter Beklemmung die Kehle zu. Er hatte nicht einmal geahnt, dass sie bereits so ausgegrenzt wurde. Was waren das nur für Menschen, dachte er. Jeder einzelne Jude besaß mehr Anstand und Moral als einer von denen.

Hans vergaß seine Bedenken. Wortlos ging er zu Hannah hin und nahm sie in den Arm. Dabei streichelte er ihr zärtlich über den Rücken. Als das Mädchen sich eng an ihn schmiegte, konnte er seine Gefühle nicht länger verdrängen.

Zuerst wollte er ihr nur Trost spenden, sie beruhigen, wie er es früher manchmal getan hatte. Doch als er ihren schon fraulichen Körper spürte, wusste er nicht mehr, was er fühlte. Am liebsten hätte er ihr Gesicht gehoben und jede einzelne Träne weggeküsst. Mit einem Mal war er nicht mehr der große Bruder, er wusste, dass er sich verliebt hatte.

Aber Hannah war viel zu jung, gerade vierzehn geworden. Sie würde nicht verstehen, warum er sich so anders verhielt. Noch ahnte er nicht, dass sie genauso fühlte und ihre Zuneigung ebenso wie er versteckte. Glücklich schaute sie hoch zu ihm.

„Ich bin so froh, dass du da bist, Hans. Du bist der Einzige, der mich versteht." Liebevoll streichelte sie ihm bei diesen Worten über die Wange.

Sie bemerkten nicht, wie sich die Türe hinter ihnen leise schloss. Hermann war nach Hause gekommen und hatte schauen wollen, ob sein Bruder noch wach war.

„Mach leise!", hatte Lina ihn ermahnt, „Bestimmt schläft er schon."

‚Und wie Hans schlief', dachte Hermann wenig später wutentbrannt. Entsetzt hatte er zugeschaut, wie Hannah seinem Bruder über die Wange streichelte. Wie konnten sie ihm das antun? Wochen und Monate war er gut genug gewesen, aber kaum kam Hans, hatte Hannah nur noch Augen für ihn. Er hatte die verliebten Blicke genau gesehen. Sie hatten ja nicht einmal seine Anwesenheit bemerkt.

Er steigerte sich immer mehr in seine Wut hinein. Doch dieses Mal richtete sie sich nicht alleine gegen Hans. Auch Hannah war in seinen Augen nichts mehr wert. Glaubte sie, Hans sei besser als er, nur, weil er auf höhere Schulen ging? Dabei hatte er sich die ganze Zeit um sie gekümmert. Er liebte sie, er liebte sie schon, seit er denken konnte. In Hannah glaubte er den Menschen zu sehen, der zu ihm gehörte. Wie dumm er doch gewesen war zu glauben, es würde ihr genauso ergehen. Aber damit war jetzt Schluss. Sie hatte ihn und seine Gefühle verraten. Er hasste sie, wie er seinen Bruder hasste.

Noch am selben Abend ging Hermann den weiten Weg zum Rathaus, wo die Gauleitung der Nationalsozialisten ein Büro hatte. Schon seit einiger Zeit drängte ihn sein Lehrmeister und die anderen Kameraden mit zu den Treffen zu gehen, doch Hermann hatte stets abgelehnt. Politik war nicht seine Sache, er wollte in Ruhe seine Arbeit machen.

An diesem Abend änderte er seine Meinung und ging entschlossen die Treppe hinauf zum Büro. Kurz zögernd blieb er einen Moment vor der Türe stehen, dann klopfte er laut an. Auf die fragenden Blicke des uniformierten Diensthabenden im Zimmer antwortete er, ohne noch einmal darüber nachzudenken.

„Mein Name ist Hermann Schneider. Ich möchte der Hitlerjugend beitreten."

***

Zwei Wochen vergingen, ohne dass jemand Hermanns Wandlung bemerkte. Wie immer ging er schon früh aus dem Haus zur Arbeit und kehrte erst spät am Abend zurück. Dann verschwand er meistens wortlos in sein Zimmer. Die anderen, die seine störrische Art kannten, ließen ihn in Ruhe.

Lina war alleine in der Küche, als er an diesem Morgen zu ihr kam. Bis jetzt hatte er seine Mitgliedschaft in der

Hitlerjugend verschwiegen und die Uniform unter dem Bett versteckt. In diesem Moment stand er zum ersten Mal in voller Montur vor seiner Mutter.

Lina, die gerade das Essen zubereitete, drehte sich um und schrie vor Schreck laut auf. Hermann hatte eine braune Hemdbluse an, an deren rechten Arm sich eine rote Binde mit dem Hakenkreuz befand. Um den Hals war ein schwarzes Halstuch mit einem Lederring gebunden. Auf dem Kopf saß ein braunes Käppi.

Es dauerte eine Weile, bis Lina realisierte, dass es sich um ihren Sohn handelte, der da vor ihr stand. Als sie endlich fähig war zu reden, fragte sie ihn entsetzt.

„Wie siehst du denn aus? Bist du völlig verrückt geworden? Weißt du denn nicht …"

Weiter kam sie nicht, denn Hermann fuhr ihr ins Wort.

„Doch Mutter, ich weiß genau, was ich tue. Seit zwei Wochen gehe ich zur Hitlerjugend und zum ersten Mal im Leben bin ich es, für den sich andere interessieren, nicht Hans. Wir machen Sport und Heimatnachmittage, Ausflüge ins Gelände. Aber am Wichtigsten ist, dass ich endlich respektiert werde. Ihr habt doch nur Augen für Hans. Wen von euch interessiert es schon, wie es mir geht? Hast du dich das schon einmal gefragt?"

„Aber Hermann, das ist doch gar nicht wahr. Natürlich interessiert es mich, wie es dir geht. Ich liebe dich, du bist mein Sohn, genauso wie Hans auch."

„Dann konntest du es aber die ganzen Jahre gut verbergen, aber das ist jetzt auch egal. Ich habe eine Familie gefunden. Dort finde ich das, was ich bei euch nie hatte. In einer Stunde fährt mein Zug. Wir fahren in ein Sommerlager. Keine Ahnung, ob ich hierher zurückkomme."

Erst jetzt bemerkte Lina den gepackten Rucksack, der am Kücheneingang stand. Ungläubig schüttelte sie den Kopf. Sie konnte nicht fassen, dass ihr Sohn es ernst meinte. Verzweifelt zog sie Hermann, der gerade gehen wollte, am Ärmel zurück und flehte ihn an.

„Hermann bitte, komm doch zur Vernunft! Wenn du schon

nicht an mich denkst, denk doch nur an die Spiegels und was du ihnen damit antust! Denk doch an Hannah!"

Aber damit hatte Lina, ohne es zu ahnen, genau das Falsche gesagt. Höhnisch sah ihr Sohn sie an und lachte kalt.

„Denken die etwa an mich? Das Judenpack soll selber sehen, wie sie fertig werden. Außerdem ist Hans ja auch noch da."

Er hatte kaum ausgesprochen, da klatschte Linas Hand in sein Gesicht.

„Schämen solltest du Dich! Dieses Pack, wie du es nennst, hat uns aufgenommen, als wir vor deinem Vater flüchten mussten. All die Jahre haben sie sich gekümmert, ist das nun der Dank? Du bist genauso erbärmlich wie Georg, ich schäme mich für dich."

Die gerötete schmerzhafte Wange ignorierend, sah Hermann seine Mutter kalt an.

„Dann kann ich ja gehen. Immer noch besser, als hier mit euch und den Juden unter einem Dach zu leben."

„Tu das! Ich werde dich bestimmt nicht aufhalten. Und nimm deinen ganzen braunen Mist da mit. Mir wird übel, wenn ich das noch länger ansehen muss."

So hart hatte Hermann seine Mutter noch nie reden hören. Trotzdem zweifelte er nicht, dass es richtig war, was er tat. Ohne Abschied drehte er sich um und ging.

Erst als sie die Haustüre zufallen hörte, brach Lina zusammen. So fand sie Ignatz, der kam, um sich ein Glas Wasser zu holen. Erstaunt sah er sie tatenlos dasitzen, während die Suppe auf dem Gasherd überkochte. Rund um den Topf hatte sich bereits eine unansehnliche Pfütze gebildet. Mit schnellem Griff zog ihn der Apotheker herunter.

„Lina, was ist denn in dich gefahren? Willst du, dass alles anbrennt oder warum rührst du dich nicht?"

„Was macht das schon?", antwortete Lina. „Es ist doch nur Suppe."

Ihr resignierter Ton ließ Ignatz aufhorchen. Was war denn los mit ihr? So kannte er sie gar nicht. Wie immer in heiklen Situationen kochte er erst einmal Tee für sie beide, so dass

Lina etwas Zeit bekam, sich zu fangen. Dann erzählte sie ihm von Hermann und verschwieg dabei auch nicht, wie er die Spiegels genannt hatte. Als sie fertig war, sah sie Ignatz ängstlich an. Sie rechnete mit allem, dass er wütend wurde, sie aus dem Haus warf, nur nicht damit, dass er so ruhig blieb.

„Erschreckt dich das denn gar nicht?“, fragte sie ihn. „Wie kannst du nur so gefasst sein, nachdem was ich dir erzählt habe? Hermann ist der Hitlerjugend beigetreten. Ich kann nicht glauben, dass du so ruhig hier sitzt und deinen Tee trinkst.“

„Weißt du Lina, irgendwie habe ich es kommen sehen. Vielleicht bin ich deshalb nicht so überrascht wie du. Hermann ist ganz anders als Hans, labil und leicht zu beeinflussen, kein Wunder also.“

„Nein, so einfach glaube ich das nicht“, widersprach Lina. „Und selbst wenn es so wäre, er würde Hannah immer beschützen und sie nicht Judenpack nennen. Irgendetwas muss passiert sein, was ihn aus der Bahn geworfen hat.“

„Ich kann mir schon vorstellen, was ihn dazu bewogen hat, sich von uns abzuwenden. Hast du nicht bemerkt, dass Hannah und Hans dabei sind, sich ineinander zu verlieben? Ich glaube, die Beiden wissen es selbst noch nicht richtig und ehrlich gesagt, wäre es mir lieb, wenn sie sich noch etwas Zeit ließen. Trotzdem freue ich mich für sie. Aber Hermann war schon immer eifersüchtig auf Hans. Manchmal hatte ich regelrecht das Gefühl, dass er Hannah als seinen Besitz ansah. Wenn ich recht damit habe, würde das erklären, warum er so reagiert. Du weißt ja, Liebe und Hass liegen nah beieinander.“

Zweifelnd schaute Lina ihn an. „Meinst du wirklich, unsere Kinder sind verliebt? Hannah ist doch noch so jung, ich habe gar nichts bemerkt.“

„Du bist ja auch ständig am Wirbeln, wann bleibt dir schon Zeit?“

„Mit Hermann hast du natürlich Recht. Er und Hannah waren seit jeher unzertrennlich. Er muss total enttäuscht gewesen sein, wenn sie sich nun tatsächlich mehr für Hans interessiert. Aber ist das etwa ein Grund, uns so vor den Kopf zu stoßen?“

Ignatz füllte erneut Tee in die Tassen.

„Nein, natürlich nicht. Aber nun lass uns mal nicht die Pferde scheu machen. Erst einmal warten wir ab, vielleicht kommt der Junge ja wieder zur Vernunft."

Am Abend, als auch die anderen nach Hause kamen, setzten sich alle noch einmal im Wohnzimmer zusammen. Während Lina wiederholte, was am Morgen geschehen war, schenkte Ignatz wie gewohnt jedem eine Tasse Tee ein. Jeder der Anwesenden reagierte anders auf die Neuigkeiten.

Maria hielt sich erschrocken die Hand vor den Mund und schüttelte ungläubig den Kopf. Hannah und vor allem Hans nahmen das Ganze jedoch ziemlich gefasst auf. Hans versuchte, seine Mutter zu beruhigen.

„Lass ihn erst einmal in das Lager gehen! So viel ich davon gehört habe, ist das ganz und gar kein lustiges Ferienlager. Gehorsam und Disziplin sollen dort auf der Tagesordnung stehen, also nicht gerade Hermanns Stärken. Er wird beizeiten merken, welchen Irrtum er begeht und reumütig zurückkehren."

„Meinst du wirklich?" Lina war sich da ganz und gar nicht sicher. Sie bedauerte im Nachhinein, dass sie so überstürzt reagiert und Hermann fast schon aus dem Haus geworfen hatte.

„Aber sicher, er hat sich schon oft zu irgendwelchem Unfug überreden lassen. Am Ende wird Hermann schon erkennen, dass es der falsche Weg für ihn ist."

„Dein Wort in Gottes Ohr, Hans. Ich hoffe wirklich sehr, dass der Junge zur Besinnung kommt. Wenn ihr gesehen hättet, wie er so dastand in dieser hässlichen Uniform. Ich kriege jetzt noch eine Gänsehaut, wenn ich daran denke. Ach Hans, warum kann dein Bruder nicht so vernünftig sein wie du?"

„Weil er eben anders ist, Mutter. Hermann ist kein schlechter Kerl. Er weiß, was er Ignatz und Maria zu verdanken hat. Er kann sein, wie er will, aber ich glaube nicht, dass er ihnen ernsthaft schaden würde. Und das tut er, wenn er Mitglied in einer von Hitlers Organisationen ist. Sobald er das begreift, wird er sich davon abwenden. Es wird schon alles gut werden.“

Lina, die noch nicht ganz so überzeugt war, hoffte, dass ihr Ältester recht damit behielt. Jedenfalls tat es ihr gut, dass sie darüber sprachen. So sah sie zumindest ein wenig zuversichtlicher in die Zukunft.

***

Sie alle sollten sich irren. Lina, Hans und die Spiegels warteten vergeblich auf Hermanns Rückkehr. Der Junge, der immer im Schatten seines älteren Bruders gestanden hatte, fühlte sich wohl in der Gemeinschaft der Hitlerjugend. Endlich hatte er das Gefühl, so akzeptiert zu werden, wie er war. Seine Kameraden bewunderten den kräftigen jungen Mann, der sich für keine Prüfung zu schade war. Wenn diese bei den morgendlichen, scheinbar endlosen Waldmärschen stöhnten, lachte er nur und war ihnen immer einige Meter voraus. Das fiel auch seinen Vorgesetzten auf und so gelang es ihm, innerhalb kürzester Zeit zum Rottenführer aufzusteigen.

Hermann gefiel sich in dieser Rolle. Er genoss es, wenn die Jüngeren vor ihm zitterten. Unbarmherzig gab er die Disziplin und den Gehorsam, den er erfahren musste, an die Pimpfe weiter. Er war stolz, ihr Anführer zu sein.

Nur selten dachte er an zu Hause, seine Familie waren die Kameraden geworden. Anders als daheim, wo meistens Hans im Mittelpunkt stand, wurde bei ihnen niemand bevorzugt oder benachteiligt. Sie waren eine eingeschworene Gemeinschaft, die er um nichts in der Welt missen wollte. Nach Barnitz zurückzukehren kam für ihn nicht infrage. Schließlich gab es für ihn nichts mehr, wofür es sich lohnen würde, sein neues schönes Leben aufzugeben.

Nur an Hannah dachte er noch manchmal wehmütig, schob diese Gedanken aber sofort beiseite. Sie war eine Verräterin. Hitler hatte schon recht damit, wenn er die Juden als hinterhältig bezeichnete. Er hatte es schließlich am eigenen Leib erfahren, dass sie einen nur benutzten.

Und während Hermann so dachte, merkte er gar nicht, wie er immer mehr die nazistische Gesinnung annahm und auch der letzte Rest seines eigentlich gutmütigen Wesens verschwand.

In diesen Tagen freute er sich nur darauf, das Lager zu verlassen. Nicht, dass es ihm dort nicht gefallen hätte. Ganz im Gegenteil, die Zeit gehörte für ihn zu den schönsten überhaupt. Außerdem hatte er eine Menge gelernt, besonders die Schießübungen hatten es ihm angetan. Doch nun stellten seine Vorgesetzten ihm und seinen Kameraden etwas viel Aufregenderes in Aussicht. Und wenn er auch noch nichts Genaues darüber erfahren hatte, wusste er doch, dass sie in Berlin eingesetzt wurden.

Hermann hatte außer den Wochen im Zeltlager, seine Stadt nie verlassen. Jetzt würde er endlich die Möglichkeit bekommen, etwas anderes zu sehen als die Apotheke und die Schreinerei. Dass es gleich Berlin sein würde, freute ihn umso mehr.

Sofort nachdem der morgendliche Appell vorüber war, bei dem ihnen der Marschbefehl gegeben wurde, packte er seinen Rucksack. Mit Leiterwagen wurden die einzelnen Gruppen zum Bahnhof gefahren, wo sie sich zum Zählen in Reih und Glied aufstellten. Da seine Gruppe vollzählig war, konnten sie nach einem letzten „Heil-Hitler"-Ruf einsteigen.

Drei Abteile weiter vorn saß Hans, der zurück nach Berlin musste. Er ahnte nicht, dass Hermann sich im selben Zug aufhielt, hörte aber den lauten Gesang der Hitlerjugend bis zu seinem Waggon.

In der Hauptstadt angekommen, stieg Hans als einer der Ersten aus und bemerkte so nicht die Gruppe in den braunen Hemden, die sich am Bahnsteig formierte. Im Bahnhof war es hektisch und laut. Er wollte so schnell es ging nach draußen. Die große Halle, in der sich unzählige Menschen tummelten, präsentierte sich ihm als ein Meer von Hakenkreuzfahnen und Girlanden. Und auch auf dem Weg zum Ausgang sah er ungewöhnlich viele Leute in braunen und schwarzen Uniformen. Unwillkürlich beschleunigte er seine Schritte. Er wollte weg von hier und saubere Luft einatmen.

Am nächsten Morgen versuchte er, noch vor dem Unterricht Doktor Grünspan zu erreichen, um sich mit ihm für den Abend zu verabreden. Er rief ihn aus der Telefonzelle auf dem Weg zur Uni an, doch auch nach wiederholtem Klingeln nahm niemand den Hörer ab. Etwas beunruhigt überlegte er, ob er in der Praxis vorbeischauen sollte. Andererseits musste er pünktlich an der Hochschule sein. Die Professoren sahen es nicht gern, wenn jemand zu spät erschien und ihre Vorlesungen dadurch störte.

Hans sah auf die Uhr. In fünf Minuten konnte er bei der Praxis sein und wenn er sich beeilte, würde er es vielleicht noch rechtzeitig zum Unterricht schaffen. Ohne zu zögern rannte er los und stellte wenige Minuten später fest, dass die Praxis geschlossen war.

Unschlüssig schaute er sich um. Sonst gingen hier recht viele Patienten ein und aus. Doktor Grünspan war ein beliebter Arzt. Heute jedoch stand Hans alleine vor der Tür, die sich auch durch kräftiges Rütteln nicht öffnen ließ.

Ein seltsames Gefühl beschlich ihn, ohne dass er es zu deuten wusste. Aber ihm fehlte die Zeit, jetzt länger darüber nachzudenken. Er musste zur Uni. Den Arzt würde er am Nachmittag zu Hause besuchen.

Mit großen Schritten erreichte Hans völlig außer Atem die Universität. Heute würde ihnen Professor Hartmann die Komplexität des menschlichen Gehirns näherbringen und wenn Hans die nächste Klausur überstehen wollte, musste er diesen Lehrstoff unbedingt beherrschen.

Seit dem Vorfall mit den jüdischen Kommilitonen war er dem Professor nicht mehr begegnet, obwohl es genug Gelegenheiten gegeben hätte, dessen Seminare zu besuchen. Hans, der seinen Lehrer früher bewundert hatte, empfand dessen Nähe nun als unangenehm. Anfangs hatte er darüber nachgedacht, Hartmann auf das Geschehene anzusprechen, doch Doktor Grünspan hatte es ihm ausgeredet.

„Das bringt doch nichts Hans! Was meinst du, was er dir antworten würde? Etwa, dass es ihm leid tut, dass er den Jungen nicht geholfen hat? Das glaubst du doch selber nicht. Ich sag dir was. Entweder besitzt der Professor einfach nicht genug Courage, woran ich übrigens zweifele, nachdem, was du mir von ihm erzählt hast. Oder aber er ist schlau genug, seinen eigenen Arsch zu retten und sich nicht auf die falsche Seite zu schlagen. Entschuldige, wenn ich so direkt bin, aber ich glaube, dass genau das der Fall ist."

Hans ahnte, dass Grünspan mit dieser Einschätzung richtig lag und verzichtete auf ein klärendes Gespräch mit seinem Professor. Doch als er nun vor der Tür zum Hörsaal stand, kamen die Bilder in ihm wieder hoch. Er konnte einfach nicht vergessen, wie übel man die Studenten behandelt hatte. Dabei bemerkte er nicht, dass Professor Hartmann neben ihn trat und ebenfalls zu der Stelle sah, an der man die drei Studenten verprügelt hatte.

Erst als Hartmann weiterging, nahm er ihn wahr. Für einen kurzen Moment schauten sich Lehrer und Schüler in die Augen, bis der Ältere verlegen den Blick senkte. Er hatte den Vorwurf und die Enttäuschung in Hans Augen wohl gemerkt und drehte sich mit einem letzten, entschuldigenden Blick um.

„Kommen Sie, Schneider! Ich fange gleich mit dem Unterricht an", sagte er und öffnete die Tür. Hans blieb nichts weiter übrig, als ihm zu folgen. Aber so sehr er sich in den nächsten Stunden auch zu konzentrieren versuchte, es gelang ihm nicht, dem Stoff zu folgen. Während Hartmann die anderen Studenten mit seinen anschaulichen Theorien fesselte, gingen seine Gedanken ihren eigenen Weg.

Er machte sich ernsthafte Sorgen um Doktor Grünspan. Er konnte sich nicht vorstellen, dass der Arzt einfach so seine Patienten im Stich ließ. Es musste schon einen triftigen Grund dafür geben, dass die Praxis heute Morgen geschlossen war.

Hans hielt es nicht länger aus. Hastig packte er seine Bücher zusammen und verließ die Vorlesung. Die erstaunten Blicke Professor Hartmanns, die ihm folgten, sah er nicht mehr.

Fast die ganze Strecke legte er im Laufschritt zurück und musste vor dem Haus, in dem Grünspan wohnte, erst kurz verschnaufen. Er hatte selbst keine Erklärung für diese Eile, es war mehr eine Ahnung, die ihn vorwärts trieb. Irgendetwas war passiert und nur der Arzt konnte ihm darauf eine Antwort geben.

Schon kurz nach dem ersten Läuten öffnete Doktor Grünspan die Tür. Munter und fidel stand er vor ihm. Ein Lächeln machte sich auf dem runden Gesicht breit. Freudig streckte er Hans seine Hand zur Begrüßung hin.

„Hans, du bist wieder da? Ich freue mich dich zu sehen, wie war's zu Hause?“

Doch der ignorierte die ausgestreckte Hand. Es war nicht zu fassen. Da machte er sich den halben Tag lang Gedanken um den Doktor und der stand vor ihm, als wäre es völlig normal, dass er um diese Zeit nicht arbeitete.

„Wissen Sie, was für Sorgen ich mir ihretwegen gemacht habe? Und Sie stehen hier, im Morgenmantel wohlgemerkt und fragen mich, wie es zu Hause war? Ich bin ihretwegen sogar viel zu früh aus der Vorlesung gegangen, obwohl ich den Stoff wirklich nötig hätte.“

Nun war auch der ältere Mann verwirrt. „Aber warum denn? Wegen mir brauchst du doch dein Studium nicht vernachlässigen.“

„Das frage ich Sie“, antwortete Hans. „Warum ist die Praxis geschlossen?“ Und mit einem Blick auf Grünspans Kleidung fügte er hinzu. „Und warum in Gottes Namen laufen Sie am helllichten Tag im Morgenmantel herum?“

„Ach das“, Grünspan winkte ab. „Jetzt begreife ich. Ich wusste ja nicht, dass du mich schon in der Praxis gesucht hast. Aber komm erst mal rein! Die Nachbarn müssen nicht mithören, was wir zu bereden haben.“

In der Wohnung angekommen, ging der Arzt in die kleine Küche. Auf dem Gasherd stand ein verbeulter Topf, aus dem es herrlich duftete. Erst jetzt spürte Hans, wie hungrig er war.

„Ich wollte mir gerade etwas zu Essen machen. Kohlsuppe, isst du einen Teller voll mit?“

Eigentlich wollte Hans ablehnen, schließlich war er nicht zum Essen gekommen. Doch als der Doktor die heiße Suppe aufschöpfte, konnte er nicht widerstehen.

„Na gut, aber nicht so viel“, brummte er. Dann half er die vollen Teller zum Tisch zu tragen. Minuten vergingen, ohne dass einer von ihnen etwas sagte, während sie die deftige Kohlsuppe löffelten. Als Grünspans Teller leer war, lehnte er sich zufrieden im Stuhl zurück.

„Mit einem vollen Bauch redet es sich doch gleich viel leichter, meinst du nicht? So, dann sag mir mal, was du auf dem Herzen hast!“

Auch Hans hatte fertig gegessen und schob seinen Teller beiseite. Nur wirkte er keinesfalls so zufrieden wie Grünspan.

„Also“, begann er, „warum arbeiten Sie nicht? Sind Sie krank?“

„Unsinn, sehe ich etwa so aus?“ Dann musste der Arzt über sich selber lachen, als er bemerkte, wie Hans seinen abgetragenen Morgenmantel musterte.

„Na ja“, gab er zu, „vielleicht sehe ich heute wirklich etwas ungewöhnlich aus. Aber ich habe lang geschlafen, ich komme ja sonst nie dazu.“

Langsam wurde Hans ungeduldig. „Eben. Das machen Sie sonst nie. Also kommen Sie endlich zur Sache!“, forderte er. „Warum sind Sie nicht in der Praxis?“

Grünspan hörte schlagartig auf zu lachen und wurde ernst.

„Nun Hans, das ist eine längere Geschichte. Es ist schon seltsam. Immer wenn du zu Hause warst, kommt es mir vor, als wären Jahre vergangen. Dabei sind es doch nur ein paar Wochen. Wahrscheinlich liegt das daran, dass es in Berlin täglich neue Überraschungen gibt und nur selten gute.“

„Ist irgendetwas passiert, was mit Ihrer Arbeit zu tun hat?“

„Oh, ja. Schon ein paar Tage nachdem du weg warst, fing es an. Du weißt selber, dass es immer wieder Aktionen gab, um die jüdische Bevölkerung aus dem täglichen Leben in Berlin zu verdrängen. Denk doch nur an den Vorfall an deiner Hochschule! Zuerst ergingen Weisungen an einzelne Ministerien, sogenannte nichtarische Beamte zu bewegen, aus ihrem Berufsleben auszuscheiden. Es handelte sich vor allem um Anwälte, Lehrer und auch uns Ärzte. Wir haben alle unsere Zulassung als Kassenarzt verloren und dürfen jetzt nur noch Privatpatienten behandeln. Aber damit bekomme ich meine Praxis nicht voll. Als nächstes werden sie uns noch die Approbation entziehen, damit wir uns gar nicht mehr Arzt nennen dürfen", sagte Grünspan voller Verachtung. „Und das nach dreißig Jahren, die ich als praktischer Arzt tätig bin."

„Und das lassen Sie sich gefallen?" Hans war zutiefst empört.

„Was soll ich denn deiner Meinung nach tun? Es ist immer noch besser, als ganz aufzuhören, wie es viele meiner Kollegen bereits getan haben. Ich habe doch auch eine Verantwortung meinen Patienten gegenüber, vor allem den jüdischen. Wo sollen die denn hin, wenn sie krank sind? Glaubst du, einer von den deutschen Ärzten wird sie behandeln?"

„Nein, Sie haben recht", antwortete Hans ihm. „Daran habe ich noch gar nicht gedacht. Aber wenn das so ist, warum gehen Sie dann nicht arbeiten? Ich verstehe das noch immer nicht."

„Anfangs bin ich noch wie gewohnt jeden Morgen zur Praxis gegangen. Aber meine deutschen Patienten, für die ich mich verantwortlich fühlte, kamen nicht mehr zu mir. Außer ein paar Wenigen, die vorher ihr Parteiabzeichen abgenommen hatten. Diese Dummköpfe dachten wirklich, ich merke nicht, was los ist. Aber wie gesagt, es waren nur Wenige. In meiner ganzen langen Berufslaufbahn habe ich noch nie so viele Stunden untätig herumgesessen. Kannst du dir vorstellen, was für ein beschämendes Gefühl das ist?

Dabei kann ich die Patienten, die nicht mehr zu mir kommen, sogar verstehen. Ich würde auch nicht zu einem Arzt wollen, dessen Praxisfenster mit schmutzigen Plakaten zugekleistert sind. Willst du wissen, was darauf stand?

‚Deutsche wehrt euch, geht nicht zu Juden!'

Und das war noch das Harmloseste. Die Leute haben Angst und ich kann es nachvollziehen."

Grünspan schüttelte empört den Kopf, als er weitersprach.

„Und dann gibt es noch die andere Sorte, Herrn Lehmann zum Beispiel, dem die Brauerei an der Ecke gehört. Seit Jahren geht er bei mir ein und aus und lässt sich von mir den kaputten Rücken behandeln. Keine Ahnung, wie oft ich wegen dem Mann zu den unmöglichsten Zeiten die Praxis aufgesperrt habe. Ich sehe ihn noch vor mir, wie dankbar er jedes Mal war, wenn seine Schmerzen endlich nachließen. Aber genau dieser Herr hat gerade jetzt gemerkt, dass ich Jude bin und kann nun unmöglich weiter zu mir kommen. Als ich ihn vor drei Tagen zufällig auf der Straße traf, konnte er mir nicht einmal in die Augen sehen, eine Schande ist das."

„Das kann doch alles nicht wahr sein", unterbrach ihn Hans. „Merken die Leute denn nicht, was hier vor sich geht? Indem man euch immer mehr ausgrenzt, verliert ihr jegliche Unterstützung. Dieser verdammte Hitler und seine Helfer vergiften das ganze Land. Und niemand ist bereit, etwas dagegen zu unternehmen. Manchmal glaube ich, das alles ist nur ein schrecklicher Alptraum, aus dem ich nur aufwachen muss. Es kann doch nicht sein, dass die Menschen da draußen so naiv sind und die Wahrheit nicht sehen."

„Sprich nicht so laut, Hans! Die Wände sind hellhörig geworden! Du musst aufpassen, was du sagst. In der Synagoge habe ich gehört, dass sie einen Mann zum Krüppel geschlagen haben, nur, weil der ein falsches Wort über Hitler sagte. Und ich fürchte, es sind nur Wenige, die so denken wie du. Im Grunde sind die meisten dieser braunen Anhänger nur Mitläufer. Es ist die Masse, die sie gefährlich werden lässt."

„Wie Hermann, der ist auch so ein Mitläufer", sagte Hans und erzählte Doktor Grünspan von seinem Bruder und dessen neuer Karriere.

„Siehst du, genau das meine ich." Der Arzt schüttelte den Kopf. „Hermann und du, ihr seid zusammen aufgewachsen, unter genau denselben Umständen. Was treibt ihn zu dieser Naziorganisation, während du hier bei mir sitzt, bei einem Juden? An euerm Beispiel kann man erkennen, dass es nicht der Glaube ist oder ihre Ideologie, der die Leute führt. Ich denke, es sind viel kleinere, nichtigere Gründe wie Neid,

Habgier und Eifersucht, die sie in die Fänge Hitlers und seiner Partei treiben."

Nachdenklich hatte Hans zugehört. Warum war er nicht selber schon auf den Gedanken gekommen? Nun gab er Grünspan recht.

„Es stimmt, was Sie sagen. Mein Bruder hat sich früher nie für Politik interessiert. Aber eifersüchtig war er schon als kleiner Junge. Immer hatte er das Gefühl, in meinem Schatten zu stehen." Hans stockte kurz verlegen, bevor er weitersprach.

„Ich weiß nicht, wie ich es sagen soll ... Hannah, die Tochter der Spiegels und ich ... nun, ich glaube, wir mögen uns. Bisher ist mir der Gedanke noch gar nicht gekommen, aber wenn Hermann das vielleicht gespürt hat, kann das der wahre Grund für seinen plötzlichen Sinneswandel sein. Warum habe ich nur nicht früher daran gedacht?"

„Ich will dich wirklich nicht unnötig beunruhigen, Hans. Aber wenn das wirklich so ist, wie du sagst, meinst du nicht, dass Hannah in Gefahr ist?"

„Niemals", verteidigte der seinen Bruder sofort. „Hermann würde ihr nie etwas antun. Die ganzen Jahre war er es, der sich um sie gekümmert hat, wie um eine eigene Schwester. Nein Doktor, ich traue meinem Bruder mittlerweile Einiges zu, aber nicht, dass er ihr schadet. Von Hermann hat Hannah ganz sicher nichts zu befürchten."

Grünspan klang wenig überzeugt, als er darauf antwortete.

„Glaub mir, aus Eifersucht sind schon ganz andere Dinge geschehen. Aber schließlich kennst du deinen Bruder besser. Natürlich hoffe ich, dass du recht behältst."

Hans wollte nicht länger über Hermann reden, der hatte ihn schon genug Nerven gekostet. Deshalb kam er auf den Anfang des Gespräches zurück.

„Was ist noch passiert in der Zeit, in der ich fort war? Kann es sein, dass wir in Barnitz total hinter dem Mond leben? Dass wir so wenig davon mitbekommen, was hier passiert?"

„Dieser Wahnsinn wird noch früh genug bei euch losgehen, daran gibt es keinen Zweifel mehr. Es ist, als überschwemme eine Seuche das Land und infiziere einen nach dem anderen mit ihrem braunen Virus. Berlin ist mittlerweile in Hitlers Hand. Bei den ersten Aktionen mussten vor allem die Wissenschaftler dran glauben. Es kam zur ersten großen Kündigungswelle. Jeder der nicht arisch war, wie das jetzt heißt, oder als Gegner der nationalsozialistischen Politik gilt, wurde entlassen.

So langsam kann ich auch deinen Professor Hartmann verstehen, wenn er sich auch menschlich gesehen, falsch verhalten hat. Vielleicht ahnte er bereits, was geschehen würde, wenn er für die falschen Leute Partei ergreift. Bei ihrer sogenannten Gleichschaltung gehen die neuen Machthaber nämlich rigoros vor. Viele gute Professoren verloren schon ihre Lehrstühle, herausragende Schriftsteller, die von Politik nichts wissen wollten, wurden aus den Akademien ausgeschlossen. Ihre Bücher sind aus den öffentlichen Bibliotheken verschwunden. Selbst die Werke von berühmten Autoren wurden für undeutsch erklärt und auf riesigen Scheiterhaufen verbrannt."

Hans stand sein Entsetzen ins Gesicht geschrieben.

„Warum haben Sie mir denn nicht geschrieben, ich wäre sofort zurück nach Berlin gereist?"

„Und was hättest du hier tun wollen? Willst du dich dazwischen werfen, wenn sie die Werke von Mann oder Brecht verbrennen? Nein Hans, für dich war es besser, bei deiner Familie zu sein. Deine Mutter braucht dich gerade jetzt. Du wirst sehen, du kriegst noch früh genug mit, was hier los ist. Es vergeht kaum noch ein Tag ohne neue Schreckensnachrichten."

„Es muss doch irgendetwas geben, was man dagegen tun kann", ließ sich Hans nicht abbringen. „Wir können doch nicht einfach nur tatenlos zusehen und abwarten."

Berührt von seinem Eifer schüttelte der Arzt hilflos den Kopf.

„Nein Hans, wir können gar nichts dagegen tun, leider. Es sind zu wenige, die sich noch trauen, etwas zu sagen. Im Gegenteil, ich habe mir Gedanken um dich gemacht. Ich glaube, es ist besser, wenn du dich in Zukunft ganz aus der

Sache raushältst. Du willst Arzt werden und das wirst du auch. Wenn aber irgendjemand Wind davon bekommt, auf wessen Seite du stehst, setzt du dein Studium aufs Spiel."

Hans stand auf und lief aufgeregt im Zimmer auf und ab.

„Wie kann ich mich raushalten, wenn die Menschen, die mir am meisten bedeuten und denen ich alles zu verdanken habe, bedroht sind?"

Wie konnte Grünspan nur so etwas von ihm verlangen?

„Du verstehst mich völlig falsch, Junge. Ich meine es nur gut. Es ist nun mal eine gefährliche Zeit. Du musst aufpassen, was du sagst! Du musst dir genau überlegen, mit wem du dich triffst und selbst was du denkst, musst du für dich behalten."

„Nein", widersprach ihm Hans energisch. „Ich kann selber entscheiden, was gut für mich ist. Ich lasse mir nicht vorschreiben, was ich sage oder mit wem ich mich treffe. Schließlich habe ich Hitler und seine Partei nicht gewählt. Ich bin ein freier Mensch mit einer freien Meinung."

„Das bist du nicht oder nicht mehr", lautete die resignierte Antwort des Arztes. „Begreifst du denn nicht, welche Geisteshaltung hier in Zukunft herrschen wird? Hitlers Judenhass ist doch schon nichts Neues mehr und wird mit Hilfe zahlreicher Verordnungen Schritt für Schritt umgesetzt. Das hier ist erst der Anfang, Hans. Diese Leute rechtfertigen ihre Gräueltaten mit der Überlegenheit der arischen Rasse. Das zeigt, wo der eingeschlagene Weg noch hinführen wird. Pass auf dich auf, Hans! Du weißt, wie gerne ich dich hier bei mir habe, aber es ist besser, wenn du in Zukunft nicht mehr kommst."

Hans war bei diesen Aussagen blass geworden. Entsetzt sah er den älteren Mann nun an. „Ist das wirklich Ihr Ernst? Sie wollen den Kontakt zu mir abbrechen?"

„Ja, so leid es mir tut." Bedauernd blickte der Doktor zu dem verzweifelten Jungen hin und rang nach den richtigen Worten.

„Es ist zu deinem eigenen Schutz. Du bist Deutscher, ich Jude. Ich könnte es mir nie verzeihen, wenn dir meinetwegen etwas zustoßen würde."

„Schon gut Doktor, ich habe Sie verstanden." Hans Stimme klang kalt, als er aufstand und nach seiner Jacke griff. „Keine Angst, ich werde Sie nicht mehr belästigen."

Irritiert sah Grünspan ihm nach, als er zur Tür ging.

„So war das doch gar nicht gemeint, du hast mich nie belästigt. Im Gegenteil, ich bin froh dich kennengelernt zu haben. Jungen wie dich gibt es nicht mehr viele. Und unter anderen Umständen …"

***

Doch Hans hörte die letzten Worte nicht mehr und sah auch nicht, wie dem Doktor Tränen in die Augen stiegen. Bitter enttäuscht lief er auf die Straße und blieb dort für einen Moment unschlüssig stehen. Nach Hause in sein Zimmer wollte er nicht, deshalb lief er ziellos durch die Innenstadt. Mehrmals hupte ein Auto neben ihm, doch Hans bekam von alldem nichts mit.

Wie in Trance überquerte er die Rathausbrücke, unter der sich die Spree wie ein schwarzes Band schlängelte und von der man einen Blick auf das Schloss hatte. Hans hatte keine Augen dafür, er lief einfach immer weiter. Wie lange er schon unterwegs war, wusste er nicht, als er letztendlich am Kurfürstendamm landete.

Auf der beliebten Flaniermeile der Berliner war er bisher nur einmal gewesen. Doch heute hatte Hans keine Augen für die zahlreichen Geschäfte und Modehäuser. Erst als er die Pfiffe und johlenden Rufe einer Gruppe hörte, die sich vor einem Schuhgeschäft versammelte, wachte er auf. Er ahnte zu diesem Zeitpunkt nicht, dass dieser Tag noch mehr böse Überraschungen für ihn bereithalten sollte.

Es war Hermanns HJ-Truppe, die dieses Spektakel verursachte. Sie hatten am Morgen Anweisung bekommen, sämtliche jüdischen Geschäfte auf dem Ku'damm mit dem Judenstern zu beschmieren und Plakate aufzuhängen.

„Deutsche, kauft nicht bei Juden!", war darauf zu lesen.

Alles was Hans sah, war, dass in diesem Moment einer der Jungen in den braunen Hemden einen Pflasterstein in den Händen hielt und ihn unter dem Jubel seiner Kameraden in das Schaufenster vor ihm warf. Mit lautem Krachen zerbrach das Glas, überall flogen Scherben durch die Luft. Hans blieb in einiger Entfernung stehen und beobachtete fassungslos das Geschehen. Aufgeregt kam ein grauhaariger, schmächtiger Mann aus dem Geschäft gelaufen. Bestürzt schaute er auf die Meute, die nun anfing, die Auslage zu zerstören.

„Was tut ihr denn da?", jammerte er. „Das könnt ihr nicht machen. Mein schöner Laden, ihr könnt doch nicht einfach so alles zerstören. Ich werde die Polizei rufen."

Die Gruppe lachte laut los, als hätte der Mann einen Witz gerissen.

„Was willst du machen, du Saujud? Willst du dich beschweren? Sei froh, wenn wir dich nicht über den ganzen verdammten Ku'damm schleifen."

Doch der Mann gab noch nicht auf, er wollte der Horde seinen Laden nicht kampflos überlassen. Da er sah, dass er alleine machtlos gegen den Schlägertrupp war, wandte er sich an die gaffenden Passanten, die neugierig stehen geblieben waren.

„Bitte helfen Sie mir!", flehte er, „Sie können doch nicht zusehen, wie sie mein Geschäft zerstören." Doch die Leute schauten nur weiter zu, keiner rührte einen Finger, um ihm zu helfen. Nur wenige der Passanten wandten sich peinlich berührt ab und liefen weiter. In diesem Moment packte der Anführer der Gruppe den alten Mann am Kragen.

„Halt dein Maul, Jude, du hast hier gar nichts zu sagen!"

Hans sah, wie der Mann mit den Tränen kämpfte, doch noch immer gab er nicht auf. „Ich bin Geschäftsmann, ich habe Rechte."

„Juden haben in Deutschland keine Rechte."

Mit diesen Worten holte der kräftige junge Mann aus und schlug den Alten zu Boden. Wimmernd lag der nun inmitten von Schuhen und Scherben. Jetzt drohte die Situation völlig zu eskalieren. Immer wieder schlugen und traten die Jugendlichen unter den teilnahmslosen Gesichtern der Passanten auf den wehrlosen Mann ein. Nur eine gut gekleidete Dame mittleren Alters, die ein kleines Mädchen an der Hand hielt, mischte sich ein.

„Hört auf!", rief sie empört. „Seht ihr denn nicht, dass er blutet?"

Sofort baute sich einer der jungen Männer drohend vor ihr auf.

„Hältst du etwa zu dem Drecksjuden?", fragte er, worauf sich die Frau erschrocken umdrehte und davonlief.

Hans stand wie betäubt einige Meter entfernt. Grünspan hatte nicht übertrieben. Sofort bereute er, dass er so hart reagiert und sich nicht einmal richtig verabschiedet hatte. Nun sah er es mit eigenen Augen, jedes Wort des Doktors war wahr. Er konnte die Gefahr beinahe körperlich spüren. Bei dem traurigen Anblick des alten Mannes wurde ihm übel. Es war ungeheuerlich, was er da sah.

Wut kroch langsam in ihm hoch. Er hatte schon einmal zugesehen und nicht eingegriffen, noch einmal würde er nicht nur daneben stehen. Gerade als der Anführer erneut zutreten wollte, rannte Hans auf ihn los und zerrte den völlig überraschten Jungen von dem wehrlosen Mann fort. Eine unbändige Kraft durchströmte seinen Körper. Blind vor Wut ballte er seine Faust, bereit sie seinem Gegenüber ins Gesicht zu schlagen. In diesem Moment drehte sich der junge Mann schreiend zu ihm um. Fassungslos ließ Hans den Arm sinken.

„Hermann", rief er. „Du? Sag mir, dass das nicht wahr ist!"

Auch sein Bruder war für einen Moment erschrocken, doch er fing sich schneller als Hans. Im Gegensatz zu ihm hatte er damit gerechnet, ihm früher oder später über den Weg zu laufen. Dass es sobald sein würde, war natürlich auch für ihn überraschend.

„Was willst du? Verschwinde! Das hier geht dich einen Dreck an. Hau ab, geh auf deine feine Schule! Du hast doch keine Ahnung, worum es hier geht."

„Aber du?" Hans war außer sich und am Ende seiner

Kräfte. Zu viel war heute auf ihn eingestürmt. Erst Doktor Grünspan und die Sorgen, die er sich machte. Dann der Streit mit ihm und jetzt auch noch Hermann, der einen hilflosen Bürger misshandelte.

„Weißt du eigentlich, was du da tust?", fragte er seinen Bruder. „Was hat der Mann dir getan? Komm schon, sag es mir! Nenn mir nur einen Grund, der das Ganze hier rechtfertigt!"

Doch Hermann war es gleichgültig, was Hans dachte. Völlig emotionslos sah er ihn an. Wenigstens ließ er von dem Mann ab, der sich röchelnd am Boden wälzte. Voller Verachtung spuckte Hans vor Hermanns Füße.

„Du kannst wirklich stolz auf dich sein, hast es weit gebracht. Schau dich nur an, wie eine Marionette siehst du aus in deiner Uniform. Für mich bist du nur noch Abschaum, ein erbärmlicher Feigling. Wenn das hier alles ist, was du kannst, tust du mir leid."

Mittlerweile waren auch die anderen auf die zwei Streithähne aufmerksam geworden. „Was ist, Rottenführer, gibt's Probleme?"

„Schon gut", winkte Hermann ab. „Mit dem da werde ich schon alleine fertig."

„Soso, Rottenführer bist du also." Hans' Stimme troff nur so von Ironie. „Eine steile Karriere, dass muss man schon sagen. Mutter wäre bestimmt stolz auf dich."

Noch ein letztes Mal schaute er seinen Bruder voll Abscheu an, dann drehte er sich um und ging. Nach ein paar Metern blieb er unvermittelt stehen und sah zu Hermann zurück, der sich nicht vom Fleck gerührt hatte.

„Du bist Dreck Hermann, genau wie unser Vater. Ich schäme mich, einen Bruder wie dich zu haben."

„Verschwinde! Hau endlich ab!", schrie der ihm nach. „Eines Tages wirst du schon sehen, wer von uns beiden Dreck ist."

Doch Hans hörte nicht mehr, was sein Bruder sagte. Wie im Rausch irrte er weiter ziellos durch die Straßen, bis er spät abends völlig erschöpft in seiner Wohnung ankam. Ohne sich auszuziehen, warf er sich auf sein Bett. Doch so sehr er sich auch anstrengte, er fand keinen Schlaf. Irgendwann, er musste wohl doch eingeschlafen sein, wachte er schweißgebadet auf. Er hatte geträumt und brauchte ein paar Minuten, um zu sich zu kommen.

Dieser Traum war täuschend echt gewesen. Im Schlaf durchlebte er noch einmal die Ereignisse des Tages. Er sah, wie Hermann auf den alten Mann eindrosch. Doch als sich der blutüberströmt zu ihm umschaute, blickte er in die traurigen Augen von Ignatz.

„Warum ist er nicht wie du?", kreischte eine Frau aus dem Hintergrund. Als Hans sich zu ihr umdrehte, sah er seine Mutter, die die kleine Hannah an der Hand hielt.

Hans fuhr sich über die Stirn, als könne er mit dieser einen Handbewegung den Traum fortwischen. Kalter Schweiß rann ihm über den Rücken, er fröstelte. Es hatte keinen Sinn, er würde doch nicht wieder einschlafen können. Müde kroch er aus dem Bett und ging zum Fenster. Es war weit nach Mitternacht, die Straße lag ruhig vor ihm. Von weitem hörte er die Sirene eines Krankenwagens, die sich rasch wieder entfernte.

„Was ist nur aus uns geworden?", fragte sich Hans. Ihm war zumute, als läge die ganze Welt in einem riesigen Scherbenhaufen.

***

In den nächsten Wochen und Monaten ging Hans wie gewohnt seinem Studium nach. Hermann hatte er seit diesem denkwürdigen Tag nicht wiedergesehen. Er beschloss, seiner Mutter und den Spiegels nichts von dem Vorfall zu erzählen. Es genügte, wenn er die Bilder nicht aus seinem Kopf bekam. Wie sollte erst Lina damit umgehen können?

Die meisten Stunden verbrachte er alleine auf seinem Zimmer und lernte. Er, der früher seine wenige freie Zeit gerne für einen Spaziergang durch Berlin genutzt hatte, verspürte keine Lust mehr dazu. Viel zu sehr hatte sich die Hauptstadt zum Negativen gewandelt. Es war nicht zu übersehen, dass die Nazis diese Stadt nun vollständig unter ihrer Kontrolle hatten.

Fast täglich kam es zu neuen Verordnungen, welche Juden und andere Unerwünschte in ihrer Freiheit einschränkte und sie aus der Gesellschaft ausgrenzten. Nun hatte man auch begonnen, gegen die Künstler vorzugehen und erteilte ihnen Berufsverbot. Zahlreiche Musiker, Maler und Schriftsteller kehrten Berlin den Rücken und versuchten im Ausland ihr Glück. Im Deutschen Reich konnte nunmehr kein Buch veröffentlicht, keine Zeitung gedruckt und kein Film gedreht werden ohne die Zustimmung der NS-Behörden.

Was Hans jedoch am meisten zusetzte, waren die Übergriffe. Wenn er erlebte, wie sich wieder einmal vor einem jüdischen Geschäft uniformierte und bewaffnete SA-Leute positionierten und die Kundschaft am Betreten des Ladens hinderten. Gleichzeitig tauchten Schilder an deutschen Geschäften auf, die mitteilten, dass jüdische Kunden unerwünscht waren. Regelmäßig gab es Kundgebungen, Lastwagen mit Nationalsozialisten fuhren mit Plakaten durch die Straßen und schrien lauthals Parolen in die Menge. Immer wieder kam es zu Plünderungen und Zerstörung.

Trotz all der Barbarei stieg die Zustimmung zum nationalsozialistischen Regime weiter an. Ein Grund dafür war der wirtschaftliche Aufschwung, der von Hitler geschickt als sein Verdienst dargestellt wurde. Als im August 1934 Reichspräsident Hindenburg auf seinem Gut in Westpreußen starb, beschloss die Reichsregierung die Ämter des Staatsoberhauptes und des Regierungschefs zusammenzulegen. Unter tosendem Beifall ließ sich Adolf Hitler in einer Volksabstimmung zum Staatspräsidenten wählen und übernahm damit gleichzeitig den Oberbefehl über die Wehrmacht. Nun hatte er die Alleinherrschaft über alle Bereiche des Staates. Das Deutsche Reich war endgültig zum Reich des Führers geworden.

Zu Hans‘ Erleichterung blieb Barnitz noch weitgehend

verschont von den Exzessen der Gewalt. Mindestens einmal in der Woche schrieb er nach Hause, vermied es jedoch, allzu genau von der dramatischen Entwicklung in Berlin zu berichten.

Natürlich blieb auch seine Heimatstadt nicht gänzlich unberührt davon. Seine Mutter schrieb ihm, dass jüdische Kinder im Unterricht angefeindet wurden und unter Nazi-Lehrern leiden mussten. Vorsorglich nahm Ignatz seine Tochter deshalb von der Schule. Seit zwei Monaten wurde Hannah nun von einem jüdischen Lehrer, der seine Anstellung verloren hatte, zu Hause unterrichtet. Dem Mädchen, das sehr gerne zur Schule gegangen war, gefiel dieser alternative Unterricht ganz und gar nicht, aber sie sah ein, dass es zu ihrem eigenen Schutz geschah.

Hannah war still geworden und verließ nur noch selten das Haus. Zu groß war die Angst, beschimpft oder sogar geschlagen zu werden. Heute aber musste sie zu Frau Becker, um ihr ihre Rheumasalbe zu bringen. Die alte Frau war eine der wenigen Stammkunden, die ihre Medizin noch bei den Spiegels kauften. Ihre Wohnung war nur wenige Straßen von der Apotheke entfernt, trotzdem schaute Ignatz seiner Tochter besorgt hinterher. Als er sah, dass es auf der Straße ruhig war, hoffte er, dass Hannah nichts zu befürchten hatte und ging erleichtert in sein Labor.

So bekam er nicht mit, wie ein Lastwagen vor der Tür hielt und einige Männer ausstiegen, die sich am Schaufenster zu schaffen machten. Als Hannah auf dem Rückweg nichtsahnend um die Ecke bog und die Menge vor der Apotheke sah, erschrak sie.

Eine Menschentraube hatte sich bereits vor der Apotheke versammelt und gaffte. Einige von ihnen schauten verstört und drückten hilflos ihre Hände. Aber es gab auch andere, wie Schröder, Hermanns ehemaligen Lehrmeister, der grinste, als bereite ihm das Schauspiel, welches sich ihm bot, ein besonderes Vergnügen.

Vor lauter Angst zitternd, drängte sich Hannah durch die Menge nach vorn. Sie musste irgendwie ins Haus kommen.

Doch auf den oberen Stufen standen an beiden Seiten der Eingangstür stämmige Männer in braunen Uniformen und glänzenden schwarzen Stiefeln. Neben ihnen waren an einfachen Holzlatten große Schilder befestigt.

Kauft nicht bei Juden, sie sind euer Unglück! -

Hannah traten Tränen in die Augen, als sie die mit Hakenkreuzen beschmierte Schaufensterscheibe sah. Hilfesuchend sah sie sich zu den Leuten um, bevor sie erkannte, dass von dort nichts zu erwarten war. Die meisten von ihnen waren nur neugierig und erwiderten gleichgültig ihre Blicke. Nur wenige Leute schauten beschämt zu Boden. Langsam ging sie weiter die Stufen hinauf, als plötzlich einer der Uniformierten grob nach ihrem Arm griff.

„Verschwinde, Mädchen! Du hast hier nichts zu suchen!", forderte er sie streng auf.

Als Hannah ihn nur mit großen Augen ansah und nicht reagierte, wurde er ärgerlich.

„Hast du nicht gehört, was ich gesagt habe? Du sollst verschwinden, sofort!"

„Aber das ist doch die Tochter vom Apotheker. Sie wohnt hier", rief Schröder belustigt in die Menge. Man sah ihm deutlich an, welchen Spaß er an der ganzen Sache hatte. Misstrauisch blickte der SA-Mann Hannah an.

„Stimmt das?", fragte er. Hannah nickte wortlos.

„Na dann", lachte der Mann, „darfst du natürlich bleiben."

Erleichtert wollte das Mädchen nun schnell die Tür öffnen um hineinzugelangen, als der Uniformierte sie mit einem Ruck zurückzog.

„Nicht so schnell, Kleine! Zuerst müssen wir dich kennzeichnen. Beinahe hätte ich nicht erkannt, dass du eine Sara bist."

Mit diesen Worten zog er ein Stück Kreide aus seiner Manteltasche und zeichnete Hannah einen Judenstern auf ihre Stirn.

„So, jetzt kannst du rein zu dem anderen Pack."

Er öffnete die Tür und stieß das entsetzte Mädchen in die Apotheke. Hinter sich hörte sie noch, wie Schröder vor

Begeisterung grölte. Weinend brach Hannah zusammen, nachdem die Türe sich geschlossen hatte. Am ganzen Körper bebend, blieb sie auf den kalten Fliesen liegen und schluchzte.

„Papa“, wimmerte sie. „Papa, hilf mir!“

Ignatz, der in den hinteren Räumen beschäftigt war, hatte von dem Vorfall nichts mitbekommen. Es war eher Zufall, dass er jetzt in den Verkaufsraum trat und seine Tochter zusammengekauert am Boden liegen sah.

„Hannah“, rief er erschrocken. „Was ist denn passiert?“

Als er näherkam, sah er den weißen Stern auf ihrer Stirn und begriff sofort, dass sie Opfer eines Übergriffes geworden war.

„Wer war das?“, fragte er verzweifelt und beugte sich zu ihr. Bei ihrem Anblick konnte er nur schwer die aufsteigenden Tränen zurückhalten. Da lag seine hübsche Tochter gebrandmarkt vor ihm auf dem Boden und er war außerstande gewesen, ihr zu helfen.

Mit einer müden Bewegung zeigte sie zur Eingangstür, wo er erst jetzt die uniformierten Männer sah. Blind vor Wut, was man seiner Tochter angetan hatte, wollte sich Ignatz auf die Männer stürzen und ging zur Tür. Doch Im letzten Moment gelang es Hannah, ihn zurück zu halten.

„Nein, Papa, tu es nicht! Es hat sowieso keinen Sinn. Du siehst doch, zu was die fähig sind.“

Nur sehr schwer bekam Ignatz Spiegel seinen Zorn unter Kontrolle. Er wusste selber, dass es unüberlegt wäre, jetzt da rauszugehen und sich der Meute zu stellen. Gleichzeitig aber wollte er nicht zulassen, dass seine Tochter ungestraft gedemütigt wurde. Von draußen hörte er das höhnische Lachen der Männer, die gerade erneut einen der wenigen Kunden abwiesen.

„Hier wird von Deutschen nicht mehr gekauft oder bist du etwa ein Judenfreund?“

Schnell beeilte sich der Angesprochene das zu verneinen. An seinen leiser werdenden Schritten konnten sie in der Apotheke hören, wie der Kunde sich eilig entfernte. Dann löste sich die Menschenmenge langsam auf. Offenbar gab es hier nicht mehr viel zu sehen. Das Schauspiel war vorbei. Auch Schröder, der mehr erwartet hatte, verzog sich enttäuscht. Der Apotheker sperrte die Ladentür zu.

„Komm, mein Kind!“, forderte Ignatz seine Tochter auf. „Wir gehen nach oben, ich kann das nicht länger mit ansehen.“

Behutsam nahm er sie am Arm und führte sie die Treppe hinauf. Dort angekommen, holte er als erstes einen feuchten Lappen und wischte ihr den Stern vom Gesicht.

„So, nun bist du wieder sauber.“ Zärtlich streichelte er ihre Wange. Doch Hannah schaute ihn nur unsagbar traurig an.

„Ich werde nie wieder sauber sein, Papa. Auch wenn ich mich noch so oft wasche und wenn wir die Schmierereien an unserem Schaufenster wegwischen. Der Makel, den sie uns aufzwingen, wird bleiben.“

„Schon gut, Hannah“, versuchte ihr Vater sie zu trösten und wiegte sie wie früher als kleines Kind in den Armen. Er fühlte sich so hilflos, ihrem flehenden Blick gegenüber.

„Ich wünsche mir, dass es aufhört“, flüsterte sie kaum hörbar. Er spürte, wie ihr Körper zitterte. „Ich auch, mein Kind, ich auch.“

***

Von diesem Tag an war Hannah verändert. Ihre Augen wirkten nun seltsam leer. Sie sprach weder mit Maria, noch mit Lina über den Vorfall. Wenn ihre Mutter sie voller Mitgefühl ansah, drehte sie sich weg.

Nur wenn sie aus dem Haus ging, hob sie stolz ihren Kopf und ließ alle Anfeindungen von sich abprallen. Niemand sollte sehen, wie sie unter den Demütigungen litt. So erkannte lediglich ein geübter Beobachter wie ihr Vater, was Hannah durchmachte. Auch er konnte seit dem schrecklichen Erlebnis keine Nacht mehr ruhig schlafen. Immer wieder wachte er von Alpträumen geplagt schweißgebadet auf. Er hatte Angst um sein Kind und um seine Frau. Angst vor dem, was noch kommen mochte.

In seiner Verzweiflung wandte er sich schließlich an den einzigen Menschen, von dem er glaubte, dass er ihnen helfen konnte. Bisher hatte Hans immer einen guten Rat gewusst und so hoffte er auch dieses Mal auf den jungen Freund.

Lieber Hans, begann Ignatz seinen Brief.

Du weißt, dass ich Dich nicht unnötig mit unseren Problemen belasten will, schließlich sollst Du dich in Ruhe um Dein Studium kümmern können. Aber ich weiß mir keinen anderen Rat mehr. Irgendeinem Menschen muss ich erzählen, was geschehen ist.

In Barnitz hat sich, seitdem Du fort bist, einiges verändert. Nun ist auch bei uns der Hass auf die Juden nicht mehr zu übersehen. Bis jetzt geschahen die meisten Anschläge nachts. Beim Uhrengeschäft der Feigenbaums in der Schulstraße wurden vor vier Wochen sämtliche Schaufensterscheiben eingeschlagen. An vielen Hauswänden sieht man SS-Zeichen, Hakenkreuze und Hassparolen.

Aber wie ich schon sagte, bisher fand das alles nachts statt und wir haben uns einfach angewöhnt, abends im Haus zu bleiben. Am Tag blieb es weitgehend ruhig. Wir wurden vielleicht mal schief angesehen oder manchmal auch angepöbelt. Nachbarn, mit denen wir uns früher gut verstanden, grüßen uns nicht mehr und schauen zur anderen Straßenseite, wenn sie uns begegnen. Aber diese Sachen sind erträglich, wenn es auch vor allem Maria weh tut, wie wir geschnitten werden.

Vor zwei Tagen aber musste unsere Hannah am eigenen Leib erfahren, was es heißt, Jüdin zu sein. Vielleicht war es dumm von mir, sie allein zu Frau Becker zu schicken. Aber was sollen wir denn tun? Dann dürfte das Mädchen ja gar nicht mehr nach draußen. Nun, es nützt nichts, sich darüber länger den Kopf zu zerbrechen. Ich kann es nun mal nicht mehr ändern.

Als Hannah an diesem besagten Tag von ihrem Botengang zurückkam, wurde ihr der Weg zur Apotheke versperrt. Zwei bewaffnete SA-Männer standen vor unserer Eingangstür und waren damit beschäftigt, Kunden die in den Laden wollten, zu vertreiben. Vielleicht wäre es ihr gelungen, sich unbemerkt davon zu schleichen, aber irgendjemand verriet ihnen, dass sie meine Tochter ist. Das war für diese Halunken natürlich ein gefundenes Fressen, und so beschimpften sie meine kleine Hannah auf das Übelste. Stell Dir das vor, Hans! Meine Hannah, die nie im Leben jemanden etwas zuleide getan hat.

Dann malten sie ihr einen Judenstern auf die Stirn, vor allen versammelten Leuten, die nicht einen Finger rührten, um dem armen Kind zu helfen.

Seitdem ist Hannah eine andere geworden. Sie spricht kaum noch mit uns und sitzt meistens alleine in ihrem Zimmer. Es bricht mir das Herz, sie so zu sehen. Dabei kann ich sie sogar verstehen. Wie soll das Kind auch begreifen, warum sie so behandelt wird? Ich verstehe es ja selber nicht. Aber gleichzeitig macht mir ihr Verhalten Angst, ich habe Hannah noch nie so schweigsam erlebt. Zuerst versuchte ich, sie mit Arbeit in der Apotheke abzulenken, doch jetzt wo kaum noch Kunden zu uns kommen, gibt es nicht mehr viel zu tun.

Maria und ich wissen einfach nicht mehr, was wir tun können. So jedenfalls kann es nicht weitergehen. Was für ein Leben ist denn das bitteschön für ein fünfzehnjähriges Mädchen, wenn sie sich nur noch verkriecht?

Im Moment sehe ich wirklich keinen Ausweg. Ich weiß, wie sehr Dir unsere Tochter am Herzen liegt, und bete inständig, dass wir eine Lösung finden.

Also Hans, denk in Ruhe darüber nach und gib mir so schnell es möglich ist Antwort! Es wäre übertrieben zu sagen, dass es uns gut geht, auch wenn wir körperlich gesund sind.

Von Deiner Mutter soll ich Dich herzlich grüßen,

Dein Ignatz.

Als Hans den Brief gelesen hatte, stand er wie versteinert auf. Lautlos fiel das Papier zu Boden. Benommen trat er zum Fenster und starrte hinaus. Er sah nicht, dass die Bäume langsam ihr Laub verloren und der Herbst Einzug hielt. Der

Wind trieb die Blätter in die Luft und ließ sie dann in Haufen wieder auf die regennasse Straße fallen. Genauso trübe und regnerisch wie das Wetter, waren auch seine Gedanken. Am liebsten hätte er auf der Stelle seinen Koffer gepackt, um nach Hause zu fahren. Doch er war vernünftig genug zu wissen, dass auch er dort im Moment nicht das Geringste ausrichten konnte.

Voller Mitleid dachte er an Hannah. Sein Herz krampfte sich zusammen, wenn er sich die Szene vorstellte, die Ignatz beschrieben hatte. Durch die Flut an Empfindungen in seinem Inneren konnte er kaum einen klaren Gedanken fassen. Er wusste, dass er Hannah helfen musste, aber wie?

In diesem Moment fiel ihm Doktor Grünspan ein. Er würde wissen, was zu tun war. Hans hatte den älteren Arzt seit jenem Nachmittag nicht mehr gesehen und es kostete ihn auch jetzt einige Überwindung, ihn um Hilfe zu bitten.

Was, wenn er Hans nach seinem letzten, unbeherrschten Auftritt gar nicht sehen wollte? Dabei bereute er die harten Worte längst. Ihm fehlten die Gespräche mit dem Doktor. Trotzdem hatte er es nicht geschafft, seinen Stolz zu überwinden und auf Grünspan zuzugehen.

Doch jetzt griff er beherzt nach seinem Mantel, hob den Brief auf und steckte ihn in die Tasche. Wenn ihm jemand einen Rat geben konnte, war es der Arzt.

Es dauerte nur wenige Minuten, bis Hans vom Regen durchnässt war. Doch er ging unbeirrt seinen Weg, bis er bei Grünspans Haus angekommen war. Eine Nachbarin des Doktors ging gerade hinein, so dass Hans die Gelegenheit nutzte und hinter ihr durch die Tür schlüpfte. Ihre neugierigen Blicke ignorierend, sprang er zwei Stufen auf einmal nehmend die Treppe hinauf zu Grünspans Wohnung. Einen Moment blieb er noch unschlüssig stehen, dann drückte er entschlossen die Klingel. Anders als bei seinem letzten Besuch öffnete sich die Türe nicht sofort, doch an den schlurfenden Schritten die sich näherten, erkannte er, dass der Arzt zu Hause war.

„Wer ist da?", hörte er ihn fragen, dann blieb es still. Hans freute sich, die vertraute Stimme zu hören, wenn er sich auch wunderte, dass Grünspan nicht aufmachte.

„Doktor, entschuldigen Sie die Störung, ich bin es Hans."

Er hatte den Satz noch nicht richtig beendet, da öffnete sich die Tür. Ebenso erfreut wie überrascht, sah der alte Mann ihn an. Bevor Hans jedoch etwas sagen konnte, zog der Arzt ihn in die Wohnung, schloss die Tür und schob zusätzlich einen Riegel vor.

„So, jetzt können wir ungestört reden."

Nachdenklich schaute Grünspan Hans an. „Eigentlich habe ich nicht erwartet, dich noch einmal zu sehen. Umso mehr freue ich mich, dass du gekommen bist. In letzter Zeit habe ich viel an dich gedacht, mein Junge. Es wäre mir schwergefallen, von hier wegzugehen, ohne mich von dir zu verabschieden."

Erst jetzt sah Hans die offenen Koffer, die auf dem Sofa lagen. Sie quollen förmlich über vor Kleidungsstücken und Akten. Ganz obenauf erkannte er das Foto, welches er bei seinem ersten Besuch angesehen hatte. Verwirrt schaute er sich in der Wohnung um. Es herrschte ein heilloses Durcheinander, überall lagen Gegenstände verstreut auf dem Boden. Wie bei einem Auszug dachte er und erkannte im selben Moment, dass er mit seiner Vermutung richtig lag.

„Was geht hier vor? Wollen Sie verreisen, Doktor?"

„Ja, so kann man es wohl nennen. Ich verreise Hans, für immer. Du brauchst nicht so verwundert schauen. Ich habe das lange geplant und nun ist es halt soweit."

„Aber warum? Ich dachte immer, Sie fühlen sich wohl in Berlin?"

„Ach Hans, merkst du nicht selber, wie lächerlich das klingt? Wie kann ich mich unter den Umständen, die hier herrschen, noch wohlfühlen? Früher war das so, da gebe ich dir hundertprozentig Recht, aber jetzt? Nein, das hier ist nicht mehr das Berlin, das ich kenne. Berlin hat sich verändert. Diese Stadt ist braun geworden. Sie ist Hitlers Stadt. Erst letzte Woche haben diese Nazis einen mir bekannten Arzt an den Haaren aus seiner Praxis geschleift, nur, weil er es gewagt hatte, einen deutschen Jungen zu verarzten, der mit seinem Fahrrad gestürzt war. Der Mann ist fast siebzig und wollte nur helfen.

Soll ich warten, bis mir dasselbe blüht? Glaub mir, Hans! Es ist die richtige Entscheidung. Wenn ich jetzt nicht gehe, ist es vielleicht zu spät."

Geschockt hatte sich Hans auf den einzigen freien Stuhl fallen lassen, der nicht mit Kleidungsstücken behangen war. Verzweiflung machte sich in ihm breit. Er war gekommen, um Grünspan um Hilfe zu bitten. Nun saß er hier und sah auf die fast fertig gepackten Koffer. Was sollte denn aus ihm werden, wenn der Arzt, der einzige Vertraute den er in Berlin hatte, einfach fortging?

Grünspan sah, wie Hans mit sich kämpfte. Auch ihm tat es leid, dass sie sich heute zum letzten Mal sahen. Der Junge war ihm ans Herz gewachsen. Aber sein Entschluss, Berlin zu verlassen, stand fest. Er musste an sich denken, Hans würde auch ohne ihn zurechtkommen.

„Du musst mich verstehen, Hans. Diese Stadt ist zu gefährlich für mich geworden. Auch wenn ich alt bin und vielleicht nur noch ein paar Jahre habe, möchte ich die nicht in ständiger Angst verbringen. Meinst du, ich habe den Riegel ohne Grund an der Tür? Wir Juden sind Freiwild geworden. Jeder, der möchte, kann auf uns losgehen. Ich kann so nicht leben."

„Aber wo wollen Sie denn hin?", wollte Hans wissen. „Glauben Sie, in einer anderen Stadt wäre es anders?"

„Ich gehe nicht nur in eine andere Stadt, Hans. Ich werde Deutschland verlassen. Ein ehemaliger Studienkollege hat mir Zuflucht angeboten. Er besitzt in Holland ein kleines Haus auf dem Land. Ich hoffe, dass ich dort Frieden finde."

In Hans kämpften die widersprüchlichsten Gefühle. Er konnte sich einfach nicht vorstellen, wie es ohne den Arzt weitergehen sollte. Wie oft hatten sie zusammengesessen und geredet und immer war es Grünspan gewesen, der ihm Rat geben konnte. Er mochte den älteren Doktor. Schon jetzt war es ihm, als hätte er einen guten Freund verloren.

Auf der anderen Seite wusste er auch, dass der Arzt das einzig Richtige tat. Er würde an dessen Stelle genauso handeln und Nazideutschland den Rücken kehren. Er musste sich wohl damit abfinden, je eher desto besser.

„Wann werden Sie fahren?"

„Morgen Mittag, mein Zug geht um ein Uhr."

Hans nickte und versuchte, sich seine Verzweiflung nicht anmerken zu lassen. Er war zu spät gekommen, der Arzt konnte ihm nicht mehr helfen. Doch dieses Mal irrte er sich. Nachdem Grünspan ihm seine Pläne verraten hatte, fragte er nach dem Grund für seinen überraschenden Besuch. Schließlich hatte sich der Junge wochenlang nicht blicken lassen.

„Was hat dich eigentlich heute hergetrieben? Du bist doch sicher nicht einfach so bei mir aufgetaucht."

Traurig schüttelte Hans den Kopf. Was für einen Sinn sollte es machen, ihm jetzt noch von Hannah zu erzählen? Morgen Mittag würde der Doktor in seinem Zug sitzen. Er konnte ihm und damit auch Hannah nicht mehr helfen. Doch Grünspan gab nicht so leicht auf.

„Komm schon, Hans! Sag mir, was du auf dem Herzen hast! Du bist nicht den ganzen Weg bei diesem Sauwetter gelaufen, um dann unverrichteter Dinge wieder zu gehen. Geht's wieder um deinen Bruder? Macht er Probleme?"

„Nein, dieses Mal geht es nicht um Hermann. Am besten Sie lesen selber, was passiert ist und worüber ich mit Ihnen reden wollte."

Wortlos nahm der Arzt den Brief entgegen und las. Als er fertig war, gab er ihn Hans zurück und räumte einen Stuhl leer, auf den er sich nun setzte. Einige Minuten vergingen, in denen keiner von ihnen ein Wort sprach. Grünspan beendete als erster die Stille, indem er sich räusperte. Es fiel ihm sichtlich schwer, die richtigen Worte zu finden. Er wusste, wie viel Hans an dem Mädchen lag.

„Es war vollkommen richtig, dass du zu mir gekommen bist. Vielleicht ist es Zufall oder nenn es einen Wink des Schicksals, dass ich nicht schon vor ein paar Tagen abgereist bin. Ich weiß, wie wir Hannah helfen können. Ich bin mir nur nicht sicher, ob dir mein Vorschlag gefallen wird."

Hans hörte nicht den besorgten Unterton in Grünspans

Stimme. Ihm fiel in diesem Moment ein riesiger Stein vom Herzen. Er dachte an Hannah und ihre Sicherheit und wischte die Bedenken des Arztes vom Tisch.

„Glauben Sie mir Doktor, solange Hannah vor den Halunken sicher ist, wird mir jede Lösung gefallen. Also, wie sieht Ihr Plan aus?"

„Gut, meine Idee ist folgende. Ich werde morgen wie geplant in meinen Zug nach Holland steigen. Zufällig weiß ich, dass der ganz in der Nähe von Barnitz Zwischenstation macht. Wenn ihr also bereit seid und Herr Spiegel es schafft, seine Tochter rechtzeitig dorthin zu bringen, bin ich gerne bereit, Hannah mit mir ins Ausland zu nehmen. Meiner Meinung nach ist das der einzig sichere Ort für sie."

Grünspan behielt recht. Hans gefiel dieser Vorschlag nicht. Natürlich wollte er, dass Hannah in Sicherheit war. Aber musste sie deshalb gleich das Land verlassen? Und wie sollte er die Spiegels und vor allem Hannah selbst davon überzeugen? Würden sie verstehen, dass Grünspans Angebot vielleicht Hannahs einzige Chance auf ein normales Leben war?

„In Holland wäre sie in Sicherheit", bekräftigte Grünspan noch einmal, dem das Zögern des Jungen natürlich nicht verborgen blieb.

„Aber wie soll es uns gelingen, in so kurzer Zeit die Spiegels zu informieren und von Ihrem Plan zu überzeugen? Sie fahren doch schon morgen?"

„Darüber habe ich mir auch gerade Gedanken gemacht", erwiderte Doktor Grünspan. „Die einzige Möglichkeit ist, dass du noch heute nach Barnitz fährst und klärst, ob Hannah zu diesem Schritt bereit ist. Mach ihr klar, was alles daran hängt, auch wenn es sicher nicht leicht für sie wird, ihre Familie zurückzulassen. Wenn es jemand schafft, sie dazu zu bewegen, mit mir zu kommen, bist du das."

„Ich weiß nicht", erwiderte Hans, dem alles viel zu schnell ging. Aber es war einfach keine Zeit zum Zögern. Er dachte kurz an sein Studium. Eigentlich konnte man nicht so einfach von der Universität fernbleiben. Doch Hannah war wichtiger. Außerdem gab es in acht Tagen Ferien, er würde sie einfach um eine Woche vorziehen.

„Nun Hans, wie hast du dich entschieden? Willst du zu ihnen fahren?"

„Ja", antwortete er. „Ich werde nach Hause fahren. Wenn das der einzige Weg ist, Hannah zu schützen, dürfen wir keine Zeit verlieren."

Grünspan sah zur Uhr.

„Also gut, dann wird es Zeit, sich zu verabschieden. Wir machen alles wie besprochen. Ihr kommt zu dem Bahnhof, wo ich im Zug auf euch warte. Wenn es irgendwie geht, soll das Mädchen so wenig Gepäck wie möglich mitnehmen, dass erspart uns unnötige Kontrollen."

Als der alte Arzt aufstand, um Hans die Hand zu reichen, wurde es diesem richtig schwer ums Herz. Doch er musste sich zusammenreißen. Wenn ihm der Abschied heute schon nicht leichtfiel, was sollte dann erst morgen werden? Fest drückte er Doktor Grünspans Hand und konnte die Tränen, die ihm in die Augen stiegen, nicht länger zurückhalten.

„Auf Wiedersehen, Doktor. Ich wünsche Ihnen von Herzen, dass es Ihnen gut gehen wird in Holland. Und vielen Dank für alles, Sie werden mir sehr fehlen."

Auch der Arzt hatte Wasser in den Augen, als er Hans Händedruck erwiderte. Es fiel ihm schwer, den Jungen den er wie einen Sohn ins Herz geschlossen hatte, zu verlassen.

„Mach's gut. Hans", sagte er mit zittriger Stimme. „Vielleicht sehen wir uns ja irgendwann wieder. Versprich mir, dass du dein Studium nicht vernachlässigst, du wirst nämlich ein fantastischer Arzt werden. Und mach dir keine Sorgen um deine Freundin, ich werde mich gut um sie kümmern. Hier, unter dieser Adresse kannst du uns erreichen. Und jetzt sieh zu, dass du packst und zum Bahnhof kommst, sonst überlege ich es mir noch anders."

Ein letztes Mal gab Hans ihm die Hand, dann ging er, ohne sich noch einmal umzuschauen, aus der Wohnung.

***

Am späten Nachmittag kam Hans am heimatlichen Bahnhof an und sah sich nach Jakobs Leiterwagen um. Als er feststellte, dass er heute keine Mitfahrgelegenheit haben würde, nahm er entschlossen seinen Koffer und machte sich zu Fuß auf den Weg. Ihm machte der etwa zwanzigminütige Marsch nichts aus. So gewann er Zeit, sich zu überlegen, wie er den Spiegels erklären wollte, dass ihre Tochter sie verlassen sollte.

Voller Wehmut dachte er an die vergangenen Jahre, die sie zusammen verbracht hatten. Wenn Hannah jetzt ging, würde es vielleicht ein Abschied für immer sein. Gleichzeitig wusste er, dass sie auf den Trennungsschmerz keine Rücksicht nehmen durften. Die Tatsache, dass das Mädchen hier ständigen Gefahren ausgesetzt war, ließ sich nicht ignorieren. Allein der Vorfall von dem Ignatz geschrieben hatte, bewies, dass sie handeln mussten, bevor es zu spät war. Dass Doktor Grünspan gerade jetzt das Land verließ und bereit war Hannah mitzunehmen, konnte kein Zufall sein. Wer wusste schon, ob sich so eine Gelegenheit ein zweites Mal bot?

Ohne es richtig zu merken, kam Hans vor der Apotheke an. Sofort fielen ihm die Schmierereien auf, die immer noch auf der Schaufensterscheibe zu erkennen waren. Ohne Zeit zu verschwenden, ging er ins Haus. Dort traf er als erstes auf seine Mutter, die vor Schreck die Kehrschaufel fallen ließ.

„Hans? Was machst du denn hier? Warum hast du denn nicht …?“

Sie stockte und sah ihren Sohn besorgt an. „Ich dachte, die Ferien beginnen erst nächste Woche. Ist irgendetwas passiert?“

„Hallo Mama“, begrüßte Hans sie. „So viele Fragen auf einmal, komm lass dich erst einmal drücken!“

Lina schaute ihren Sohn glücklich und fragend zugleich an und ließ sich nur zu gern in seine Arme nehmen. Dennoch konnte er ihr das beklemmende Gefühl nicht nehmen. Sie ahnte, dass Hans nicht einfach so früher als erwartet nach Hause kam. Es musste einen triftigen Grund dafür geben, wenn er das Studium vernachlässigte.

„Sag schon, Hans!“, forderte sie, als sie sich von ihm löste. „Warum kommst du heute schon?“

Hans dachte kurz darüber nach, wie er seiner Mutter den überraschenden Besuch erklären sollte, Schließlich ließ sich das hier im Laden, nicht in wenigen Minuten bewerkstelligen. Eigentlich hatte er vor, sich mit allen zusammenzusetzen, doch von den Spiegels war keiner zu sehen.

„Wo sind denn Ignatz und Hannah? Ich hatte gehofft, gleich mit ihnen reden zu können. Maria sehe ich auch nicht."

„Sie sind oben im Wohnzimmer. Was ist denn los Hans? Ich merke doch, dass etwas nicht stimmt."

Doch Hans ging nicht auf ihre Worte ein. Er war im Moment nur froh, dass alle im Haus waren. So musste er nicht jedem einzeln von seinem Plan erzählen.

„Komm Mutter, dann lass uns nach oben gehen! Dort erfährst, du warum ich hier bin."

Oben angekommen, erwartete die beiden eine freudig überraschte Familie Spiegel. Hannah, die in einem Buch gelesen hatte, sprang auf, als sie Hans sah und lief zu ihm.

„Hans, was machst du denn hier? Ich dachte, du kommst erst nächste Woche."

Auch Maria stand auf, um Hans zu begrüßen. Nur Ignatz, der spürte, dass Hans nicht ohne Grund eine Woche früher kam, blieb sitzen. Hans sah ihn an. Die Stimmung im Raum wirkte so friedlich. Es tat ihm schon jetzt leid, diese harmonische Atmosphäre zerstören zu müssen. Und das würde er ohne Zweifel tun, soviel war sicher.

Wenn die Spiegels erst erfuhren, warum er zu ihnen kam, würde der Frieden schnell vorbei sein. Wie gerne hätte er sich jetzt einfach zu ihnen gesetzt, ohne daran zu denken, dass sie sich trennen mussten. Leider war das nicht möglich. Die Zeit drängte. Der Zug, in dem Doktor Grünspan saß, würde in genau sechzehn Stunden am Bahnhof halten. Dann musste Hannah mit gepackten Sachen am Bahnsteig stehen oder der Arzt würde ohne sie fahren.

Ignatz spürte den Kampf, den Hans mit sich austrug. Er dachte an den Brief, den er ihm geschrieben hatte und ahnte, dass die nächsten Stunden nicht einfach werden würden. Hans hatte sich inzwischen hingesetzt und sah in die erwartungsvollen Gesichter. Wie sollte er nur anfangen?

Beruhigend legte ihm Ignatz die Hand auf den Arm und sah ihn ernst an. Dann begann er die anderen auf das Kommende, von dem er selber nicht ahnte, wie folgenschwer es sein würde, vorzubereiten.

„Ich denke, ich kenne den Grund, der Hans nach Hause getrieben hat“, begann er stockend. „Ihr wisst ja selber, was Hannah passiert ist. Ich habe Hans davon geschrieben. So, wie es im Moment ist, kann es nicht weitergehen. Das seht ihr doch ein, nicht wahr?“

„Und wie sollte Hans mir helfen können? Er ist doch die meiste Zeit in Berlin?“, fragte Hannah und sah ihn an. „Willst du hierbleiben? Dein Studium abbrechen und auf mich aufpassen?“

Hans hörte den spöttischen Ton in ihrer Stimme, aber er nahm es ihr nicht übel. Sie konnte schließlich nicht wissen, dass der Vorschlag, den er gleich machen würde, all ihre Vorstellungen übertraf. Traurig erwiderte er ihren Blick. Es war Zeit, ihr von Doktor Grünspan zu erzählen.

„Du hast recht, Hannah. Ich würde sofort mein Studium hinschmeißen, wenn ich dir damit helfen könnte. Aber das kann ich nicht. Das kann niemand, jedenfalls nicht hier. Ihr wisst genauso gut wie ich, dass die Lage immer schlimmer wird. Keiner von uns weiß, was als Nächstes kommt. Was Hannah widerfahren ist, ist nur ein Vorgeschmack von dem, was noch geschehen wird. Ich bin sicher, die Spitze des Eisberges ist noch lange nicht erreicht.“

„Was willst du uns damit sagen?“

Hans war überrascht, wie hart sich Hannahs Stimme anhörte. Ignatz hatte nicht übertrieben, sie hatte sich seit seinem letzten Besuch verändert. Sie wirkte verbittert und für ihre fünfzehn Jahre viel zu erwachsen. Irgendwie hatte er das Gefühl, dass es nicht leicht werden würde, sie zu überzeugen. Trotzdem musste er es versuchen, zu viel hing davon ab.

„Doktor Grünspan wird Deutschland verlassen. Seiner Meinung nach, und ich schließe mich da an, ist es hier zu gefährlich geworden. Wir können nicht warten, bis dir ernsthaft etwas geschieht. Zu viele Juden wurden schon zum Opfer. Ich will dir bestimmt keine unnötige Angst machen, aber, wenn wir jetzt nicht handeln, kann es zu spät sein."

„Und wie soll ich mich deiner Meinung nach verhalten? Soll ich mich etwa verstecken oder in irgendeinem Loch verkriechen? Ich bin nun einmal Jüdin, das lässt sich nicht ändern. Was soll ich deiner Ansicht nach tun?"

„Mit Doktor Grünspan das Land verlassen. Er kommt bei einem Freund in Holland unter und würde sich freuen, wenn du mitkämst."

„Was sagst du da?", schluchzte Maria auf und schüttelte entsetzt den Kopf. „Aber das geht doch nicht. Du kannst doch nicht ernsthaft verlangen, dass meine Tochter uns verlässt. Ignatz, nun sag doch auch mal was!"

Ignatz Spiegel hatte Hans' Worte sehr gefasst aufgenommen. Natürlich hatte er nicht damit gerechnet, dass seine Tochter von ihnen getrennt werden sollte. Doch je länger er darüber nachdachte, umso mehr überzeugte ihn der Vorschlag. Eine Flucht aus Deutschland war genau die Lösung, nach der er vergeblich gesucht hatte. Zustimmend sah er Hans an.

„Hans und der Arzt haben recht. Seit dem Erlebnis vor der Apotheke bekomme ich nachts kein Auge mehr zu aus Sorge um Hannah. Maria, du weißt doch auch, dass wir hier nicht in der Lage sind, sie zu beschützen. Sie ist noch so jung, vielleicht hat sie in Holland sogar die Möglichkeit wieder zur Schule zu gehen. Aber zumindest vor den Übergriffen dieser widerwärtigen SA ist sie dort sicher. Wir müssen so handeln, wenn Hannah einigermaßen sicher leben soll."

Maria stand die pure Verzweiflung ins Gesicht geschrieben, sie fühlte sich hin und hergerissen. Natürlich wollte sie ihre Tochter in Sicherheit wissen, aber gleichzeitig nahmen sie ihr ihr Kind weg. Sie wollte und konnte sich ein Leben ohne Hannah nicht vorstellen.

„Ignatz", flehte sie. „Gibt es denn keine andere Möglichkeit?"

„Nein, so leid es mir tut. Glaubst du, mir fällt es leicht,

meine einzige Tochter gehen zu lassen? Aber wir haben keine andere Wahl. Entweder unser Kind verlässt dieses Nazideutschland oder wir müssen uns damit abfinden, dass jeder der möchte, sie wie Dreck behandelt. Willst du das?“

Maria antwortete nicht mehr. Weinend saß sie zusammengekauert in ihrem Sessel. Ihr gegenüber saß Hannah, deren Gesicht jede gesunde Farbe verloren hatte. Sie achtete nicht auf ihre Mutter, die jetzt von Ignatz getröstet wurde. Sie hatte nur Augen für Hans, dem sie fest in die Augen blickte.

„Wann?“, fragte sie ihn.

„Morgen. Morgen Mittag.“

Dann stand Hannah auf und verließ den Raum. Als Hans zwei Stunden später nach ihr sah, stand sie am Fenster ihres Zimmers und starrte hinaus. Nichts deutete darauf hin, dass sich hier jemand auf eine Reise vorbereitete. Weder lagen Kleidungsstücke herum, noch sah man Koffer oder Taschen. Und auch Hannah selber wirkte alles andere als reisefertig. Völlig gelassen stand sie da und blickte auf die Straße. Erst als Hans das Zimmer betrat, drehte sie sich langsam zu ihm um.

„Du packst noch gar nicht, Hannah? Du hast doch gehört, dass uns nicht viel Zeit bleibt.“ Hans war erstaunt, wie das Mädchen in Anbetracht der Umstände so ruhig bleiben konnte.

„Ich werde deinen Doktor nicht begleiten. Ich bleibe hier, Hans!“, antwortete sie.

„Was?“ Hans konnte nicht fassen, was er da hörte. „Aber du musst! Es ist alles vorbereitet. Sogar deine Mutter sieht jetzt ein, dass es das Beste für dich ist. Doktor Grünspan hat versprochen, für dich zu …“

„Es ist meine Entscheidung“, unterbrach Hannah ihn wütend. „Und hör endlich auf mit deinem Doktor Grünspan! Soll er doch gehen, wenn er möchte. Ich bleibe jedenfalls hier.“

„Hannah!“

„Nein, Hans. Weißt du überhaupt, was du von mir verlangst? Deinen Doktor kenne ich überhaupt nicht. Ich soll einem fremden Mann in ein fremdes Land folgen, wo eine Sprache gesprochen wird, die ich nicht verstehe und das alles ganz allein? Ohne meine Eltern?“

„Glaubst du, mir gefällt der Gedanke, dass du von uns getrennt wirst? Ich weiß, wie schwer es für dich wird. Aber du wärest in Sicherheit, Hannah.“

Hans versuchte es nun eindringlicher. „Sei doch vernünftig! Niemand von uns weiß, was noch alles passieren wird in Deutschland.“

„Eben, vielleicht sehen wir einfach zu schwarz. Wenn es wirklich so kommen sollte, kann ich immer noch fliehen. Im Moment gehe ich nirgendwohin, da könnt ihr reden, wie ihr wollt.“

„Dann ist es möglicherweise zu spät, Hannah. Aber gut, ich kann dich nicht zwingen, das Land zu verlassen. Ich hoffe, du weißt, was du tust.“

Hannah hatte sich abgewandt und blickte wieder aus dem Fenster. Hans blieb nichts weiter übrig, als den anderen ihre Entscheidung mitzuteilen. Sofort wollte Ignatz zu seiner Tochter, um sie davon zu überzeugen, dass sie einen Fehler beging. Doch Hans hielt ihn zurück.

„Es hat keinen Zweck, Ignatz. Sie wird nicht gehen. Glaub mir, ich habe bereits alles versucht. Wir können sie wohl kaum zwingen, in den Zug zu steigen, wenn sie selber nicht bereit dazu ist. Wir müssen ihren Entschluss akzeptieren.

Am nächsten Tag schaffte es Hans gerade noch rechtzeitig zum Bahnhof. Der Zug nach Holland stand bereits auf den Gleisen. Hans erkannte Doktor Grünspan sofort und rannte die wenigen Meter zu dessen Abteil, wo der alte Mann aufgeregt aus dem Fenster winkte.

„Hans, Gott sei Dank. Ich dachte, ihr schafft es nicht rechtzeitig. Aber wo ist denn das Mädchen?“

„Sie wird nicht mitfahren. Ich bin gekommen, um mich von ihnen zu verabschieden.“

„Aber weshalb? Hast du ihr nicht gesagt, dass es die einzige Möglichkeit ist, diesem Terror zu entfliehen?“

„Doch, natürlich habe ich ihr das gesagt, aber sie weigert sich. Was soll ich denn machen?“ Hans stand die Verzweiflung ins Gesicht geschrieben. Auch wenn er Hannah schrecklich vermisst hätte, ihm wäre wohler gewesen, sie in diesem Moment bei Grünspan im Abteil zu wissen.

„Schon gut, Hans. Ich bin mir sicher, dass du alles in deiner Macht Stehende tun würdest, um sie zu beschützen. Es ist nicht deine Schuld."

In diesem Moment forderte der Zugbegleiter die Fahrgäste auf einzusteigen. Hans wusste, ihnen würden bis zum endgültigen Abschied nur noch wenige Minuten bleiben. Wie gerne hätte er dem Arzt noch einmal gedankt und ihm viel Glück gewünscht, aber seine Kehle war wie zugeschnürt. Stumm drückte er die entgegengestreckte Hand. Er ahnte, dass es ein Abschied für immer war.

„Man sieht sich und man lernt sich kennen. Man mag sich und man muss sich trennen."

Hans wusste nicht, warum ihm diese Zeilen gerade jetzt einfielen oder wo er sie gelesen hatte. Aber sie passten genau zu den Gedanken, die gerade in seinem Kopf vorgingen. Eilig hatte der Arzt eine Adresse auf einen Zettel gekritzelt und reichte ihn nun Hans durchs offene Fenster.

„Hier nimm, Hans! Vielleicht könnt ihr sie eines Tages brauchen. Es ist die Adresse von Doktor Stein, ein Landarzt und ein guter Mensch. Ich kenne ihn seit meiner Studienzeit, du kannst ihm hundertprozentig vertrauen. Solltet ihr jemals Hilfe brauchen, wird er jederzeit bereit dazu sein."

Langsam setzte sich der Zug in Bewegung, doch Hans hatte noch so viele Fragen.

„Woher weiß der Arzt denn, dass Sie uns seine Adresse gegeben haben. Was ist, wenn er uns nicht glaubt?"

Schwer schnaufend zog die Lok die Waggons immer schneller hinter sich her. Für einen kurzen Moment verschwand Grünspan hinter einer dicken Dampfwolke. Dann tauchte sein Gesicht wieder auf und Hans rannte neben dem Zug her.

„Ich habe Doktor Stein gestern Abend einen Brief geschrieben. Er weiß, wer ihr seid und wird euch helfen, wenn es nötig ist."

„Aber Sie konnten doch gar nicht wissen …"

„Sagen wir mal, ich hatte so eine Ahnung. Wenn ich auch bis zum Schluss gehofft habe, dass Hannah vernünftig ist.“

Der Zug hatte nun volle Fahrt aufgenommen und Hans Mühe, Doktor Grünspan zu verstehen. Das Gesicht des Arztes entfernte sich immer mehr. Nun sah er nur noch die Hand, die aus dem Fenster winkte. Völlig außer Atem blieb er stehen und schaute dem Zug nach, bis dieser nach einer Biegung nicht mehr zu sehen war.

„Danke“, schrie er gegen den Wind dem davonfahrenden Zug hinterher.

***

Doktor Grünspan sollte mit seinen Befürchtungen recht behalten. Nur drei Wochen später stand Lina in der Apotheke und band sich zum letzten Mal ihre Schürze ab. Fast siebzehn Jahre hatte sie hier gearbeitet, die Kunden bedient, geputzt und gekocht. Wehmütig erinnerte sie sich an den verschneiten Abend, als sie mit ihren Jungen vor der Tür gestanden hatte. All die Jahre danach waren die Spiegels für sie da gewesen. Wenn sie jetzt ging, würde sie all das hinter sich lassen. Sie konnte den Gedanken kaum ertragen.

Aber Lina wusste, sie hatte keine andere Wahl. Nach dem Nürnberger Parteitag war es deutschen Angestellten verboten, in jüdischen Geschäften und Haushalten zu arbeiten. Zuwiderhandlungen wurden hart bestraft und würden nicht nur sie, sondern auch die Spiegels in Gefahr bringen.

Traurig schaute sie sich ein letztes Mal im Laden um. Liebevoll glitt ihr Blick über die gefüllten Regale, die sie in der Vergangenheit so oft eingeräumt hatte. Dann zog sie sich ihren Mantel über und nahm ihre Tasche.

Fürs Erste hatten sie es so arrangiert, dass sie bei Frau Becker unterkommen konnte. Die alte Frau freute sich aufrichtig, wenn sie auch über die Umstände, die zu dem Umzug führten, nur den Kopf schüttelte. Aber so war es nun einmal, die Menschen hatten sich verändert und mit ihnen das ganze Land.

Nach einem letzten Blick ging Lina zur Tür und verließ die Apotheke. Es gab keinen Abschied. Sie hatten bereits am gestrigen Abend besprochen, wie sie weiter in Kontakt bleiben konnten. Ignatz war ursprünglich dagegen gewesen.

„Du musst jetzt an dich denken, Lina!“, hatte er gesagt. „Es reicht, wenn man uns verfolgt. Du sollst nicht auch noch darunter leiden. Am besten wird es sein, wenn du die Apotheke meidest. Vielleicht findest du in einem deutschen Geschäft eine Anstellung. Arbeit gibt es ja jetzt.“

„Ist das dein Ernst?“, hatte Lina ihn gefragt und gar nicht bemerkt, dass sie Ignatz zum ersten Mal duzte. „Wenn du denkst, dass ich mir verbieten lasse, zu euch zu kommen, dann irrst du dich. Meinst du, ich weiß nicht zu schätzen, was ihr all die Jahre für mich und meine Kinder getan habt? Aber wenn du nicht willst, dass ich dich besuche, dann komme ich halt zu Maria. Nicht wahr, Maria?“

Maria Spiegel strahlte sie freudig an und nickte. Lina war so ziemlich die einzige Vertraute, die ihr geblieben war. Wenn sie diese nun auch noch verlor, würde sie völlig isoliert sein.

„Du bist jederzeit willkommen, Lina“, sagte sie und umarmte die Freundin.

„Ihr wisst hoffentlich, dass das eines Tages gefährlich werden kann?“, fragte Ignatz die Frauen. Man konnte die Besorgnis in seiner Stimme deutlich hören.

„Nicht nur für uns, auch für dich, Lina. Durch dieses sogenannte Blutschutzgesetz sind wir nun endgültig Menschen zweiter Klasse. Natürlich freue ich mich darüber, dass du dich nicht auch noch von uns abwendest. Aber du musst auch auf dich und deine Familie aufpassen.“

„Ich weiß, was ich tue, Ignatz. Ich wünschte nur, ich könnte euch irgendwie helfen. Vor allem bei den Amtswegen, die ich bisher übernommen habe. Du bist gezwungen, das jetzt alleine zu erledigen.“

„Ja“, Ignatz seufzte resigniert. „Und damit bin ich den ganzen Schikanen der Behörden schutzlos ausgeliefert.

Vielleicht ist es das Beste, ich schließe die Apotheke gleich.“

„Denk nicht mal daran!“, forderte Lina ihn auf. „Wenn du jetzt zumachst, haben sie gewonnen.“

„Sie gewinnen doch sowieso. Vielleicht sollten wir es diesem Doktor Grünspan gleichtun und das Land verlassen“, sagte Maria, die die ganze Zeit über geschwiegen hatte. „Wir könnten irgendwo neu anfangen, dies alles hinter uns lassen, Ignatz.“

„Das würde bedeuten, die Apotheke und unser ganzes Hab und Gut, alles wofür wir jahrelang gearbeitet haben, in die Hände dieser Barbaren geben zu müssen. Was würde das für ein Leben sein? Ich kann das nicht, Maria.“

„Ich habe geahnt, dass du so denkst und vielleicht hast du ja recht.“

Zärtlich sah Maria ihren Mann an. Sie kannte ihn, er würde fern der Heimat nie glücklich werden. Er brauchte die tägliche Arbeit im Laden. Selbst, wenn niemand mehr kam und etwas kaufte.

Behutsam schloss Lina die Türe hinter sich und schob die Gedanken an den gestrigen Abend beiseite. Ein Blick in den grauen Himmel zeigte ihr, dass es wahrscheinlich nicht mehr lange dauern würde, bis es anfing zu regnen. Dicke schwarze Wolken türmten sich auf, das Grollen von Donner war zu hören. Entschlossen machte sie sich auf den Weg zu Frau Becker. Wenn sie sich beeilte, schaffte sie es vielleicht noch, bevor der Regen einsetzte.

Sie bog gerade um die Straßenecke, als sie mit jemandem zusammenstieß. Der Mann hatte seine Mütze zum Schutz vor dem Wetter tief ins Gesicht gezogen, so dass Lina ihn nicht gleich erkannte. Eine Entschuldigung murmelnd, wollte sie an ihm vorbeilaufen. Doch eine kräftige Hand, die sich auf ihren Arm legte, zwang sie stehen zu bleiben.

„Guten Tag, Frau Schneider. Wo wollen Sie denn so schnell hin bei diesem Mistwetter?“

Erst jetzt erkannte Lina ihn. Es war Schröder, der mit einer Tüte voll Nägeln vor ihr stand. Sie mochte den Schreiner nicht, auch wenn Hermann bei ihm gearbeitet hatte. In ihren Augen war Schröder ein widerlicher, hinterhältiger Kerl, der Spaß daran fand, wenn es anderen Leuten schlecht ging. Trotzdem bemühte sie sich nun um einen halbwegs freundlichen Ton. Sie wusste, dass Schröder seit kurzem der Ortsgruppe der Partei angehörte. Es war zu gefährlich, ihm ihre Abneigung offen zu zeigen.

„Guten Tag, Herr Schröder“, sagte sie deshalb. „Ich bin auf dem Weg zu Frau Becker, ich wohne jetzt bei ihr.“

Einen Moment lang war Schröder verblüfft. Doch gleich darauf entblößte er seine schlechten Zähne und grinste Lina breit an.

„Na endlich, Frau Schneider, sind Sie nun auch vernünftig geworden? Meiner Meinung nach ist es auch höchste Zeit, dieses Judenpack zu verlassen. Es geht doch nicht an, dass eine hübsche deutsche Frau wie Sie für dieses Gesindel arbeitet.“

Dabei sah er sie anzüglich an. Lina wurde es fast übel, wenn sie in sein schwammiges Gesicht sah. Am liebsten hätte sie ihm sein blödes Grinsen aus dem Gesicht geschlagen. Doch sie musste sich beherrschen, wenn es ihr bei seinen Worten auch sehr schwerfiel.

Schröder selber spürte nichts von Linas unterschwelliger Wut auf ihn. Unbekümmert redete er weiter auf sie ein, bis Lina ihn kurz aber bestimmt unterbrach.

„Es tut mir leid, Herr Schröder, aber ich muss weiter. Frau Becker erwartet mich. Außerdem kann es jede Minute anfangen zu regnen und ich habe keinen Schirm dabei. Auf Wiedersehen.“

Mit diesen Worten wandte sich ab und ging weiter, doch so schnell ließ der Schreiner sie nicht ziehen.

„Dann interessiert es Sie wohl auch nicht, wie es Hermann, ihrem Jüngsten geht?“, fragte er scheinheilig. Lina zuckte zusammen. Woher wusste der Kerl etwas von Hermann? Doch zu Schröders Enttäuschung ließ sie sich ihre Verwunderung nicht anmerken.

„Nein, das weiß ich leider nicht, Herr Schröder. Hermann ist schon eine ganze Weile nicht mehr in der Stadt.“

„Nun, jetzt ist er jedenfalls wieder da“, lachte der Schreiner und freute sich, dass er es endlich geschafft hatte, Lina doch noch aus der Fassung zu bringen.

„Der Junge wohnt seit einer Woche bei mir. Ich hab ihm ein Zimmer gegeben. Schließlich konnte ich ihn ja nicht bei diesem Gesindel wohnen lassen, nicht wahr? Ich hatte ja keine Ahnung von ihrem plötzlichen Sinneswandel."

In Linas Kopf drehte sich alles. Auch das noch, dachte sie. Natürlich freute sie sich, dass es Hermann gut ging. Gleichzeitig wusste sie, dass sich an dessen Gesinnung nichts geändert hatte, sonst wäre er nach Hause und nicht zu diesem Schröder gegangen.

Sie spürte, wie ihre Beine zu zittern begannen. Aber auf gar keinen Fall sollte Schröder merken, wie sehr er sie mit dieser Aussage getroffen hatte. Sie brauchte all ihre Kräfte, um ihn nun anzulächeln.

„Das freut mich, Herr Schröder. Hermann wird es bei Ihnen gefallen. Gleich und gleich gesellt sich gern, wie man so schön sagt. Aber nun muss ich wirklich weiter."

Schröder war enttäuscht. Er hatte sich mehr erwartet. Schließlich wusste er, dass Lina noch immer zu diesen Juden hielt. Zum Glück war Hermann zurück. Der würde schon dafür sorgen, dass seine Leute auf den richtigen Weg kamen.

„Heil Hitler, Frau Schneider", rief er ihr nach. Doch Lina tat, als höre sie es nicht. Mit schnellen Schritten beeilte sie sich in die Brücknerstraße zu gelangen und sah kaum noch auf, wenn Leute sie vereinzelt grüßten. Ihre Gedanken waren bei Hermann.

Warum war er so plötzlich zurückgekehrt? Und weshalb hatte er sich nicht bei ihr gemeldet? Was ging nur im Kopf ihres Sohnes vor?

Endlich war sie bei Frau Becker angelangt. Ihre Finger zitterten noch immer, als sie den Schlüssel, den ihr die alte Frau gegeben hatte, ins Schloss steckte. Dann stand sie in dem sauberen, aber kargen Flur. Lina kam sich fremd darin vor, ganz anders als kurz zuvor in der Apotheke. Aber ihr fehlte die Zeit, um jetzt länger darüber nachzudenken. Sie wollte nach oben und einen Brief schreiben. Hans sollte erfahren, dass sein

Bruder wieder in der Stadt war.

Leider erwartete Frau Becker Lina bereits mit einer Tasse heißen Kaffees. Sie hatte den kleinen Wohnzimmertisch hergerichtet und sah Lina entgegen. Die alte Dame freute sich aufrichtig, nicht länger alleine wohnen zu müssen und wollte Lina den Einzug so angenehm wie möglich gestalten.

„Komm Lina! Setz dich zu mir, ich freue mich, dass du bei mir einziehst. Weißt du, wenn man älter wird und gesundheitlich nicht mehr auf dem Damm ist, ist es schön jemanden bei sich zu wissen."

Eigentlich hatte Lina vorgehabt, gleich in ihr kleines Zimmer zu gehen, um Hans zu schreiben. Doch als sie nun die Freude in Frau Beckers Augen sah, konnte sie die alte Dame nicht enttäuschen. Außerdem machte eine halbe Stunde mehr oder weniger auch nichts aus.

„Nicht Sie müssen sich freuen, sondern ich, Frau Becker", sagte sie, als sie sich setzte.

„Ich bin Ihnen sehr dankbar, hier wohnen zu dürfen. Sie wissen ja, dass ich nicht länger bei den Spiegels bleiben darf. Hätten Sie mir nicht geholfen, ich wüsste gar nicht wohin."

Die Freude aus dem Gesicht der alten Dame verschwand schlagartig bei Linas Worten.

„Ja Lina, mir wäre auch wohler, wenn du unter anderen Umständen eingezogen wärst. Was sind das bloß für Zeiten, in denen man andere so schlecht behandelt? Dabei sind die Spiegels wirklich ehrliche und fleißige Leute. Seit Jahr und Tag kauf ich in der Apotheke ein. Ich kenne Ignatz, seit er ein kleiner Junge war. Sogar bei seinem Vater war ich schon Kundin. Und jetzt", seufzte sie, „darf man den Namen kaum erwähnen, ohne schief angeguckt zu werden."

„Genauso ist es leider", stimmte Lina ihr zu.

Dann erzählte sie von dem Zusammentreffen mit Schröder und von Hermanns Rückkehr. Sie wusste, dass sie ihrer neuen Mitbewohnerin vertrauen konnte. Frau Becker war eine der wenigen Menschen, die sogar laut protestierten, wenn die SA durch die Straßen zog und Fensterscheiben zerstörte. Bisher hatte sie Glück gehabt, was sie hauptsächlich ihrem Alter zu verdanken hatte, doch auch sie musste vorsichtig sein. Lina, die froh war, jemanden gefunden zu haben, mit dem sie offen reden konnte, mahnte sie zur Vorsicht.

„Sie müssen aufpassen, was Sie laut sagen! Es kann schnell irgendwer, etwas in den falschen Hals bekommen und auf uns aufmerksam werden. Wenn das geschieht, können wir den Spiegels gar nicht mehr helfen. Nicht wahr, Sie behalten ihren Unmut über diese Leute für sich?“

„Aber ja, Kindchen. Ich werde mich hüten, denen zu zeigen, auf welcher Seite ich stehe. Sie können sich auf mich verlassen. Aber wenn ich irgendetwas für den Apotheker tun kann, dann sagen Sie es mir.“

Dann sprachen die zwei Frauen noch etwa eine Stunde über Linas Kinder. Sie erzählte von Hans‘ Studium und den guten Noten, die er bekam. Irgendwann kam die Sprache dann auf Hermann, auch wenn Lina dieses Thema lieber gemieden hätte. Als sie Frau Becker von seiner Mitgliedschaft bei den Nazis berichtete, sah sie, wie entsetzt die alte Dame darüber war. Aus diesem Grund verschwieg sie ihr auch, was sich am letzten Tag vor Hermanns Abreise in der Apotheke abgespielt hatte.

„Ich verstehe das nicht. Hermann war doch so ein lieber Junge. Ich sehe ihn noch vor mir, wie er die kleine Hannah im Kinderwagen chauffiert hat.“

Frau Becker schüttelte traurig den Kopf.

„Ich weiß auch nicht, was mit ihm los ist, er ist so ganz anders als der Große. Er erinnert mich immer mehr an seinen Vater. Natürlich will man das als Mutter nicht wahrhaben, aber vielleicht steckt mehr von Georg in ihm, als wir ahnen.“

„Sag doch so was nicht!“ Frau Becker wollte nicht glauben, was sie da aus Linas Mund hörte. „Du kannst doch den kleinen Hermann nicht mit diesem widerlichen Kerl vergleichen. Er wird schon zur Vernunft kommen, wenn er sieht, wie sie mit den Spiegels und den anderen Juden in der Stadt umgehen.“

„Leider höre ich das nicht zum ersten Mal und bis jetzt ist bei Hermann von Reue nichts zu spüren. Warum sonst läuft er sofort zu Schröder und nicht zu mir? Ich kann nur hoffen, dass

Sie recht behalten. Aber ich will Ihnen nicht den schönen Nachmittag verderben, lassen Sie uns über etwas anderes reden."

So kam Lina erst am Abend dazu, sich hinzusetzen und an Hans zu schreiben. Als sie fertig war, las sie sich den Brief noch einmal durch.

Lieber Hans,

nachdem Du mir von diesem Gesetz zur Rettung des deutschen Blutes (man muss sich nur einmal diesen Wortlaut anhören) geschrieben hast und den damit verbundenen Verordnungen, habe ich Deinen Rat befolgt und bin heute bei den Spiegels ausgezogen. Ich weiß, dass es sein muss, zu ihrem und zu meinem Schutz, trotzdem komme ich mir vor, als würde ich sie im Stich lassen. Vor allem Maria tut mir so leid. Sie hat ja sonst keinen mehr und traut sich kaum noch auf die Straße.

Ich wohne jetzt bei Frau Becker, die mir freundlicherweise ein Zimmer zur Verfügung gestellt hat. Die alte Dame ist eine der wenigen, die in dieser Zeit noch Mitgefühl für die jüdische Bevölkerung zeigt. Aber Du kennst sie ja, sie hatte schon immer ein großes Herz. Ich soll Dich übrigens schön grüßen von ihr.

Aber eigentlich schreibe ich Dir aus einem ganz anderen Grund. Hermann ist zurückgekehrt. Er wohnt bei diesem Schröder. Du glaubst gar nicht, wie verwirrt ich bin. Ich habe keine Ahnung, ob ich mich freuen oder fürchten soll. Schließlich ist er immer noch mein Sohn.

Was denkst Du? Würde er sich nicht bei mir melden und sich entschuldigen, wenn er sich geändert hätte? Was soll ich tun, wenn ich ihn auf der Straße treffe? Immerhin kann ich auch nicht einfach an ihm vorbeigehen. Ach Hans, warum ist nur alles so kompliziert?

Den Spiegels und Hannah geht es soweit gut, wenn das Mädchen sich auch sehr verändert hat. Keiner von uns weiß, was in ihrem hübschen Kopf vorgeht. Selbst Maria vertraut sie sich nicht mehr an. Stundenlang hockt sie in ihrem Zimmer und liest.

Ich hoffe, Du bist gesund und munter und lernst fleißig. Vergiss nicht, dass ich jetzt eine neue Adresse habe, wenn Du mir antwortest. Lass von Dir hören, bis bald,

Deine Mutter

***

Etwa zur selben Zeit saß Hermann gemütlich beim Abendessen in Schröders Küche. Seit sechs Tagen lebte er nun in dessen Haus, was er nur dem Zufall zu verdanken hatte. Ausgerechnet Schröder war es nämlich gewesen, der ihm gleich nach seiner Ankunft über den Weg lief. Hermann ahnte, wie sich sein ehemaliger Lehrmeister damals über seinen überstürzten Abgang geärgert hatte. Umso mehr überraschte es ihn, als Schröder kein Wort darüber verlor. Stattdessen lud er ihn ein, bei ihm zu wohnen. Und Hermann, der nicht so recht wusste, wo er unterkommen sollte, hatte das Angebot dankend angenommen.

„Ich habe heute deine Mutter getroffen. Sie wohnt jetzt bei der alten Becker, hast du das gewusst?"

Natürlich ahnte Hermann nichts davon, woher auch? Schröder wusste das genau. Gerade deshalb ließ er sich nicht anmerken, wie sehr ihn diese Neuigkeit überraschte und kaute genüsslich auf seinem Leberwurstbrot herum. Ohne eine Antwort abzuwarten, fuhr Schröder fort.

„Ich hab ihr gesagt, dass du wieder da bist. Das war doch richtig, oder?"

Vergnügt stellte er fest, wie der Junge kurz zusammenzuckte und sich verschluckte, wenn er sich auch gleich wieder in der Gewalt hatte. Also lag er mit seiner Vermutung richtig. Hermann wäre es lieber gewesen, seine Mutter wüsste nichts davon, dass er nun der SA unterstellt war. Immerhin war er im Streit gegangen.

Leider reagierte Hermann nicht so, wie er erwartet hatte.

Fast gleichgültig angelte er sich ein weiteres belegtes Brot vom Teller und biss herzhaft hinein. Also musste Schröder deutlicher werden.

„Wenn du mich fragst, schien sie nicht sonderlich erfreut darüber. Dabei ist sie doch deine Mutter. Eine gute deutsche Mutter freut sich auf ihren heimkehrenden Sohn."

„Mir doch egal", wehrte Hermann ab und widmete zu Schröders Leidwesen seine gesamte Aufmerksamkeit dem Brot in seiner Hand.

„Wie kannst du nur so ruhig bleiben?", fragte der Schreiner. „Dabei kann sie stolz auf dich sein. Vor allem jetzt, wo du richtig dazu gehörst. Die SA ist ja doch was anderes als die Hitlerjugend. Aber wahrscheinlich ist sie von diesem Judengesindel schon so verblendet, dass sie nicht erkennt, welchen Dienst du dem Land erweist. Ich jedenfalls freue mich darüber, wie weit es mein Lehrling gebracht hat. Wenn ich auch zugeben muss, dass ich das nicht erwartet habe. Weißt du, als du damals bei mir angefangen hast, dachte ich wirklich, du hättest doch tatsächlich ein Auge auf das Apothekermädchen geworfen. Muss mich wohl geirrt haben."

Mit listigen Augen schaute er Hermann an und wartete gespannt auf dessen Reaktion. Hermann legte das Brot zurück auf den Teller. Schröder bemerkte, wie das Lid seines rechten Auges zu zucken begann.

Endlich hatte er Hermanns wunden Punkt getroffen. Schließlich hatte selbst ein Blinder gesehen, dass der Junge in das Mädchen verliebt gewesen war. Gerade noch rechtzeitig konnte er sich ein hämisches Grinsen verkneifen. Aber Hermann war nicht so blöd, wie Schröder dachte. Er durchschaute seinen Lehrmeister längst, dessen Spielchen er nun schon ein paar Jahre kannte.

„Verdammt Schröder, hören Sie auf! Meinen Sie, ich merke nicht, dass Sie mich aus der Reserve locken wollen? Ich sage es Ihnen heute zum letzten Mal, ich bin fertig mit den Spiegels. Für mich sind das ganz normale Juden und was ich von denen halte, habe ich doch oft genug bewiesen, oder nicht?"

Lachend schlug ihm Schröder freundschaftlich auf die

Schulter.

„Recht so, Junge. Ich hab doch sofort gewusst, dass du vom richtigen Schlag bist. Wie sagt der Führer doch gleich?“

„Schluss mit den Märchen vom anständigen Juden, wir brauchen keine. Wir haben genug anständige Deutsche.“

„Genau, genauso hat er es gesagt. Wie du dir nur alles so gut merken kannst. Heil Hitler Hermann, und jetzt wird gegessen.“

Doch ganz so gleichgültig wie Hermann vorgab zu sein, waren ihm Schröders Worte nicht. Wenn er auch schlau genug war, das vor ihm zu verbergen. Am Tag zuvor hatte er Hannah gesehen. Rein zufällig war er die Marktstraße entlanggelaufen, als er sah, wie sie den einzigen jüdischen Bäckerladen betrat. Von dem Mädchen unbemerkt, war er stehengeblieben und hatte beobachtet, wie sie wenig später mit einem Laib Brot im Arm das Geschäft verließ. In ihrem hellblauen Rock und der weißen Bluse, das Gesicht von ihren braunen Locken umrahmt, sah sie wunderschön aus. Hermann hatte kaum den Blick abwenden können und gleichzeitig den Stich in seiner Brust gespürt. Natürlich würde er es niemals zugeben, aber er trug noch immer diese Zuneigung in sich. Er wollte sie hassen, sie verachten, doch so sehr er sich auch bemühte, alles was er für sie empfand war, war Liebe.

Hermann stand auf und schnappte sich seine Jacke. Dem verwunderten Schröder schenkte er keinen Blick. Ohne auf seine Frage zu antworten, wohin er denn wollte, verließ er den Hof und lief in die Stadt. Dort angekommen sah er zufällig aus den Augenwinkeln heraus, wie der Gemüsehändler an der nächsten Ecke sein Obst aufbaute. Zielstrebig lief er darauf zu und brachte den einfachen Holzstand mit einem kräftigen Tritt zum Einsturz. Zufrieden sah er zu, wie Kartoffeln, Tomaten und Kohlköpfe auf die Straße kullerten.

„Scheiß Jude“, beschimpfte er den Händler, der nicht wusste, wie ihm geschah. Er war nicht einmal jüdisch, verschwand aber vorsichtshalber ängstlich im Laden.

Als wäre nichts gewesen, ging Hermann weiter, ohne den neugierigen Leuten, die stehen geblieben waren, einen Blick zu gönnen. Er achtete nicht darauf, wohin ihn sein Weg führte. Ohne nach rechts und links zu schauen, lief er weiter. Er bemerkte weder, dass es angefangen hatte zu regnen. Noch, dass ihn die Passanten, an denen er mürrisch vorbeiging, verwundert nachsahen.

Hätte er sich in diesem Moment selber gesehen, würde er sich nicht wundern über die Blicke der anderen. Sein Gesicht hatte unter dem tief in die Stirn geschobenen Käppi einen brutalen Ausdruck bekommen. Ohne es zu merken, ballte er beide Hände zur Faust. Diese angespannte Haltung, verbunden mit der Hakenkreuzbinde an der Uniform, konnte einem wirklich Angst machen.

Mit großen Schritten stürmte er vorwärts. Als er doch einmal aufschaute, bemerkte er, dass er vor der Apotheke stand. Sein Blick glitt über das vertraute Fachwerk des Hauses, bis er an Hannahs Fenster hängen blieb. Täuschte er sich oder schob da jemand die Gardine zurück? Hermann schaute genauer hin, doch es war nichts zu sehen. Vermutlich hatte er sich nur eingebildet, Hannahs Gesicht zu sehen, dachte er auf sich selber wütend.

Es störte ihn, dass das Mädchen ständig in seinem Kopf rumspukte. Er wollte sie vergessen, sie hatte ihn verraten. Nur ihretwegen war er aus dem Haus gegangen und hatte sich mit seiner Mutter überworfen. Sie alleine war schuld daran, dass er dem Jungvolk und der SA beigetreten war. Nun musste sie die Konsequenzen tragen. Sie konnte ja Hans rufen, damit er sie beschützte. Er selber war ja nicht gut genug für sie.

Hermann spürte nicht, wie er versuchte, sich vor sich selber zu rechtfertigen, indem er Hannah die Schuld gab. Mit einem letzten verzweifelten Blick wandte er sich ab und ging den Weg zurück zur Schreinerei.

Es begann bereits zu dunkeln, als er auf dem großen Hof ankam. Schon von weitem sah er die uniformierten SA-Männer, die sich versammelt hatten. Unter den vier bis fünf Leuten befand sich auch Schröder, der ihm erfreut entgegensah.

„Hermann, na endlich. Ich dachte schon, wir müssten ohne

dich gehen. Dabei bist du doch immer so scharf darauf, was zu erleben. Du kannst von Glück reden, dass ich die Kameraden dazu bewegen konnte, noch ein paar Minuten zu warten."

„Was ist denn los? Gibt's einen Einsatz?"

Hermann spürte, wie es in seinem Körper kribbelte und das Adrenalin in ihm zu kochen begann. Das war genau das, was er heute brauchte. Er wollte sich abreagieren, seine Wut herauslassen und vor allem nicht mehr an Hannah denken.

„Jaja, so was Ähnliches. Aber jetzt beeil dich! Ich erzähl dir auf dem Weg, um was es geht."

Er hatte noch nicht richtig ausgesprochen, als ein offener Lastwagen auf den Hof fuhr und mit quietschenden Reifen bremste. Hermann und die anderen Männer sprangen auf. Dann fuhren sie in rasantem Tempo die Straße hoch.

***

„Also", forderte er Schröder ungeduldig auf. „Nun sagen Sie mir endlich, was los ist!"

Auch der Schreiner hatte vor Aufregung rote Wangen bekommen. Es kam in Barnitz nicht oft zu Einsätzen und wenn, dann handelte es sich meistens um Kinkerlitzchen wie Schaufenster beschmieren oder Plakate aufhängen. Angespannt erzählte Schröder Hermann, warum sie zusammengerufen wurden.

„Pass auf, Hermann! Das war so", begann er umständlich. „Ich war gerade dabei, die Bretter abzuhobeln, die Frau Neumann für ihr Regal bestellt hat. Die blöden Dinger waren aber zu kurz gesägt und …"

„Meine Güte, Schröder, komm endlich zum Punkt! Deine Bretter interessieren im Moment keinen Menschen. Was wir hier machen, will ich wissen."

Schröder konnte nur schwer verbergen, dass ihm Hermanns Zurechtweisung gar nicht gefiel. Was bildete der Junge sich ein? Nur weil er Rottenführer war, hieß das noch lange nicht, dass er ihm über den Mund fahren durfte. Sichtlich beleidigt fuhr er fort.

„Schon gut, du musst nicht gleich schreien. Ohne mich wärest du gar nicht dabei, weißt du das? Also noch einmal, ich war gerade arbeiten, als Helmut, unser Unterscharführer, in den Hof gerannt kam. Er berichtete mir, dass der Wirt vom alten Brunnen die Gauleitung angerufen hat und sich über einen Betrunkenen beschwert. Ununterbrochen würde er nur saufen und über die Juden fluchen."

„Na und, was ist so Besonderes daran? Machen wir das nicht alle?", unterbrach ihn Hermann. Der SA-Mann neben ihm lachte laut auf. Doch Schröder ließ sich nicht beirren.

„Das Beste kommt ja erst. Am Anfang hat die Gauleitung genauso gedacht wie du, aber dann erzählte ihnen der Wirt, warum der Mann so aufgebracht war. Seine Frau hatte ihn sitzen lassen wegen einem Juden, kannst du dir das vorstellen? Und die Kinder hat sie gleich mitgenommen. Der Wirt hat natürlich von dem Blutschutzgesetz gehört und dass es verboten ist, sich als Arier mit dem Gesindel einzulassen. Kurz und gut, da hat er beschlossen, das Gehörte vorsichtshalber zu melden, schließlich will er keinen Ärger."

„Und was haben wir damit zu tun? Sollen wir uns die Geschichte noch mal anhören?"

Hermann war enttäuscht. Da hatte ihm Schröder ein dickes Ding versprochen, dabei hatten sie nichts weiter zu tun, als einen Besoffenen zu verhören.

Als sie kurz darauf die Tür zur Kneipe öffneten, schlug ihnen verrauchte, abgestandene Luft entgegen. Hermann verzog angewidert das Gesicht. Es waren nur wenige Gäste im Lokal, die stumpfsinnig vor ihrem Bier saßen und erst aufschauten, als einer der Kameraden laut „Heil Hitler" in den Raum schrie. Sofort kam ihnen ein dicker Mann mit einer fleckigen Schürze entgegen, der sich als Wirt herausstellte.

„Dort sitzt der Mann", verriet er ihnen kleinlaut. Offenbar hatte der Anblick der uniformierten SA ihn erschreckt. Mit seinen wurstigen Fingern zeigte er auf einen heruntergekommenen Kerl, der in der hintersten Ecke saß und keinen Laut von sich gab. Als Hermann näherkam, sah er, dass der Kopf des Mannes schwer auf dem Tisch vor ihm lag, eingerahmt von mehreren leeren Schnapsgläsern.

Hermann konnte nicht anders, er musste bei diesem Anblick laut loslachen. Da waren sie uniformiert und bewaffnet zu einem Einsatz befördert worden und alles was sie vorfanden, war ein alter Säufer, der nichts Besseres zu tun hatte, als am Tisch einzuschlafen. Auch die anderen Kameraden standen wie belämmert da und schauten sich fragend an. Keiner wusste, wie man aus dieser Geschichte herauskam, ohne sich lächerlich zu machen. Nur Schröder konnte den Spaß nicht teilen. Wütend ging er auf den Wirt zu.

„Was soll das? Sie haben doch die Gauleitung informiert. Doch nicht etwa wegen diesem Säufer? Wissen Sie eigentlich, wen Sie vor sich haben? Glauben Sie, wir haben unsere Zeit zu vergeuden, Mann? Antworten Sie gefälligst, wenn ich Sie etwas frage!“ Hilflos wanderten die Blicke des Wirtes zwischen Schröder und dem Säufer hin und her.

„Eben war der noch putzmunter“, versuchte er sich zu rechtfertigen. „Ich dachte, es interessiert sie, dass diese Frau von der er ständig spricht …“

„Halten Sie den Mund!“, schrie Schröder ihn an. „Oder wissen Sie irgendwelche Namen?“

„Das nicht gerade, aber …“

Kurzerhand machte Hermann dem Theater ein Ende, wenn er auch nicht leugnen konnte, dass es ihm großes Vergnügen bereitete, wie Schröder sich aufführte.

„Kommt Kameraden, hier gibt es nichts zu tun. Lasst uns ein Bier trinken und dann verschwinden wir. Das Bier geht natürlich auf Kosten des Hauses, nicht wahr, Herr Wirt?“

„Selbstverständlich meine Herren, selbstverständlich.“

Der Wirt schien sichtlich erleichtert über Hermanns Vorschlag und beeilte sich die Gläser zu füllen. Auch Schröder beruhigte sich, während er dem Wirt genau über die Schulter schaute, dass er die Gläser auch gut vollmachte. Als sie eine halbe Stunde später die Kneipe verließen, warf nur Hermann einen letzten Blick auf den Säufer am hinteren Tisch. Von den anderen unbemerkt, war er wieder zum Leben erwacht und bemühte sich in diesem Moment vergeblich, sein Glas zu halten. Mehr als die Hälfte des Bieres lief dabei daneben, den Rest kippte er gierig in sich rein.

Hermann erstarrte. Wie immer, wenn er angespannt oder aufgeregt war, begann sein Auge zu zucken. Hermann spürte es und konnte den Blick dennoch nicht abwenden. Der Säufer, der ihn nun ebenfalls anblickte, war sein Vater. Für eine Sekunde glaubte Hermann so etwas wie Erstaunen in Georgs Augen zu sehen, als hätte er seinen Sohn erkannt. Doch so schnell es kam, verschwand es wieder. Gleichgültig beugte er sich wieder über sein Glas.

„Wo bleibst du denn?“, rief Schröder von draußen. „Kannst wohl nicht genug kriegen?“

Nachdenklich drehte sich Hermann um und folgte den anderen. Die ganze Fahrt über sprach er kein Wort. Als der Wagen auf dem Hof der Schreinerei hielt, sprang er als erster von der Ladefläche und nickte den Kameraden nur kurz zum Abschied zu.

„Ich gehe noch ein Stück spazieren“, teilte er Schröder mit, der eigentlich gehofft hatte, Hermann würde noch ein Bier mit ihm trinken.

„Aber das warst du doch heute schon. Pass nur auf, dass du dir keine Blasen an die Füße läufst! Im Ernst, Hermann, was soll die blöde Lauferei? Lass uns lieber noch einen trinken!“

„Ich muss nachdenken, außerdem habe ich keinen Durst mehr.“

„Und darf man fragen, worüber du nachdenken musst? Hör mal, wenn du enttäuscht bist über die Aktion eben, kann ich dich verstehen. Ich habe auch erwartet …“

„Mensch Schröder, lass mich einfach in Ruhe oder bin ich dir neuerdings Rechenschaft schuldig? Wenn das so ist, muss ich mir wohl eine andere Bleibe suchen.“

Sofort lenkte der Schreiner ein, wenn er sich auch maßlos über den Ton ärgerte, in dem der Junge mit ihm sprach. Überhaupt wurde Hermann immer aufsässiger. Leider konnte er ihn nicht einfach vom Hof jagen. Hermann leistete in der

Schreinerei gute Arbeit und das nur für Kost und Logis. So eine billige Arbeitskraft würde schwer zu finden sein. Also blieb ihm nichts weiter übrig, als ruhig zu bleiben.

„Schon gut, Hermann, von mir aus kannst du spazieren gehen, solange du willst. Ich dachte nur, wir könnten … Ach, vergiss es einfach!"

Schmollend drehte er sich um und ging ins Haus.

Hermann war die Laune des Schreiners egal. Sollte der ruhig eingeschnappt sein, er hatte ganz andere Sorgen. Immer wieder fragte er sich, warum der Wirt sie nun eigentlich gerufen hatte. War es wirklich so, dass sein Vater seine Mutter bezichtigte, etwas mit einem Juden zu haben? Er konnte es sich kaum vorstellen, schließlich war es Jahre her, als sie gegangen waren.

Allerdings, wer wusste schon, was in seinem versoffenen Hirn vor sich ging? Außerdem reichte heute eine einzige unbedachte Bemerkung aus, um jemanden ins Zuchthaus zu bringen. Ziellos lief er weiter durch die ungewöhnlich ruhige Nacht. Er musste etwas tun, bevor seine Mutter ernsthaft ins Visier der ortsansässigen SA geriet, aber was?

Erst Stunden später kam er auf den Hof zurück und stellte erleichtert fest, dass im Haus kein Licht mehr brannte. Das Letzte, was er heute noch gebrauchen konnte, war eine dieser sinnlosen Diskussionen mit Schröder. Auf Zehenspitzen schlich er sich nach oben in seine Kammer und legte sich, so wie er war, auf das quietschende Bett. Er ahnte nicht, dass sich das Problem, über das er die ganze Zeit grübelte, von selber lösen würde und fiel so in einen unruhigen Schlaf.

***

Hermann fühlte sich wie erschlagen, als er am nächsten Morgen in die Küche kam, in der Frau Schröder gerade Tee aufbrühte. Erstaunt sah die blonde Frau ihn an.

„Guten Morgen, Hermann, du bist schon auf?"

„Warum denn nicht?“, fragte der, ohne den Gruß zu erwidern. „Ich steh doch immer um diese Zeit auf. Einer muss ja wohl noch arbeiten, oder?“

„Ja natürlich, ich dachte nur, weil es gestern Abend so spät geworden ist. Also Fritz liegt noch im Bett. Ich glaube kaum, dass er vor zehn in der Schreinerei ist. Kein Wunder, wenn ihr an einem Abend auch gleich zweimal gerufen werdet.“

Hermann verstand kein Wort.

„Was reden Sie da eigentlich?“, fragte er mürrisch. „Ihr Mann, ich und die Kameraden waren gestern nur in der Kneipe bei dem Wirt, der sich beschwert hat. Die Aktion war übrigens der totale Reinfall, um acht waren wir zurück auf dem Hof.“

„Das meinte ich doch gar nicht, ich rede von dem zweiten Einsatz, etwa so um elf.“

An Hermanns skeptischem Blick erkannte sie, dass er keine Ahnung hatte, wovon sie sprach.

„Wo warst du denn um diese Uhrzeit, Hermann? Bestimmt nicht bei den anderen, sonst wüsstest du ja, wovon ich rede.“

„Ich war noch ein wenig spazieren, hab nicht auf die Uhr geschaut, wann ich heimgekommen bin. Und nun erzählen Sie schon! Was war denn los?“

Erst jetzt erkannte Frau Schröder ihren Irrtum. Fälschlicherweise hatte sie geglaubt, Hermann und ihr Mann wären zusammen gewesen. Der Junge war bei der Aktion gar nicht dabei, deshalb stand er im Gegensatz zu Fritz schon so zeitig in der Küche.

„Viel weiß ich auch nicht“, begann sie. „Wir hatten uns gerade hingelegt, als es an der Tür klopfte. Eigentlich konnte man den Krach schon nicht mehr Klopfen nennen. Jemand hat mit beiden Fäusten ans Tor getrommelt. Zuerst war sogar Fritz ziemlich erschrocken, aber er ist trotzdem nach unten und hat aufgesperrt. Er war ganz schön aufgeregt, wenn du mich fragst, als er wieder nach oben kam. Dann hat er sich angezogen und ist gegangen. Kein Wort zu mir, wohin oder wann er wiederkommt. Ich hab ihm noch hinterhergerufen, aber er hat sich nicht mal umgedreht.

Irgendwann heute Morgen, ich denke es war so zwischen

zwei und drei Uhr, ist er heimgekommen. Die ganzen dreckigen Klamotten hat er einfach auf den Boden geworfen, nicht mal die Stiefel hat er abgeputzt. Und weißt du, was er mir geantwortet hat, wo er so spät herkommt?"

Sie machte eine Pause und sah Hermann erwartungsvoll an. Da der aber nur mit den Schultern zuckte, fuhr sie mit dramatischer Stimme fort.

„Ich soll meinen Mund halten. Erstens ginge es mich nichts an und zweitens sei er müde. In fünfzehn Ehejahren hat er nicht so mit mir gesprochen. Irgendetwas ist da im Busch, sag ich dir. Schade, ich dachte, du könntest mir erzählen, um was es ging."

Enttäuscht darüber, dass Hermann ihre Neugierde nicht stillen konnte, wandte sich Frau Schröder der Teekanne zu.

„Willst du auch eine Tasse?", fragte sie, doch Hermann lehnte ab.

„Ich geh rüber zur Werkstatt, die Türen für Herrn Bauer müssen heute noch fertig werden. So wie es aussieht, werde ich das ja nun alleine machen dürfen. Wenn ihr Mann doch vor dem Mittag aufsteht, sagen Sie ihm Bescheid!"

„Ist gut, Hermann, ich richte es aus. Essen gibt es so um zwölf, ich mach Kohlsuppe."

„Mal sehen." Hermann klang nicht gerade begeistert. Es war bereits das zweite Mal in dieser Woche, dass es Kohlsuppe gab. Da arbeitete er praktisch für umsonst und alles, was er zu essen bekam, war diese dünne Brühe. Er würde mit Schröder darüber reden. Wenn er weiterhin ordentlich seine Arbeit machen sollte, wollte er auch was Anständiges auf dem Teller haben.

Hermann war gerade dabei, die letzte Türe abzuhobeln, als Schröder in die Werkstatt kam. Seine Haare standen widerspenstig vom Kopf ab, ein Zipfel seines Hemdes hing hinten aus der Hose. Er sah nicht sehr ausgeschlafen aus. Mit dunklen Ringen unter den Augen sah er sich suchend um und entdeckte Hermann im hinteren Teil der Werkstatt. Sofort lief er aufgeregt auf ihn zu.

„Ich muss mit dir reden, jetzt gleich! Du hast keine

Ahnung, was du gestern verpasst hast. Komm, leg doch mal die blöde Tür auf die Seite!“

„Hat es was mit euerm Einsatz zu tun?“, fragte Hermann.

„Du weißt davon?“ Man konnte deutlich sehen, wie erstaunt Schröder war. Nervös fummelte er an seinen Hosenträgern.

„Wie hast du denn davon erfahren? War einer der Kameraden hier?“

Hermann hatte gute Lust, Schröder schmoren zu lassen. Es kam nicht oft vor, dass der sein überhebliches Grinsen ablegte. Doch da er neugierig war, stellte er die Tür ab und folgte dem Schreiner auf den Hof. Dort ließen sie sich auf der Gartenbank nieder. Entspannt streckte Hermann die Beine aus, erst dann antwortete er auf die Frage.

„Deine Frau hat mir heute Morgen davon erzählt. Was Genaues wusste sie nicht, nur, dass du irgendwie komisch gewesen sein sollst.“

„Na Gott sei Dank“, atmete Schröder auf. „Du weißt ja, wie die Weiber sind. Sagt man ein Wort zu viel, erfährt es gleich die ganze Stadt.“

„Was ist denn nun so wichtig, dass ich die Arbeit liegen lasse?“

Misstrauisch sah Schröder sich nach allen Seiten um. Belustigt über sein sonderbares Verhalten lehnte Hermann sich zurück und harrte der Dinge. Als der Schreiner dann aber auch noch zu flüstern begann, konnte er sich nicht länger beherrschen und lachte laut los.

„Meine Güte, Schröder, ihr müsst ja kräftig einen gehoben haben gestern. Ich glaube, es ist besser, du legst dich wieder ins Bett und schläfst deinen Rausch aus.“

„Ich hab nichts mehr getrunken, ehrlich nicht. Denkst du, ich hol dich umsonst von der Arbeit weg? Ich weiß schließlich, dass Bauer heute die Türen braucht.“

Hermann war keineswegs überzeugt.

„Hast du dich heute schon mal im Spiegel angeschaut?“

Spöttisch sah er seinen ehemaligen Lehrmeister an, der sich sofort damit abmühte, den losen Hosenträger zu befestigen.

„Ich weiß selber, wie ich aussehe. Aber ich hab mich halt beeilt, zu dir zu kommen. Hermann. Hör zu, die Geschichte ist wirklich ernst. Man hat uns sogar ausdrücklich verboten, darüber zu reden."

„Und warum tust du es dann?"

„Weil ich einfach mit jemanden sprechen muss über die Sache. Irgendwie lässt mir das Ganze keine Ruhe."

„Also los, erzähl schon! Ich hab weiß Gott nicht so viel Zeit."

„Na gut, es war so. Du warst gestern Abend noch nicht lange fort, als es bei uns an der Tür klopfte. Magda und ich hatten uns gerade hingelegt. Zuerst dachte ich ja, du hättest deinen Schlüssel vergessen."

„Das hat mir deine Frau schon alles erzählt", unterbrach Hermann ihn.

„Komm zum Punkt, Schröder! Wo bist du mit den Kameraden hin und vor allem warum?"

„Aber das will ich dir doch die ganze Zeit erzählen. Es ist nur nicht so einfach. Also, vor der Tür stand Rudi, der Metzger. Du kennst ihn bestimmt. Er gehört erst seit zwei Wochen zu uns. Er hat den ganzen Tag Schweine geschlachtet, sein Sohn ist nämlich ..."

„Es reicht Schröder! Entweder du sagst mir jetzt, was gestern Nacht los war oder ich gehe in die Werkstatt zurück."

„Schon gut, schon gut", versuchte der Schreiner Hermann zu besänftigen.

„Rudi stand also vor der Tür und erzählte mir etwas von einem Unfall. Einzelheiten wusste er nicht, nur, dass wir sofort dahin ausrücken sollten, ohne Aufsehen zu erregen. Die Order kam angeblich von ganz oben. Wir hatten Befehl, mit niemandem darüber zu reden."

„Was hat die SA mit einem Verkehrsunfall zu tun, darum kümmert sich doch normalerweise die Polizei?"

Erfreut stellte Schröder fest, dass er nun doch Hermanns Interesse geweckt hatte.

„Dasselbe hab ich ja auch gedacht. Es war ungewöhnlich, dass die Kameraden und ich wegen einer solchen Bagatelle aus dem Bett geholt wurden. Aber uns blieb nichts anderes übrig, als den Befehl zu befolgen. Also sind wir gemeinsam hingefahren. Seltsamerweise war der Unfallort nur zwei Straßen von der Kneipe entfernt, in die wir kurz zuvor gerufen wurden. Als wir dort ankamen, wurden wir schon erwartet. Aus dem Auto stieg ein gut gekleideter Mann, so Mitte fünfzig. Ich selber hab den hier noch nie gesehen und von den Kameraden kannte ihn auch keiner. Jedenfalls hat er uns seinen Namen nicht genannt, aber an dem Schlitten den er fuhr, konnte man sehen, dass er ein ziemlich hohes Tier war. Allerdings sah das Auto nicht mehr ganz so schön aus. Der rechte Kotflügel war eingedrückt und die Windschutzscheibe gesprungen.

„Nun meine Herren, es freut mich, dass Sie da sind. Ich hatte einen kleinen Unfall. Sie werden das Malheur sicherlich schnell beheben."

Das hat er zu uns gesagt und dabei total entspannt auf seine Uhr gesehen. Ich stand direkt vor ihm und konnte seine Fahne riechen. Erst als wir um den Wagen rumgingen, konnten wir sehen, was eigentlich passiert war. In der Pfütze vor den Vorderrädern lag ein Mann und rührte sich nicht mehr. Rudi war als erster bei ihm, er war bleich wie ein Stück Kreide.

„Ist er tot?", stotterte er immer wieder. Und weißt du, was der Kerl darauf geantwortet hat?" Schröder machte eine Pause und sah Hermann fragend an, der das natürlich nicht wusste.

„Ich weiß es nicht, also sag schon!"

„Keine Ahnung", hat er gesagt. „Was meint ihr, warum ich euch habe rufen lassen?"

Verstehst du, Hermann? Selbst wenn der Mann zum Zeitpunkt des Unfalls noch gelebt hätte, der Kerl hätte keinen Finger gerührt, um ihm zu helfen. Ich bin nun wirklich nicht leicht aus der Ruhe zu bringen, aber so etwas Kaltschnäuziges ist mir in meinem ganzen Leben nicht untergekommen."

„Was habt ihr getan?", fragte Hermann.

„Was wohl? Erstmal standen wir wie angewurzelt da, keiner von uns wusste so recht, was er tun sollte. Aber der feine Herr hatte es eilig, wie er uns unmissverständlich klarmachte.

Während also zwei von uns den Toten vom Auto wegschafften, nahm er sich unseren Truppführer zur Seite.

„Sehen Sie zu, dass niemand ein Wort davon erfährt. So, wie der Mann aussieht, wird ihn wohl kaum einer vermissen, und wenn doch … Na, Sie wissen sicherlich, was zu tun ist. Ich hoffe, Sie schätzen die Situation richtig ein. Ich komme gerade vom Geburtstag eines hohen Parteimitgliedes. Es wäre unschön, ihm den Abend zu verderben."

Dann seufzte er bedauernd und fuhr fort: „Wenn der Mann wenigstens Jude wäre, wahrscheinlich bekäme ich noch eine Auszeichnung. Also junger Mann, ich verlass mich auf Sie. Und nun sehen Sie zu, dass Sie den Wagen flottkriegen! Ich will endlich weg aus dieser Einöde hier."

Ich habe ja schon so einiges erlebt, Hermann. Aber dass man einen Menschen überfährt und einfach so zur Tagesordnung übergeht, alle Achtung."

Ohne ihn zu unterbrechen, hatte Hermann schweigend zugehört. Sicher kam es nicht so oft vor, dass jemand von einem betrunkenen Parteibonzen totgefahren wurde und das dann vertuscht werden sollte. Aber seit Hitler die Macht übernommen hatte, passierten fast täglich viel unglaublichere Dinge, so dass er Schröders Aufregung nur schwer nachvollziehen konnte. Er hatte mehr erwartet und bedauerte, die Arbeit liegen gelassen zu haben. Vom Sitzen war sein rechter Fuß eingeschlafen und kribbelte unangenehm. Hermann blieb nichts weiter übrig, als den Schuh auszuziehen und die Zehen mit beiden Händen zu massieren.

„Nun gut, Schröder, wenn das alles war, geh ich wieder zurück zur Arbeit. Ich an deiner Stelle würde die Sache nicht überbewerten. Ihr habt gemacht, was euch gesagt wurde, mehr konntet ihr nicht tun. Am besten ist es, du hörst auf den Befehl und hältst den Mund. Nicht, dass noch jemand auf die Idee kommt, dich da mit reinzuziehen."

Mit dieser Reaktion hatte Schröder am wenigsten gerechnet. Da erzählte er dem Jungen schon trotz des Verbotes davon und den interessierte das gar nicht weiter. Misstrauisch sah er zu, wie Hermann sich den Schuh anzog und seine Glieder streckend aufstand. Hatte er nur das Gefühl oder hörte er in Hermanns Worten eine versteckte Drohung? Der Junge würde doch nicht darüber reden, oder doch? Wenn das geschah, konnte er in Teufels Küche kommen.

„Du redest doch nicht darüber, Hermann? Ich hab dir ja gesagt, dass wir schweigen müssen über die Sache. Einen Haufen Ärger würd ich kriegen, dass weißt du hoffentlich."

„Unsinn, wie kommst du denn darauf?", beruhigte ihn Hermann.

Schröder bemerkte nicht, wie es um seine Mundwinkel verdächtigt zuckte. Nur mit Mühe unterdrückte er ein Grinsen. Er freute sich unheimlich über die plötzliche Unsicherheit in Schröders Stimme. Eines Tages würde dem Schreiner seine Schwatzhaftigkeit auf die Füße fallen. Dann würde er endlich von seinem hohen Ross runterkommen und nicht mehr so großkotzig tun. Aber noch konnte er ihm seine Abneigung nicht offen zeigen. Er war bis auf weiteres auf das Zimmer und die Kost angewiesen.

Schröder aber war nicht nur ein Angeber, sondern auch naiv und leicht zu überzeugen. Sofort vergaß er seine Zweifel und legte Hermann freundschaftlich den Arm um die Schulter.

„Du hast recht, lass uns nicht mehr davon reden! Komm, ich helf dir bei den Türen."

„Nicht nötig, ich bin fast fertig."

Hermann verspürte wenig Lust, Schröders Gesellschaft noch länger zu ertragen und wollte ihn so schnell wie möglich loswerden.

„Außerdem ist es fast Mittag, geh ruhig schon ins Haus! Ich komme auch gleich nach."

Das ließ sich der Schreiner, dem die Müdigkeit noch in den Knochen saß, nicht zweimal sagen. Zufrieden sah er Hermann an. Es war schon ein glücklicher Zufall gewesen, dass gerade er ihn damals am Bahnhof aufgelesen hatte. Wenn der Junge auch manchmal ein wenig störrisch war, konnte er nicht leugnen, dass er den Großteil der Arbeit in der Schreinerei übernommen hatte.

Zufrieden mit sich und der Welt folgte er Hermanns Rat

und ging zum Haus. Kurz vor der Treppe blieb er plötzlich stehen und drehte sich zu Hermann um.

„Ach Hermann“, rief er ihm zu. „Fast hätt ich es vergessen.“

Genervt blieb Hermann stehen und wartete darauf, was Schröder ihm noch mitzuteilen hatte.

„Der Mann, du weißt schon, der vor dem Auto lag, wir haben den schon mal gesehen. Na, kannst du dir denken, von wem ich spreche?“

„Nein Schröder, ich kann’s mir nicht denken. Aber wie ich dich kenne, wirst du es mir bestimmt gleich sagen.“

„Du kennst mich eben, Hermann“, lachte der Schreiner. „Erinnerst du dich an den Säufer gestern in der Kneipe?“

Erschrocken horchte Hermann auf. Schröder sprach ohne Zweifel von seinem Vater, auch wenn er sich dessen nicht bewusst war. Aber was hatte der mit dem Unfall zu tun?

„Er war das Opfer. Der Mann, der vor dem Auto lag. Beinahe hätte ich ihn gar nicht erkannt. Kein Wunder, wie der zugerichtet war.“

Mit diesen Worten drehte er sich nun endgültig um und verschwand laut vor sich hin pfeifend im Haus. Er sah nicht, wie Hermann kreidebleich wurde und schwankend auf das Tor zur Werkstatt zuging. Kaum hatte er die Tür hinter sich zugezogen, ließ er sich auf einen fertig geschnittenen Stapel Bretter fallen. Kleine Schweißperlen bedeckten seine Stirn, seine Kehle war wie zugeschnürt. Wenn es stimmte, was Schröder ihm eben erzählt hatte, war in der letzten Nacht sein Vater überfahren worden.

Allein der Gedanke erschien ihm so ungeheuerlich, dass er einige Zeit brauchte, um die Nachricht zu verdauen. All die Sorgen, die er sich gestern noch gemacht hatte, waren umsonst gewesen.

Nachdenklich zog er sein Taschentuch aus der Hose und tupfte sich die Stirn ab. Wenn er in diesem Moment seine Gefühle beschreiben sollte, wäre ihm nur ein Wort eingefallen. Er empfand weder Mitleid noch Trauer für Georg, er empfand nur Erleichterung. Dieses eine Mal war die Alkoholsucht seines

Vaters zu etwas nütze gewesen, wenn er dafür auch mit dem Leben bezahlt hatte.

Hermann war sich im Klaren darüber, wie gefühllos und kalt seine Gedanken waren. Aber er hatte nie vergessen, was dieser Mann ihm, Hans und vor allem seiner Mutter angetan hatte. Dass er Lina bezichtigt hatte, eine Beziehung zu einem Juden zu führen, zeigte doch nur, dass er sich kaum geändert hatte. Im Gegenteil, sein unüberlegtes Geschwafel hätte Lina ins Zuchthaus bringen können.

Es war gut so, wie es gekommen war. Je länger Hermann darüber nachdachte, umso befreiter fühlte er sich. Er beschloss, niemandem davon zu erzählen. Keiner ahnte, dass es sich bei dem Toten um seinen Vater handelte und niemand, da war sich Hermann sicher, würde ihn vermissen. Er dankte dem Himmel dafür, dass es gerade ein hohes Parteimitglied war, der seinen Vater zum Schweigen gebracht hatte. Letztendlich würde es keiner von den Kameraden wagen, dessen Befehl zu missachten und die Sache breitzutreten.

Ungewohnt fröhlich betrat er wenig später die Küche. Genau wie Schröder kurz zuvor pfiff er ein Liedchen vor sich hin. Magda konnte sich nur wundern, mit welcher Begeisterung der Junge die Kohlsuppe in sich rein schaufelte. Dabei hatte sie immer geglaubt, Hermann mochte die Suppe nicht.

***

Drei Jahre waren vergangen. In der Hauptstadt des deutschen Reiches herrschte trügerische Ruhe. Nach dem Anschluss Österreichs an Nazideutschland wurde Hitler im März 1938 triumphal empfangen. Wo man hinsah, erblickte man ein Meer von Hakenkreuzfahnen. Die Heimkehr der Ostmark, wie Hitler es ausdrückte, wurde pompös gefeiert. Berlin befand sich in einem Taumel der Freude. Sobald Hitler und sein Gefolge in Erscheinung traten, jubelten die Massen ihnen zu.

„Heil", „Heil", schrien sie blind vor Begeisterung.

Inmitten dieses Trubels packte Hans seine Sachen. Erst gestern waren ihm die Ergebnisse seiner Prüfungen mitgeteilt worden. Ein wenig stolz sah er auf das Zeugnis. Von nun an durfte er sich Doktor nennen, er hatte sein Studium erfolgreich beendet. Wie seine Zukunft aussah, wusste er noch nicht.

Er hätte in Berlin bleiben können, gleich drei hervorragende Krankenhäuser warben um ihn. Aber Hans hatte sie dankend abgelehnt, da er nicht der Partei beitreten wollte.

Doch das war nur ein Grund für seine Absage. Hans wollte raus aus der Stadt. Er hatte es satt, durch die Straßen zu laufen, die von Braunhemden und Stahlhelmen geprägt waren. Wo man hinsah, erblickte man Hakenkreuzfahnen. Eine Veranstaltung löste die nächste ab. Berlin hatte sich voll und ganz Hitlers Herrschaft ergeben.

Hans jedoch sehnte sich nach der Ruhe in Barnitz. Schnell packte er die wenigen Sachen zusammen. Sein Zimmer hatte er bereits vor einer Woche gekündigt, der Nachmieter stand praktisch schon vor der Tür. Viel musste Hans nicht verstauen, die Möbel und der Hausrat gehörten dem Vermieter und wurden von seinem Nachfolger übernommen.

Ein letztes Mal sah er sich im Zimmer um, bevor er entschlossen zur Wohnungstür ging und abschloss. Es war niemand da, von dem er sich verabschieden musste. Also warf er den Schlüssel einfach in den Briefkasten und ging zum Bahnhof. Mit jedem Schritt wurde ihm leichter ums Herz, er würde diese Stadt kaum vermissen. In den Jahren, die er hier verbracht hatte, hatte er zu viel Unrecht gesehen, um seine Abreise aus Berlin auch nur eine Sekunde zu bedauern.

Als er am späten Nachmittag in Barnitz eintraf, empfing ihn ein blauer wolkenloser Himmel. Tief atmete er die saubere Luft ein. Das letzte Mal, als er für eine längere Zeit hier gewesen war, war knapp zwei Jahre her. Nun konnte ihn kein Mensch länger davon abhalten, die alten Freunde zu besuchen. Am liebsten wäre er sofort zur Apotheke gegangen, aber zuerst musste er auf seine Mutter warten, die versprochen hatte, ihn am Bahnhof abzuholen.

Ungeduldig sah er sich um. Bis auf zwei weitere Fahrgäste, die gerade die Station verließen, konnte er keinen Menschen entdecken. Vermutlich hatte sich Lina in der Zeit geirrt, dachte Hans unbekümmert und machte sich auf den Weg zum Ausgang. In diesem Moment kam seine Mutter um die Ecke gerannt. Völlig außer Atem, aber mit einem glücklichen Lächeln im Gesicht lief sie auf ihren Sohn zu.

„Entschuldige, Hans! Musstest du lange warten? Weißt du, der Jakob sollte mich eigentlich mitnehmen. Gerade heute ist aber ein Rad von seinem Wagen kaputtgegangen, also bin ich zu Fuß los."

„Das macht doch nichts, Mutter. Ich bin gerade erst angekommen. Komm, lass dich erst einmal umarmen! Schön, dass du da bist."

Herzlich drückte er Lina an sich. „Und du bist den ganzen Weg gelaufen?"

„Was sollte ich denn machen? Aber egal, Hauptsache ist doch, dass du endlich da bist. Willkommen zu Hause, mein Junge."

„Danke, Mutter. Du ahnst nicht, wie froh ich bin, aus dieser Stadt raus zu sein. Wie geht es den Spiegels? Hast du ihnen erzählt, dass ich komme?"

„Aber ja, sie freuen sich genauso wie ich. Ignatz ist mächtig stolz auf dich."

„Dann lass sie uns so schnell wie möglich besuchen. Wie kommen wir jetzt eigentlich in die Stadt?"

Lachend zog Lina die Schultern hoch. Die Station war nun menschenleer. Es kam nur selten vor, dass die Eisenbahn an dem entlegenen Bahnhof hielt und von den anderen Fahrgästen war nichts mehr zu sehen.

„Ich fürchte, so wie ich hergekommen bin. Wir müssen zu Fuß gehen. Aber schau, wir haben so wunderbares Wetter. Ein Spaziergang wird dir sicherlich gut tun nach der ganzen schmutzigen Luft in der Hauptstadt."

„Da wirst du recht haben, Mutter. Außerdem sind es nur zwei Kilometer, das schaffen wir locker."

Mit diesen Worten hakte er sich bei Lina unter. Während sie sich angeregt unterhielten, ließen sie das Bahnhofsgebäude schnell hinter sich. Als erstes wollten sie in die Wohnung von Frau Becker, damit Hans seinen Koffer abstellen konnte. Mit feuchten Augen empfing die alte Dame sie im Wohnzimmer.

„Hans, wie schön, dich zu sehen. Und wie groß du geworden bist, aber du bist ja jetzt auch ein richtiger Doktor. Ich habe ja immer gesagt, aus dem Hans wird mal was. Schon als kleiner Bengel …“

„Langsam, Frau Becker, Sie sind ja ganz aufgeregt. Sie wollen doch nicht, dass Sie meine erste Patientin werden.“

Gerührt vom Lob der alten Frau drückte er ihr fest die Hand. Frau Becker war zwei Köpfe kleiner als er und reichte gerade bis zu seiner Brust. Dann führte er sie zu ihrem Sessel zurück und setzte sich zu Lina auf das Sofa. Die war damit beschäftigt, den Kuchen, den sie extra zur Feier des Tages gebacken hatte, auf die Teller zu verteilen. Nachdem sie dann noch die Tassen mit heißem Kaffee gefüllt hatte, lehnte sie sich entspannt zurück.

„Greif zu, Hans! Ich hoffe, es schmeckt dir.“

Eigentlich stand Hans nicht der Sinn nach einem gemütlichen Kaffeekränzchen. Er wollte so schnell es ging zur Apotheke. Aber beim Anblick des liebevoll gedeckten Tisches, brachte er es nicht übers Herz, seine Mutter zu enttäuschen. Deshalb zwang er sich dazu, einige Bissen zu essen. Doch dann hielt er es nicht länger aus und legte die Kuchengabel zur Seite.

„Tut mir leid, Mutter, aber ich kann jetzt nichts essen. Ich weiß, du hast dir meinetwegen so viel Mühe gemacht. Der Kuchen ist auch köstlich, aber ich muss zu Ignatz. Du verstehst das doch, oder?“

Lina zwang sich zu einem Lächeln. Sie hatte längst bemerkt, wie ihr Sohn unruhig auf dem Sofa hin und her rutschte. Natürlich hätte sie den Jungen erstmal gerne für sich gehabt, schließlich hatten sie sich so lange nicht gesehen. Aber sie verstand ihn auch. Ignatz und ihn hatte schon immer was Besonderes verbunden. Kein Wunder, dass es ihn drängte, ihn wiederzusehen.

„Geh schon, Hans!", sagte sie zu ihm und streichelte seine Wange.

„Du bist ja dieses Mal nicht zu Besuch hier. Wir können uns später immer noch zusammensetzen. Aber tu mir den Gefallen und sei vorsichtig! Es treiben sich einige sonderbare Gestalten in der Stadt rum."

„Danke, Mutter, ich passe auf. Also dann bis später, ich werde nicht so lange weg sein."

Mit einem Handgriff angelte er seinen Mantel vom Haken und sprang gleich zwei Stufen auf einmal nehmend die Treppe runter. Kopfschüttelnd sahen die Frauen ihm nach. Als er bei der Apotheke ankam, zögerte er nicht eine Sekunde und drückte den Klingelknopf. Es dauerte einige Minuten, bis die Türe vorsichtig geöffnet wurde. Erstaunt blickte Hans auf die junge Frau, die vor ihm stand. Er hatte Hannah zwei Jahre nicht zu Gesicht bekommen und konnte kaum glauben, wie sehr sie sich verändert hatte. Ihr hübsches Gesicht erschien ihm viel reifer und weiblicher. Ihre Figur war nicht mehr zu vergleichen mit der des dünnen Mädchens von damals.

„Hannah? Bist du es?", fragte er verblüfft.

„Wer sonst? Erkennst du mich etwa nicht wieder?"

Als Hannah ihn anlachte, erkannte Hans das vertraute Grübchen an ihrem Kinn. Sofort verschwand sein Befremden. Fröhlich stimmte er in ihr Lachen ein und folgte ihr ins Haus.

„Wo sind denn die Rattenschwänze geblieben, an denen ich so gern gezogen habe?", neckte er sie. Doch Hannah ging nicht auf den Scherz ein. Mit ernster Miene drehte sie sich zu ihm um.

„Ich bin nicht mehr das kleine Mädchen von damals, Hans. Und nun komm, meine Eltern freuen sich schon auf dich."

Wie auf Kommando öffnete sich oben die Wohnzimmertür.

„Höre ich da richtig, Hans ist da?" Ignatz strahlte über das ganze Gesicht.

„Komm her, mein Junge! Lass dich ansehen! Ich bin so froh, dass du uns endlich besuchen kommst."

Maria war ebenfalls in den Flur getreten. Beim Anblick der beiden Männer, die sich nun in den Armen lagen, konnte sie die Tränen nicht länger zurückhalten. Sie wusste, was es ihrem Mann bedeutete, dass Hans den Kontakt zu ihnen trotz aller widrigen Umstände aufrechterhielt. Würde der Junge sich wie so viele andere von ihnen abwenden, würde es Ignatz das Herz brechen.

Weinend und lachend zugleich schob der Apotheker Hans in die Wohnstube. Wie kurz zuvor bei seiner Mutter war auch hier der Tisch hübsch gedeckt. Bevor er einwenden konnte, dass er bereits Kaffee getrunken hatte, schenkte Maria ihm ein.

„Wir haben schon auf dich gewartet, nimm nur Hans! Den Kuchen hat Hannah gebacken."

Was blieb ihm anderes übrig, als beherzt zuzugreifen? Genüsslich schob er sich einige Bissen in den Mund und schaute sich um. Nichts im Raum hatte sich verändert, alles lag wie gewohnt an seinem Platz. Sogar sein altes Spielzeugauto stand noch immer auf dem Schrank.

„Nun erzähl schon!" Ungeduldig hatte Ignatz zugesehen, wie Hans sich das zweite Stück Kuchen auf den Teller legen ließ.

„Was willst du nun machen? Deine Mutter hat mir erzählt, dass du vorhast hierzubleiben. Du weißt hoffentlich, was du tust. Auch wenn du es schaffst, dich an einer Praxis zu beteiligen, wirst du nicht einmal die Hälfte von dem verdienen, was sie dir in Berlin zahlen würden."

„Ach Ignatz, musst du immer gleich auf die harten Tatsachen zu sprechen kommen? Ich dachte, du freust dich, wenn ich in Barnitz bleibe."

„Sicher freue ich mich, aber du darfst bei deiner Entscheidung nicht an uns denken. Schließlich hast du viel dafür getan, um so weit zu kommen. In Berlin könntest du eine große Karriere vor dir haben. Hier bist du höchstens Hausarzt."

„Ignatz, dräng doch den Jungen nicht so! Hans ist gerade erst angekommen und schon machst du ihm Vorschriften", mischte sich Maria ein.

„Schon gut Maria, ich verstehe, was Ignatz meint. Aber glaubt mir, ich habe mir das alles reiflich überlegt. Ich kann nicht zurück nach Berlin. Diese Stadt und ihre Leute widern mich an. Lieber verdiene ich weniger, als noch länger dort zu leben. Außerdem, wer sagt denn, dass man hier nicht auch einen anständigen Arzt gebrauchen kann?"

„Wahrscheinlich hast du recht", sagte Ignatz. „Und jetzt zeig uns erstmal dein Zeugnis."

„Nein, Ignatz! Zuerst möchte ich mich bei euch bedanken", widersprach ihm Hans. „Ohne eure Hilfe wäre ich nie so weit gekommen. Hättet ihr mich nicht all die Jahre unterstützt, hätte ich niemals Arzt werden können. Ich danke euch!"

„Ach was", winkte Ignatz verlegen ab, wenn er sich auch sehr über Hans Worte freute. Er hatte sich in dem Jungen nicht getäuscht. Hans war jede Mark wert, die sie in ihn investiert hatten.

„Wo willst du eigentlich wohnen?", fragte Hannah.

Hans zuckte die Schultern. Darüber hatte er sich noch keine Gedanken gemacht. Eigentlich war er davon ausgegangen, in sein altes Zimmer ziehen zu können.

„Ich dachte, ich komme bei euch unter? Bei Frau Becker ist jedenfalls kein Platz."

„Meinst du wirklich, dass das eine gute Idee ist?"

Ignatz war skeptisch. Natürlich hatte er Hans gerne in seiner Nähe. Aber auf gar keinen Fall wollte er, dass der Junge dadurch in Schwierigkeiten geriet.

„Lasst das mal meine Sorge sein! Wenn ihr damit einverstanden seid, hole ich gleich meine Sachen. Ich freue mich richtig, wieder hier zu sein. Und nun lacht doch mal!", forderte er das Apothekerehepaar auf, als er deren zweifelnde Blicke spürte.

Die Spiegels waren jedoch nicht die Einzigen, die von seinen Plänen alles andere als begeistert waren. Auch Lina sträubte sich dagegen. Sie hatte Angst um ihren Sohn und versuchte mit allen Mitteln, ihn davon abzubringen. Als Hans entgegen Linas Willen bei den Spiegels einzog, führte das zu einer heftigen Debatte zwischen Mutter und Sohn.

„Überleg es dir noch einmal, Hans!", forderte sie von ihm. „Die Leute werden reden. Du bist doch grade erst angekommen, es wird sich schon ein Platz für dich finden."

„Warum denn suchen, Mutter? Die Spiegels haben Platz genug. Ich kann dort mein altes Zimmer beziehen. Du weißt, wie sehr ich daran hänge."

„Ich verstehe dich ja, aber ich mache mir Sorgen. Hannah ist eine junge Frau geworden. Wenn nun ein Mann dort einzieht, könnten die Leute schnell auf dumme Gedanken kommen. Du weißt doch selber, welche Strafen auf Beziehungen mit Nichtariern stehen. Heutzutage reicht schon ein Gerücht aus, da muss gar nichts weiter sein. Ich habe einfach Angst um dich."

„Glaub mir, Mutter! Ich pass schon auf. Schließlich will ich nur dort wohnen, dass wird doch nicht verboten sein."

Resigniert schüttelte Lina den Kopf. Sie schaffte es einfach nicht, den Jungen davon zu überzeugen, in welche Gefahr er sich begab. Und scheinbar war ihre Angst auch wirklich unbegründet gewesen. Hans lebte nun schon seit über einem Monat in der Apotheke, ohne dass jemand Anstoß daran nahm.

Bereits zwei Tage nach seiner Ankunft suchte er den älteren Arzt auf, der ihn schon als Kind behandelt hatte. Doktor Häfner führte eine kleine, gut gehende Praxis in der Stadtmitte und war über seinen Besuch mehr als erfreut. Schon seit Längerem dachte er darüber nach kürzer zu treten, aber noch mangelte es ihm an einem Nachfolger. Die jungen Ärzte heutzutage hatten wenig Lust auf dem Land zu arbeiten, wo die Arbeit reichlich und die Bezahlung dürftig war.

Bereits nach einem ersten ausführlichen Gespräch mit Hans machte er ihm ein Angebot, welches dieser erfreut annahm. So kam es, dass Hans seit zwei Wochen vormittags in der Praxis mithalf. Die Patienten nahmen den jungen Arzt, den die meisten ja noch als Kind kannten, freundlich auf. Doktor Häfner war sehr zufrieden mit ihm.

Die Nachmittage verbrachte er entweder mit Ignatz oder seiner Mutter. Erst abends, wenn es dunkel wurde, unternahm er immer öfter lange Spaziergänge mit Hannah. Dann liefen sie in der Dämmerung dem Ortsrand entgegen, wo ihnen nur selten Leute begegneten. Auch Ignatz hatte sie gewarnt, deshalb mieden sie öffentliche Plätze und wanderten lieber über die Wiesen oder durch das kleine Wäldchen. Zusätzlich zog sich Hannah stets ein Tuch über den Kopf, so dass man sie kaum von einem anderen Paar unterscheiden konnte. Hans hasste dieses Versteckspiel. Aber wenn er seine Zeit weiter mit Hannah verbringen wollte, musste er sich wohl oder übel Ignatz Willen fügen.

Hannah hingegen hätte alles getan, nur um in Hans Nähe zu sein. Bereits am Morgen freute sie sich auf den Abend. Hans hatte sich in ihren Augen kaum verändert, er war zuvorkommend und nett. Vor allem aber, war er der Einzige, mit dem sie über alles reden konnte. Die ganze Zeit über hatte sie abgeschottet bei ihren Eltern gelebt, all die schönen Erlebnisse eines jungen Mädchens waren ihr verwehrt gewesen. Und nun kam Hans, der lustig und ernst sein konnte, der ihr zuhörte und der dazu noch unheimlich gut aussah. Kein Wunder, dass Hannah sich praktisch sofort in ihn verliebte, wenn sie dieses Geheimnis auch wie einen Schatz hütete.

Noch ahnte sie nicht, dass es Hans nicht anders erging. Sie bemerkte seine verklärten Blicke nicht, wenn er sich unbeobachtet fühlte. Ignatz hingegen nahm diese besorgt zur Kenntnis. Aber noch war sich Hans seiner Empfindungen nicht sicher. Erst als der Apotheker ihn eines Tages um ein Gespräch bat, wurde ihm die Tragweite seiner Gefühle erstmals bewusst.

„Mein lieber Hans“, begann Ignatz verlegen. „Ich weiß selber, dass es mich eigentlich nichts angeht. Aber die Zeiten sind nun einmal so, dass ich mir Gedanken machen muss. Ich hoffe, du verstehst mich …“

„Bis jetzt weiß ich nicht einmal, wovon du redest, Ignatz.“ Hans sah ihn fragend an.

„Nun, ich …“ Hilflos hob der Apotheker die Arme. Wie sollte er dem Jungen erklären, dass eine Beziehung zwischen seiner Tochter und ihm nicht infrage kam?

„Das mit dir und Hannah, das geht nicht!“, platzte er heraus und erschrak über sich selber. So direkt wollte er dann auch wieder nicht werden.

„Was meinst du damit?“

„Ich habe bemerkt, wie ihr euch anseht. Selbst ein Blinder sieht, wie verliebt ihr seid. Und unter anderen Umständen hätte ich nichts dagegen, ganz im Gegenteil. Ich könnte mir keinen besseren Mann für meine Tochter wünschen. So aber muss ich an mein Kind denken. Ich könnte es nicht ertragen, wenn man ihr wehtäte. Du weißt selber, welche Strafe darauf steht. Ihr müsst vernünftig sein, hörst du!“

„Keine Sorge, Ignatz“, beruhigte Hans ihn. „Du hast recht, ich habe mich in deine Tochter verliebt und möglicherweise fühlt sie genauso. Aber es ist nichts passiert und es wird nichts passieren! Du kannst dich darauf verlassen. Niemals würde ich sie wissentlich in Gefahr bringen. Das musst du mir glauben. Wir werden vorsichtig sein.“

„Ich danke dir Hans. Du ahnst nicht, welch großer Stein mir vom Herzen fällt. Bitte sag Hannah nichts von diesem Gespräch. Sie würde nicht verstehen, was ich von euch erwarte. Mir tut es ja selber in der Seele leid. Vielleicht denke ich irgendwann anders darüber, sollten sich die Zeiten jemals wieder ändern.“

***

So vergingen einige Wochen. Hans hatte sich gut eingelebt und übernahm immer mehr Patienten von Doktor Häfner. Der ältere Herr war froh über die Entlastung und übertrug Hans zunehmend mehr Verantwortung. Auch an diesem Morgen war die Praxis gut gefüllt. Hans beeilte sich, in seinen weißen Kittel zu schlüpfen. Noch während er den ersten Patienten behandelte, bemerkte er, dass es im Wartezimmer ziemlich laut zuging. Aufgeregte Stimmen sprachen wild durcheinander, so dass er Mühe hatte, sich auf die vor ihm liegende Krankenakte zu konzentrieren. Auch der Patient vor ihm, ein junger Mann, der sich beim Holzmachen in den Finger gesägt hatte, schaute sich immer wieder verstohlen in Richtung Warteraum um.

„Was ist denn heute los? Wissen Sie, warum die Leute so aufgewühlt sind?“, fragte Hans ihn.

„Nee“, antwortete der Patient. „Aber als ich heute Morgen zu ihnen kam, habe ich gesehen, wie gleich zwei Wagen mit Mitgliedern der Ortsgruppe weggefahren sind. Angeblich wollten sie zur Kreisstadt. Keine Ahnung, was da läuft.“

„Nun gut, wir werden es sicherlich bald erfahren, aber jetzt kümmern wir uns erst mal um ihren Finger. Eine ziemlich tiefe Fleischwunde haben Sie da. Ich glaube, es hilft nichts, ich werde nähen müssen.“

Den ganzen restlichen Tag kam Hans nicht dazu, der allgemeinen Aufregung auf den Grund zu gehen. Durch das nasse Regenwetter häuften sich die Patienten, die unter Husten, Schnupfen und Grippe litten. Hans hatte alle Hände voll zu tun und kam nicht mal dazu, zu Mittag zu essen. Erst um drei Uhr am Nachmittag verließ endlich der letzte Patient die Praxis. Erschöpft schloss er die Türe ab.

Martha, die Sprechstundenhilfe, hatte Hans vorsorglich ein paar Brote hingestellt, bei deren Anblick sein Magen laut knurrte. Müde ließ er sich auf einen Stuhl fallen und langte gierig zu. Er hatte aus dem Wartezimmer eine Zeitung mitgenommen, die wohl einer der Patienten vergessen hatte und schlug sie nun auf.

Deutscher Botschaftssekretär Ernst vom Rath in Paris angeschossen, stand in dicken Buchstaben auf der ersten Seite. Hans traute seinen Augen nicht. Das war es also, worüber die Leute sich aufgeregt hatten, dachte er und las weiter.

Heute am 7. November verübte ein siebzehnjähriger deutsch-polnischer junger Mann einen Mordanschlag auf den deutschen Legationssekretär Ernst vom Rath. Wie bekannt wurde, handelt es sich bei dem Täter um einen Juden. Diese schändliche Tat war heimtückisch und geplant. Wieder beweisen die Juden, zu welcher Hinterhältigkeit und Gewalt sie fähig sind. Herr vom Rath wurde bei dem feigen Anschlag äußerst schwer verletzt und ringt zum jetzigen Zeitpunkt mit dem Tode. Hoffen wir, dass das Volk dies nicht einfach so hinnimmt und Vergeltung geübt wird!

Es folgten weitere unzählige Artikel darüber, die ganze Zeitung war voll davon. Doch Hans brauchte nicht weiterzulesen. Auch ohne, dass sie sich klarer ausdrückten, ahnte er, dieses Attentat würde nicht ungestraft bleiben. Die Juden würden büßen müssen. Unter dem Vorwand der Sühne konnte das Regime endgültig seine Maske abnehmen.

Schnell raffte er seine Sachen und die Zeitung zusammen und machte sich auf den Weg zur Apotheke. Er musste Ignatz warnen, falls der noch nicht Bescheid wusste. Doch Ignatz wartete bereits auf ihn. In seinem Gesicht konnte Hans lesen, dass ihn die schrecklichen Nachrichten bereits eingeholt hatten. Ohne ein Wort zu verlieren, folgte er dem Apotheker in die hinteren Laborräume.

„Nun ist es also soweit. An der Zeitung in deiner Hand sehe ich, dass du informiert bist.“

„Ja, ich habe es gelesen.“

„Was meinst du, werden sie tun? Glaubst du, sie begnügen sich damit, den Jungen zu bestrafen?“

„Nein, ich rechne nicht damit. Aber noch ist der Botschafter am Leben. Und ich bete zu Gott, er bleibt es auch. Ansonsten wird man ganze Arbeit leisten. Sie haben doch nur auf einen Vorwand wie diesen gewartet.“

„Was können wir tun?“ Hans hatte Ignatz noch nie so hilflos erlebt. Er wollte dem Freund helfen, doch er wusste nicht wie.

„Im Moment können wir gar nichts machen, als abzuwarten. Sollte wirklich etwas geplant sein, ist es für eine Flucht zu spät. Ich glaube nicht, dass heute noch etwas passiert. Die Straßen wirkten ruhig, als ich nach Hause kam. Trotzdem ist es besser, wenn ihr die Nacht auf dem Speicher verbringt. Sollten sie wirklich versuchen, in die Apotheke einzudringen, werden sie euch nicht gleich finden. Ich weiß, dass es nur eine Notlösung ist, aber eine andere habe ich nicht.“

„Und wie soll ich das Maria und Hannah erklären?"

„Sag ihnen die Wahrheit, Ignatz! Meinst du, sie wissen nicht längst, was los ist? Du musst ihnen begreiflich machen, welche Gefahr euch droht! Verstecken ist im Moment der einzige Ausweg. Es ist zu eurer Sicherheit."

„Also gut, dann will ich mal zu ihnen. Ich wünschte, das alles wäre nur ein böser Traum und ich wachte bald auf."

„Ja, das wünschte ich auch. Aber leider ist es nicht so. Komm, ich begleite dich."

Nachdem sie den Frauen von dem schrecklichen Ereignis berichtet hatten, setzten sie sich alle um den großen runden Tisch. Maria weinte leise vor sich hin.

„Was kommt denn noch alles?", fragte sie verbittert. „Ist es noch nicht genug?"

„Maria, bitte." Ignatz versuchte, seine Frau zu trösten und reichte ihr ein Taschentuch.

„Entschuldige, Ignatz, aber ich kann einfach nicht mehr. Wann hört dieser ganze Wahnsinn wohl auf? Jetzt muss ich mich auch noch in meinem eigenen Haus verstecken. Findest du das etwa richtig?"

„Maria, mach es uns doch nicht so schwer! Ich will euch doch nur beschützen."

Auch Ignatz traten nun Tränen in die Augen, die er unauffällig wegzuwischen versuchte. Sein Gesicht wirkte eingefallen, was ihn um Jahre älter erscheinen ließ. Mit gesenktem Kopf saß er da. Sofort bereute Maria ihren Ausbruch und gab ihm liebevoll einen Kuss auf die Stirn.

„Es ist gut, Ignatz, dann schlafen wir eben auf dem Dachboden. Vielleicht ist es ja gar nicht so schlimm. Komm Hannah, wir wollen ein paar Decken und Kissen hinauftragen."

Sie versuchte, zuversichtlich zu klingen, doch Ignatz und Hans spürten die Angst in ihrem aufgesetzten Ton.

„Und wie geht es jetzt weiter?", fragte Ignatz, nachdem die Frauen die Stube verlassen hatten. Wir können doch nicht einfach nur rumsitzen und warten."

„Mach das Radio an!", forderte Hans ihn auf. „Vielleicht

erfahren wir ja etwas Neues."

Kaum hatte der Apotheker den Knopf gedreht, schlug ihnen die eisige Stimme des Propagandaministers Joseph Goebbels entgegen. Seine Rede war eine einzige Hetze. Für das Attentat machte er die Juden kollektiv verantwortlich. Er lobte die angeblich spontanen ersten Reaktionen gegen sie und betonte, dass die Partei weitere Aktionen zwar nicht organisieren, aber auch nicht behindern werde. Das Volk würde selber wissen, was zu tun sei und ihm gebe er sein volles Vertrauen.

„Denn das lassen wir uns nicht gefallen", waren seine Worte.

Und das war deutlich genug. Nachdem Goebbels seine Hetzrede beendet hatte, war für einen Moment nichts zu hören. Dann brach stürmischer Beifall aus.

„Da hörst du es! Wenn das keine Aufforderung war, dann weiß ich nicht."

Ignatz schüttelte den Kopf.

„Spontane Reaktionen des Volkes! Wenn das Ganze nicht so ernst wäre, müsste ich lachen. Als ob das Volk von sich aus so handeln würde. Aber das ist jetzt auch egal. Wenn es bis jetzt noch Zurückhaltung gab, ist das nun vorbei. Wir sind Freiwild geworden Hans."

„Nun warte doch erst einmal ab, Ignatz! Noch ist ja nichts passiert".

Hans merkte selber, wie hohl sich seine Worte anhörten. Beklemmung machte sich im Raum breit. Schweigend saßen sie da und hörten der Stimme im Hintergrund zu.

***

Zur gleichen Zeit rannte Schröder die Stufen zu Hermanns Zimmer hoch. „Komm Hermann, es geht los!"

Überrascht sah Hermann ihn an. „Ich dachte, du wärst auf der Feier. Wolltet ihr nicht einen trinken auf den Jahrestag des

Hitlerputsches?"

„Wollten wir, wollten wir. Aber hast du denn kein Radio gehört, Junge?"

„Nee, bestimmt nicht. Was meinst du, warum ich nicht mitgegangen bin zum Fest? Mir ist schon den ganzen Tag nicht gut. Ich glaube, ich krieg eine Grippe."

„Dafür hast du aber jetzt keine Zeit. Irgendein saudummer Jude hat auf einen Botschafter geschossen. Frag mich aber nicht, wie der heißt! Den Namen hab ich vergessen. Aber das ist auch völlig wurscht. Jedenfalls muss das ein hohes Tier gewesen sein, selbst der Führer hat seine Feier unterbrochen."

„Und was hat das mit uns zu tun? Ich bin krank."

„Hermann, jetzt stell dich doch nicht so blöd an! Das Volk muss nun handeln, Rache und so. Sogar der Goebbels hat schon eine Rede gehalten."

„Und was sagt der Goebbels?"

„Na, dass wir handeln müssen. Zwar hat er das nicht wörtlich gesagt, aber jeder weiß, wie er es gemeint hat. Die anwesenden Gauleiter und SA-Führer sehen das jedenfalls als Aufforderung. Die haben uns sofort telefonisch die Anweisung zu judenfeindlichen Aktionen mitgeteilt."

„Jetzt?"

„Natürlich nicht gleich, erst will man noch warten, ob dieser Botschafter durchkommt. Aber wenn du mich fragst, glaubt da keiner mehr dran. Außerdem müssen wir uns erst sammeln und die Lage besprechen. Die Hitlerjugend ist auch dabei, die können gleich lernen, wie man mit dem Pack umgeht."

„Ich zieh mich an", sagte Hermann und verfluchte seine Erkältung, die es ihm kaum ermöglichte Luft zu holen. Bei jedem Atemzug spürte er tausende Stiche in der Brust. Kein guter Zeitpunkt, um durch die Stadt zu rennen. Dieser blöde Hund hätte sich ruhig einen anderen Tag aussuchen können, um den Diplomaten anzuschießen. Schwerfällig schlüpfte er in Hemd und Hose und trat zum Fenster.

Vom Hof her war helles Kinderlachen zu hören. Als er hinausblickte, sah er Rita, Schröders kleine Nichte, die kreischend ihrem Ball nachlief. Von seinem Blickwinkel aus konnte er das Gesicht der Kleinen nicht erkennen, nur ihre zwei Zöpfe tanzten munter auf und ab.

Plötzlich drängte sich ihm ein anderes Bild auf. Er sah Hannah, seine kleine Hannah, wie sie fröhlich im Hof spielte. Er wollte diese Gedanken nicht. Er wollte die Erinnerung an die Zeit auslöschen. Schweiß perlte auf seiner Stirn, seine Lunge brannte wie Feuer. Verzweifelt schüttelte er den Kopf, als könne er so die unerwünschten Gedanken loswerden. Doch das Lachen des Kindes schallte immer lauter zu ihm nach oben.

Ruckartig wandte er sich ab und redete sich ein, dass es nur die Ähnlichkeit der Mädchen war, die die alten Bilder wieder hochkommen ließ. Im selben Moment kam ihm sein Vergleich absurd vor. Das ging ja gar nicht, die Kinder konnten sich nicht ähneln. Warum hatte er nicht gleich daran gedacht? Schließlich war die eine Deutsche und die andere Jüdin. Hatte er nicht gelernt, dass Juden abstoßend waren und hässlich?

Aber so sehr er sich das auch einredete, es gelang ihm nicht, Hannahs hübsches Gesicht zu verdrängen. Was würde mit ihr passieren, wenn sich heute Nacht der Zorn des Volkes entlud? Würde man ihr schönes Gesicht entstellen? Würde man sie schlagen, bespucken oder demütigen? Er wusste, dass Hitlers Schergen vor nichts zurückschreckten, selbst eine Vergewaltigung war da nicht ausgeschlossen.

Hermann konnte den Gedanken daran nicht ertragen und zum ersten Mal seit langer Zeit gestand er sich ein, dass er seine Familie und die Spiegels vermisste. Auch wenn er seiner Mutter des Öfteren über den Weg lief, war es nichts als ein zufälliges Zusammentreffen zweier Menschen, die sich nichts zu sagen hatten.

Und dann war da sein Bruder Hans, von dem er wusste, dass er in Barnitz als Arzt praktizierte. Nicht ein einziges Mal hatte er versucht, mit ihm in Kontakt zu treten. Das verletzte Hermann mehr, als er zugab. Aber es war nicht zu ändern. Tatsache war nun einmal, dass er einen Weg eingeschlagen hatte, der mit ihrem nicht vereinbar war. Es gab kein Zurück.

„Du könntest sie zumindest warnen“, sagte ihm eine leise innere Stimme.

Doch wenn er jetzt, kurz vor dem Signal zum Losschlagen, bei den Spiegels gesehen wurde, konnte er auch gleich Selbstmord begehen. Aus eigener Erfahrung wusste er nur zu gut, wie mit Verrätern verfahren wurde. Wenn er Hannah auch nicht vergessen konnte, sein Leben würde er nicht für sie aufs Spiel setzen. Dafür war der Schmerz zu groß gewesen. In seinen Augen hatte sie sich vor langer Zeit für Hans entschieden, dann sollte der nun auch sehen, wie sie klarkamen.

Bis zum Abend stand Hermann am Fenster und starrte hinaus. Immer wieder wechselten seine Gedanken, bis er zu einem Entschluss kam. Er durfte den alten Erinnerungen nicht länger nachhängen. Keiner von denen würde es ihm danken. Was zählte, waren seine Kameraden und seine Arbeit. Sie waren es gewesen, die ihm Halt gegeben hatten, als er ihn brauchte. Und heute würde er es ihnen mit seinem bedingungslosen Einsatz danken, das war er ihnen schuldig.

Von der Stube hörte er den entsetzten Aufschrei Magdas und gleich darauf Schröders Stimme.

„Hermann? Wo bleibst du denn? Es gibt Neuigkeiten.“

Unten angekommen, sah er, wie Magda und ihr Mann vor dem Volksempfänger standen. Schröders Gesicht glänzte vor Aufregung.

„Der Botschafter ist tot“, presste er hervor. „Nun kann die Jagd beginnen, Hermann!“

***

Auch Lina hörte die Nachricht und befürchtete das Schlimmste. Den ganzen Tag über hatte sich Hans nicht blicken lassen. Sie fing an, sich ernsthaft Sorgen zu machen.

„Bitte lass meinem Kind nichts passieren!“, betete sie immer wieder und schaute dabei auf das kleine Kruzifix an

Frau Beckers Wand. Die alte Frau saß, in eine dicke Decke eingehüllt, neben ihr und lächelte sie an. In der letzten Zeit kam es immer öfter vor, dass sie ihre Umgebung kaum richtig wahrnahm. Erst vorhin hatte sie Lina von ihrem Mann erzählt, der bereits vor dreißig Jahren verstorben war.

Manchmal beneidete Lina die alte Frau darum, dass sie Realität und Traum vermischte. Sie wirkte richtig glücklich und gelöst dabei und ahnte nichts davon, welche Welle von Gewalt langsam auf sie zurollte.

„Es wird Zeit, ins Bett zu gehen Frau Becker. Ich helfe ihnen, kommen Sie!"

Wenigstens die alte Dame würde gut schlafen können, dachte Lina. Sie selber konnte kein Auge zutun, bevor sie etwas von Hans gehört hatte. Liebevoll richtete sie das Bett und löschte das Licht. Dann ging sie zurück zur Küche und setzte sich ans Fenster. Noch war es ruhig auf der Straße. Aber diese Stille war trügerisch, sie konnte es spüren.

Irgendwann musste sie wohl doch eingenickt sein. Erst das Splittern von Fensterscheiben schreckte sie auf. Ein Blick auf die Uhr zeigte ihr, dass es bereits nach Mitternacht war. Obwohl es um diese späte Stunde stockfinster sein müsste, waren die Straßen hell erleuchtet.

Es dauerte einige Minuten, bis sie den Schlaf endgültig abschütteln konnte und begriff, was da so hell schien. Es war Feuer. Das Bekleidungsgeschäft gegenüber brannte lichterloh. Über den Platz rannten Menschen, sie schrien, johlten und lachten. Vorsichtig öffnete sie das Fenster, um zu verstehen, was die Leute riefen.

„Juda verrecke! Rache für den Botschafter! Heil Hitler!"

Am ganzen Körper zitternd, lehnte sie sich gegen die Wand und versuchte Luft zu holen. Doch ihr blieb keine Zeit, erneut schallten Rufe zu ihr nach oben.

„Raus du Judensau oder wir stecken dich an!"

Sofort ging sie zurück zum Fenster und sah nach unten. Eine Schar Hitlerjugend hatte sich vor dem brennenden Geschäft versammelt. Vor den Augen der Neugierigen warfen sie Pflastersteine in die Fenster. Dabei grölten und lachten sie wie eine Horde wilder Tiere. Das Geschrei wurde fast unerträglich, als sich die Tür des Ladens öffnete und der Besitzer heraustrat. Ängstlich hob er beide Arme in die Luft. Der Mann, der aus dem Schlaf gerissen worden war, trug nichts außer einem Nachthemd.

Barfuß stand er vor den Jungen, die dem Alter nach seine Kinder hätten sein können. Doch die interessierte das wenig. Ihre Augen leuchteten, ihre Gesichter strahlten, sie waren aufgeputscht wie im Taumel. Grob rissen sie den Mann mit sich, ohne auf die Scherben zu achten, über die er mit bloßen Füßen laufen musste. Als er es wagte, sie zu bitten, ihn doch gehen zu lassen, schlugen sie ihn in blinder Wut zusammen. Röchelnd blieb der Alte bewusstlos im Nachthemd auf der kalten Straße liegen.

Lina konnte den Anblick nicht länger ertragen. Sie musste etwas tun, sie musste auf die Straße. Entschlossen griff sie ihre Jacke und rannte die Treppe nach unten. Sie hatte Mühe, sich einen Weg durch die Schaulustigen zu bahnen. Ihr Ziel war die Telefonzelle an der Ecke. Sie würde die Polizei rufen, nur die konnten hier noch helfen.

Endlich kam sie an und wählte den Notruf. Mindestens achtmal versuchte sie die Nummer zu erreichen, doch außer einem Freizeichen war nichts zu hören. Hilflos sah sie sich um und konnte ihr Glück kaum fassen. Keine drei Meter von ihr entfernt stand ein Polizist, der gerade in ihre Richtung sah. Eifrig winkte sie ihm zu, worauf er zögernd zu ihr gelaufen kam.

„Ich versuche die ganze Zeit bei Ihnen anzurufen, zum Glück habe ich Sie gesehen. Sie müssen etwas gegen die Schläger unternehmen! Sehen Sie nicht, was hier vorgeht? Tun Sie was, schnell! Die bringen sonst noch jemanden um."

Doch anstatt ihr beizupflichten, sah der Polizist sie nur mitleidig an.

„Gehen Sie nach Hause, gute Frau! Hier können Sie nichts tun. Heute Nacht gibt es keine Polizei und niemanden der ruft, hier ist ein Mord geschehen. Gehen Sie, bevor Sie selbst zum Opfer werden!"

Lina konnte nicht glauben, was sie da hörte. Sie fühlte sich ohnmächtig, so hilflos. Die Welt war aus den Fugen geraten und es gab niemanden, der bereit war, diese Willkür zu beenden. Wie betäubt lief sie weiter. Wo sie auch hinsah, bot sich ihr ein Bild der Zerstörung. Die Synagoge stand in Flammen, Stoßtrupps verwüsteten jüdische Geschäfte und Wohnhäuser. In den Händen hielten sie Äxte, Brechstangen, Beile und Spaten.

Am meisten betroffen war Lina aber von den Schaulustigen. Mit offenen Mündern sahen sie dem Feldzug der Zerstörung zu, ohne auch nur im Geringsten einzugreifen. Im Gegenteil, sie erkannte, wie ein Mann das Haus eines Juden betrat, der eben abtransportiert wurde, und mit mehreren alten Gemälden wieder herauskam.

„Was tun Sie denn da?", schrie Lina den Mann an. „Das gehört Ihnen nicht."

Doch der Mann grinste sie nur frech an.

„Jetzt schon, der Jude braucht es nicht mehr."

In Lina kochte die Wut hoch. Wie konnte der Mann es wagen? Reichte es nicht, dass die Geschäfte zerstört wurden? Musste man nun auch noch plündern? In hilflosem Zorn hob sie die Faust, um dem Mann ins Gesicht zu schlagen. Dabei übersah sie die Rangabzeichen an seiner Jacke. Mit eisiger Kälte in den Augen sah er Lina an und ignorierte den erhobenen Arm.

„Machen Sie nur, tun Sie sich keinen Zwang an! Dann können Sie gleich mitgehen mit dem Judenpack."

Noch immer überhörte sie die Warnung. Sie wollte nur zuschlagen, ihn treffen, ein wenig von der Spannung loswerden, die ihren Körper in Besitz genommen hatte. In diesem Augenblick wurde ihr Arm nach unten gedrückt.

„Schon gut, ich regle das", hörte sie eine bekannte Stimme neben sich.

Mit leichtem Bedauern wandte sich der Plünderer ab, dem man ansah, wie gerne er Lina eine Lektion erteilt hätte. Sprachlos sah die ihm nach.

„Was soll das werden, Mutter? Willst du dich umbringen?"

Verwirrt sah Lina sich um. Sie kannte diese Stimme nur zu gut, wenn sie sie auch lange nicht gehört hatte.

„Hermann", stotterte sie. „Was machst du denn hier?"

„Dasselbe habe ich dich gerade gefragt. Hast du eine Ahnung, wie gefährlich das ist, was du da tust?"

„Aber ich kann doch nicht einfach zusehen, wie sie die hilflosen Menschen aus den Häusern jagen und sie dann auch noch ausrauben."

Hilfesuchend sah sie zu den Leuten, die in ihrer Nähe standen, aber nur wenige Menschen senkten beschämt den Kopf. Die meisten sahen sie verwundert oder offen feindselig an.

„Hermann", flehte sie, „hilf mir! Wir müssen doch irgendetwas unternehmen."

Sie stockte, erst jetzt sah sie die Uniform, die ihr Sohn trug. In der Hand hielt er eine lodernde Fackel. Wie ein Blitz traf sie die Erkenntnis, dass er ja einer von ihnen war, ein Schläger und Brandstifter. Trotz der dicken Jacke begann sie zu frieren, eine Gänsehaut bedeckte ihren Körper.

„Du gehörst dazu. Wie konnte ich das nur vergessen?"

Voller Verachtung drehte sie sich um und ließ ihn stehen. Doch Hermann hatte sich schnell gefangen und lief hinter ihr her.

„Was du machst, ist Wahnsinn, Mutter. Lass dir doch von mir helfen! Ich kann dich sicher zurück …"

„Nenn mich nicht Mutter!", schnitt Lina ihm das Wort ab.

Noch nie in seinem Leben hatte Hermann sie so wütend gesehen. Ihr Kopf war stolz erhoben, ihre Augen sprühten förmlich vor Hass. Sie hasste ihn, ihren eigenen Sohn, er konnte es in ihrem Gesicht lesen. Doch Lina war noch nicht fertig mit ihm.

„Eines Tages wirst du bereuen, was du getan hast. Nur abscheuliche Monster sind zu solchen Taten fähig. Wenn es soweit ist, wirst du niemanden haben, der dich auffängt. Jedenfalls keine Mutter. Und nun geh weiter Häuser anstecken, dafür bist du doch hergekommen."

Noch bevor Hermann die Worte richtig realisieren konnte,

war Lina im Gewühl verschwunden. Eine tiefe Traurigkeit machte sich in ihr breit. Sie sah ein, dass sie alleine nichts ausrichten konnte. Vielleicht war es das Beste, sie kehrte zu Frau Becker zurück, die durch den Lärm hoffentlich nicht aufgewacht war.

Langsam ging sie den Weg zurück, den sie vor wenigen Minuten gekommen war. Sie sah nicht mehr, dass Hermann seine Fackel in das Juweliergeschäft schleuderte. Sie hörte nicht die Schreie der Frau, die aus dem offenen Fenster gestoßen wurde und auch nicht das Wimmern des Mädchens, das man an den Haaren über die Straße zog. Sie sah und hörte gar nichts mehr. Ihr war, als hätte sich ein Nebel über ihre Sinne gelegt, der sie davor bewahrte überzuschnappen.

***

Nur wenige Straßen weiter lagen sich die Spiegels zitternd vor Angst in den Armen. Die Fenster des Speichers hatten sie verdunkelt, so hörten sie nur die Schreie und das Johlen von draußen. Bis jetzt war die Apotheke erstaunlicherweise verschont geblieben, doch an dem lauten Splittern von Glas erkannten sie, wie die Horde nun ihr Geschäft ins Visier nahm.

„Sie kommen“, flüsterte Ignatz. „Seid ganz still! Vielleicht finden sie uns nicht.“

In der Dunkelheit hielt Hans Hannahs Hand. Er hatte es sich nicht nehmen lassen, ihnen in dieser Nacht beizustehen, obwohl Ignatz ihn mehrmals aufgefordert hatte, das Haus zu verlassen. Zärtlich, von den anderen unbemerkt, streichelte er ihr nun über die Wange.

„Hab keine Angst, Hannah. Ich bin bei dir.“

„Es ist so dunkel“, flüsterte sie zurück. „Können wir nicht eine Kerze …“

„Nicht die Kerzen!“ Ignatz drehte sich erschrocken zu ihr um. „Sie könnten das Licht durch die Fugen sehen.“

Von den Wohnräumen klang das Stampfen schwerer Stiefel

in ihr Versteck. Mehrmals polterte etwas zu Boden. Sie hörten die Männer lachen. Offenbar hatten sie etwas gefunden, was ihnen besonderen Spaß bereitete. Dann war es plötzlich still. Doch keiner der vier Menschen, die sich auf dem Boden zusammengekauert hatten, wagte aufzuatmen. Zu groß war die Angst davor, dass die Männer wiederkamen. Nur Ignatz richtete sich ein wenig auf.

„Wenn ihr Rauch riecht, müsst ihr es sofort sagen. Möglicherweise haben sie Feuer gelegt."

So verharrten sie mehrere Stunden, bevor sie sich trauten aufzustehen. Vorsichtig zog Hans eine der Decken am Fenster zurück und spähte nach draußen. Zu seiner Erleichterung hörte er nur noch vereinzelt Pfiffe und Hundegebell, welches sich zu entfernen schien. Erleichtert drehte er sich zu Hannah um, die noch immer versteinert am Boden saß. Maria und Ignatz Spiegel hatten es nicht länger ausgehalten und waren nach unten gegangen. Hans setzte sich zu dem Mädchen und nahm ihre Hand. Traurig sah sie ihn an.

„Dieses Mal hatten wir Glück, Hans. Aber was wird nächstes Mal sein?"

„Denk jetzt nicht drüber nach, Hannah! Wir wollen froh sein, dass es so ausgegangen ist. Was hast du eigentlich geflüstert, bevor die Männer kamen? Ich habe kein Wort verstanden."

Hannah lächelte ihn an. „Ein jüdisches Gebet, mein Vater hat es mir beigebracht."

„Würdest du es mich lehren? Es scheint zu wirken."

Zögernd sah sie ihm in die Augen, dann nickte sie, bevor sie langsam die Worte wiederholte.

Vatik jehemu na Rachamekha,
v'chusa na al Ben ahuwekha,
ki seh kamah nikhsof nikhsafti,
lir'ot m'herah b'Tiferet Us'kha,
eleh Chamdah Libi,
v'chusa na v'al tit'alem.

Leise und etwas ungeschickt sprach Hans die Worte nach.

„Was bedeutet dieses Gebet?"

„Ich sag's dir später."

Bevor Hans widersprechen konnte, nahm Hannah sein Gesicht in ihre Hände und küsste ihn. In diesem Kuss lag all ihre Verzweiflung, ihre Sehnsucht nach Liebe und gleichzeitig Schmerz. Alles, was unausgesprochen zwischen ihnen stand. Hans spürte, dass es sich nicht nur um einen Kuss handelte. Es war ein Versprechen.

Währenddessen hatte Lina die ganze Nacht kein Auge zugetan. Hans war nicht nach Hause gekommen. Die Angst um ihn schnürte ihr die Kehle zu. Immer wieder hörte sie das Splittern von Glas. Mehrmals noch war sie zum Fenster gelaufen, doch ihr bot sich stets dasselbe Bild. Die ganze Straße war von Scherben übersät. Menschen, die wild durcheinander schrien und im Hintergrund die brennende Synagoge.

Ihr Blick fiel auf das Geschäftshaus gegenüber. Dicke Rauchschwaden zogen zum Himmel. Der Dachstuhl stand komplett in Flammen. Vor dem Haus erkannte sie ein Feuerwehrauto. Die Männer mit den dicken Schläuchen in den Händen gaben sich alle Mühe, doch sie löschten diesen Brand nicht. Ihr Befehl lautete die angrenzenden Gebäude, die deutschen Bürgern gehörten, zu schützen und genau das taten sie.

Auch hier hatten sich Schaulustige eingefunden, teilweise betroffen und unangenehm berührt, verfolgten sie die Aktion. Doch wenn auch einige von ihnen wirklich Abscheu empfanden, hinderte es sie nicht daran, die Auslage des Geschäftes zu plündern. Angewidert wandte sich Lina ab.

Im Zimmer neben ihr schlief Frau Becker ruhig und selig und bekam von dem Ganzen nichts mit. Fieberhaft überlegte sie, was sie tun konnte. Zu den Spiegels zu laufen kam zu diesem Zeitpunkt nicht infrage. Ihr blieb nichts weiter übrig als abzuwarten, in der Hoffnung, dass sich der aufgebrachte Mob bald zurückziehen würde. Immer öfter schaute sie auf die Uhr. Ihr kam es vor, als vergingen Stunden, doch immer waren nur ein paar Minuten verstrichen. Diese Nacht nahm einfach kein Ende.

Endlich, es war so gegen acht Uhr morgens, wurde es ruhiger. Nur vereinzelt drangen noch Lachen und Gegröle nach oben. Lina griff zum Mantel und machte sich auf den Weg. In ihrem Kopf kreisten die wildesten Gedanken. Was, wenn die Apotheke in Flammen stand? Wo sollte sie dann nach Hans und den Spiegels suchen? Ging es ihnen überhaupt einigermaßen gut? Waren sie verletzt?

Sie spürte nicht, dass sie immer schneller lief, bis sie fast rannte. Immer wieder knirschte es unter ihren Schuhen, als sie auf Scherben trat. Entsetzt blieb sie stehen und sah sich um. Wo man auch hinblickte, überall Splitter von Glas, die ganze Stadt war ein Scherbenmeer. Federn von aufgeschlitzten Bettdecken wirbelten durch die Luft.

Lina sah, dass sich die Meute noch nicht gänzlich aufgelöst hatte. Auch jetzt drängten sich Leute in die jüdischen Geschäfte. Noch auf der Straße probierten sie Hosen und Röcke der geplünderten Läden an. Im Weingeschäft gegenüber setzten sich die Räuber die Flaschen gleich an den Hals. Es war widerwärtig. Lina konnte nicht länger hinsehen.

Schnell lief sie weiter. Noch zwei Straßen, dann würde sie endlich Gewissheit haben. Völlig außer Atem kam sie vor der Apotheke an und atmete auf.

Kein Feuer, kein Rauch. Doch bei näherem Hinsehen bemerkte sie, dass auch die Spiegels nicht verschont geblieben waren. Auch hier waren die Fensterscheiben zertrümmert, als hätte ein verheerender Blitz alles zerstört. Die Inneneinrichtung des Ladens und die zerschlagenen Haushaltsgegenstände türmten sich auf der Straße und bildeten einen wirren Haufen sinnloser Zerstörungswut. Selbst die Eingangstür war aus den Angeln gerissen, so dass Lina Mühe hatte, sich zum Eingang durchzukämpfen.

In der Wohnung sah es aus, als sei ein Wirbelsturm durchgerast. Das Chaos war unbeschreiblich. Schränke und Vitrinen waren umgeworfen. Gardinen lagen zerfetzt auf dem Boden zusammen mit Fotos, Papieren und silbernem Besteck.

Inmitten des Durcheinanders saß Maria weinend am Boden und hielt einen zerbrochenen Henkel des wertvollen Geschirrs in der Hand. Hinter ihr stand Ignatz, der versuchte, seine verzweifelte Frau zu beruhigen.

Nun konnte sich auch Lina nicht länger zurückhalten. Unendlich froh darüber, dass die Freunde am Leben waren und es ihnen offensichtlich gut ging, brach sie in Tränen aus.

„Dass ihr nur lebt“, sagte sie glücklich. „Dass ihr nur lebt.“

„Wir können es auch kaum glauben“, sagte Ignatz. „Als wir hörten, wie sie in der Nacht ins Haus stürmten, dachten wir, unsere letzte Stunde hat geschlagen.“

„Sie haben euch doch nicht einfach so in Ruhe gelassen? Nach dem, was ich gesehen habe, kann ich mir das kaum vorstellen.“

„Wir waren auf dem Speicher versteckt. Vielleicht war es Glück oder auch nur ein Zufall, jedenfalls kamen sie nicht nach oben.“

„Und Hans?“, fragte Lina. „Wo ist mein Junge? War er bei euch letzte Nacht? Nun rede schon, geht es ihm gut?“

Die ganze Zeit über saß Maria abwesend da. Noch immer hielt sie den Tassenhenkel in den Händen. Nicht einmal angesehen hatte sie die Freundin. Jetzt aber drehte sie sich langsam zu ihr um und schaute sie mit einem spöttischen Lächeln an.

„Warum sollte es deinem Sohn nicht gut gehen, Lina? Er ist doch kein Jude. Wer sollte ihm schon etwas tun?“

So schnell wie das Lächeln in ihr Gesicht kam, ging es nun wieder. Lina fühlte sich auf einmal unwohl in Marias Nähe. Auch Ignatz sah seine Frau verwundert an.

„Was soll das, Maria? Warum sprichst du so? Lina kann am wenigsten für das, was geschehen ist.“

„Ist doch wahr“, antwortete die verbittert. „Sei doch ehrlich! Glaubst du im Ernst, jemand würde es wagen, seine Hand gegen Hans zu erheben. Nein Ignatz, ihm wird nichts passieren. Erst recht nicht, seitdem er die Praxis schon fast übernommen hat. Hannah hingegen …“

Sie stockte, ohne den Satz zu beenden. Vorwurfsvoll sah sie

Lina noch immer an. Dann wurde sie erneut von Weinkrämpfen geschüttelt. Ignatz erkannte, dass Maria kurz davor war, die Nerven zu verlieren. Mit ruhigen Worten redete er auf sie ein, während er ihr sanft über die Wange streichelte.

„Ich verstehe deinen Kummer ja, mir geht es doch genauso. Trotzdem gibt es uns nicht das Recht, unseren Schmerz an Lina auszulassen. Du weißt so gut wie ich, dass sie Hannah immer wie eine Tochter behandelt hat. Sie steht auf unserer Seite, Maria."

Schweigend hatte Lina zugehört. Ein dicker Kloß im Hals machte es ihr schwer zu atmen. So weit war es also schon gekommen, dachte sie traurig. Ein kleiner Umstand nur sorgte dafür, dass eine Freundschaft, die so viele Jahre bestanden hatte, kurz vor der Zerreißprobe stand. Sie war Deutsche, Maria Jüdin, das war alles.

Sie warf einen letzten mitleidigen Blick auf die Frau am Boden, dann ging sie. Müde und enttäuscht stieg sie die Treppe hinunter. Sie hatte nichts erreicht. Weder war es ihr gelungen, den Spiegels nach dieser ereignisvollen Nacht zu helfen noch wusste sie, wo sich Hans aufhielt. Ihr einziger Trost war, dass sie erfahren hatte, dass ihr Sohn die Nacht mit den anderen auf dem Speicher verbracht hatte. Ihm war also nichts geschehen.

***

Hans war schon früh am Morgen zur Praxis aufgebrochen. Ihm steckte die Müdigkeit noch in den Gliedern, aber gerade heute konnte er Doktor Häfner nicht im Stich lassen. Er ahnte bereits, dass er an diesem Tag viele Patienten mit Verbrennungen, Schnittwunden und blauen Flecken sehen würde. Es widerstrebte ihm, diese Männer zu behandeln, die an ihren Verletzungen selbst die Schuld trugen. Vielmehr wünschte er sich den Opfern beistehen zu können, aber die würden sich aus gutem Grund kaum in der Praxis blicken lassen.

Als er ankam, stand vor der Türe schon eine beträchtliche Schlange. Ausnahmslos Leute in Zivilkleidung, die Hans freundlich begrüßten. Aber ihre saubere Kleidung und der wohlgemeinte Gruß konnten ihn nicht darüber hinwegtäuschen, dass es sich dabei um dieselben Männer handelte, die noch wenige Stunden zuvor verwüstet, gebrandmarkt und geplündert hatten.

Angeekelt sah er einige von ihnen an, doch keinem von ihnen stand es im Gesicht geschrieben, zu was er fähig war. Es handelte sich um ganz normale Männer, so wie die Freunde und Nachbarn von nebenan.

Den ganzen Vormittag hatte Hans damit zu tun, ihre Wunden zu versorgen. Natürlich blieb es nicht aus, dass das Hauptthema die letzte Nacht war. Die Männer prahlten damit, wie sie es den Juden gezeigt hatten. Hans musste mehrmals eine Pause einlegen, weil er die Geschichten nicht länger ertragen konnte. Und irgendwann hatte sich der Warteraum geleert. Erleichtert stellte er fest, dass nur noch zwei Patienten warteten.

Einer von ihnen war ausgerechnet Schröder, der sich die Hand geprellt hatte und vom Doktor eine Salbe verschrieben haben wollte. Geduldig wartete er, bis der Arzt ihn aufrief. Hans erkannte den Schreiner nicht gleich, da er ihn seit Jahren nicht gesehen hatte. Freundlich, wenn auch ein wenig ungeduldig, bat er ihn ins Behandlungszimmer.

„Wie kann ich Ihnen helfen? Ist Ihnen ein Pflasterstein auf den Fuß gefallen oder haben Sie sich den Finger verbrannt? Sie wären nicht der erste heute."

Er wusste selber, dass dieser Ton seinem Patienten gegenüber nicht angebracht war. Aber es war ihm gleichgültig. Er hatte für diesen Tag genug gesehen und gehört und wollte sich eine weitere Geschichte ersparen.

„Hoppla, hoppla, Herr Doktor. Das hört sich ja ganz schön gereizt an. Dabei sollten wir doch froh sein an so einem Tag, meinen Sie nicht?"

„Ich verstehe nicht, was Sie meinen. Sagen Sie mir nun, was Ihnen fehlt, oder sind Sie nur zum Frohsein gekommen?"

Schröder konnte sich sein Lachen nicht länger verkneifen. Ganz schön schlagfertig der junge Arzt. Irgendwie erinnerte er ihn an jemanden, doch so sehr er auch grübelte, ihm fiel nicht ein an wen.

„In der rechten Hand tut es mir weh, Doktor. Kommt wahrscheinlich von den schweren Möbeln, die ich aus dem Fenster geworfen habe."

„Ziehen Sie um?"

Im ersten Moment verstand Schröder gar nicht, was Hans damit meinte. Doch dann begriff er und sah ihn sprachlos an. Soviel schwarzen Humor hätte er ihm gar nicht zugetraut. Wieder lachte er laut los und freute sich über den Witz.

„Sie meinen wegen der Möbel?" Vor lauter Lachen konnte er kaum reden. „Nee Doktor, ich zieh nicht um. Aber vielleicht machen es ja jetzt die dreckigen Juden, wenn sie nun endlich kapiert haben, dass hier kein Platz für sie ist."

Hans fehlten die Worte. Ihm fiel nichts ein, was er dem Mann entgegnen konnte, ohne dessen Misstrauen zu erregen. Also kümmerte er sich um die verstauchte Hand, die er mit einer stinkenden Salbe einrieb. Das sah Schröder als Aufforderung weiterzureden.

„Das war vielleicht ein Schauspiel, als die Synagoge angesteckt wurde. Ich dachte gar nicht, dass der Schuppen so gut brennen würde. Leider durften wir nicht selber Hand anlegen, das haben die von der SS persönlich übernommen. Und dann haben sie die Juden davor antreten lassen, damit sie zusahen. Ein Gejammer war das, kaum zum Aushalten. Wie die kleinen Kinder haben die losgeheult, das muss man sich mal vorstellen. Dann haben sie einen von ihnen aus dem Stürmer vorlesen lassen. Vor Angst hat er sich fast in die Hose geschissen. Aber dann kam das Beste. Die ganze Bande musste im Chor rufen: ‚Wir sind ein dreckiges Volk' … das war vielleicht ein Spaß! Die feiern so schnell keinen Sabbat mehr."

Fassungslos hatte Hans zugehört. Dabei versuchte er krampfhaft, seine Gefühle unter Kontrolle zu halten. Der Mann durfte unter keinen Umständen merken, was in ihm vorging. Doch es fiel ihm nicht leicht. Wenn er sich nur vorstellte, was diese armen Männer bei der Synagoge durchgemacht hatten, wurde ihm ganz schlecht. Erst jetzt wurde ihm richtig klar, was für ein Glück sie in der Nacht auf dem Speicher hatten.

Doch viel Zeit darüber nachzudenken, blieb ihm nicht. Schröder war gerade erst in Fahrt gekommen und deutete Hans Schweigen falsch.

„Nicht wahr, Doktor, so etwas haben Sie auch noch nicht erlebt? Aber ich verrate ihnen was. Heute geht es weiter. Die Partei will von all dem natürlich nichts wissen, hat alle Aktionen verboten. Aber soll ich Ihnen mal was sagen? Von wem haben wir denn den Auftrag bekommen, was? Na, dämmert es bei Ihnen?“

Dabei sah Schröder Hans vertrauensvoll an und zwinkerte ihm verschwörerisch zu. Er glaubt, ich bin seinesgleichen, dachte Hans. Nur zu gerne würde er diesen widerwärtigen Kerl rausschmeißen. Aber erstens durfte er sich seine eigene Gesinnung nicht anmerken lassen und zweitens bestand die Möglichkeit, mehr zu erfahren.

Heute geht es weiter. Wie hatte Schröder das gemeint? Es war doch kaum möglich, diesen Terror zu wiederholen, oder etwa doch?

„So, das hätten wir“, sagte Hans betont teilnahmslos. „Wenn Sie ihre Hand schonen, können Sie spätestens in zwei Tagen wieder arbeiten.“

„Was, in zwei Tagen erst? Aber Doktor, das ist unmöglich.“

„Es muss gehen, wenn Sie keine Entzündung riskieren wollen. Wenn Sie natürlich lieber wieder Steine werfen wollen? Nun, es ist Ihre Hand.“

„Unsinn, darum geht es doch gar nicht. Ich soll nur dabei helfen, so viele Juden wie möglich zu verhaften. Erst sind natürlich die Reichen dran. Die sind unseren Oberen am liebsten. Aber ich muss doch in der Schreinerei arbeiten. Jetzt, wo bald so viele neue Fensterrahmen gebraucht werden. Die Arbeit ist in letzter Zeit sowieso schon zu kurz gekommen und alles kann ich Hermann ja auch nicht machen lassen. Na, der wird sich bedanken, wenn er hört …“

„Hermann?“, fragte Hans. „Reden Sie von Hermann Schneider?“

„Na klar, der Junge wohnt bei mir. Aber seit er in der Kreisleitung sitzt, kommt er nur noch gelegentlich zum Arbeiten.“

In diesem Moment wusste Hans, wer vor ihm stand. Warum war er nicht selber darauf gekommen? Schröder, der Name war ihm gleich bekannt vorgekommen. Abschätzend sah er seinen Patienten an und stellte sich seinen Bruder neben ihm vor. Na, da hatte sich ja ein ganz besonderes reizendes Pärchen gebildet, nun wurde ihm einiges klar. Hans hatte nur noch den Wunsch, den Schreiner loszuwerden. Außerdem musste er Ignatz warnen. Wenn der Patient nicht übertrieben hatte, war der Terror noch nicht vorbei.

„Tun Sie, was Sie für richtig halten, Herr Schröder. Ich muss Sie nun leider bitten zu gehen. Es ist fast Mittag, meine Mutter wartet sicher schon mit dem Essen.“

„Sagen Sie das doch gleich“, antwortete Schröder und stand auf. „Der Mensch braucht nun mal was zwischen den Zähnen, da sind Sie keine Ausnahme, Doktor. Und nun los, Ihre Mutter wartet! Ich begleite Sie ein Stück.“

Hans, der keine Lust auf eine Begleitung hatte, gab vor, noch die Akten einordnen zu müssen und wartete, bis Schröder aus seinem Blickfeld verschwunden war. Dann machte er sich ohne Umwege zu den Spiegels auf. Er fand die gesamte Familie im Wohnzimmer vor. Ignatz war gerade dabei, eine abgerissene Tür am Schrank zu befestigen, während Maria akribisch einen Haufen Fotos ordnete. Hannah half ihrer Mutter dabei und sortierte die Bilder in einen bereitstehenden Karton.

„Du bist schon da?“ Verwundert schaute Ignatz auf. „Ich hatte erwartet, dass du erst einmal zu deiner Mutter gehst.“

„Wollte ich eigentlich auch, aber ich habe meine Meinung geändert. Warte, ich helfe dir.“ Zusammen schraubten sie die Türe an, die sich nun problemlos wieder schließen ließ. Maria, die den beiden Männern dabei zusah, senkte verlegen den Kopf, als Hans sich zu ihr umschaute.

„Siehst du, Maria, den kannst du wieder einräumen. Eigentlich sieht es doch schon ganz manierlich hier aus. Ihr könnt mir glauben, da habe ich heute schon Schlimmeres gesehen."

Doch Maria nickte nur leicht und wandte sich wieder den Fotos zu. Natürlich fiel Hans ihr sonderbares Benehmen auf, doch er vermutete, dass sie den Schrecken von letzter Nacht noch nicht überwunden hatte.

Trotzdem musste er den Spiegels erzählen, was er von Schröder gehört hatte. Nichts wäre ihm lieber gewesen, als sie vor weiteren Schreckensnachrichten zu verschonen. Aber er durfte ihnen nicht verschweigen, was möglicherweise auf sie zukommen würde. In kurzen Sätzen wiederholte er Schröders Aussagen. Er berichtete von dem Wüten der SS und von den drohenden Verhaftungen. Als er endete, herrschte bedrücktes Schweigen im Raum. Es dauerte einige Minuten, bis sich Ignatz als erster fasste.

„Glaubst du, dass er die Wahrheit gesagt hat?"

„Ich fürchte schon. Auf keinen Fall dürfen wir die Warnung, auch wenn sie nicht als solche gedacht war, ignorieren. Ihr müsst euch wieder verstecken!"

Plötzlich kam ihm eine Idee. „Ist der Empfänger heil geblieben? Vielleicht erfahren wir so etwas über ihre Absichten."

Suchend schaute sich Ignatz im Zimmer um, dann entdeckte er das Radio unter einem Berg von Wäsche. Das Gerät hatte außer ein paar Schrammen nichts abbekommen. Entschlossen drehte Hans den Knopf und lauschte. Nach einem lauten Knacken vernahm man deutlich eine männliche Stimme, Reichspropagandaminister Goebbels, der sich an das Volk wandte. Gebannt hörten die drei zu.

„Die berechtigte und verständliche Empörung des deutschen Volkes über den feigen jüdischen Meuchelmord an einem deutschen Diplomaten in Paris hat sich in der vergangenen Nacht in umfangreichem Maße Luft geschafft. In zahlreichen Städten und Orten des Reiches, wurden Vergeltungsaktionen gegen jüdische Gebäude und Geschäfte vorgenommen. Es ergeht nunmehr die strenge Aufforderung, von allen Aktionen gegen das Judentum sofort abzusehen."

„Habt ihr das gehört?" Maria war nicht wiederzuerkennen. Ihre Augen leuchteten, ihre ganze Haltung verströmte mit einem Male Zuversicht und Hoffnung. Glücklich fiel sie Ignatz in die Arme.

„Es ist vorbei! Ignatz, sie lassen uns endlich in Frieden."

Ihr Mann wirkte keineswegs so überzeugt, skeptisch sah er zu Hans.

„Was denkst du darüber?"

„Ich weiß nicht so richtig. Einerseits machte Schröder nicht den Eindruck, als würde er lügen. Andererseits hörte sich das grade eindeutig nach einem Befehl an."

„Eben", sagte Maria. „Freut euch doch mal! Dieser Goebbels ist ein wichtiger Mann, ein Minister. Wenn der sagt, sie sollen von weiteren Aktionen absehen, dann ist das so."

Maria konnte das Misstrauen der Männer nicht verstehen. Da gab es schon mal eine gute Nachricht und sie glaubten es nicht. Plötzlich lebte sie auf, nun konnte sie Hans auch von dem peinlichen Zwischenfall mit Lina erzählen.

„Hör mal, Hans", begann sie. „Deine Mutter war heute Morgen hier. Ich weiß selber nicht, was in mich gefahren ist. Jedenfalls habe ich mich ihr gegenüber ziemlich ungerecht benommen. Es tut mir so leid, gerade Lina hat immer zu uns gehalten. Wie wäre es, wenn du zu ihr gehst und sie herholst? Dann kann ich mich entschuldigen, anschließend können wir ein bisschen feiern. Es kommt so selten vor, dass es positive Nachrichten gibt."

In diesem Moment hörten sie, wie jemand die Treppe heraufkam. Gespannt schauten sie zur Tür. Es war Lina, die völlig außer Atem ins Zimmer trat.

„Lina", rief Maria sichtlich erfreut. „Wie schön, dass du gekommen bist. Eben habe ich von dir gesprochen. Es tut mir leid, dass ich vorhin so garstig zu dir war, mir sind die Nerven durchgegangen. Ich hoffe, du verzeihst mir."

Wenn Lina über den plötzlichen Sinneswandel erstaunt war, sah man es ihr nicht an. Sie hatte nur Augen für Hans.

„Wo warst du denn die ganze Zeit? Ich habe mir solche Sorgen gemacht."

Vorwurfsvoll schüttelte sie den Kopf. Was dachte sich der Junge bloß? Da suchte sie ihn den halben Tag und er saß hier in der Apotheke herum. Sogar zur Praxis war sie gelaufen und hatte auch dort vor verschlossenen Türen gestanden.

„Mir geht's gut, Mutter. Du musst dir keine Sorgen machen. Und nun kümmere dich erst mal um Maria! Ich glaube, sie wartet auf eine Antwort."

„Ach das", winkte Lina ab. „Ich hab's schon fast vergessen. Es gibt nichts zu verzeihen. Du hast überreagiert, was kein Wunder ist, bei all dem, was zurzeit geschieht. Komm her, Maria! Meinst du, ich lasse mich so schnell einschüchtern?"

Mit diesen Worten nahm sie Maria in den Arm, der die Verlegenheit förmlich ins Gesicht geschrieben stand. Erleichtert drückte sie Lina an sich. Zufrieden sah Ignatz auf die beiden Frauen. Er war froh, dass sie sich versöhnten und sich alles zum Guten wendete.

„Nun, vielleicht haben wir wirklich einen Grund zu feiern", sagte er. „Wollen wir doch mal sehen, ob ich nicht noch eine Flasche von dem guten Wein im Keller habe."

„Ich glaube, das ist keine gute Idee."

Erst jetzt kam Lina auf den eigentlichen Grund ihres Besuchs zu sprechen.

„Ich war vorhin in der Metzgerei. Frau Becker hat mich gebeten, ihr ein wenig Suppenfleisch zu holen. Vor mir standen noch andere Kunden. Dabei konnte ich hören, wie sie ganz offen über Verhaftungen sprachen. Einer von ihnen sagte sogar, dass mit weiteren Vergeltungsaktionen gerechnet werden muss. Auf dem Weg zu euch sind mir dann mehrere Lastwagen mit Uniformierten aufgefallen."

„Das passt zu dem, was Schröder erzählt hat."

Nachdenklich ging Hans zum Fenster und schaute auf die Straße. Doch außer ein paar Kindern, die auf den Scherben hüpften, war nichts zu sehen.

„Ich glaube das nicht", sagte Maria bestimmt. „Ihr habt doch auch gehört, was Goebbels gesagt hat. Keine weiteren

Aktionen."

„Und wenn das nur leeres Gerede war? Vielleicht sogar absichtlich, um uns in Sicherheit zu wiegen? Es wäre nicht das erste Mal, dass der Mann Lügen verbreitet."

Ignatz fühlte sich bei seiner Feststellung selber äußerst unwohl. Wie gerne würde er Maria glauben und genau wie sie an den Worten des Ministers festhalten. Doch es wäre naiv und gleichzeitig leichtsinnig. Ob sie wollten oder nicht, sie mussten auch die andere Möglichkeit in Betracht ziehen.

„Wir werden uns wieder verstecken", sagte er. „Warum sollten wir nicht auch dieses Mal Glück haben?"

Hannah grauste vor dem Gedanken, zurück auf den Boden zu gehen. Dort war es dunkel, kalt und schmutzig.

„Muss das wirklich sein?", fragte sie. „Wer sagt denn, dass man zu uns kommt? Schließlich haben wir nichts verbrochen?"

„Hannah hat recht", stimmte ihre Mutter ihr zu. „Selbst, wenn an der Sache etwas dran sein sollte, wir können uns nicht ewig da oben verkriechen. Lasst uns doch erst einmal abwarten."

Hans war da ganz und gar nicht ihrer Meinung.

„Seid doch vernünftig! Sicher ist es kein Vergnügen, sich auf dem Speicher zu verstecken. Aber es ist eure einzige Chance unentdeckt zu bleiben. Wenigstens, so lange wir nicht wissen, was nun wirklich los ist. Bitte, Hannah!"

Beschwörend sah er sie an. „Tu mir den Gefallen! Ich hätte sonst keine ruhige Minute." Bevor das Mädchen ihm antworten konnte, hörten sie quietschende Reifen vor dem Haus. Gleich darauf vernahm man die lauten Stimmen einiger Männer.

„Raus ihr Juden oder wir holen euch!"

Es blieb keine Zeit mehr zur Besinnung. Hans, der neben dem Fenster stand, sah einen offenen Wagen vor der Apotheke stehen. Vier Uniformierte saßen darauf und bewachten drei Männer, die sich ängstlich aneinander klammerten. Er erkannte in ihnen drei jüdische Geschäftsleute aus der Nachbarschaft. Zwei andere Männer in langen Ledermänteln standen auf der Treppe, bereit, jederzeit einzudringen.

„Sie kommen", flüsterte Hans. „Schnell, versteckt euch!"

Doch das war leichter gesagt, als getan. Völlig apathisch saß Maria da und starrte in die Luft. Auch der sonst so entschlossene Apotheker stand mit hängendem Kopf hilflos hinter ihm. Nur Lina, die den ersten Schock überwunden hatte, versuchte die Familie dazu zu bewegen, auf den Speicher zu fliehen. Als alle ihre Bemühungen keinen Erfolg brachten, nahm sie resolut Hannahs Hand und zog sie mit sich. Sie hatten soeben die Luke zum Boden erreicht, als sie schwere Stiefel auf der Treppe stampfen hörten.

„Was ist, wieso hört hier keiner? Sollen wir euch erst Beine machen?"

Lina spürte, wie Hannahs Hand anfing zu zittern. Als sie in ihr Gesicht sah, stellte sie erschrocken fest, dass das Mädchen den Mund weit aufriss. Bevor sie jedoch schreien konnte, drückte ihr Lina geistesgegenwärtig die Hand darauf. So blieben sie einfach stehen. Aus Angst, man könnte das Knarren hören, traute sie sich nicht, die Luke zu öffnen.

Vom Wohnzimmer erklang Ignatz Stimme. Kreidebleich trat er den Männern entgegen. Er hatte keine andere Wahl, vielleicht konnte er so wenigstens von den Frauen ablenken.

„Ich komme", rief er ihnen zu. Dann warf er einen letzten Blick auf seine Frau, die bei seinen Worten entsetzt zu ihm gelaufen kam.

„Nein, Ignatz", flehte sie ihn an. „Geh nicht!"

Sanft streichelte er ihr übers Haar und gab ihr einen Kuss auf die Stirn. Dann nickten er und Hans sich im stillen Einverständnis zu. Einen Moment später standen die Männer auch schon im Raum.

„Ignatz Spiegel?", fragte einer barsch und schaute auf eine lange Liste. Der junge Mann war höchstens zwanzig Jahre alt, Ignatz hätte sein Vater sein können. Sein Gesicht dominierte eine dickwulstige Narbe am Kinn. Beide Arme in die Hüften gestemmt, baute er sich vor ihm auf.

„Wir nehmen Sie in Schutzhaft, sofort."

Ignatz wagte einen letzten Versuch, sich zu retten.

„Darf ich fragen, warum? Ich habe nichts Unrechtes getan,

meine Herren."

Lina und Hannah, die von der Treppe aus dem Gespräch lauschten, hörten das laute Lachen der Männer. Dann folgte kurze Stille, bevor es einen dumpfen Aufprall gab. Maria schrie, doch ein Blick in die Gesichter der Männer ließ sie verstummen. Hilflos sah sie zu Hans, der nicht verhindern konnte, dass man Ignatz zu Boden schlug.

„Was tun Sie da? Der Mann hat doch nur eine Frage gestellt?"

Hans ging zu dem Freund und half ihm auf. In diesem Moment spürte er den Kolben der Pistole im Rücken.

„Bist wohl ein Judenfreund?"

Die Stimme des Mannes klang hämisch. Hans musste sich zusammenreißen, um ihm die Pistole nicht aus der Hand zu schlagen. Doch die Männer waren in der Überzahl. Wenn er jetzt seiner Wut freien Lauf ließ, würde er die Lage nur verschlimmern.

„Ich bin Arzt", sagte er deshalb. „Meine Pflicht ist es zu helfen. Außerdem hat dieser Mann nichts verbrochen. Warum soll er verhaftet werden?"

„Sein Verbrechen liegt darin, dass er überhaupt noch in Deutschland rumläuft. Es genügt, dass er Jude ist. Was meint ihr, was die Krawalle letzte Nacht bedeutet haben? Wann kapiert ihr endlich, dass ihr in Deutschland unerwünscht seid?"

Hans fehlten die Worte. Natürlich hörte er nicht zum ersten Mal solche Anfeindungen, aber so direkt und unverblümt hatte er es noch niemanden sagen hören. Also waren Ignatz und der Rest der jüdischen Bevölkerung nun endgültig der Willkür ausgesetzt. Die Männer zerrten Ignatz zur Tür.

„Wo bringen Sie meinen Mann hin?", rief Maria hysterisch. Die Panik, die sie ergriffen hatte, ließ sie in diesem Moment mutig erscheinen. Unbemerkt war sie zu Ignatz getreten und klammerte sich an ihm fest.

„Verschwinde!" Grob zerrte sie der andere Mann weg. „Oder willst du gleich mit? Das kannst du haben, es gibt genug Platz da, wo er hinkommt."

Nur mit Mühe gelang es Hans, Maria zurückzuhalten. Weinend brach sie in seinen Armen zusammen. Wenig später war alles vorbei. Vom Fenster aus konnte Hans beobachten, wie sie Ignatz auf den Wagen stießen und davonfuhren. Zurück blieben Verzweiflung und Tränen. Lange saßen sie schweigend da. Dann fasste Hans einen Entschluss.

„Ihr müsst weg!“ Der Satz war raus und stand im Raum. Drei Worte nur, und doch hatten sie etwas Endgültiges, Unumstößliches.

„Wie meinst du das, wir müssen hier weg?“, fragte Hannah.

„Ich weiß es nicht“, antwortete Hans. „Weg halt, raus aus der Apotheke, raus aus der Stadt. Irgendwohin, wo ihr sicher seid. Wer weiß, ob die Häscher nicht wiederkommen, dann holen sie euch vielleicht ab.“

Maria hatte sich noch gar nicht geäußert, ungläubig hörte sie den jungen Leuten zu. Ihre Wangen waren gerötet und ihre Augen glänzten, als hätte sie Fieber. Nervös wippte sie immer wieder mit dem rechten Bein, während sie alle zwei Minuten zur Tür starrte, als hoffte sie, Ignatz würde jeden Moment erscheinen. Dann bemerkte sie Hans fragenden Blick. Er wollte ihre Meinung zu seinem Vorschlag hören.

„Das kann nicht dein Ernst sein.“

Hans bemerkte sofort am Klang ihrer Stimme, dass sie seine Pläne ablehnte.

„Weißt du überhaupt, was du da von uns verlangst? Eben ist mein Mann, Hannahs Vater, abgeholt worden. Wir wissen weder, wohin sie ihn verschleppen noch wann er wiederkommt. Ich gehe nirgendwohin, ehe Ignatz nicht zurück ist.“

Wenn er überhaupt jemals zurückkommt, dachte Hans. Doch er behielt seine Befürchtungen für sich. Was nützte es, den anderen die Hoffnung zu rauben? Marias Zustand war seiner Meinung nach äußerst kritisch, sie stand kurz vor einem Zusammenbruch. Er sah ein, dass es keinen Sinn machte, sie jetzt vom Gegenteil überzeugen zu wollen. Am besten, er ließ sie erst einmal in Linas Obhut. Seine Mutter würde sicher wissen, was zu tun war.

Von den anderen unbemerkt, gab er Hannah ein Zeichen, ihm zu folgen. Gemeinsam gingen sie nach oben in ihr Zimmer, wo Hans einen zweiten Versuch unternahm.

„Hannah, du verstehst mich doch, oder? Ihr könnt hier nicht bleiben. Denk nur an gestern Nacht! Dann heute die Verhaftungen, es ist nur eine Frage der Zeit, bis auch ihr nicht mehr verschont bleibt. Im Moment sieht es so aus, als hätten sie es auf die Männer abgesehen. Aber wer sagt denn, dass sie ihre Meinung nicht ändern?“

„Du hast ja recht Hans. Aber ich glaube nicht, dass du Mutter dazu bewegen kannst, ohne Papa von hier fortzugehen. Und ganz ehrlich, mir gefällt der Gedanke genauso wenig.“

Nun wusste auch Hans nicht mehr weiter. Er konnte sie kaum zwingen, seinen Rat zu befolgen. Aufgeregt lief er im Zimmer auf und ab. Dann blieb er direkt vor Hannah stehen und packte sie an den Schultern. Eindringlich sah er das Mädchen an.

„Es geht doch hier nicht darum, mal vierzehn Tage alleine Ferien zu machen. Begreifst du denn nicht? Es geht um euer Leben!“

In den nächsten Minuten erzählte er ihr von dem Gespräch mit Schröder. Er ließ nichts aus, weder die Männer an der Synagoge noch dessen Plan, die Aktionen gegen die jüdische Bevölkerung fortzuführen. Dann fragte er Hannah noch einmal.

„Verstehst du jetzt, was ich meine? Diese Leute sind zu allem fähig.“

„Du brauchst mich nicht anschreien, ich weiß, was du sagen willst. Trotzdem musst du dich auch mal in unsere Lage versetzen. Glaubst du, es ist so einfach, hier alles aufzugeben? Wir wären ständig auf der Flucht, nie wissend, was der nächste Tag bringt. Dabei wären wir immer auf die Hilfe Fremder angewiesen, von denen im Voraus keiner sagen kann, ob sie vertrauenswürdig sind. Nein Hans, das wäre kein Leben, weder für Mutter noch für mich.“

Resigniert hatte Hans zugehört. Den Kopf auf beide Hände gestützt, saß er auf dem Bett. Er fühlte sich verantwortlich.

Ignatz war fort und keiner wusste, ob sie ihn jemals wiedersehen würden. Er selber zweifelte daran, wenn er es auch nicht offen aussprach.

Inzwischen hatte sich Hannah zu ihm gesetzt und schlang die Arme um ihre Beine.

„Du meinst es gut, Hans. Wir alle wissen das, aber am Ende müssen wir selber über unser Leben entscheiden. Komm, lass uns nach unten gehen! Vielleicht gibt es im Radio ja was Neues."

An dem Klappern von Geschirr erkannten sie, dass sich Lina und Maria in der Küche aufhielten. Auch in diesem Raum hatten die Männer sinnlos gewütet. Es gab also jede Menge aufzuräumen, so dass die beiden Frauen einige Zeit beschäftigt sein würden. Das war ganz im Sinne der jungen Leute, die nicht vorhatten, Maria durch die Radionachrichten weiter aufzuregen.

Bevor Hans den Empfänger anschaltete, drehte er den Knopf für die Lautstärke zurück. Er und Hannah hockten sich auf den Boden davor. Sie mussten sich anstrengen, der Stimme zu lauschen. Doch als sie verstanden, was gesagt wurde, erblassten sie.

Hitler befahl die Juden nun vollends aus der deutschen Wirtschaft auszuschließen. Die staatlichen Maßnahmen wurden als Wiederherstellung der deutschen Ordnung ausgegeben. Alle reichsdeutschen Juden sollten enteignet werden und aus dem Blickfeld der Öffentlichkeit verschwinden. Ihre Auswanderung hatte allerhöchste Priorität. Das erklärte Ziel war, das Deutsche Reich judenfrei zu machen.

***

Von diesem Tag an machten Hans und Hannah es sich zur regelmäßigen Gewohnheit den Nachrichten im Radio zu folgen. Die Hetze gegen die Juden war kaum zu ertragen. Dennoch erwies sich das Verfolgen der Nachrichten als einzige Möglichkeit, etwas über die Absichten des Führers zu erfahren. Auch am 24. November saßen sie vor dem Empfänger. Gerade als sie den Knopf angedreht hatten, begann Hermann Göring seine Rede an das deutsche Volk.

„Wenn das Deutsche Reich in irgendeiner absehbaren Zeit in außenpolitische Konflikte kommt, so ist es selbstverständlich, dass wir in Deutschland in allererster Linie daran denken werden, eine große Abrechnung an den Juden zu vollziehen. Das Programm ist klar. Es lautet, völlige Ausscheidung, restlose Trennung. Das in jeder Beziehung auf sich beschränkte Parasitenvolk wird aber in dieser Isolierung, da es zu eigener Arbeit weder willens noch fähig ist, verarmen.

Das deutsche Volk hat nicht die geringste Lust, in seinem Bereich Hunderttausende von Verbrechern zu dulden, die durch Verbrechen nicht nur ihr Dasein sichern, sondern auch noch Rache üben wollen. Im Stadium einer solchen Entwicklung ständen wir daher vor der harten Notwendigkeit, die jüdische Unterwelt genauso auszurotten, wie wir in unserem Ordnungsstaat Verbrecher eben auszurotten pflegen. Mit Feuer und Schwert! Das Ergebnis wäre das tatsächliche und endgültige Ende des Judentums in Deutschland, seine restlose Vernichtung."

Zum ersten Mal in seinem Leben war Hans sprachlos und wusste nicht, was er sagen sollte. Parasiten, Ausrottung, judenfreies Deutschland, hatte Göring wirklich diese Worte gebraucht? Es war unfassbar. Wenn dieser Mann nicht nur für sich sprach, was ziemlich unwahrscheinlich war, sondern im Namen Hitlers und der Partei, dann erreichte die Judenverfolgung damit eine völlig neue Dimension.

Leise und nachdenklich hockte Hannah neben ihm. Auch ihr stand das Entsetzen ins Gesicht geschrieben. Wie musste ihr wohl zumute sein, dachte Hans, wo es selbst für ihn schon schwer zu begreifen war. Er zwang sich zu einem Lächeln, doch sie erwiderte es nicht.

„Wie kann ein Mensch nur so etwas sagen?", flüsterte sie.

„Ausrottung! Diesen Begriff kannte ich bis heute nur im Zusammenhang mit Tieren. Ungeziefer und Ratten rottet man aus. Sind wir das, Hans? Sind wir Ungeziefer?“

Obwohl die Frage an ihn gerichtet war, ging ihr Blick an ihm vorbei ins Leere.

„Natürlich nicht, Hannah. Ihr seid Menschen, wie wir auch. Tiere sind die, die anders darüber denken. Aber eigentlich ist es nichts Neues, was wir gehört haben“, versuchte er das Ganze zu verharmlosen.

„Der einzige Unterschied besteht darin, dass sie jetzt, wo das Volk bewiesen hat, dass es still hält, offen und unverblümt ihre Absichten zeigen.“

„Du brauchst nicht weiterzureden. Du hattest von Anfang an recht. Wenn wir nur früher bemerkt hätten, was auf uns zukommt. Vielleicht wäre es wirklich besser gewesen, das Land zu verlassen. Zusammen mit Papa“, fügte sie hinzu. „Jetzt ist es zu spät. Ich glaube nicht, dass wir ihn noch einmal wiedersehen.“

Sie stockte, ihre Stimme war voller Wehmut. „Es ist zu spät, Hans.“

Mit diesen Worten wandte sie sich ab und ging zur Tür. Hans jedoch hielt sie am Arm fest und zwang sie, stehen zu bleiben.

„Hör auf damit, Hannah! Du warst so mutig die ganze Zeit über. Gib jetzt nicht auf! Du musst daran glauben, dass Ignatz zu uns zurückkehrt!“

„Glaubst du denn daran?“

Er wusste nicht, wo er die Kraft hernahm. Er spürte nur den Wunsch ihr beizustehen, ihr Mut zu machen.

„Ja, ich glaube daran“, sagte er voller Überzeugung.

An diesem Abend vermieden sie es, noch das Thema noch einmal anzusprechen. Lina war in Frau Beckers Wohnung und Maria saß mit ihnen zusammen im Wohnzimmer. Auf ihren Knien lag Strickzeug, ein begonnener Schal, den sie jedoch nicht berührte. Mehrmals versuchte Hans ein Gespräch anzufangen, doch außer ein paar belanglosen Worten wurde nicht viel gesagt.

„Ich gehe ins Bett", sagte Maria eine halbe Stunde später und gab Hannah einen Kuss auf die Stirn. „Bleib nicht zu lange auf, Kind! Wenn dein Vater heimkommt, wird er schimpfen. Du weißt ja, wie bedacht er darauf ist, dass das Licht abends ausgemacht wird."

„Keine Sorge Mama. Ich leg mich auch gleich hin. Schlaf gut und mach dir nicht so viele Gedanken!"

Maria nickte den beiden zu und ging in ihr Schlafzimmer. Müde lehnte sich Hannah an Hans' Schulter. Sie war so froh, dass er da war. Bei niemand anderem fühlte sie diese Ruhe und Geborgenheit. Liebevoll streichelte sie seine Hand und spürte nicht, wie er unter ihrer Berührung erschauderte. Wie gerne würde er ihre Zärtlichkeit erwidern, sein ganzer Körper drängte danach. Doch es gab etwas, das ihn abhielt, den letzten Rest Zurückhaltung zu verlieren.

Dabei war sich Hans so sicher wie nie zuvor, dass er Hannah liebte. Aber wie konnte er diese Gefühle zulassen? Es kam ihm falsch vor, gerade in der jetzigen Situation. Was, wenn das Mädchen nur Trost suchte? Mit verschleiertem Blick schaute sie zu ihm auf, dann nahm sie ihn an der Hand und zog ihn mit sich. Wie in Trance erkannte er, dass sie ihn in ihr Zimmer führte. Dort schmiegte sie sich in seine Arme und presste ihren Körper fest an ihn. Mit letzter Willenskraft schob Hans sie von sich.

„Nein, Hannah! Das geht nicht!"

Hannah tat, als höre sie seine Worte nicht. Entschlossen drückte sie ihre Lippen auf seinen Mund und erstickte damit jeden weiteren Einwand. Nur mit Mühe konnte Hans sie von sich lösen.

„Bis du dir ganz sicher?", keuchte er. Als sie ihm lächelnd zunickte, nahm er sie in seine Arme. Sie küssten und berührten sich, erst zögernd, tastend, dann immer leidenschaftlicher. Er spürte, wie sie am ganzen Körper bebte, als er begann, sie Stück für Stück zu entkleiden.

„Ich möchte, dass du heute Nacht bei mir bleibst", flüsterte sie. „Und wenn es auch nur dieses eine Mal ist." Um sie herum versank die Welt, ohne Gedanken an den Morgen.

***

Als Hans am nächsten Morgen erwachte, brauchte er einige Sekunden, um zu begreifen, was geschehen war. Neben sich spürte er Hannahs warmen Körper. Glücklich lauschte er ihren gleichmäßigen Atemzügen. Auf einen Arm gestützt, sah er sie an. Sie war wunderschön. Auf ihrem Gesicht lag ein seliges Lächeln, wie er es schon lange nicht mehr bei ihr gesehen hatte. Um ihren Kopf waren die dicken braunen Locken zu einem Kranz ausgebreitet.

Hans konnte sich kaum sattsehen an ihr. Fürsorglich vermied er jede Bewegung, aus Angst sie könnte aufwachen. Er gönnte ihr den Schlaf, der ihr guttun würde. Vielleicht, so hoffte er, träumte sie etwas Schönes. Die Realität würde sie früh genug einholen.

Vorsichtig befreite er sich von ihrem Arm, den sie im Schlaf über ihn gelegt hatte. Dann stand er auf und schlüpfte in seine Sachen. Viel lieber wäre er liegen geblieben, um den Morgen gemeinsam zu genießen. Aber er musste in die Praxis, ob er wollte oder nicht. Nach einem letzten sehnsüchtigen Blick schloss er leise die Tür und ging die Treppe hinunter.

Er verzichtete auf ein Frühstück. Sein Plan sah so aus, dass er sich unbemerkt aus dem Haus schleichen würde. Er konnte auf dem Weg zur Praxis kurz beim Bäckerladen halten und sich eine warme Semmel zum Frühstück kaufen. Denn wenn er an Marias seltsames Verhalten in letzter Zeit dachte, hatte er wenig Verlangen auf ein Zusammentreffen mit ihr. Vorsichtig spähte er um die Ecke. Als niemand zu sehen war, atmete er auf. Sicher schlief Maria noch. Erleichtert wandte er sich zum Flur um, als sie plötzlich vor ihm stand. Erschrocken taumelte er zwei Schritte zurück.

„Mein Gott, Maria, hast du mich erschreckt. Da bleibt einem ja das Herz stehen."

„Das ging mir genauso, als ich dich vorhin wecken wollte.

Ich war in deinem Zimmer, du hast dein Bett letzte Nacht nicht einmal berührt."

Wütend funkelte sie ihn an, während sie sprach. Noch wusste er ihren durchdringenden Blick nicht zu deuten. Dennoch machte sich ein ungutes Gefühl in ihm breit.

„War es wenigstens schön mit meiner Tochter?"

Sie bemerkte nicht, wie plump sie sich anhörte. Doch jetzt verstand Hans wenigstens, was los war. Daher wehte also der Wind. Maria war nicht verborgen geblieben, dass er in Hannahs Zimmer übernachtet hatte. Sofort versuchte er sich zu verteidigen. In seinen Augenhatten sie nichts Unrechtes getan, wenn Maria auch offensichtlich anderer Meinung war.

„Lass uns nicht streiten, Maria. Es ist anders, als du denkst. Wir ..."

„Was kann man daran falsch verstehen?", unterbrach sie ihn und lachte spöttisch. „Wenn ich auch neuerdings zur minderwertigen Rasse gehöre, bin ich nicht blöd. Willst du mir etwa erzählen, ihr habt euch die ganze Nacht über unterhalten? Da! Schau in den Spiegel! Man kann dir dein schlechtes Gewissen an der Nasenspitze ansehen."

Nun wurde auch Hans wütend. Er ärgerte sich vor allem über sich selber, da er spürte, wie ihm bei Marias Worten die Röte ins Gesicht stieg. Dabei musste er sich nichts vorwerfen, außer, dass er Hannah liebte. Und er bereute nichts von dem, was geschehen war. Was sollte also ihr Gerede von der minderwertigen Rasse? Das eine hatte mit dem anderen überhaupt nichts zu tun. Sie wusste genau, dass er anders dachte.

Maria hatte sich verändert, das wurde ihm wieder einmal deutlich bewusst. Er brauchte nur in ihr Gesicht zu sehen, um zu erkennen was los war. Voller Misstrauen sah sie ihn an. Es ging ihr im Moment gar nicht um die politischen Ereignisse. Sie war verletzt, das zeigten auch ihre nächsten Worte.

„Man hat mir alles genommen. Meine Ehre, meinen Stolz und meinen Mann. Und als ob das noch nicht reicht, kommst du und nimmst mir auch noch meine Tochter. Findest du das etwa gerecht?"

„Es reicht jetzt Mutter!“

Die beiden hatten nicht bemerkt, dass Hannah von ihrem Streit aufgewacht war und noch im Nachthemd auf der Treppe stand.

„Was ist hier eigentlich los? Hans, ich dachte, du wärest schon in der Praxis?“

„Das müsste ich eigentlich auch sein“, stellte der nach einem Blick auf die Uhr verlegen fest. Trotzdem blieb er wie angewurzelt stehen. Erst Hannahs freundliches Lächeln schaffte es, ihn aus seiner Erstarrung zu lösen. Befreit ging er zu ihr und umarmte sie zärtlich.

„Nun geh schon!“, schob sie ihn von sich. „Wir sehen uns dann später.“

Hans folgte ihrer Aufforderung erleichtert. Er war wirklich froh, verschwinden zu dürfen. Einen letzten Blick auf Maria werfend, die wie ein Racheengel vor ihm stand, suchte er schnell das Weite. Erst nachdem er die Haustür zugeschlagen hatte, atmete er erleichtert auf. Dann machte er sich nachdenklich auf den Weg zur Arbeit. Er würde mit Hannah reden müssen, so konnte es nicht weitergehen. Nicht nur für Maria, auch für sie wurde die Situation unerträglich. Er war überzeugt davon, dass nur die momentan herrschenden Umstände Maria so selbstgerecht werden ließen.

Eigentlich war es kein Wunder, so wie sie zurzeit lebten. Tagsüber trauten sie sich kaum auf die Straße und wenn doch, waren sie den Schikanen der Leute ausgesetzt. Dazu kam, dass sie keiner richtigen Beschäftigung mehr nachgehen konnten, schon lange kamen keine Kunden mehr in die Apotheke. Wenn sich dann doch mal jemand hierher verirrte, waren es Plünderer, die glaubten, dass es etwas zu holen gab.

Wer also konnte Maria einen Vorwurf machen? Es musste eine andere Lösung geben, eine, mit der alle Beteiligten leben konnten. Doch so sehr er auch nachdachte, er kam immer wieder zu demselben Schluss. Sie mussten hier weg, raus aus Barnitz! Vielleicht sogar raus aus Deutschland, davon war er mehr denn je überzeugt. Er würde heute Abend mit Hannah darüber sprechen, dachte Hans noch einmal und stellte überrascht fest, dass er bereits vor der Praxis stand.

Und dann kam wieder einmal alles ganz anders. Während Hans sich den Patienten widmete, waren Mutter und Tochter noch immer damit beschäftigt, die letzte Nacht auszuwerten. So oft Hannah ihr auch erklärte, dass sie alt genug sei und wisse, was sie tue, ließ Maria sich nicht beruhigen. Immer wieder hagelte es neue Vorwürfe und immer wieder versuchte Hannah sie auszuräumen.

„Hans und ich lieben uns Mutter. Was ist so schlimm daran? Ich verstehe das nicht, früher konntest du ihn doch auch leiden. Warum bist du plötzlich so gegen ihn?"

„Ich bin nicht gegen ihn, Hannah. Aber ich möchte nicht, dass er die Nächte bei dir verbringt. Schließlich bist du nicht irgendein hergelaufenes Mädchen."

„Das denkt auch keiner. Wir sind alt genug, um selber Entscheidungen zu treffen. Oder hast du etwa deine Mutter gefragt, als du Papa geheiratet hast?"

Bei diesen Worten verklärte sich Marias Blick. Wehmütig dachte sie zurück an die alten Zeiten. Ihr Ton, der eben noch hart geklungen hatte, wurde weich, als sie ihre Tochter mit tränenverschleierten Augen ansah.

„Ich meine es doch nur gut, Kind. Außerdem, wer sagt dir denn, dass Hans dich heiratet? Vielleicht denkt er gar nicht daran. Du vergisst nämlich, dass er keiner von uns ist. Er ist Deutscher, Hannah und die können sich alles nehmen. Warum nicht auch dich?"

Völlig entsetzt wich Hannah vor ihr zurück. Hasserfüllt sah sie ihre Mutter an. Niemals, so dachte sie, würde sie ihr diese Worte verzeihen.

„Du weißt genau, dass Hans so etwas niemals tun würde. So denkst du also von ihm. Und das nach allem, was er für uns getan hat. Aber du irrst dich, er liebt mich und ich ihn. Du kannst es nur nicht ertragen, dass wir glücklich sind. Vor allem jetzt, wo Papa fort ist."

„Wie kannst du es wagen?", kreischte ihre Mutter. „Dann heirate ihn, Hannah! Meinen Segen habt ihr. Es wird bestimmt ein tolles Fest, am besten in der Synagoge. Ach, das hatte ich fast vergessen, die ist ja niedergebrannt. Aber das macht doch nichts. Wenn eine Jüdin einen Deutschen heiraten will, findet sich bestimmt ein Plätzchen und wenn es auch im Zuchthaus ist."

Wie Ohrfeigen klatschten Hannah die zynischen Worte ins Gesicht. Sie hörte ihre Mutter wie aus weiter Ferne reden. Sie hörte ihren Namen und den von Hans, doch sie konnte deren Sinn nicht mehr verstehen. Dann verschwamm alles vor ihren Augen, während sie schluchzend zusammenbrach. Sie dachte an die letzte Nacht zurück. Sie war so glücklich gewesen. Nun hatte es ihre Mutter geschafft, innerhalb einer Stunde einen Scherbenhaufen daraus zu machen.

Und das Schlimmste daran war, dass sie recht hatte. Hannah wusste selber, wie aussichtslos ihre Liebe war. Nie würden Hans und sie ein Paar werden können. Es sei denn, die Zeiten änderten sich. Doch daran glaubte sie schon lange nicht mehr. Für eine Nacht hatten sie die Welt um sich herum vergessen, nun hatte sie die Realität eingeholt.

Als Maria bemerkte, was sie getan hatte, bereute sie das Gesagte. Tröstend legte sie ihrer Tochter die Hand auf den Arm.

„Es tut mir leid, ich wollte das nicht. Es ist nur …"

„Schon gut", Hannah schüttelte ihre Hand ab und stand auf. Ohne ihre Mutter auch noch eines Blickes zu würdigen, ging sie zur Treppe.

„Was hast du denn jetzt vor?", fragte Maria, der beim Anblick ihrer Tochter unheimlich zumute wurde. Doch Hannah antwortete ihr nicht mehr.

Von Gewissensbissen geplagt schaute Maria ihr nach. Sie war zu weit gegangen. Doch für Reue war es zu spät. Sie konnte nur hoffen, dass ihr Kind verstand, warum sie so hart gewesen war. Die Wut und die Eifersucht, die sie eben noch verspürt hatte, waren verschwunden. Alles was blieb, war Leere, sie fühlte sich müde und ausgebrannt.

Erschöpft zog sie ihr Kopftuch aus der Manteltasche, band es mit zitternden Händen um ihr Haar und knotete die Enden unter ihrem Kinn zusammen. Dann machte sie sich auf den

Weg zum Polizeipräsidium. Seit dem Morgen, an dem man Ignatz abgeholt hatte, war sie jeden Tag dort gewesen. Immer wieder stellte sie die gleichen Fragen.

„Wo ist mein Mann? Geht es ihm gut? Wann kommt er wieder?"

Und auch heute erntete sie wie all die Tage zuvor nur ein Kopfschütteln. Wieder zu Hause sah sie zuerst nach Hannah, doch ihre Tochter war auf ihrem Zimmer und schlief, zumindest sah es für Maria so aus. Leise zog sie die Tür hinter sich zu und ging in die Küche. Dort stand noch das schmutzige Geschirr vom Vorabend, eine willkommene Ablenkung für sie. Energisch machte sie sich daran, die Teller und Tassen abzuspülen. Dabei hörte sie nicht, wie sich die Haustür öffnete. Erst als sich langsame Schritte näherten, sah sie von ihrer Arbeit hoch.

„Ignatz", schrie sie auf. „Du bist wieder da."

Tränen liefen ihr übers Gesicht. Sie taumelte nach vorne und hielt sich stützend an der Spüle fest. Sie konnte es nicht glauben, obwohl sie doch so darum gebetet hatte, dass ihr Mann nach Hause kam. Und nun stand er vor ihr und sah sie völlig emotionslos an. Was war denn los mit ihm, dachte Maria. Warum kam er nicht zu ihr, um sie in den Arm zu nehmen?

„Was ist mit dir?", fragte sie ihn und ging auf ihn zu. Erst jetzt sah sie, in welchem Zustand ihr Mann sich befand. Sein ausgemergeltes, geisterhaftes Aussehen zeigte, dass er in den letzten Tagen stark an Gewicht verloren hatte. Eine tiefe Falte, die Maria noch nicht kannte, zog sich über seine Stirn. In seinem Gesicht erblickte sie unzählige blaue Flecken, auch wenn diese mittlerweile verblassten.

Doch das Schlimmste war nicht das geschwollene rechte Auge, auch nicht der Bluterguss, der deutlich über seinem Mundwinkel zu erkennen war. Das Schlimmste war, dass man ihm die Haare und den Bart abgeschnitten hatte. Verprügelt, gedemütigt und halb verhungert hatte man ihn mit geschorenem Kopf auf die Straße geworfen. Vor ihr stand nicht mehr der Mann, den sie kannte. Sein Stolz war an einem ihr unbekannten Ort verloren gegangen. Ignatz war ein gebrochener Mann, der sie nun mit leeren Augen ansah.

Auch als Hans am Abend von der Arbeit kam, reagierte Ignatz ungewöhnlich. Maria, die gehofft hatte, dass wenigstens er, Ignatz engster Vertrauter, ihn aus seiner Erstarrung lösen könnte, wurde enttäuscht. Nur mit Mühe konnte Hans sein Erschrecken über Ignatz Aussehen verbergen. Betont locker ging er auf den Freund zu.

„Bist du also endlich wieder da, wir haben uns große Sorgen gemacht. Jetzt wird alles gut.“ Er hoffte, dass sich seine Stimme sicherer anhörte, als er sich in Wirklichkeit fühlte.

„Komm Maria, koch uns doch bitte einen Tee! Dann kann Ignatz in Ruhe erzählen, was ihm widerfahren ist.“

Sofort sprang Maria auf. Sie war froh darüber, der beklemmenden Atmosphäre für einen Moment entfliehen zu können. Wenig später hörte man aus der Küche den pfeifenden Ton des Teekessels.

„Ich werde nicht darüber reden!“

Ignatz der die ganze Zeit über teilnahmslos und schweigend dagesessen hatte, sah Hans fest an. Seine Worte klangen bestimmt, sie duldeten keinen Widerspruch.

„Das Einzige, was ich dir erzähle ist, dass ich in einem Lager war, zusammen mit anderen Häftlingen. Was sie mit mir gemacht haben, siehst du selber. Nichts wird jemals wieder so sein, wie es war Hans. Ich bin nur aus der Schutzhaft entlassen worden, weil ich mich mit der freundlichen Unterstützung einiger Eisenstangen dazu bereit erklärt habe, die Apotheke in arische Hände zu geben. So, nun wisst ihr Bescheid. Ich habe euch alles genommen, wir haben kein Zuhause mehr.“

„Aber das ist doch Blödsinn Ignatz! Nicht du bist schuld daran. Hör auf, dir Vorwürfe zu machen! Dann müssen wir halt überlegen, wie es weitergeht.“

„Hans hat recht“, mischte sich nun auch Maria ein. Sie ließ sich nicht anmerken, wie erschrocken sie war. Liebevoll ging sie zu ihrem Mann und drückte ihn an sich.

„Die Hauptsache ist doch, du bist wieder da und wir sind zusammen. Mach dir keine Gedanken“, tröstete sie ihn.

„Irgendein Weg wird sich finden.“

Hannah hatte die ganze Zeit still dagesessen und zugehört. Immer wieder suchte sie nach Worten, um ihrem Vater beizustehen, aber kein Ton kam über ihre Lippen. Hilfesuchend schaute sie zu Hans, der verstand, was in ihr vorging und ihr aufmunternd zulächelte. Er hatte einen Plan. Wenn die anderen damit einverstanden waren, konnte es vielleicht doch noch ein gutes Ende nehmen.

Ursprünglich hatte er vorgesehen, Hannah in Sicherheit zu bringen. Zu diesem Zweck war er heute Morgen zu Doktor Häfner gegangen. Über der Praxis gab es mindestens drei Zimmer, die leer standen. Natürlich war alles ziemlich verstaubt und auch spärlich möbliert. Aber es wäre seiner Meinung nach ein geeignetes Versteck, sollte man auf die Idee kommen, nach ihnen zu suchen. Kaum ein Mensch würde vermuten, dass sich jemand in diesen Räumen aufhielt. Doktor Häfner war ähnlich, wie damals Grünspan, zu einem väterlichen Freund geworden und hatte seine Abneigung gegen das Regime mehrmals deutlich gezeigt. Er würde Hannah und ihrer Familie helfen, dessen war Hans sich sicher.

Das Gespräch, welches er mit ihm führte, verlief dennoch anders, als er es sich vorgestellt hatte. Der Arzt, der sofort seine Hilfe zusicherte, hatte einen ganz anderen Vorschlag. Überrascht hörte Hans zum ersten Mal von der Schwester Häfners, die einen kleinen Hühnerhof auf dem Land betrieb.

„Nun Hans, meine Schwester Gertrud wird sich ganz sicher freuen, etwas Hilfe zu bekommen. Ihr Hof liegt in Thüringen, also weit weg von Berlin. Sicher es ist dort ziemlich einsam, gerade für ein junges Mädchen, zumal ihr Grundstück auch noch außerhalb liegt. Aber ich denke, Hannah wird sich dort wohlfühlen, zumindest ist sie dort einigermaßen sicher. Gertrud hat mir zwar geschrieben, dass die Braunhemden auch auf dem Land Einzug gehalten haben, aber ihren Hof haben sie bisher gemieden. Sicher weil bekannt ist, dass nur eine ältere Frau mit ihren Hühnern dort lebt.

Also, wenn du willst, werde ich meiner Schwester noch heute schreiben und sie fragen. Obwohl ich ihre Antwort schon jetzt kenne. Das einzige Problem wird sein, deine Hannah ohne großes Aufsehen dorthin zu bringen. Aber du schaffst das schon, da bin ich mir sicher."

„Und Sie meinen, Ihre Schwester ist wirklich damit einverstanden? Auch auf die Gefahr hin, in Schwierigkeiten zu geraten?"

„Gertrud hat es noch nie geschert, was die anderen von ihr denken. Sie ist zwar zuweilen etwas mufflig, aber sie besitzt ein gutes Herz. Außerdem ist zu dieser Jahreszeit nicht viel zu tun draußen, da wird ihr ein bisschen Gesellschaft guttun."

„Doktor Häfner, Sie wissen ja nicht, wie erleichtert ich bin. Dann gehe ich jetzt zu Hannah und werde versuchen, sie von dem Plan zu überzeugen. Leicht wird es wohl nicht. Sie hat schon einmal vor der Entscheidung gestanden und sich dagegen entschieden."

Doktor Häfner reichte Hans die Jacke und begleitete ihn zur Tür.

„Viel Glück, Hans! Wenn du herausgefunden hast, ob das Mädchen einverstanden ist, sag mir Bescheid."

Dankbar sah Hans ihn an und nickte ihm zu, dann machte er sich auf den Weg zur Apotheke. Und da saß er nun und dachte über das Gespräch mit dem Doktor nach.

„Wie wäre es, wenn ihr von hier weggehen würdet?", fragte er zögernd. „Wenn es so ist, wie Ignatz sagt, gehört euch die Apotheke ab jetzt nicht mehr. Ich glaube kaum, dass der neue arische Besitzer euch erlaubt, hier weiter wohnen zu bleiben."

„Und wo bitteschön sollen wir hin?", fragte Maria. Ihre Stimme klang wie so oft in der letzten Zeit gereizt.

„Aufs Land", antwortete Hans ihr und erzählte ihnen von Doktor Häfners Schwester und ihrem Hof.

„Ich weiß, dass es nicht leicht für euch ist, hier alles hinter euch zu lassen. Aber wenn ihr ehrlich seid, ist euer Leben, wie ihr es bisher geführt habt, sowieso vorbei. Bei Gertrud hättet ihr die Möglichkeit, noch einmal von vorn anzufangen, in Ruhe und Frieden in einer schönen Umgebung."

Hans legte seine ganze Überzeugungskraft in diese Worte. Er wollte ihnen begreiflich machen, dass sein Plan ihre einzige

Möglichkeit war, dem Ganzen hier zu entfliehen. Doch wenn er auf eine schnelle Entscheidung gehofft hatte, sah er sich nun eines Besseren belehrt.

„Wir können das nicht sofort entscheiden, Hans“, begann Ignatz langsam. „Du verstehst das sicherlich. Lass uns eine Nacht darüber schlafen. Im Grunde genommen bleibt uns wohl keine andere Wahl und ich bin dir wirklich dankbar. Trotzdem muss ich mich erst an den Gedanken gewöhnen. Mein ganzes Leben habe ich hier verbracht. Was sagst du denn dazu, Maria?“

Fragend sah Ignatz seine Frau an, die schweigend zugehört hatte. Überraschenderweise schien sie plötzlich nicht abgeneigt.

„Ich glaube, Hans hat recht. Was sollen wir noch hier? Außerdem müssen wir an Hannah denken, sie hat ihr ganzes Leben noch vor sich. Wenn ich nur daran denke, dass diese Männer wiederkommen könnten, schaudert es mich. Ignatz, wir können so nicht weiterleben, ständig in Angst, nicht wissend, was der nächste Tag uns bringt. Am besten wird es sein, Hans klärt das noch heute Abend mit dem Doktor.“

Verblüfft sah der Maria an. Von ihr hatte er den meisten Widerstand erwartet, dass gerade sie seiner Meinung war, wunderte ihn nun doch. Lächelnd saß sie ihrem Mann gegenüber und nickte ihm zu, und wie schon so oft verstand Ignatz das Zeichen.

***

Eine Woche später war es soweit. Hans hatte mit Doktor Häfner gesprochen, der wiederum seine Schwester informierte. Die letzten Tage hatten sie oft und lange zusammengesessen und überlegt, wie sie vorgehen sollten. Sie waren zu dem Entschluss gekommen, dass zuerst Hannah nach Thüringen reisen würde. Spontan hatte sich Häfner bereit erklärt, das Mädchen zu begleiten.

„Weißt du was, Hans?", hatte er gesagt. „Ich werde einfach mit ihr fahren. Ich war mindestens zwei Jahre nicht mehr auf dem Hof, Gertrud wird sich sicher über meinen Besuch freuen. Du schmeißt den Laden hier sowieso fast allein, dann kann ich mir auch ein paar Tage Urlaub gönnen und Hannah gleich mitnehmen."

Hans war von seinem Vorschlag begeistert gewesen. Ihm war nicht wohl bei dem Gedanken, Hannah alleine auf die Reise zu schicken. Ignatz und Maria würden dann ein paar Tage später folgen, nachdem sie in der Apotheke alles geklärt hatten. Nun standen die gepackten Koffer im Flur. Hannah war bereit, Abschied zu nehmen. Zum letzten Mal ließ sie ihren Blick durch den Raum schweifen. Das Sofa, die Vitrine, deren Tür seit dem Überfall in jener Nacht einen Riss in der Scheibe hatte. Die Fotos darüber an der Wand, nichts davon würde sie wiedersehen. Mit einem Seufzer drehte sie sich zu Hans um.

„Und du wirst mich wirklich bald besuchen?"

„Aber ja. Sobald Doktor Häfner zurück ist, mache ich mich auf den Weg, versprochen."

„Ich werde auf dich warten, Hans." Ungeachtet ihrer Eltern gab sie Hans einen Kuss, bevor sie sich ihrer Mutter zuwandte, die mit Tränen in den Augen und hängenden Schultern dastand.

„Mach's gut Mutter. Du brauchst nicht weinen, wir sehen uns doch in ein paar Tagen." Doch Maria konnte die Tränen nicht unterdrücken. Verzweifelt zog sie ihre Tochter an sich.

„Ja Hannah, schon gut. Eigentlich wollte ich auch nicht schon wieder losheulen. Ich möchte dir noch etwas sagen. Es tut mir leid, wie ich neulich reagiert habe. Ich war gemein und unfair zu dir. Dabei bist du die beste Tochter, die man sich wünschen kann. Ich hoffe, dass du glücklich wirst. So glücklich, wie dein Vater und ich all die Jahre waren. Du hast es verdient. Egal, was passiert, Hannah, vergiss nie, dass wir dich lieben!"

„Ich liebe euch auch", antwortete Hannah und löste sich von ihrer Mutter.

So richtig konnte sie deren seltsames Benehmen nicht verstehen, schließlich würden ihre Eltern schon bald nachkommen. Deshalb gab es für sie keinen Grund, in Tränen auszubrechen. Im Gegenteil, sie freute sich aufs Land. Endlich würde sie sich wieder ungestört bewegen können, ohne Angst haben zu müssen, belästigt zu werden.

Von draußen hörte man ein lautes Hupen, das Zeichen von Doktor Häfner. Schnell umarmte sie noch ihren Vater. „Also bis in ein paar Tagen, Papa. Du wirst sehen, dann geht es auch dir wieder besser. Wenn wir erst alle zusammen …"

Erneut hörten sie die Hupe. Hannah griff nach ihrem Koffer. Hans, der beschlossen hatte, sie und den Doktor bis zur Praxis zu begleiten, folgte ihr zur Tür. Dort drehte er sich noch einmal zu den Spiegels um.

„Es wird alles gut gehen", versuchte er ihnen die Sorgen zu nehmen. „Es ist das Beste für Hannah, das wisst ihr."

„Pass gut auf unsere Tochter auf, Hans! Versprich mir das!", forderte Ignatz. „Ich weiß, dass du sie liebst. Sorge dafür, dass sie glücklich wird!"

Eindringlich sah er ihn an. Hans spürte, wie sich ein unruhiges Gefühl in ihm ausbreitete. Aber ihm blieb keine Zeit, weiter darüber nachzudenken. Hannah saß bereits in Häfners Auto und winkte ihnen zu.

„Ich verspreche es dir. Du weißt, dass du dich auf mich verlassen kannst. Außerdem könnt ihr bald selber auf sie aufpassen. In drei Tagen geht euer Zug, es gibt also keinen Grund sentimental zu werden. Ich komme spätestens am Freitagabend zu euch, dann besprechen wir alles Weitere."

Noch einmal sah er sich um. Irgendetwas in ihm sagte ihm, dass er bleiben sollte. Ignatz und Maria benahmen sich als sonst, doch er schob es auf den Abschied von Hannah. Ein letzter Blick in ihre Gesichter bestätigte ihm, dass alles in Ordnung war. Maria hatte aufgehört zu weinen und ging nun auf ihn zu, um ihm die Hand zu drücken.

„Grüß deine Mutter von uns! Sag ihr, dass es mir leid tut."

„Das wirst du ihr schon selber sagen müssen. Sie kommt morgen zu euch, um sich zu verabschieden. Also, ich geh dann mal. Wir sehen uns Freitag und denkt daran, nur das Nötigste mitzunehmen. Alles andere würde nur Aufmerksamkeit erregen."

„Das machen wir", sagte Ignatz und sah kurz zu Maria. „Mach es gut mein Junge und danke für alles."

Dann standen sie auf den Stufen der Apotheke und winkten dem davonfahrenden Auto nach.

***

Am frühen Freitagmorgen machte sich Lina auf den Weg zu den Spiegels. Frau Becker war es in den letzten Tagen gesundheitlich gar nicht gut gegangen, so dass sie keine Zeit gefunden hatte für einen Besuch in der Apotheke. Erst von Hans, der kurz bei ihr reingeschaut hatte, erfuhr sie von Ignatz' Rückkehr und von dessen Zustand. Auch von Hannahs Abreise hörte sie zum ersten Mal.

Lina machte sich Vorwürfe. Wie gerne hätte sie sich noch von dem Mädchen verabschiedet. Umso mehr beeilte sie sich, nun zu Maria und Ignatz zu kommen. Eisiger Wind schlug ihr entgegen, als sie das Haus verließ. Sie wusste selber nicht, ob die Tränen in ihren Augen von der Kälte oder ihren gemischten Gefühlen kamen. Sie würde vor allem Maria schrecklich vermissen, dass ahnte sie schon jetzt. Die ganzen Jahre über hatten sie sich gegenseitig beigestanden und geholfen. Wem sollte sie sich in nächster Zeit anvertrauen, wenn nicht der Freundin?

Ich muss mich zusammenreißen, ermahnte sie sich. Für das Apothekerehepaar würde es auch so schon schwer genug werden. Sie durfte ihnen nicht auch noch zur Last fallen. Im Gegenteil, Lina wollte alles daransetzen, sie in ihrem Vorhaben zu bestärken. Für Maria, Ignatz und Hannah war es am besten so. Außerdem, machte Lina sich Mut, wer sagte denn, dass sie sich nicht schon bald wiedersahen? Thüringen war zwar eine Ecke weg, aber auch nicht aus der Welt.

Schon etwas zuversichtlicher kam sie vor der Apotheke an. Nichts hatte sich hier in den letzten Tagen verändert. Noch immer war das untere Kellerfenster zersprungen. Niemand hatte sich die Mühe gemacht, es in seinen alten Zustand zu bringen. Warum auch, dachte Lina. Sollten doch die neuen Besitzer sehen, unter welchen Umständen sie den Laden bekommen hatten. Ganz in Gedanken stand sie da und bemerkte nicht, dass jemand hinter sie trat. Erst als sich eine Hand auf ihren Arm legte, zuckte sie erschrocken zusammen.

„Hans, hast du mich erschreckt. Warum sagst du denn nichts und schleichst dich so an?"

„Ich habe nach dir gerufen, Mutter", lachte Hans. „Aber du hattest nur Augen für das Haus."

„Warum bist du eigentlich schon hier? Ich dachte, es wäre noch Zeit, bis der Zug fährt. Ich wollte mich eigentlich in Ruhe verabschieden."

„Das kannst du auch", beruhigte ihr Sohn sie. „Uns bleiben mindestens noch zwei Stunden Zeit."

„Gut, dann lass uns reingehen! Ziemlich kalt ist es geworden, ich habe schon ganz erfrorene Finger." Gemeinsam traten sie in den Flur und lauschten. Sie hatten erwartet, dass hier hektisch gepackt wurde und Maria und Ignatz sich gegenseitig über die Füße liefen, doch kein Laut war zu hören. Auch von Koffern und Taschen war weit und breit nichts zu sehen. Verwundert sah Hans seine Mutter an, doch auch die schüttelte nur fragend den Kopf.

„Ignatz? Maria? Seid ihr da?"

Die Frage schallte durch den großen Korridor, aber niemand antwortete ihm. Langsam stieg er die Treppe hinauf. Dabei konnte er nicht verhindern, dass seine Beine anfingen zu zittern. Irgendetwas stimmte hier nicht. Plötzlich bekam er Panik. Konnte es sein, dass man die Spiegels abgeholt hatte? Wusste außer ihnen sonst noch jemand davon, dass sie heute untertauchen wollten? Warum, verdammt noch mal, standen sie nicht hier und packten ihre Sachen?

Vom Wohnzimmer aus hörte man das leise Ticken der Wanduhr. Hans kam es ungewöhnlich laut vor. Vorsichtig ging er hinein, doch auch hier herrschte gähnende Stille. Von Maria und Ignatz war nichts zu sehen. Langsam ging er von Zimmer zu Zimmer, doch überall fand er dasselbe vor. Die Räume waren sauber und aufgeräumt, kein Zeichen dafür, dass jemand gewaltsam abgeführt worden war.

Irgendwer hatte die Gardinen zugezogen, so dass er Mühe hatte, sich zurecht zu finden. Doch auch nachdem er Licht ins Zimmer ließ, konnte er nichts erkennen, was ihm Aufschluss über den Verbleib der Eheleute gab.

Plötzlich zerriss ein schriller Schrei die Stille. Ohne zu überlegen, rannte Hans die Treppe hinauf. Der Schrei war aus den oberen Räumen gekommen. Die Stimme war eindeutig die seiner Mutter. Leichenblass stand sie vor dem Schlafzimmer der Spiegels. Hans konnte sehen, wie sie am ganzen Körper zitterte. Noch bevor er ihr zur Hilfe kommen konnte, sackte sie langsam zusammen und starrte mit blinden Augen vor sich hin.

„Warum habt ihr das getan?", flüsterte sie. „Warum habt ihr das nur getan?"

„Was getan Mutter? Rede mit mir!"

Doch beim Anblick dieses Häufchen Elends wurde ihm schnell klar, dass er keine Antwort bekommen würde. Er war Arzt und erkannte, dass seine Mutter unter Schock stand. Etwas Schlimmes musste passiert sein und er würde es nur erfahren, wenn er jetzt in dieses Zimmer ging.

Auch dieser Raum lag völlig im Dunkeln. Schwere Samtvorhänge verhinderten, dass auch nur ein Sonnenstrahl eindrang. Doch schnell hatten sich Hans Augen an die Dunkelheit gewöhnt und er erkannte die Umrisse des Bettes. Da er diesen Raum zum ersten Mal betrat, gelangte er nur mit Mühe und ohne zu stolpern zum Fenster. Mit einem Ruck zog er die Gardinen zur Seite.

Dann sah er sie. Friedlich lagen sie nebeneinander auf dem Bett. Ihre Hände hielten sie fest verschlungen, als wollten sie damit zeigen, wie fest sie auch im Leben zusammengehalten hatten. Ignatz, der die letzten Tage so verhärmt ausgesehen hatte, wirkte auf Hans wie früher. Für seinen letzten Gang hatte er sich besonders hergerichtet. Den größten Teil seines Rumpfes bedeckte der Tallit, der jüdische Gebetsmantel, der kunstvoll bestickt war. Auf seinem immer noch kahlen Kopf saß wie zum Trotz das Käppchen und um seinen linken Arm lag der Gebetsriemen.

Maria hingegen wirkte feierlich. Hans hatte ein Hochzeitsfoto der beiden gesehen und erkannte, dass sie ihr Brautkleid trug. Ihr Kopf war leicht zu Ignatz gewandt, auf ihrem Gesicht lag ein ruhiges Lächeln.

Als Hans so dastand und die beiden ansah, spürte er, wie ihn eine seltsame innere Ruhe überkam. Warum sollte er verzweifeln oder weinen wie seine Mutter, wenn Maria und Ignatz so glücklich aussahen? Sie hatten einen Entschluss für sich gefasst, es lag nun an ihnen, das zu akzeptieren. Mit einem letzten Blick verabschiedete er sich von den Freunden, bevor er leise die Tür schloss.

„Komm Mutter, lassen wir ihnen ihre letzte Ruhe!"

Behutsam half er Lina auf und führte sie die Treppe hinunter. Zum letzten Mal zog er wenig später die schwere Eingangstür hinter sich zu, dann gingen Mutter und Sohn zur Wohnung von Frau Becker. Erleichtert nahm Hans zur Kenntnis, dass sich die alte Dame hingelegt hatte. So waren sie ungestört und konnten besprechen, wie es weitergehen sollte.

Lina hatte sich ein wenig erholt, doch noch immer liefen die Tränen unaufhörlich über ihr Gesicht. Verständnislos sah sie ihren Jungen an. Sie konnte nicht begreifen, dass er so gefasst reagierte.

„Ich kann einfach nicht glauben, dass sie das getan haben. Es war doch alles geplant, sie hätten neu anfangen können. Ich verstehe das nicht, Hans."

„Ich weiß, Mutter. Aber im Gegensatz zu dir kann ich es schon verstehen. Was wäre das für ein Neuanfang gewesen? Ignatz hat all die Jahre für seine Apotheke gelebt, die ganze Kraft und sein Geld sind in den Laden geflossen. Es war sein Lebenswerk. Kann man das wirklich aufgeben?"

„Aber Hannah?", schluchzte Lina erneut los. „Sie wartet doch auf ihre Eltern. Wie willst du ihr erklären …"

„Hannah wird nichts davon erfahren“, unterbrach sie Hans energisch und ignorierte ihren verwunderten Blick.

„Aber du kannst ihr doch nicht verheimlichen, dass ihre Eltern sich das Leben genommen haben? Wie stellst du dir das vor? Was meinst du, wird sie sagen, wenn Maria und Ignatz nicht zu ihr kommen?“

„Ich werde lügen, Mutter. Begreif doch! Für Hannah ist es so schon schwierig genug. Außerdem, was soll es bringen, ihr die Wahrheit zu sagen? Auch sie kann ihre Eltern nicht zum Leben erwecken. Nein, sie wird nichts davon erfahren“, bekräftigte er noch einmal und fügte leise hinzu.

„Irgendwann werde ich ihr davon erzählen, aber nicht jetzt. Vielleicht hasst sie mich dann dafür, aber dieses Risiko muss ich eingehen. Im Moment ist nur ihre Sicherheit wichtig, das wäre auch im Sinne ihrer Eltern.“

Nachdenklich saßen sie da, jeder in seinen eigenen Gedanken gefangen. Ab und an hörte man vom Nebenzimmer ein leises Schnaufen, ansonsten war es still.

„Was soll nun aus ihnen werden?“, fragte Maria, der plötzlich einfiel, dass die Spiegels ja noch immer in ihrem Zimmer lagen. „Jemand muss dafür sorgen, dass sie bestattet werden.“

„Daran habe ich auch schon gedacht“, sagte Hans. „Ich gehe nachher bei dem Rabbiner vorbei. Er weiß sicher, was zu tun ist. Ignatz hat mir irgendwann einmal erzählt, wie die Bestattungen bei ihnen ablaufen. Viel davon ist nicht hängen geblieben, aber ich erinnere mich, dass es bald geschehen sollte. Wir müssen die letzte Ehre der jüdischen Gemeinde überlassen, das wäre sicher auch ihr Wunsch gewesen.“

„Willst du damit sagen, wir werden bei der Beerdigung nicht dabei sein?“

„So ist es, Mutter. Denk nur einmal daran, was passieren könnte, wenn wir da auftauchen. Die Menschen haben Angst und dann zwei Deutsche auf einer jüdischen Beerdigung. Mit Sicherheit fallen wir auf. Gönnen wir ihnen einfach die Ruhe, wir können das Grab auch später besuchen.“

Nur widerwillig nickte Lina ihm zu. Aber es nützte nichts,

darüber zu streiten. Sie jedenfalls war keineswegs überzeugt. Wenn es eine Möglichkeit gab, würde sie es sich nicht nehmen lassen, die Freunde auf ihrem letzten Weg zu begleiten. Hans musste es ja nicht erfahren. Noch war es nicht soweit, man würde sehen, was sich ergab. Hans war inzwischen aufgestanden und zog sich seinen Mantel an. Besorgt sah er seine Mutter an.

„Frau Becker schläft noch. Wie wäre es, wenn du dich auch ein wenig hinlegst? Du siehst ziemlich mitgenommen aus. Die Ruhe wird dir guttun. Ich melde mich dann später. Und vergiss nicht, Mutter! Kein Wort zu Hannah! Wenn du ihr schreibst, richtest du ihr Grüße aus von ihren Eltern, so als wäre nichts geschehen. Versprich mir das!"

„Wenn du meinst, Hans. Ich glaube nicht, dass du ihr lange etwas vormachen kannst."

„Mir wird schon was einfallen, mach's gut Mutter."

***

Trotz aller Bemühungen, den Tod des Apothekerehepaars zu verheimlichen, hatte es sich in Barnitz schnell herumgesprochen, dass sich die Spiegels das Leben genommen hatten. Bestürzt und betroffen standen fast täglich Anwohner vor dem Haus.

Der Rabbiner selber war mit einigen Leuten gekommen, um sie abzuholen. Auf einem alten Leiterwagen standen die einfachen Särge bereit zur Grablegung. Doch man ließ sie nicht einmal in Ruhe zum Friedhof ziehen, sondern störte die Trauer immer wieder durch laute Zwischenrufe.

„So ist es richtig", rief ein junger Bursche, der zur Hitlerjugend gehörte. „Die haben uns wenigstens die Arbeit abgenommen. Es gibt doch noch anständige Juden."

Dabei lachte er laut und schaute seine Kameraden Beifall heischend an.

„Sei still!", fuhr ihn eine alte Frau an. „Wie kannst du es

wagen?"

Einen Moment sah der Junge sie erstaunt an, dann erkannte er sie. Es war Frau Stern, die Lehrerin, die ihn in der Grundschule unterrichtet hatte. Schon früher konnte er sie nicht leiden mit ihrer besserwisserischen Art. Mit Schadenfreude hatte er zur Kenntnis genommen, wie sie aus dem Schuldienst verwiesen wurde. Höhnisch baute er sich nun vor ihr auf.

„Wie ich es wagen kann, du altes Weib? Du vergisst wohl, wer vor dir steht?"

Sofort versammelten sich seine Kameraden hinter ihm und sahen die Frau drohend an. Ängstlich sah die sich nun um, doch die Leute um sie herum schauten verlegen auf den Boden. Der Junge, der spürte, dass er nun im Mittelpunkt stand, lachte erneut laut los.

„Na, was ist? Willst du noch irgendetwas loswerden? Dann mach den Mund auf!"

„Ich meinte doch nur …", stotterte die ehemalige Lehrerin.

„Du hast gar nichts zu meinen", kam die kalte Antwort. „Sei froh, dass du noch nicht neben denen da liegst, du Drecksjud." Dann spuckte er der völlig entsetzten alten Frau auf den Mantel und ging zu seinen Freunden.

„Los kommt, Jungs! Heute wird gefeiert! Wollen doch mal sehen, ob es auch was zu trinken gibt, nachdem das Pack unter der Erde liegt."

Auch Schröder war unter den Zuschauern vor der Apotheke. Doch zu seinem Leidwesen bekam er nur noch den Schluss der Vorstellung mit. Mit breitem Grinsen sah er zu, wie der Bengel die alte Frau attackierte.

Eigentlich hatte er vorgehabt, ein bisschen im Haus rumzuschnüffeln. Es wäre nicht das erste Mal, dass er auf Wertgegenstände stieß. Natürlich wusste er, dass er vorsichtig sein musste, da es den Oberen vorbehalten war, das Haus zu durchsuchen. Aber Schröder war raffiniert. Schon zu Hause hatte er sich eine Erklärung zurechtgelegt, falls man ihn entdecken würde. Hermann hatte früher hier gelebt und bei seinem Auszug nichts mitgenommen. Wer konnte es ihm verdenken, wenn er für seinen Schützling, der das Judenhaus nicht mehr betreten hatte, ein paar Sachen holte?

Zu seinem Bedauern erkannte er jedoch, dass er zumindest im Moment nicht ungesehen in die Apotheke kam. Die Schaulustigen standen in kleinen Gruppen davor und unterhielten sich aufgeregt über den Vorfall mit der alten Frau.

Enttäuscht machte er sich auf den Heimweg. Er hatte keine Zeit, noch länger dort rumzustehen und zu warten, bis sich die Leute verzogen. Nun, wenigstens konnte er Hermann von dem Zwischenfall auf der Straße berichten. Er selber musste jetzt noch lachen, wenn er an das dumme Gesicht der Alten dachte.

Verwundert stellte er fest, dass Hermann nicht wie erwartet in der Werkstatt arbeitete. Bevor er sich auf den Weg gemacht hatte, war der Junge damit beschäftigt gewesen, Bretter zu schneiden. Diese lagen nun unfertig auf einem Haufen, doch von ihm selber war nichts zu sehen.

Ist die Katze aus dem Haus, tanzen die Mäuse, ärgerte sich Schröder und vergaß dabei, dass es Hermann war, der die meiste Arbeit verrichtete. Mürrisch ging er über den Hof zum Haus. Das Geklapper in der Küche sagte ihm, dass zumindest seine Frau da war. Auf seine Frage nach dem Jungen zeigte sie nur gleichgültig nach oben. Ihr war es gleichgültig, wo Hermann sich rumtrieb. Hauptsache die beiden stritten sich nicht wieder, was in der letzten Zeit häufiger vorkam.

Magda konnte den Jungen sogar verstehen. Während er sich auf dem Hof abrackerte, der ihm nicht einmal gehörte, hatte ihr Mann nichts Besseres zu tun, als in fremden Häusern zu schnüffeln. Die Sachen, die er dann mit nach Hause brachte, nahm sie allerdings gerne.

Währenddessen war Schröder nach oben gegangen und legte lauschend sein Ohr an Hermanns Zimmertür. Als er nicht einen Mucks hörte, öffnete er sie energisch und traute seinen Augen nicht. Da lag der Junge in voller Montur am helllichten Tag im Bett und starrte die Decke an.

„Was ist denn hier los?", fragte Schröder. „Du hast wohl vergessen, wie viel Arbeit unten auf uns wartet oder warum liegst du hier?"

Schröder wusste nicht, ob Hermann ihn nicht hören konnte oder wollte. Jedenfalls sah er weder auf noch gab er eine Antwort. Unbeirrt starrte er weiter zur Decke. Nun wurde es dem Schreiner mulmig zumute. Er konnte einfach nicht einschätzen, was in Hermann vorging. Ihm wäre es viel lieber gewesen, sie würden sich streiten. Damit konnte er umgehen. Deshalb versuchte er es auf eine andere Tour und rang sich einen besorgten Gesichtsausdruck ab.

„Bist du etwa krank? Sag doch mal was, Junge! Woher soll ich denn wissen, was mit dir los ist, wenn du nicht redest?“

Erfreut beobachtete er, dass Hermann seinen Blick von der blöden Decke abwandte und auf ihn richtete. Die Freude währte allerdings nur so lange, bis Hermann ihn angewidert ansah.

„Lass mich in Ruhe, Schröder!“, forderte er.

„Aber die Bretter, die müssen heute Abend fertig sein.“

„Dann mach es selber. Ich habe es satt, ständig deine Arbeit zu tun.“

Daher wehte also der Wind, ging Schröder ein Licht auf. Nun, in letzter Zeit hatte er es wohl ein wenig übertrieben. Fast drei Tage die Woche hatte er Hermann die Arbeit überlassen, während er unterwegs war. Es war aber auch zum Verzweifeln. Einerseits lockten die Wertgegenstände, die jemand anderer heimschleppen würde, wenn er nicht schnell genug war. Auf der anderen Seite jedoch blieb die ganze Arbeit an dem Jungen hängen.

Trotzdem überlegte er, wie er Hermann überreden konnte, nur dieses eine Mal noch den Auftrag zu erledigen. Die Sache war ziemlich heikel. Er hatte nicht vor, ihm zu verraten, in welches Haus er gehen wollte. Man wusste ja nie. Schließlich hatte der Junge lange in der Apotheke gewohnt. Er glaubte zwar nicht daran, dass in Hermann plötzlich sentimentale Gefühle aufkamen, doch er wollte kein Risiko eingehen. Der Junge würde wahrscheinlich nicht zögern, ihm allein aus Schadenfreude einen Strich durch die Rechnung zu machen. Aus diesem Grund wählte er seine nächsten Worte mit Bedacht.

„Hör zu, Hermann“, begann er. „Ich weiß, dass du viel Arbeit hattest in letzter Zeit. Aber der Auftrag heute ist wichtig und ich muss noch mal los. Also bitte, schneid die paar Bretter noch! Dann kannst du dir von mir aus erst einmal frei nehmen.“

Gelangweilt hatte Hermann zugehört. Es geschah nicht zum ersten Mal, dass Schröder ihm einen freien Tag versprach. Meistens kam dann etwas Wichtiges dazwischen, zumindest fand Schröder das. Genauso würde es auch dieses Mal sein. Morgen würde Schröder sein Versprechen vergessen haben und er wie immer in der Werkstatt stehen. Im Grunde machte es ihm wenig aus, solange er seine Arbeit in der Kreisleitung nicht vernachlässigte. Er hatte sowieso vor, bald dort hinzuziehen. Dann konnte Schröder sehen, wie er fertig wurde.

Im Moment jedoch quälten ihn ganz andere Gedanken. Durch Zufall hatte er am Vormittag ein Gespräch zweier Kunden belauscht und so vom Tod der Spiegels erfahren. Ihm war, als hätte er einen Schlag in den Magen bekommen. Die Leute, die ihn vor Jahren aufgenommen hatten und denen er es so wenig gedankt hatte, waren tot. Sie hatten sich freiwillig das Leben genommen, einfach so.

Er dachte an Maria, die ihn im Gegensatz zu Ignatz immer vorgezogen hatte. Für sie war er der Kleine gewesen, den sie verhätscheln konnte. Wie viele Abende hatte sie damals, noch vor Hannahs Geburt, mit ihm gesessen und gespielt. Und Hannah, was sollte aus ihr werden, jetzt, wo ihre Eltern nicht mehr lebten? So viele Fragen, auf die er keine Antwort fand.

Hermann hatte gewartet, bis der letzte Kunde gegangen war und sich dann auf sein Zimmer zurückgezogen. Da lag er nun bereits eine ganze Weile auf dem Bett und dachte darüber nach, wie er mit den Neuigkeiten umgehen sollte. Aber er kam zu keinem Ergebnis. Nur eines war ihm klargeworden. Er konnte nicht helfen. Den Spiegels sowieso nicht mehr, aber auch nicht Hannah. Sie lebten inzwischen in völlig unterschiedlichen Welten, wenn seine Gefühle ihm auch etwas anderes sagten. Sie war Jüdin und er Deutscher, der noch dazu Mitglied der Partei war. Es gab keine Brücke zwischen ihnen.

Zu dieser Erkenntnis gekommen, hatte Hermann gerade vor, wieder an die Arbeit zu gehen, als er die schweren Stiefel Schröders die Treppe heraufpoltern hörte. Irgendwas führte der Schreiner wieder im Schilde, dass erkannte er sofort. Vermutlich gab es wieder einmal etwas zu plündern oder zu stehlen. Auch wenn Schröder sich einbildete, Hermann merke nichts von seinen Aktivitäten, war dem der eine oder andere neue Gegenstand im Haus nicht verborgen geblieben. Meistens handelte es sich um Bilder, Geschirr oder Besteck, das ziemlich wertvoll aussah.

Hermann verabscheute ihn dafür. Niemals wäre er auf den Gedanken gekommen, dasselbe zu tun. Er selber führte nur seine Anweisungen aus, aus allem anderen hielt er sich raus. Und genau aus diesem Grunde ließ er Schröder nun auch zappeln. Sollte der ruhig auf Knien rutschen, ihn würde es freuen. Die Arbeit konnte er später auch noch tun.

„Komm schon, Hermann“, bettelte Schröder. „Lass mich nicht hängen! Du bist fast fertig, die paar Bretter schaffst du mit links.“

„Warum machst du es dann nicht?“, fragte Hermann und konnte sich nur mühsam ein Grinsen verkneifen.

„Weil ich …“, Schröder zögerte kurz, dann kam ihm eine Idee. „Weil ich zur Beerdigung möchte. Du hast es ja noch gar nicht gehört. Die Juden, bei denen du damals gewohnt hast, haben sich umgebracht. Keine Ahnung, was plötzlich in die gefahren ist. Der Mann war wohl vor kurzem in einem Lager, soll irgendwie komisch gewesen sein, seit er zurück war. Jedenfalls haben ein paar Kameraden geplant, dabei zu sein und ein bisschen Schwung in die Sache zu bringen. Du wirst mir den Spaß doch nicht nehmen wollen?“

Zum ersten Mal während des Gesprächs horchte Hermann auf. Mit keiner Miene verriet er, dass er bereits von der Sache wusste. Nur die Absicht, die Bestattung zu stören, war neu für ihn. Währenddessen redete Schröder ununterbrochen weiter und kam so endlich dazu, auch von dem Vorfall auf der Straße zu berichten.

„Du siehst, es kann wirklich lustig werden. Also was ist

nun, kann ich auf dich zählen?“ Mit einem Schwung war Hermann auf den Beinen, so dass Schröder erschrocken zurückwich.

„Nein, das kannst du nicht“, sagte er spöttisch. „Ich habe heute selber etwas vor und schließlich gehört die Schreinerei ja dir, oder etwa nicht?“

Mit zwei großen Schritten war Hermann aus dem Zimmer und sprang die Treppe hinunter. Dem verdutzten Schröder blieb nur zum Fenster zu gehen und zuzusehen, wie Hermann den Hof verließ.

***

Sein erster Weg führte ihn zur Apotheke. Die Neugierigen, von denen Schröder gesprochen hatte, waren verschwunden. Nachdem es hier nichts mehr zu sehen gab, gingen sie wie gewohnt ihren täglichen Verpflichtungen nach. Nur vereinzelt liefen noch Menschen an ihm vorüber, die ihm jedoch keine Beachtung schenkten.

Warum auch, dachte Hermann. Für sie war er nur einer der vielen Nazis, an deren Anblick man sich längst gewöhnt hatte. Keiner hier erkannte in ihm den kleinen Jungen, der vor dem Haus stand, in dem er seine Kindheit verbracht hatte. Er ahnte nicht, dass sein Bruder einen Tag zuvor genau wie er an dieser Stelle gestanden hatte. Ihre Blicke ähnelten sich in diesem Moment sehr.

Hermanns Augen glitten langsam über das alte Gebäude und nahmen jedes einzelne Detail auf. Das untere Fenster zum Keller war kaputt. Der Rahmen war unter schweren Stiefeltritten gebrochen und hielt nur mühsam die zerbrochene Scheibe. Im gesamten Haus waren die Fenster verdunkelt, was nicht ungewöhnlich war. Viele jüdische Familien zogen um diese Zeit auch tagsüber die Gardinen zu. Seine Blicke blieben am oberen Fenster hängen. Ein aufmerksamer Beobachter konnte deutlich erkennen, dass die ursprünglich auch hier zugezogenen Vorhänge unordentlich zur Seite hingen.

Dort hatten sie also gelegen, dachte er völlig emotionslos und fragte sich, wer sie wohl gefunden hatte. Mit großer Wahrscheinlichkeit war es Hannah gewesen, sonst wohnte ja niemand mehr hier. Es musste ein ungeheurer Schrecken für das Mädchen gewesen sein. Hermann wusste, wie sehr sie an ihren Eltern hing, das hatte sich wohl auch in den letzten Jahren kaum geändert.

Wo war sie überhaupt, dachte er? Schröder hatte sie mit keiner Silbe erwähnt. Und auch jetzt deutete nichts darauf hin, dass sie sich im Haus aufhielt. Gleich darauf schalt er sich selber einen Dummkopf. Hannah nahm natürlich wie alle anderen Juden dieser Stadt an dem Begräbnis teil.

Unentschlossen sah Hermann sich um. Sollte er auf den Friedhof gehen und das Geschehen aus einiger Entfernung beobachten? Die Versuchung, einen Blick auf sie zu werfen, war groß. Aber die Gefahr erkannt zu werden ebenso. Er fragte sich, wie er es wohl begründen könnte, falls ihn einer seiner Parteifreunde sah. Er, auf einem jüdischen Friedhof, welchen Eindruck mochte das machen?

In diesem Moment öffnete sich die Eingangstür der Apotheke und eine Frau trat heraus. Vorsichtig schaute sie sich um. Für einen kurzen Augenblick glaubte Hermann Hannah zu sehen, dann erkannte er seinen Irrtum. Die Frau in dem langen schwarzen Mantel war wesentlich älter, wenn er ihr Gesicht auch unter dem tief sitzenden schwarzen Hut nicht erkennen konnte. Ihr Gang war viel zu schleppend für ein junges Mädchen.

Im Gegensatz zu ihm erkannte Lina ihn sofort. Sie war trotz mehrmaliger Mahnungen von Hans auf dem Weg zur Beerdigung. Noch immer machte sie sich heftige Vorwürfe, die Freunde im Stich gelassen zu haben. Eben aus diesem Grund war sie fest entschlossen, ihnen auf dem Friedhof die letzte Ehre zu erweisen. Es war ihr gleichgültig, ob sie als einzige Deutsche dort auffiel. Nichts und niemand konnte sie davon abhalten.

Zuvor war sie in die Apotheke zurückgekehrt, in der es

noch etwas für sie zu tun gab. Schnell fand sie, wonach sie suchte. Eilig öffnete sie ein Schubfach und holte die Fotoalben heraus. Dann zog sie eine Stofftasche aus ihrem Mantel und packte die schweren Bände ein. Der Gedanke daran war ihr heute Morgen gekommen. Hannah hatte alles verloren, wenn sie das auch bis jetzt noch nicht wusste. Irgendwann würde sie sich sicherlich über die Fotos freuen. Bis es soweit war, wollte sie diese für das Mädchen aufbewahren.

Hastig schloss Lina die Schublade. Sie wollte sich nicht länger als nötig in dem Haus aufhalten. Wer wusste schon, wer sich in nächster Zeit hier rumtrieb. Doch zuvor musste sie noch an die Vitrine, die den Pogrom erstaunlicherweise überstanden hatte. Sie dankte Gott dafür, dass Maria nichts von heimlichen Verstecken gehalten hatte und ihren Schmuck offen liegen ließ. Wie oft hatte Ignatz seine Frau ermahnt, nicht so sorglos mit den wertvollen Stücken umzugehen, doch Maria hatte nur gelacht.

„Wer will die alten Klunker schon haben? Keine Sorge, Ignatz, die nimmt keiner."

Dabei handelte es sich keineswegs um billige Klunker. Jedes einzelne der Schmuckstücke war auf seine Weise wertvoll. Sie waren zum Teil schon über Generationen weitergegeben worden.

Lina allerdings hatte keinen Blick für die besondere Schönheit oder den Wert der Ringe, Ketten und Uhren. Für sie zählte nur ein Gedanke. Sie wollte wenigstens einen kleinen Teil von Hannahs Erbe retten. Schnell stopfte sie den Schmuck in ihre Manteltasche, in der Hoffnung, sollte sie erwischt werden, nur die Tasche mit den Alben zeigen zu müssen. Als sie fertig war, sah sie sich noch einmal wehmütig im Zimmer um, dann verließ sie das Haus.

Auf so ziemlich alles war sie vorbereitet gewesen, dass man sie entdeckte, sie für eine Plünderin hielt, sie vielleicht sogar verhaftete. Nur nicht damit, dass Hermann vor dem Haus wartete. Nachdem sie den ersten Schreck überwunden hatte, bemerkte sie, dass ihr Sohn kaum Notiz von ihr nahm und tief in Gedanken versunken schien. Es war also Zufall, dass er gerade jetzt hier stand. Wenn sie sich beeilte, würde er nicht einmal bemerken, wer da an ihm vorüberging.

Als sie sich vergewissert hatte, dass außer Hermann niemand in Reichweite war, atmete sie auf und zog den Hut noch etwas tiefer ins Gesicht. Den Blick unauffällig auf die starre Gestalt vor sich gerichtet, zögerte sie einen Moment. Den Weg zum Friedhof erreichte sie nur über die Kreuzerstraße. Das jedoch hieß, unmittelbar an ihrem Sohn vorbei zu gehen. Doch einen anderen Weg gab es nicht. Sie musste einfach zu dem Begräbnis.

Entschlossen ging sie die Stufen hinunter und mit gesenktem Kopf an Hermann vorüber. Sie entspannte sich erst, als sie ihm den Rücken gekehrt hatte.

„Mutter? Bist du das?"

Lina zuckte zusammen und überlegte kurz, einfach so zu tun, als hätte sie ihn nicht gehört.

„Mutter?" Ihr blieb nichts weiter übrig als stehenzubleiben. Sie konnte ihn nicht einfach ignorieren. Ohne sich zu ihm umzudrehen, fragte sie ihn.

„Was willst du Hermann?" Sie merkte selber, wie kalt und gefühllos ihre Stimme klang, doch es war ihr gleichgültig. Hermann durfte ruhig wissen, was sie von ihm hielt. Früher war das anders gewesen. Nie hätte sie es für möglich gehalten, eines Tages so mit einem ihrer Kinder zu reden. Aber war Hermann überhaupt noch ihr Kind? Sie hatte ihm verboten, sie weiter Mutter zu nennen. Er war nicht mehr der kleine Junge, der andere Kinder, vor allem aber Hannah, beschützt hatte. Ihn und sie trennten Welten. Zu viel war geschehen und sie hatte keine Zeit, jetzt länger darüber nachzudenken.

„Was ich will?" Hermanns Stimme klang verbittert. „Ich bin dein Sohn, schon vergessen? Hältst du es nicht mal für nötig, mich zu grüßen?"

„Ich habe dir meine Meinung dazu schon gesagt. Außerdem habe ich es eilig, ich muss gehen."

„Du willst auf den Friedhof, nicht wahr?" Es klang nicht wie eine Frage, eher wie eine Feststellung. Lina verzichtete auf eine Antwort.

„Wo ist Hannah?"

Da war sie, die Frage, die Hermann auf der Seele brannte und die er unter keinen Umständen hatte stellen wollen. Schon in dem Moment, als sie über seine Lippen kam, bereute er sie. Er hoffte, seine Mutter hätte sie nicht verstanden und versuchte mühsam das Zucken seines Augenlides zu unterdrücken. Doch wenn Lina auch weiterlief, verstand sie ihn sehr wohl. Langsam drehte sie sich zu ihm um. Hermann konnte die Wut in ihren Augen sehen. Voller Verachtung sah sie ihn an.

„Du willst wissen, wo Hannah ist? Gerade du, der Menschen wie sie in den Abgrund reißt? Nun, das kann ich dir sagen, auch wenn es dich nichts mehr angeht. Gott sei Dank konnte Hans sie in Sicherheit bringen. Er hat im Gegensatz zu dir nicht vergessen, was ihre Eltern für uns getan haben. Sie hat keine Ahnung, was mit ihren Eltern geschehen ist und ich bete dafür, dass es so bleibt. Maria und Ignatz haben sich das Leben genommen, Hermann. Wegen Leuten wie dir, vergiss das nie!

Eines Tages wird Hannah die Wahrheit erfahren, dann wird sie nur noch Hass und Ekel für dich empfinden. Genauso gut hättest du ihre Eltern mit eigener Hand töten können. Für sie wird es dasselbe sein. Also frag mich nie wieder nach ihr! Wenn du nur ihren Namen aussprichst, wird mir übel."

Als sie geendet hatte, straffte sich ihre Gestalt. Stolz hob sie ihren Kopf.

„Und nun muss ich gehen. Ich habe nämlich vor, meine Freunde auf ihrem letzten Weg zu begleiten. Du kannst mich ja melden, wenn du willst. Auf eine Enttäuschung mehr oder weniger kommt es nicht an." Damit drehte sich Lina um und ging.

***

Unterdessen fieberte Hannah sehnsüchtig einer Nachricht von Hans entgegen. Vergeblich hatte sie auf die Ankunft ihrer

Eltern gewartet, die schon vor zwei Tagen in dem kleinen Ort hätten eintreffen müssen. Bis heute hatte sie weder von ihnen noch von Hans etwas gehört. Auch Doktor Häfner und seine Schwester konnten sich nicht erklären, warum die Spiegels nicht auftauchten oder sie zumindest benachrichtigten. Doch sie beruhigten Hannah, indem sie ihr erklärten, dass in diesen Zeiten eben nicht immer alles wie geplant ablief.

Abgesehen davon, dass sie sich fragte, was wohl geschehen war und warum Hans sich nicht meldete, hatte Hannah sich gut eingelebt. Skeptisch hatte sie am Tag ihrer Ankunft das kleine Dörfchen, welches fast nur aus landwirtschaftlichen Gehöften bestand, hinter sich gelassen. Der Doktor hatte nicht untertrieben, als er ihr erzählte, wie einsam und abgelegen sie von nun an leben würde. Als sie sich jedoch dem Hof näherten, war Hannah wider Erwarten beeindruckt von dem Bild, das sich ihr bot.

Das alte Fachwerkhaus lag direkt am angrenzenden Wald, dessen Kiefern und Tannen von einer dicken Schneeschicht bedeckt waren. Das Grundstück war umgeben von Wiesen und Feldern. Etwa fünfhundert Meter entfernt, sah man einen kleinen See, auf dessen zugefrorener Eisdecke einige Wildenten watschelten.

Schon jetzt konnte sich Hannah der Schönheit dieser Landschaft nicht entziehen. Wie mochte es erst im Frühling sein, wenn die Wiesen grün waren und Blumen blühten. Trotzdem plagten sie auch ein wenig Zweifel. Würde sie hier den Frieden finden, den sie sich erhoffte?

Noch kannte sie Häfners Schwester nur von seinen Erzählungen. Konnte es nicht sein, dass sie ihren Entschluss, Hannah bei sich zu verstecken, längst bereute? Nach einem großen Empfang sah es hier jedenfalls nicht aus. Der Hof lag ziemlich verschlafen vor ihr. Nur das gelegentliche Gackern der Hühner, die Hannah allerdings nicht sah, störte die Ruhe. Verlegen stieg sie aus dem Auto und sah sich zaghaft um. Auch Doktor Häfner hatte das Auto verlassen und stand nun neben ihr.

„Es wird dir hier gefallen, Hannah. Mein Gott, ich hatte

fast vergessen, wie schön es hier ist."

Er war froh, dass er das Mädchen begleitet hatte und freute sich nun auf ein paar erholsame Tage. In diesem Moment öffnete sich die Haustüre und eine mollige Frau trat heraus. Als erstes fielen Hannah die dicken grauen Locken auf, die ihr bis zur Schulter reichten.

„Da seid ihr ja endlich", rief sie ihnen zu und wischte sich die Hände an der weißen

Kittelschürze ab. „Nun kommt schon! Oder wollt ihr da draußen festfrieren? Der Kaffee ist fertig, ich habe nicht den ganzen Tag Zeit."

Das war nun gar nicht der Empfang, den sich das Mädchen vorgestellt hatte. Eingeschüchtert schaute sie zu Häfner. Auf der langen Fahrt hatte er ihr seine Schwester ganz anders geschildert. Dieses, aus den Erzählungen gewonnene Bild, hatte allerdings mit dieser kräftigen, resoluten Frau, die da vor ihnen stand nur wenig gemeinsam.

„Keine Angst, mein Kind!" Lachend stupste Häfner sie an. „So störrisch, wie sie im Moment tut, ist sie nicht. Eigentlich ist meine Schwester ein herzensguter Mensch, wenn man das auch nicht immer gleich bemerkt, nicht wahr, Gertrud?"

Mit diesen Worten ging er auf sie zu und zog sie herzlich an sich.

„Wenn du meinst", antwortete sie und erwiderte seine Umarmung.

„Trotzdem habe ich keine Lust, länger in der Kälte rumzustehen. Also komm schon Mädchen und schau mich nicht an wie ein erschrecktes Reh! Ich werde dir schon nicht den Kopf abreißen."

In den nachfolgenden Tagen bemerkte Hannah schnell, dass Doktor Häfner nicht übertrieben hatte. Auch wenn sich Gertrud noch soviel Mühe gab, wie ein Feldwebel zu kommandieren und zu fluchen, konnte sie das Mädchen nicht länger täuschen. Unter ihrer harten Schale verbarg sich der sprichwörtliche weiche Kern, das bewies sie bei mehr als einer Gelegenheit.

So hatte sie ihr die schönste Kammer im Haus hergerichtet,

in der sich Hannah vom ersten Tag an wohl fühlte. Schon am zweiten Tag wies Gertrud ihr einige Arbeiten zu. Ihrer Meinung nach, war es die beste Möglichkeit, das Mädchen zu beschäftigen und eventuell auftretendes Heimweh zu vermeiden. Unter anderem musste sie die Hühner füttern und die frischen Eier einsammeln, die sie dann in Kartons verstaute. Einmal pro Woche ging Gertrud in den Dorfladen und lieferte sie dort ab. Die paar Pfennige, die sie dafür bekam, waren kaum der Mühe wert, doch darum ging es Gertrud auch nicht.

Bevor sie auf den Hof gezogen war, hatte sie viele Jahre als Hebamme gearbeitet und auch heute noch half sie gelegentlich bei einer Geburt. Hauptsächlich aber widmete sie sich ihren Hühnern und ihrem Garten, in dem sie Kräuter und Gemüse für den Eigenbedarf anbaute.

Doktor Häfner hatte anfangs gegen Gertruds Arbeitsverteilung protestiert.

„Lass sie sich doch erst einmal eingewöhnen, bevor du sie hier einspannst“, sagte er tadelnd zu seiner Schwester. Doch Gertrud wischte seinen Einwand vom Tisch.

„Was gibt es denn hier einzugewöhnen, kannst du mir das mal sagen? Außer dem Hof und dem Haus gibt es nicht viel zu sehen. Außerdem möchtest du schließlich auch dein Frühstücksei, oder nicht? Das Mädchen wird von nun an bei mir leben. Was spricht dagegen, wenn sie ein paar Pflichten übernimmt? Arbeit hat noch keinem geschadet, dann kommt sie gleich auf andere Gedanken. Überhaupt, was geht es dich an? Du bleibst doch sowieso nur bis zum Wochenende.“

„Leider“, stöhnte der Arzt, dann lachte er seine Schwester schelmisch an. „Aber vielleicht überleg ich's mir noch und hänge ein paar Tage dran. Du würdest dich doch freuen, oder?“

„Das schlag dir gleich aus dem Kopf! Schließlich führe ich hier kein Hotel. Wenn die Eltern des Mädchens kommen, musst du gehen. Dann brauche ich die Kammer.“

Nur mit Mühe konnte sich Häfner das Lachen verkneifen. Ja, so kannte er sie, immer freundlich und zuvorkommend.

Aber gerade deshalb liebte er sie. Ohne zu zögern hatte sie sich bereit erklärt, auch noch Hannahs Eltern aufzunehmen. Selbst, wenn es dann mit ihrer gelobten Ruhe vorbei sein würde. Er wusste, dass es nicht leicht für sie war, das Haus gleich mit drei Personen zu teilen, wo sie doch jahrelang allein gewohnt hatte. Gertruds Mann war im Krieg gefallen, seitdem betonte sie immer wieder, wie glücklich sie sich schätzen konnte, keine Kinder bekommen zu haben.

„Weißt du Klaus", hatte sie einmal zu ihm gesagt. „Warum soll man Kinder kriegen, um sie später in sinnlosen Kriegen zu verlieren? Ich habe so vielen auf die Welt geholfen, die nun nicht mehr am Leben sind. Nein, nein, da bin ich lieber alleine mit meinen Hühnern."

Und das war sie geblieben. Trotz allem wurde seine Schwester nicht zur Einsiedlerin. Mindestens zweimal pro Woche ging sie ins Dorf und unterhielt sich mit den Leuten. Aber immer kehrte sie gerne zurück auf den Hof und war sich selbst genug. Gerade deshalb bewunderte Häfner sie für ihren Entschluss, völlig fremde Menschen bei sich aufzunehmen. Zumal es sich auch noch um Juden handelte, was durchaus Unannehmlichkeiten mit sich bringen konnte.

Nachdem nun bereits vier Tage vergangen waren, ohne dass Hannahs Eltern eintrafen, machte sich auch Häfner Sorgen. Er kannte Hans und wusste, dass der seinen Plan nicht in letzter Minute ändern würde. Also ließ das nur den Schluss zu. Es musste etwas passiert sein. Vor Hannah versuchte er, seine Unruhe zu verbergen. Nur mit Gertrud sprach er offen über seine Befürchtungen.

„Ich glaube nicht, dass sie noch kommen", sagte er am Morgen zu ihr.

Hannah war draußen bei den Hühnern, so dass die Geschwister sich ungestört unterhalten konnten. Gertrud, die ihrem Bruder nur selten zustimmte, teilte seine Meinung.

„Du hast wahrscheinlich recht, wenigstens eine Nachricht hätten sie uns zukommen lassen. Meinst du, man hat sie verhaftet? Du hast mir erzählt, dass Herr Spiegel schon einmal …"

„Nein, ich glaube nicht“, unterbrach sie der Doktor. „Dann hätten sie ihn nicht gehen lassen. Aber irgendeinen Grund muss es ja geben. Sie würden doch niemals einfach so ihre Tochter im Stich lassen, oder?“

„Mich darfst du nicht fragen, ich kenne die Leute nicht.“

„Ich im Grunde genommen genauso wenig, aber Hans hat mir mehrmals versichert, was für ehrbare Menschen das sind. Wohl oder übel werden wir warten müssen, bis sich der Junge meldet. Bis dahin wollen wir sehen, dass Hannah sich nicht allzu viele Gedanken macht.“

Doch seine Schwester schüttelte den Kopf.

„Mehr willst du nicht tun? Kommt gar nicht in Frage. Du hast mir die Leute aufgeschwatzt, also siehst du auch zu, wo sie bleiben. Du hattest ohnehin vor abzureisen, warum nicht heute? Dann kannst du zu deinem Hans gehen und ihn nach den Spiegels fragen. Danach schickst du uns ein Telegramm. Glaub mir, so ist es das Beste, damit ist allen geholfen.“

Als Hannah wenig später mit den Frühstückseiern in der Hand in die Küche kam, war die Abreise Häfners beschlossene Sache. Gertrud machte sich sofort daran, Häfners Sachen zu packen. Nach einem kurzen herzlichen Abschied setzte er sich ins Auto und fuhr davon. Wenn er sich ranhielt, würde er am Abend in Barnitz sein und sie hätten endlich Gewissheit. Er wollte nur einen Zwischenstopp an der Post einlegen. Gertrud hatte ihn gebeten nachzuschauen, ob nicht doch ein Brief eingetroffen war. Er selber glaubte nicht mehr daran, doch seiner Schwester zuliebe ging er in das kleine Postgebäude. Überrascht nahm er das Telegramm entgegen, welches fast zeitgleich mit ihm in der Poststelle eintraf, und begann nervös zu lesen.

„Bin auf dem Weg zu Euch. Maria und Ignatz tot. Hannah unter keinen Umständen etwas davon sagen. Müssen reden. Hans“

Das war es also, seine Ahnung hatte ihn nicht getrogen. Er hatte vermutet, dass etwas geschehen war, dass es jedoch so schlimm war, übertraf seine schlimmsten Erwartungen. Nachdenklich setzte er sich in sein Auto und versuchte, seine Gedanken zu ordnen. Die Spiegels waren nicht mehr am Leben, warum und weshalb teilte ihm Hans in dem kurzen Telegramm nicht mit.

Was sollte er nun tun? Erwartete Hans, dass er auf dem Hof auf ihn wartete oder war es vernünftiger nach Barnitz zu fahren, um die Praxis zu führen?

Unschlüssig drehte Häfner den Autoschlüssel in seiner Hand, dann entschied er sich dazu umzukehren. Er konnte Gertrud nicht im Ungewissen darüber lassen, was er gerade erfahren hatte. Außerdem war da auch noch Hannah. Was für ein Schock musste es erst für das Mädchen sein? Noch einmal dachte er an Hans' Worte. Er hatte ausdrücklich darum gebeten, ihr nichts davon zu sagen. Vermutlich gab es auch dafür einen Grund. Das änderte jedoch nichts an seinem Entschluss, wenigstens Gertrud einzuweihen. Er musste sich nur noch einen glaubwürdigen Vorwand einfallen lassen, warum er auf den Hof zurückkehrte.

Zu seiner Erleichterung war Hannah nicht da. Sie hatte beschlossen, das sonnige Wetter für einen kurzen Spaziergang zu nutzen. So bekam sie von der Aufregung im Haus nichts mit.

Gertrud war gerade damit beschäftigt, den Weg vom Schnee freizuschaufeln, als sie Motorengeräusche vernahm. Überrascht erkannte sie das Auto ihres Bruders und legte den Schneeschieber beiseite. Beunruhigt ging sie ihm entgegen. Ohne große Umschweife teilte Häfner ihr mit, was Hans ihm geschrieben hatte. Schockiert sah sie ihn minutenlang an. Dann fand sie ihre Worte wieder.

„Was wirst du jetzt tun? Willst du es ihr sagen?"

„Auf gar keinen Fall. Hans will es wohl selber tun, nehme ich an. Außerdem wissen wir nichts Genaues. Nein, nein, von uns wird Hannah nichts erfahren. Ich bin sowieso nur umgekehrt, weil ich dich vorwarnen wollte. Nun weißt du erst mal Bescheid, ich selber fahre gleich wieder los. Wenn Hans ankommt, richte ihm aus, dass er sich so viel Zeit nehmen kann, wie er braucht."

Häfner seufze schwer. „Ach Gertrud, wie wird das Mädchen nur damit umgehen? Sie hat schon so viel durchgemacht und nun auch noch das. Pass gut auf sie auf! Ich weiß, bei dir ist sie in guten Händen. Mach's gut Schwester!"

Doktor Häfner war kaum eine halbe Stunde weg, als erneut ein Wagen auf den Hof fuhr. Vom Fenster aus beobachtete Gertrud, wie ein junger Mann ausstieg und dem Fahrer etwas in die Hand drückte. Wenig später war das Auto verschwunden. Sie ahnte bereits, dass es sich um Hans handeln musste. Dennoch blieb sie am Fenster stehen und wartete. Hannah war noch nicht zurück und sie überlegte, wie sie dem jungen Mann gegenübertreten sollte. Sicher erwartete er, ihren Bruder anzutreffen.

Hans stand unterdessen unschlüssig im Hof und schaute auf das Haus. Wahrscheinlich überlegt er, wie er Hannah beibringen kann, dass ihre Eltern tot sind, dachte Gertrud. Schließlich kam er langsam auf die Eingangstür zu und zwang sie so, ihren Beobachtungsposten am Fenster aufzugeben, um ihm zu öffnen. Erstaunt blickte der Junge sie an, der davon ausgegangen war, dass Doktor Häfner auf ihn wartete. Nach einer kurzen Begrüßung richtete Gertrud ihm aus, was Klaus ihr aufgetragen hatte. Danach war Hans an der Reihe.

Mit nüchternen Worten berichtete er ihr vom Freitod der Spiegels, aber die gute alte Gertrud konnte er nicht täuschen. Sie erkannte an seinen traurigen Augen, wie viel ihm diese Menschen bedeutet hatten. Sofort schloss sie den Jungen in ihr Herz. Sie besaß genug Menschenkenntnis, um zu sehen, dass er ein guter Mensch war. Tröstend legte sie ihm ihre Hand auf den Arm und sah ihn mitfühlend an.

„Hannah wird bald zurück sein. Wenn Sie möchten, lasse ich Sie dann alleine. Sicher haben Sie sich eine Menge zu erzählen."

„Danke, das wird nicht nötig sein. Ich bin nicht gekommen, um ihr vom Tod ihrer Eltern zu berichten. Natürlich möchte ich in diesem Moment bei ihr sein, aber sie wird es nicht erfahren. Ich habe lange darüber nachgedacht, glauben Sie mir!

Aber ich kenne Hannah am besten. Ich liebe sie und kann ihr das jetzt nicht antun."

„Aber was wollen Sie ihr denn sagen?", fragte Gertrud. „Sie wartet doch auf ihre Eltern. Bis jetzt konnte ich sie beruhigen. Aber glauben Sie nicht, dass sie misstrauisch wird?"

Hans nickte. Er wusste, dass seine Entscheidung schwer zu verstehen war.

„Ich habe mir eine Geschichte zurechtgelegt. Sie können ruhig dabei sein, wenn ich mit ihr spreche. Vielleicht verstehen Sie meine Beweggründe nicht, aber ich bin mir sicher, das Richtige zu tun. Wenn Hannah die Wahrheit erfährt, wird niemand sie davon abhalten können, nach Barnitz zurückzukehren. Zu ihnen ist sie unter dem Schutz ihres Bruders gekommen, der Weg zurück wäre weitaus gefährlicher. Allein die Fahrt durch Berlin. Und auch in Barnitz ist sie nicht mehr sicher."

„Sie brauchen sich nicht vor mir rechtfertigen. Sie wissen sicherlich am besten, was zu tun ist. Ich kenne Hannah erst seit ein paar Tagen. Aber es würde mir wirklich leid tun, wenn ihr etwas zustieße, nur, weil sie unüberlegt aus dem Schmerz heraus handelt. Von mir haben Sie also nichts zu befürchten, ich kann schweigen."

Dankbar sah Hans die alte Frau an. Er hatte wirklich Glück, immer wieder an so gute Leute zu geraten. Nachdem er Häfners Schwester kennen gelernt hatte, war er sich sicher, dass er keinen besseren Ort hätte finden können, um Hannah zu verstecken. Spontan stand er auf und umarmte die Frau, die das Mädchen in ihre Obhut genommen hatte. Gerührt erwiderte sie seine Herzlichkeit.

„Hans, was machst du denn hier?"

Erschrocken sahen beide zur Tür, in der Hannah mit gerötetem Gesicht vor ihnen stand. Schnell entledigte sie sich der dicken Handschuhe und der Mütze, dann warf sie sich glücklich in seine Arme.

„Doktor Häfner hat nichts davon gesagt, dass du kommst. Oder wolltest du mich überraschen? Ich freue mich so! Gertrud, hast du etwa davon gewusst?"

„Nein mein Kind, für mich war es auch eine Überraschung. Aber ich freue mich für dich."

„Wie lange kannst du bleiben? Sind Mama und Paps auch hier? Ich habe die ganze Zeit auf sie gewartet. Hätte ich geahnt, dass du sie begleitest …"

„Sie sind nicht mitgekommen", unterbrach sie Hans. „Ich bin alleine hier und wenn du mich zu Wort kommen lässt, erkläre ich dir auch warum."

Verwundert sah Hannah ihn an.

„Am besten ist es, wir setzen uns in die Stube", forderte Gertrud sie auf. „Ich werde uns einen Tee kochen, dann können wir in Ruhe reden."

Glücklich nickte Hannah ihr zu und führte Hans in die gute Stube. Nach wenigen Minuten kam Gertrud mit einer großen Kanne Hagebuttentee zurück und schenkte ihnen ein.

„Probieren Sie!", forderte sie Hans auf. „Die Hagebutten habe ich selbst gepflückt und getrocknet. Schmeckt doch ganz anders als der gekaufte Kram."

„Ach Gertrud, hör doch mit den blöden Hagebutten auf! Es gibt wirklich Wichtigeres im Moment." Schmollend sah Hannah sie an.

„Jetzt erzähl endlich, Hans! Was treibt dich her? Wo sind meine Eltern? Wann sehen wir uns wieder?"

„Sie kommen nicht auf den Hof, Hannah, es tut mir leid. Ich weiß, wie sehr du sie vermisst. Glaub mir, du fehlst ihnen genauso. Aber die Umstände haben uns gezwungen, unseren Plan zu ändern."

Ohne zu Stocken leierte er seinen Text herunter. Auf der Fahrt hierher hatte er ihn wieder und wieder leise aufgesagt, so lange, bis er fast selbst daran glaubte.

„In Barnitz hat sich einiges getan. Alle Anzeichen deuten darauf hin, dass wir vor dem Ausbruch eines neuen Krieges stehen. Die Aufrüstung ist längst vollzogen, nur ein naiver Mensch kann noch an einen friedlichen Verlauf glauben.

Erinnerst du dich an Doktor Grünspan? In letzter Zeit muss ich oft an ihn denken. Eine Hitlerherrschaft bedeutet Krieg, das waren seine Worte. Er hatte recht damit.

Deutschland starrt wieder in Waffen, die Wehrmacht steht bereit. Und Krieg kostet Geld Hannah. Geld, welches sie sich nun von der jüdischen Bevölkerung holen. Man hat bereits begonnen, alle männlichen Juden in Konzentrationslager zu verschleppen, nicht ohne ihnen vorher ihr Hab und Gut abzunehmen.

Deshalb war es nötig, sofort zu handeln. Der Weg zu dir wäre zu gefährlich gewesen, vor allem für Ignatz."

„Ich kann nicht glauben, was du da sagst."

Bestürzt war Hannah aufgesprungen und lief nun im Zimmer auf und ab. Auch Gertrud sah den Jungen fassungslos an. Sie war sich nicht sicher, was an der Geschichte nun Wahrheit oder Lüge war.

„Wo sind sie?", fragte Hannah ihn weinerlich. „Geht es ihnen gut?"

„Ja Hannah, es geht ihnen gut. Einen Tag, nachdem du mit Doktor Häfner abgereist warst, starb Frau Becker. Du erinnerst dich sicher, meine Mutter wohnte bei ihr. Ihr ging es schon geraume Zeit nicht gut. Sie war fast achtzig, da erholt man sich nicht so leicht."

Zumindest das war nicht gelogen, dachte Hans. Frau Becker war wirklich gestorben. Sie war friedlich eingeschlafen, nur war es gerade mal einen Tag her und nicht kurz nach Hannahs Abreise.

„Das tut mir leid, Frau Becker war immer sehr nett zu mir. Aber was hat das mit Mama und Papa zu tun?"

„Wir haben sie in ihre Wohnung gebracht. Niemand außer mir und Mutter weiß davon. Dort sind sie sicher."

Hannah atmete auf, sie hatte sich umsonst Sorgen gemacht. Natürlich hätte sie ihre Eltern viel lieber bei sich gehabt. Aber die Hauptsache war, dass es ihnen in ihrem Versteck gut ging. Sie ahnte nicht, wie schwer es Hans fiel, ihr ins Gesicht zu lügen. Im Gegenteil, sie war ihm unendlich dankbar, dass er auch diesmal das Richtige getan hatte.

„Und Sie denken wirklich, es wird zum Krieg kommen?", mischte sich Gertrud ein.

Eigentlich hatte sie die Frage nicht stellen wollen,

möglicherweise brachte sie ihn damit in Verlegenheit. Sie ahnte ja nicht, ob dies Teil von Hans Geschichte war. Andererseits machte man keine Scherze damit. Sie hatte den Weltkrieg erlebt und dachte mit Grauen daran zurück. War es möglich, dass die Geschichte sich wiederholte? Sie musste eine Antwort darauf bekommen.

„Ja, es ist wahr. Immer wieder spricht Hitler davon, den sogenannten deutschen Lebensraum zu erweitern, womit er den Osten meint. Auch wenn es noch nicht offen ausgesprochen wird. Jeder, der sich ein wenig für Politik interessiert kann erkennen, wohin die Zeichen deuten."

„Lasst uns doch von etwas anderem reden!", forderte Hannah sie auf.

„Wie lange bleibst du? Ich hoffe, du willst nicht gleich wieder abreisen. Ich muss dir so viel zeigen, Hans. Es ist wunderschön hier. Wenn du erst den Wald und vor allem den See gesehen hast, wirst du gar nicht mehr wegwollen."

Hans wurde bei ihrem Eifer leichter ums Herz. Er war froh, sie hier glücklich zu wissen und es war gut, dass er sie in dem Glauben gelassen hatte, ihre Eltern lebten in Sicherheit.

„Ich weiß es nicht genau. Es wäre schön, eine Weile hierbleiben zu können. Aber kann ich Doktor Häfner solange mit der Arbeit alleine lassen?"

„Das dürfte das kleinste Problem sein", mischte Gertrud sich ein. „Mein Bruder lässt Ihnen ausdrücklich ausrichten, dass Sie sich so viel Zeit nehmen können, wie Sie wollen."

„Siehst du Hans, dann spricht nichts dagegen. Du bleibst und fertig."

Man konnte Hannah die Freude am Gesicht ablesen. Als nun auch noch Gertrud auf ihn einredete, gab er sich geschlagen. Er würde morgen zur Post gehen und mit Häfner telefonieren, dann konnte man weitersehen.

Den Rest des Tages verbrachten sie gemeinsam in der Stube und plauderten. Gertrud hatte eine Flasche Wein zur Begrüßung aus dem Keller geholt und Hannah schmierte ein paar Brote. Eine einfache Mahlzeit, doch Hans kam es vor, als hätte er Jahre nicht mehr so gut gegessen. Erst spät am Abend stand Gertrud erschrocken auf.

„Da sitzen wir hier und reden, dabei haben wir noch gar kein Zimmer für dich hergerichtet. Komm Hannah, hilf mir schnell! Hans kann solange den Tisch abräumen."

Als der dann eine Stunde später in dem weichen Bett lag, dauerte es nicht lange und die Augen fielen ihm zu. Hannah, die ihm eine gute Nacht wünschen wollte, schloss lächelnd die Tür. Hans war in ihrer Nähe, nur das war wichtig. Sollte er ruhig schlafen, ihnen blieb noch genug Zeit.

***

Der Winter ging langsam vorüber und machte einem warmen Frühling Platz. Wo noch vor Tagen Schnee gelegen hatte, streckten sich vorsichtig die ersten Schneeglöckchen und Krokusse dem Licht entgegen. Die hohen Tannen rund um den Hof hatten ihre schwere Schneelast abgeworfen und strahlten nun im ersten zarten Grün.

Hans war noch immer nicht abgereist, sehr zur Freude von Hannah. Stundenlang gingen sie spazieren und erkundeten die Gegend. Danach saßen sie oft mit Gertrud zusammen, tranken Ersatzkaffee und unterhielten sich. Für die jungen Leute war nun endgültig klar, dass sie sich liebten und das zeigten sie auch offen. Immer wieder tauschten sie kleine Zärtlichkeiten aus, was Gertrud gutmütig belächelte. Sie fand, dass sie gut zusammenpassten und hatte nichts dagegen einzuwenden.

Nur in einer Kammer schlafen, das durften sie nicht, da war sie altmodisch. Natürlich ahnte auch sie, dass das Paar Wege finden würde, um zusammenzukommen. Aber deshalb brauchte sie ja nicht ihr Einverständnis zu geben. Schließlich trug sie auch ein wenig Verantwortung für das Mädchen.

Unterdessen führte Doktor Häfner wie versprochen die Praxis und außer Lina gab es nichts, was Hans noch dazu bewegen konnte, diesen herrlichen Ort zu verlassen. Er ahnte, dass diese Zeit nicht ewig währen würde und genoss jede

Minute, in der sie sorglos in den Tag hineinlebten. So vergingen etliche Wochen, in denen Hans nicht viel von der Außenwelt mitbekam.

Mehrmals versuchte er Gertrud zu überreden, sich einen Rundfunkempfänger anzuschaffen, bisher jedoch ohne Erfolg. Umso mehr überraschte es ihn, als er nach einem Spaziergang mit Hannah zurückkam und laute Musik aus dem Haus drang. Erstaunt gingen sie in die Küche, in der Gertrud mit dem Kochlöffel in der Hand ein Lied trällerte. Es sah so komisch aus, wie sie da in ihrer Kittelschürze um den Topf herumtanzte und ‚Lili Marleen' mitsang, dass Hans und Hannah laut loslachten. Erschrocken sah Gertrud sich nach ihnen um und wurde rot.

„Was ist denn los? Warum lacht ihr so? Man wird in seinem eigenen Haus doch noch singen dürfen."

Dabei schaute sie so zerknirscht, dass die beiden von neuem anfingen zu lachen.

„Das darfst du auch Gertrud", prustete Hans los. „Aber bitte leg beim nächsten Mal den Kochlöffel aus der Hand. Man könnte glauben, du dirigierst ein ganzes Orchester."

„So was Albernes", verteidigte die sich. „Überhaupt, du hast mir doch geraten, mir den Kasten anzuschaffen. Nun habe ich ihn, dann ist es auch wieder nicht recht."

„Unsinn, so war das doch nicht gemeint. Verstehst du etwa keinen Spaß mehr? Du hättest dich nur mal sehen müssen, zu schön war es."

„Ja, ja, macht euch nur lustig über mich", schmunzelte nun auch Gertrud. „Aber jetzt ist erst mal Schluss, das Essen ist nämlich fertig."

Mit diesen Worten stellte sie die Teller auf den Tisch und ging zum Radio, um es auszuschalten. Erst am Abend setzten sie sich wieder gemeinsam in die Küche, um die Nachrichten zu hören. Schon nach wenigen Minuten stellte Hans fest, wie viel er verpasst hatte. Auch wenn er sich eingeredet hatte, dass ihre Welt hier auf dem Hof in Ordnung war, ging das Leben draußen weiter. Er hätte es besser wissen müssen und machte sich Vorwürfe.

Dabei war er es gewesen, der Gertrud vor der Gefahr eines möglichen Krieges gewarnt hatte. Wie konnte er dann selbst die Augen davor verschließen, nur um die Zeit mit Hannah zu genießen? Damit war nun jedenfalls Schluss. Sie konnten nicht länger in den Tag hineinträumen.

Der Tonfall in der Berichterstattung war schärfer geworden, das spürte er sofort. Es wurde Stimmung für den Krieg gemacht und wie immer wurden die Juden zu Sündenböcken abgestempelt. Gerade zitierte der Sprecher Hitlers Rede von Ende Januar im Reichstag. Dabei kündigte er im Falle eines neuen Weltkrieges die Vernichtung der jüdischen Rasse an oberster Stelle an.

Bestürzt sah Hans zu Hannah hin, die bleich geworden war. Auch Gertrud brachte keinen Ton heraus. Er versuchte, sich mit dem Gedanken zu trösten, dass diese Aussagen bereits einige Wochen her und nichts passiert war. Gleichzeitig hatte er das Gefühl, sich selber zu belügen. Was wussten sie schon, was in Berlin oder sonst wo vor sich ging? Während dieser Hitler das Volk beschwor, hatten sie nichts anderes zu tun gehabt, als über Wiesen und Felder zu laufen.

Eine beklemmende Stille machte sich im Zimmer breit. Keiner von ihnen wusste so richtig, wie er auf das Gehörte reagieren sollte. Dennoch war die Angst nach all den schönen Tagen, die sie gemeinsam verbracht hatten, wieder greifbar. Und so sollte es die nächste Zeit auch bleiben.

***

Langsam zogen dunkle Wolken am Himmel auf. Im März 1939 wurde Prag besetzt und die Drohungen gegenüber Polen verstärkten sich. Das Leben im Dorf ging weiter seinen üblichen Gang, Aussaat und Ernte im Rhythmus der Natur. Doch nun spürten auch die Bewohner auf dem Land, dass etwas bevorstand.

Lebensmittel, Viehfutter und Brennstoff wurden rationiert,

neue Vorschriften eingeführt, es gab Lebensmittelkarten und Bezugsscheine. Die Kinder sammelten Bucheckern und Heilkräuter im Wald, die sie an Sammelstellen abgaben. Hühner und Schweine wurden gezählt, Getreide abgewogen.

Die älteren Männer seufzten, sie hatten das schon einmal miterlebt. Einige unter den Dorfbewohnern begannen bereits Parallelen zum Jahr 1914 zu ziehen. Damals hatten sie in der heißen Sommerzeit auf ihren Feldern gestanden, als mitten in der Ernte die Mobilmachung kam. Dieses Mal war die Ernte eingebracht, nur der Mais stand noch draußen im Feld. Dieses Mal kam die Mobilmachung auch nicht mit dem Läuten der Kirchenglocken wie damals, als man die Arbeit niederlegte und heimeilte mit Sense und Harke.

Sie kam vier Wochen später. Sie kam über Nacht, vom 25. auf den 26. August 1939, wie ein Gewitter aus heiterem Himmel, in Form von Einberufungen und Befehlen. Die ersten jungen Männer und Söhne mussten sofort einrücken, dann weitere am nächsten Morgen. Die Wehrmacht beschlagnahmte die Pferde der Bauern. Diese wurden vor dem Rathaus durch den Militärveterinär, Bürgermeister und den Ortsdiener gemustert und später abgeholt, wofür es eine geringe Entschädigung gab. Damit fehlten die Zugtiere, die den Pflug auf den Feldern zogen. Es folgte eine harte Zeit, sowohl für Mensch wie Tier.

Hans war zu diesem Zeitpunkt längst zurück in Barnitz. Schon nach den ersten Meldungen hatte er seine Sachen gepackt. Der Abschied war schmerzhaft und tränenreich gewesen. Immer wieder musste er Hannah versprechen, sobald wie möglich wiederzukommen. Es fiel ihm nicht leicht, sie auf dem Hof zurückzulassen, aber für ihn gab es keine andere Möglichkeit. Eindringlich warnte er sie davor, zukünftig alleine spazieren zu gehen. Die Gefahr entdeckt und als Jüdin entlarvt zu werden, war zu groß geworden.

Denn auch der Hof, der vorher als sicherer Zufluchtsort galt, wurde immer häufiger von Ortsdienern und Helfern aufgesucht. Gertrud trat ihnen zwar resolut entgegen, konnte aber nicht verhindern, dass man ihre Hühner zählte und dabei heimlich die Eier stahl. Viel Widerstand leistete sie nicht. Ihr war es wichtiger, dass die Leute so schnell wie möglich den Hof verließen und Hannah aus ihrem Versteck kommen konnte. Gemeinsam mit Hans hatte sie vor dessen Abreise in der Scheune ein Lager hergerichtet. Es war nicht viel, nur zwei Decken, eine Lampe und ein paar Lebensmittel, die sie regelmäßig austauschte. So hatte das Mädchen jedoch die Möglichkeit, sich im Notfall zu verbergen.

Unterdessen hatte Hans sich bei seiner Mutter einquartiert. Lina war froh ihren Jungen endlich wieder bei sich zu haben, wenn das auch bedeutete, dass Hannah nun allein zurechtkommen musste.

Seit den erschreckenden Nachrichten, die mit dem Einmarsch deutscher Truppen in Böhmen und Mähren im März begannen, bangte sie täglich um ihre Söhne. Auch um Hermann machte sie sich Sorgen, wenn sie es auch nicht laut aussprach. Sie war seine Mutter, selbst, wenn das, was er tat, nicht ihren Vorstellungen entsprach. Er war trotz allem ihr Kind. Das Letzte, was sie sich wünschte, war eines ihrer Kinder in den Krieg ziehen zu sehen.

Während Hitler und seine Gefolgschaft Stimmung für den Krieg machten, betete Lina jeden Abend, dass es nicht dazu kommen würde. Und damit war sie nicht die Einzige. Weite Teile der deutschen Bevölkerung fürchteten sich vor einem neuen Krieg, von einer Kriegsbegeisterung wie 1914 konnte keine Rede sein. Zu frisch war die Erinnerung an den Weltkrieg ein Vierteljahrhundert zuvor und seine katastrophalen Folgen.

Doch ihre Gebete wurden nicht erhört. Obwohl die polnische Armeeführung vom massiven Aufmarsch der Wehrmacht an der Grenze unterrichtet war, kam der Angriff in den frühen Morgenstunden des 1. September 1939 völlig überraschend. Um 4.45 Uhr eröffnete das Linienschiff „Schleswig-Holstein“ das Feuer auf polnische Befestigungen auf der Westerplatte vor der Stadt Danzig. Noch am selben Tag erklärte die deutsche Führung den Anschluss Danzigs an das Deutsche Reich.

Das Wort Krieg untersagte das NS-Regime ausdrücklich, stattdessen sprach die NS-Propaganda von einer verdienten Strafaktion gegen polnische Provokationen und Grenzverletzungen. In Wirklichkeit war der Überfall auf den deutschen Sender Gleiwitz mit zwei Toten am 31. August eine fingierte Aktion der SS, die den Einmarsch der Wehrmacht in Polen als berechtigte Verteidigungsmaßnahme begründen sollte.

Die deutsche Bevölkerung nahm den Beginn der Kampfhandlungen mit bedrückter Stimmung auf. Doch Hitler hatte sich zuvor abgesichert und im Hitler-Stalin-Pakt mit dem russischen Diktator eine Aufteilung Polens ausgehandelt. Polen, das sich zuvor durch Beistandsverträge mit Westeuropa geschützt gefühlt hatte, hörte auf, als Staat zu existieren. England und Frankreich reagierten zwar mit einer sofortigen Kriegserklärung an Deutschland, zogen aber daraus zunächst keine weiteren Konsequenzen. Die Strategie Hitlers war aufgegangen.

Für die jüdische Bevölkerung wurde der Kriegsbeginn von weiteren Demütigungen begleitet. So verhängte man, für die noch in Deutschland verbliebenen Juden eine nächtliche Ausgangssperre, beschlagnahmte ihre Radios, ihre Autos und sperrte ihre Telefonanschlüsse. Sie mussten bei minimalem Lohn Zwangsarbeit leisten und durften nur noch in besonderen Geschäften einkaufen. Kaum ein Tag verging, ohne neue Verordnungen und Schikanen.

Erst jetzt wurde Hans so richtig bewusst, wie froh sie sein konnten, dass Hannah ein halbwegs sorgenfreies Leben auf dem Land führen konnte. Auch wenn sie sich nicht mehr ganz so frei bewegen konnte, wie noch vor Monaten, musste sie sich doch nicht vor den Schikanen fürchten, denen sie in Barnitz ausgesetzt wäre.

Hans schrieb ihr regelmäßig Briefe, adressierte sie jedoch an Gertrud. Und auch Hannah benutzte deren Namen, wenn sie antwortete. Ihr oberstes Ziel war es, keine Aufmerksamkeit zu erregen.

Natürlich wusste Hannah, was geschehen war. Sie hatten ja

nun den Volksempfänger und sie machte sich Sorgen. Am meisten fürchtete sie, dass Hans eingezogen werden könnte und sie ihn nicht wiedersah. Was sollte dann aus ihr werden, vor allem jetzt? Sie hatte lange darüber nachgedacht, ob sie Hans die Neuigkeiten schreiben sollte. Viel lieber würde sie ihm dabei in die Augen schauen. Würde er erschrecken oder sich so wie sie darüber freuen?

Grübelnd saß sie in ihrer Kammer und starrte auf das weiße Blatt Papier. Sie konnte Gertrud fragen, aber sie hatte ihr noch nichts davon erzählt. Sie bemerkte zwar, wie die ältere Frau sie in letzter Zeit manchmal komisch von der Seite anschaute, wenn sie sich unbeobachtet fühlte. Gesagt hatte sie jedoch kein Wort. Und für Hannah war es im Moment nur wichtig, die richtigen Worte zu finden.

Lieber Hans, begann sie den Brief, den dieser genau fünf Tage später in den Händen hielt. Zuerst will ich Dir mitteilen, dass es Gertrud und mir gut geht, wenn man das unter diesen Umständen so sagen kann.

Ich wünschte, Du wärest hier bei uns und könntest wie wir von den reifen Himbeeren probieren, die wild hinter dem Haus wachsen. Gertrud ist den halben Tag damit beschäftigt, daraus Sirup, Marmelade und was weiß ich noch zu kochen.

Viel hat sich hier nicht verändert, außer, dass manchmal Leute auf den Hof kommen, die aber auch schnell wieder gehen. Das liegt daran, dass Gertrud jedes Mal laut zu schimpfen anfängt und sie beschuldigt, ihre Eier zu stehlen, was sie auch wirklich schon getan haben.

Im Radio habe ich gehört, dass fast jeden Tag Männer in deinem Alter eingezogen werden. Ich habe große Angst, Hans. Davor, dass Du eines Tages dabei sein könntest. Wenn ich nur daran denke, wird mir ganz schlecht.

Lieber Hans, ich weiß nicht recht, wie ich es Dir sagen soll. Vielleicht finde ich nicht die richtigen Worte, aber es hat einen besonderen Grund, dass ich Dir heute schreibe. Viel lieber hätte ich Dir diese Nachricht persönlich überbracht. Aber das geht ja leider nicht.

Nun, ich will Dich nicht länger auf die Folter spannen. Ich erwarte ein Kind von Dir. Am Anfang konnte ich es selbst kaum glauben, aber nun sind die Zeichen eindeutig. Sogar einen kleinen Bauch bekomme ich schon. Ich verstehe, wenn Du nun geschockt bist. Wir haben nie darüber gesprochen und der Zeitpunkt ist wahrlich alles andere als günstig. Aber ich freue mich auf das Baby und hoffe von ganzem Herzen, dass Du das genauso siehst. Gemeinsam werden wir das schaffen, glaub mir.

Allerdings gibt es da noch etwas. Natürlich möchte ich, dass Du meinen Eltern davon erzählst, schließlich werden sie Großeltern. Papa wird dir zwar den Kopf abreißen und darauf bestehen, dass Du mich auf der Stelle heiratest. Aber Du weißt, wie gerne er Dich hat. So schlimm kann es also nicht werden.

So, nun weißt Du alles, bitte schreib mir schnell zurück! Noch schöner wäre es allerdings, wenn Du herkommen könntest.

In Liebe und Sehnsucht
Deine Hannah

Lautlos flatterte der Briefbogen zu Boden. Mit allem hatte Hans gerechnet, aber nicht damit, dass Hannah schwanger werden könnte. Im selben Moment merkte er, wie naiv dieser Gedanke war. Mit zittrigen Händen wischte er sich kleine kalte Schweißperlen von der Stirn. Hannah vermutete richtig, wenn sie befürchtete, er könnte ihre Freude nicht teilen. Er war zutiefst geschockt, wofür es gleich mehrere Gründe gab.

Würden sie in einer friedlichen Welt leben, hätte ihn nichts glücklicher gemacht, als mit ihr ein Kind zu haben. Aber es war Krieg und keiner konnte voraussagen, was er mit sich brachte. Jederzeit konnte seine Einberufung ins Haus flattern. Dann würde er an irgendeiner Front kämpfen, während seine geliebte Hannah sein Kind erwartete.

Und das war noch nicht alles. Sie verlangte, dass er ihren Eltern Bescheid gab. Ihren Eltern, die schon über ein halbes Jahr tot waren.

„Oh Gott“, stöhnte er. Was sollte er nur tun? Bisher hatte

er immer einen Weg gefunden, um sich aus schwierigen Situationen zu befreien. Jetzt war er zum ersten Mal ratlos.

So verstört fand ihn Lina vor, die unterwegs gewesen war, um Lebensmittelkarten abzuholen. Mit einem Blick erkannte sie, dass etwas nicht stimmte. Doch aus Hans war kein Wort herauszuholen. Schweigend stand er da und starrte auf das Blatt Papier, welches noch immer am Boden lag. Nun hob es seine Mutter auf und begann zu lesen.

„Oh mein Gott“, benutzte sie denselben Wortlaut wie ihr Sohn. „Wie konnte das nur passieren?“ Energisch schob sie Hans zum Tisch und drückte ihn auf den Stuhl. Dann sah sie ihn fragend an.

„Erwartest du etwa eine Antwort darauf?“, fragte Hans.

„Ja, denn ich verstehe dich nicht. Du warst doch sonst immer so vernünftig. Wie soll es denn nun weitergehen? Es ist Krieg, wir haben doch wirklich schon Probleme genug.“

„Das weiß ich selber, Mutter. Aber was soll ich denn tun? Hannah erwartet das Kind nun mal. Glaubst du wirklich, ich bin glücklich darüber? Und noch viel schlimmer ist, dass sie Maria und Ignatz als Großeltern sieht. Wie soll ich ihr jemals die Wahrheit erklären?“ Verzweifelt sah er Lina an und schüttelte den Kopf.

„Ach Mutter, warum musste alles so kommen? Wem nützt dieser sinnlose Krieg? Es könnte doch alles so schön sein. Ich liebe Hannah und unter anderen Umständen wäre ich nun der glücklichste Mensch auf der Welt, aber so …“

„Was wäre wenn? Es bringt nichts, länger darüber nachzudenken. Lass uns lieber überlegen, wie es weitergeht. Am besten, du fährst erst einmal zu ihr. Was geschehen ist, lässt sich sowieso nicht mehr ändern. Versuch wenigstens, ihr ein wenig Freude zu zeigen. Sie trägt dein Kind unter ihrem Herzen, Hans. Zeig ihr, dass du zu ihr hältst! Irgendwie wird schon alles gut werden.“

Hans war froh über die aufmunternden Worte seiner Mutter. Je länger er darüber nachdachte, umso mehr Hoffnung schöpfte er. Hannah war bei Gertrud gut aufgehoben. Kein Mensch ahnte, dass sie Jüdin war. Warum sollte es ihnen nicht gelingen, das Kind zur Welt zu bringen und großzuziehen? Schlussendlich bekamen die Menschen ja auch in harten Zeiten Kinder.

Er spürte, wie sich langsam ein freudiges Gefühl in ihm breitmachte. Er würde Vater werden. Gab es für einen Mann überhaupt einen stolzeren Moment?

Lina beobachtete, wie sich Hans‘ angespannte Gesichtszüge in ein Lächeln umwandelten. Liebevoll nahm sie ihren Sohn in den Arm.

„Wir schaffen das, Hans. Ich verspreche es dir! Egal was passiert, du kannst dich hundertprozentig auf mich verlassen. Ich werde immer für Hannah und euer Kind da sein. Und nun brauch ich einen Schnaps, man wird ja nicht alle Tage Oma."

Zielstrebig ging sie zum Schrank und nahm eine Flasche Likör heraus, dann schenkte sie sich und Hans ein.

„Prost Hans, auf euer Kind. Ich kann gar nicht glauben, dass die kleine Hannah nun selbst Mutter wird. Ich weiß noch genau, wie sie damals zur Welt kam. Maria war so glücklich und Ignatz stolz wie Oskar. Und nun können sie nicht mehr miterleben, wie ihr Enkelkind geboren wird."

Die Erinnerung machte sie traurig. Verstohlen wischte sie sich eine Träne aus den Augen. Doch Hans hatte sie längst bemerkt.

„Denkst du, Ignatz würde sich freuen? Hannah meint ja, dass er mir den Kopf abreißen würde?"

„Ach Hans, du weißt doch, wie gern er dich hatte. Für ihn warst du wie ein Sohn. Allerdings glaube ich kaum, dass er darüber erfreut wäre, Hannah schwanger zu wissen, obwohl ihr nicht verheiratet seid. Wenn du Hannah aufrichtig liebst, musst du dafür sorgen, dass das Kind in geordneten Verhältnissen aufwächst. Und du musst ihr endlich die Wahrheit über ihre Eltern erzählen! Wahrscheinlich haben wir schon viel zu lange damit gewartet."

„Du hast recht, Mutter. Ich werde zu ihr fahren und mit ihr reden. Und heiraten werde ich sie auch. Mein Kind soll meinen Namen tragen, so wie es sich gehört." Lachend nahm er ihre Hände und drehte sich wie zum Tanz im Kreis. Alles würde gut werden, da war er sich nun sicher. Er würde Hannah zur Frau nehmen, dann waren sie eine richtige kleine Familie. Irgendwann würde auch dieser sinnlose Krieg vorbei sein. Dann wäre ihr Glück perfekt.

„Du weißt doch, dass das gar nicht geht", dämpfte Lina seinen Übermut. „Wenn du es auch nicht gerne hörst. In diesem Land bist du Arier, wogegen Hannah Jüdin ist. Es steht Zuchthaus auf die Verletzung des Rassengesetzes."

„Verdammt", dachte Hans, daran hatte er in seiner Freude überhaupt nicht gedacht. Aber es stimmte. Ein Pfarrer, der sie dennoch vermählte, würde wohl schwer zu finden sein. Grübelnd ging er zum Fenster und starrte hinaus. Irgendeinen Weg musste es doch geben.

„Vielleicht weiß ich eine Möglichkeit", riss ihn Lina aus den Gedanken. „Was hältst du davon, wenn ihr nach traditioneller jüdischer Art heiratet? Es wird leichter sein, einen Rabbiner von euren Absichten zu überzeugen, als einen Pfarrer. Außerdem wäre das im Sinne von Hannahs Eltern. Tut es ihnen zuliebe! Ich glaube, sie wären sehr stolz darauf."

Aufmerksam hatte Hans zugehört und war von ihrem Vorschlag begeistert. „Ach Mutter, was würde ich nur ohne dich tun? Wenn Hannah damit einverstanden ist, werde ich sofort zum Rabbiner gehen und ihn darum bitten. Ich muss mich auch in die jüdischen Hochzeitsbräuche einweisen lassen."

„Aber sei vorsichtig, hörst du!", mahnte ihn Lina, „Du darfst nicht auffallen. Es ist gefährlich, mein Sohn."

Doch Hans hörte ihr nicht mehr richtig zu. Er hatte schon nach seiner Jacke gegriffen und ging zur Tür.

„Schon gut Mutter, mach dir keine Sorgen!", rief er und rannte aus der Wohnung. Nachdenklich blickte Lina ihm nach. Sie war keine gläubige Frau, doch nun faltete sie ihre Hände.

„Bitte lieber Gott", flehte sie. „Lass alles gut werden. Beschütze meinen Sohn und Hannah!

Vor allem aber beschütze dieses kleine Wesen, das noch nicht mal auf der Welt ist!"

***

Drei Wochen später war es soweit und die Vorbereitungen für die Hochzeit abgeschlossen. Außer Gertrud und dem Rabbiner, der sie trauen sollte, erfuhr kein Mensch davon. Die gute alte Gertrud war aus allen Wolken gefallen, als Hans plötzlich auf dem Hof gestanden und ihr seine Absichten erklärt hatte. Dass Hannah in anderen Umständen war, vermutete sie bereits. Immerhin war sie lange genug als Hebamme tätig gewesen, um die ersten Anzeichen richtig zu deuten.

Sie freute sich aufrichtig für das Mädchen, welches fast so etwas wie eine Tochter für sie geworden war, dass Hans zu ihr stand. Gleichzeitig war ihr die schwierige Situation bewusst, in die sie sich begaben. Wenn auch nur ein Mensch davon erfuhr und sie verriet, waren nicht nur die jungen Leute, sondern auch sie selbst in Gefahr. Dennoch hatte sie alles darangesetzt, ihnen zur Seite zu stehen. Als Hannah endlich vom Tod ihrer Eltern erfuhr und am Boden zerstört war, war sie es, die ihr wieder auf die Beine half.

„Du musst ihn verstehen“, hatte sie auf Hannah eingeredet. „Er wollte dir nur helfen, indem er dich vor der Wahrheit verschonte.“

Tränenüberströmt hatte das Mädchen sie angesehen. Wochen und Monate war sie in dem Glauben gewesen, ihre Eltern lebten in Sicherheit. Nun erfuhr sie, dass sie sich das Leben genommen hatten. In dem Moment, der für sie der glücklichste ihres Lebens werden sollte, würden sie nicht an ihrer Seite stehen.

Immer und immer wieder sprach Gertrud sanft auf sie ein und überzeugte sie allmählich davon, dass es nur zu ihrem Besten geschehen war. Als Hans ihr dann von seinem Vorhaben berichtete, eine jüdische Hochzeit abzuhalten, kehrte das Lächeln langsam in ihre Augen zurück.

Die nächsten Tage waren sie mit allerhand Vorbereitungen

beschäftigt. Es musste ein Rabbiner in ihrer Nähe gefunden werden, der bereit war sie zu trauen. Hans als Christ durfte nach den jüdischen Gesetzen eigentlich nicht jüdisch heiraten, aber sie fanden einen Rabbiner, der in diesen Zeiten die Gesetze zurückstehen ließ. Auch wenn es offiziell keine gültige Hochzeit sein würde, wollten Hans und Hannah ihren Bund besiegeln.

Außerdem brauchte Hannah ein Kleid und auch für ein paar Leckereien sollte gesorgt werden. Sie mussten jeden einzelnen Schritt genau durchdenken, alles musste heimlich geschehen. Niemand durfte etwas davon mitbekommen. Gertrud konnte also nicht einfach in den Dorfladen spazieren und einkaufen, da die Leute davon ausgingen, dass sie mit einer entfernten Verwanden allein auf dem Hof wohnte.

Nachdem Hannah anfangs mehrmals gesehen wurde, hatte sie die Geschichte von einer Nichte ihrer verstorbenen Tante erfunden. Sie war froh, dass man ihr geglaubt hatte, doch umso vorsichtiger ging sie nun vor. Sie durften keine Aufmerksamkeit erregen. Trotzdem hatte sie es geschafft, alles hübsch herzurichten.

Ganz früh am Morgen war Lina gleichzeitig mit dem Rabbiner in dem kleinen Dörfchen eingetroffen. Der Bahnhof und das Dorf lagen noch verschlafen vor ihnen, so dass niemand etwas von ihrer Ankunft bemerkte. Zu Fuß machten sie sich auf den Weg zum Hof, wo sie bereits ungeduldig erwartet wurden.

Nachdem sich alle außer Hannah, die sich in ihrer Kammer herrichtete, bei einer Tasse Kaffee gestärkt hatten, besprachen sie gemeinsam den Ablauf. Dann gingen sie nach draußen in den Garten.

Lina besuchte zum ersten Mal Gertruds Hof und war restlos begeistert. Das kleine Grundstück war von unzähligen Obstbäumen eingezäunt, so dass man von draußen kaum Einblick hatte. Wo sie hinschaute, blühten Blumen in den unterschiedlichsten Farben. Weiter hinten am Zaun erkannte sie ein gepflegtes Gemüsebeet mit Tomaten, Kohlrabi, Bohnen und Möhren. In der Mitte des Gartens, genau unter einem riesigen Apfelbaum, war aus Zweigen ein provisorischer Baldachin errichtet, wie er auf einer jüdischen Hochzeit üblich war. Jemand hatte ihn mit Blumen und bunten Bändern geschmückt, ein wunderschöner Anblick, über den nicht nur Lina staunte. Fragend sah sie zu Gertrud, doch die schüttelte den Kopf. Allerdings konnte sie sich denken, wer dafür verantwortlich war.

„Ich habe keine Ahnung, wann du das geschafft hast, Hans. Aber es sieht bezaubernd aus", sagte sie.

Lachend stellte Hans sich zwischen die beiden Frauen und legte ihnen einen Arm um die Schulter.

„Da staunt ihr, was? Aber zu einer solchen Hochzeit gehört nun mal auch der Baldachin, Hannah und ich werden darunter stehen. Er symbolisiert unser neues gemeinsames Dach."

„Was du alles weißt", staunte Lina nicht schlecht. „Ich muss sagen, du überraschst mich immer wieder."

„Staunt lieber über die Braut", rief Gertrud, denn in diesem Moment führte der Rabbiner Hannah in den Garten. Sie trug ein einfaches weißes Kleid. In ihrem Haar steckte als einziger Schmuck eine kleine weiße Rose, doch sie sah atemberaubend schön aus. Mit offenem Mund sah Hans ihr entgegen, unfähig, auch nur einen Ton herauszubringen.

Lächelnd kam Hannah auf den Bräutigam zu und ging dem Brauch entsprechend siebenmal um ihn herum, bevor sie gemeinsam unter den Baldachin traten. Der Rabbiner las die Hochzeitsgebete und anschließend die Ketuba vor, den Ehebrief, in dem die Brautleute versprachen, einander zu ehren und zu dienen. Dabei teilten sie sich zweimal einen Becher Wein.

Andächtig verfolgten Lina und Gertrud die Feierlichkeiten. Beide hatten Tränen der Rührung in den Augen, vor allem dann, als Hans seiner Braut den symbolischen Brautpreis, einen schmalen goldenen Ring, ansteckte. Er gehörte zu den Schmuckstücken, die Lina aus dem Besitz von Maria gerettet hatte. Es handelte sich um ein Geschenk von Ignatz, welches er seiner Frau zum vorletzten Hochzeitstag gemacht hatte. Hannah erinnerte sich wehmütig, wie er sie damals um ihre

Meinung gebeten hatte.

„Glaubst du, deine Mutter freut sich?"

„Er ist wunderschön, Papa", hatte sie geantwortet und kaum den Blick von dem schmalen Goldreif lassen können. Und nun hielt ihn Hans in den Händen, bereit ihn ihr an den Finger zu stecken. Dabei sah er, wie Hannah Tränen über ihr Gesicht liefen, als sie den Ring erkannte. In diesem Moment ahnte er nicht, dass er ihr kein schöneres Geschenk hätte machen können. Sie vergaß die Wut und ihre Verzweiflung darüber, dass Hans ihr den Tod ihrer Eltern verschwiegen hatte. Alles, was jetzt für sie zählte, war dieser Ring. Ein Zeichen, dass Ignatz und Maria bei ihnen waren. Glücklich und dankbar schaute sie zu dem Mann, den sie über alles liebte und mit dem sie den Rest ihres Lebens verbringen wollte.

Dann deklamierte der Rabbiner die sieben Segenssprüche, die von der Bedeutung des Zusammenhaltens einer jüdischen Zukunft sprachen, bevor Hans am Ende der Zeremonie ein Weinglas zertrat. Ein Brauch, der an die vielen Liebespaare erinnern sollte, die durch Krieg und Gewalt auseinander gerissen worden.

Danach blieben die Brautleute für kurze Zeit allein. Glücklich schmiegte sich Hannah in Hans' Arme.

„Das ist der schönste Tag in meinem Leben", versicherte sie ihm und küsste ihn zärtlich. „Schon als kleines Mädchen habe ich davon geträumt, einmal deine Frau zu werden."

„Du meinst damals, als du noch so dürr und sommersprossig warst?" Lachend wirbelte Hans seine Braut im Kreis herum. Doch Hannah blieb seltsam ernst.

„Du kannst ruhig lachen. Aber eines ist sicher, wir sind füreinander bestimmt."

Und dann lachte sie doch, als sie hinzufügte. „So schnell wirst du mich also nicht mehr los, geliebter Ehemann."

„Das möchte ich auch gar nicht. Ein Leben ohne dich wäre unvorstellbar für mich. Ich liebe dich Hannah und ich liebe unseren Sohn und wenn er noch so winzig ist."

„Woher willst du wissen, dass es ein Sohn wird? Ich denke eher an ein kleines dürres Mädchen mit Sommersprossen."

„Das ist mir auch recht, Hauptsache, es kommt nach seinem Vater."

Nun hielt es auch Lina nicht länger auf der Bank. Gertrud war ins Haus gegangen, um das Essen auf den Tisch zu stellen. Der Rabbiner hatte sich bereits verabschiedet, nicht ohne, den beiden Frischvermählten Glück und Segen zu wünschen. Gerne wäre auch er noch etwas länger geblieben, aber ihm stand eine schwierige Rückfahrt bevor.

Stolz ging Lina zu ihrer Schwiegertochter und umarmte sie.

„Alles Gute, Hannah. Ich hoffe, ihr werdet glücklich. Ich jedenfalls freue mich über die Wahl meines Sohnes. Du weißt, was Ignatz und Maria mir bedeutet haben. Ich mache mir noch immer Vorwürfe, nicht bei ihnen gewesen zu sein in ihren schwersten Stunden. Nun habe ich das Gefühl, etwas davon gutmachen zu können. Ich werde immer für dich da sein, Hannah. Und nun habe ich noch ein Geschenk für dich. Aber nur, wenn du mir versprichst, nicht wieder zu weinen."

Wortlos nickte Hannah und nahm den in Papier eingeschlagenen Karton entgegen. Von Hans hatte sie erfahren, dass die Apotheke in fremde Hände übergegangen war und mit ihr auch der gesamte Besitz der Spiegels. Seitdem hatte sie oft darüber geweint, dass ihr nichts außer Erinnerungen geblieben waren.

Schon der Ring ihrer Mutter hatte sie überglücklich gemacht, als sie nun aber die Fotoalben ihrer Eltern in der Hand hielt, konnte sie sich nicht länger beherrschen. Laut schluchzend fiel sie Lina um den Hals, die sie nur mit Mühe ein wenig beruhigen konnte. Gemeinsam mit Hans gingen sie zu Gertrud in die gute Stube, in der sie noch bis zum Abend beisammensaßen.

Zwei Wochen blieben Hans und Lina auf dem Hof, dann nahmen sie Abschied. Kurz vor ihrer Abreise machte Gertrud ihnen dann einen überraschenden Vorschlag. Sie hatte bemerkt, wie gut es Lina auf dem Land und bei ihr gefiel. Und auch sie selber war dieser stillen, einfachen Frau sehr zugetan. Besonders die langen Gespräche am Abend würden ihr sehr fehlen.

„Warum bleibst du nicht einfach hier bei uns?“, fragte sie gerade heraus. „Du hast selbst erzählt, dass dein anderer Sohn nichts mehr von euch wissen will. Arbeit hast du auch keine, also was hält dich noch dort?“

Im ersten Moment war Lina sprachlos. Erstaunt sah sie in die Gesichter der anderen. Sie konnte doch nicht einfach hierbleiben, auch wenn es ihr noch so gut gefiel. Da war die Wohnung, die sie nach Frau Beckers Tod übernommen hatte. Hans arbeitete in Barnitz und überhaupt, sie hatte ihr ganzes Leben dort verbracht.

„Was ist, wie denkst du darüber?“, hakte Gertrud nach.

„Ich weiß nicht“, stotterte Lina und sah sich nach Hans um. Doch der war genau wie Hannah von Gertruds Vorschlag begeistert.

„Warum eigentlich nicht, Mutter? Ich finde den Vorschlag gar nicht schlecht. Selbst ein Blinder sieht, wie du hier aufgeblüht bist. In Barnitz bist du sowieso die meiste Zeit allein. Ich habe meine Arbeit und du weißt, wie spät es oft wird.“

„Bitte, Lina!“, mischte sich nun auch noch Hannah ein. „Ich würde mich wahnsinnig freuen. Denk doch nur daran, wenn das Baby erst da ist. Du bist seine Oma. Wäre es nicht wunderschön für dich, das Kind aufwachsen zu sehen?“

Was sollte Lina da noch sagen? Natürlich wäre es schön, bei Hannah und dem Kind zu sein. Dazu kam, dass sie seit Marias Tod zum ersten Mal wieder das Gefühl hatte, eine Freundin gefunden zu haben. Es war nicht leicht zu erklären. Aber von Anfang an hatte sie sich mit Gertrud auf eine besondere Art verbunden gefühlt, wenn sie auch von ihrem Wesen kaum unterschiedlicher sein konnten.

„Und was wird aus der Wohnung?“, fragte sie nun halbherzig.

„Die behalte ich. Und wenn dich die Sehnsucht nach Barnitz packt, was ich mir allerdings kaum vorstellen kann, kommst du und besuchst mich.“

„Aber was wird aus dir? Wer kocht dann für dich und wäscht deine Wäsche? Außerdem gefällt mir der Gedanke nicht, dich allein zurückzulassen."

„Ach, Mutter", lachte Hans sie gutmütig aus. „Merkst du nicht selber, wie fadenscheinig das klingt? Ich bin nun wirklich alt genug, um alleine zurecht zu kommen. Mach dir da mal keine Sorgen. Alle zwei, drei Wochen komme ich dann zu euch. Ich will doch sehen, wie mein Kind wächst. Vermutlich siehst du mich hier öfter als zuhause. Meistens lagst du da schon im Bett, wenn ich aus der Praxis kam. Und wenn du darauf bestehst, bring ich dir sogar meine Schmutzwäsche mit."

Nun konnte auch Lina ein Lächeln nicht länger unterdrücken. Die anderen hatten ja recht. Sie fühlte sich wohl hier, wie in Barnitz schon lange nicht mehr. Und wenn es Gertrud ernst war und Hans ihr auch noch zuredete, dann nahm sie das Angebot eben an. Aber sofort hierbleiben konnte sie nicht, zuerst musste sie ihre Angelegenheiten in Barnitz regeln. Dann, wenn alles seine Ordnung hatte, konnte sie zurückkehren und neu anfangen. Schließlich willigten die anderen ein und so war es beschlossene Sache. Lina trat morgen mit Hans die Heimreise an, würde aber schon bald für immer zurückkehren.

***

So ging der Sommer vorüber und der Herbst hielt Einzug. Wie versprochen, war Lina auf dem Hof eingezogen und bereute diesen Entschluss nicht eine Sekunde. Voller Eifer hatte sie sich mit Gertrud zusammen auf das Gemüsebeet gestürzt, auf dem die reifen Früchte herrlich glänzten. Die beiden Frauen waren endlose Stunden damit beschäftigt, Obst und Gemüse zu putzen, um sie dann in großen Einmachgläsern einzukochen.

Hannah hingegen unternahm ausgedehnte Spaziergänge und genoss den Herbst mit seinem verschwenderischen Farbenspiel in vollen Zügen. Noch standen die Blumen in

voller Pracht, doch man konnte bereits erkennen, dass sie schon in Kürze ihre Blütenblätter verlieren würden. Sie hingegen würde neues Leben schaffen, unabhängig von allen Jahreszeiten. So war diese Zeit für sie die schönste überhaupt auf dem Hof.

Früchte in den unterschiedlichsten Farben und Formen zierten nun Bäume und Sträucher und deren Laub sorgte mit herrlichen Farbtönen für eine überwältigende Kulisse. Um den kleinen See lag bis zum Mittag Nebel. So zog es sie meistens in die umliegenden Wälder, die farbenprächtig im goldenen Sonnenlicht leuchteten.

Doch der Herbst hatte nicht nur schöne Seiten. Am 24. Oktober erhielt Hans einen Bescheid vom Wehrbezirkskommando Berlin, der ihn aufforderte, sich zur Musterung einzufinden. Schon lange hatte er das befürchtet, was nun eintrat. Bereits unmittelbar nach Kriegsbeginn hatte er zusehen müssen, wie immer mehr Männer seines Alters eingezogen wurden. Nur die Tatsache, dass er Arzt war, hatte ihn bis jetzt davor bewahrt.

Ich musste damit rechnen, sagte er sich nun, da er den Brief in den Händen hielt. Doch das machte es nicht leichter für ihn und milderte nicht die Angst, an die Front geschickt zu werden. Er wollte nicht kämpfen. Es war nicht sein Krieg, den Hitler und Deutschland da führten. In ein paar Monaten würde Hannah, ihr Kind erwarten. Nichts wünschte er sich mehr, als in diesem Moment bei ihr zu sein. Stattdessen verlangte man von ihm, in einem Schützengraben weit weg von seiner Familie zu liegen.

In den Wochenschauen war zu sehen, was die deutschen Soldaten so Großartiges vollbrachten. Wie tapfer sie kämpften und wie heldenhaft sie sich an der Front schlugen. Außerdem sah man die besiegten Polen in die Gefangenschaft marschierten.

Verzweifelt überlegte Hans, was er tun konnte, um diesem Schicksal zu entgehen. Doktor Häfner, der ihm sonst mit Rat und Tat zur Seite stand, konnte ihm dieses Mal auch nicht weiterhelfen. Hannah aber und seiner Mutter wollte er auf gar keinen Fall von dem Musterungsbescheid erzählen, ehe er nicht alle Möglichkeiten ausgeschöpft hatte, diesen Befehl zu umgehen.

In diesem Moment fiel ihm Hermann ein. Wenn es jemanden gab, der ihm bei dieser Sache helfen konnte, war es sein Bruder. Zwar behagte ihm der Gedanke gar nicht, zu ihm zu gehen und ihn um Hilfe zu bitten. Doch je länger er darüber nachdachte, umso mehr erkannte er, dass es der einzige Weg war. Hermann war Mitglied der SS und der Partei, er würde wissen, wie Hans aus dieser Geschichte herauskam.

Aber wie sollte er ihm gegenübertreten? Über Jahre hinweg hatten die Brüder keinen Kontakt gehabt. Hermann wusste, wie Hans ihn verachtete für das, was er tat. Außerdem war da noch Hannah, die schon immer der Streitpunkt zwischen ihnen gewesen war. Natürlich konnte er nicht mit Bestimmtheit sagen, ob sich Hermanns Gefühle ihr gegenüber mit der Zeit geändert hatten. Aber damals hatte er sie geliebt und hätte alles für sie getan. Nur zu gut erinnerte sich Hans daran, wie eifersüchtig und unbeherrscht sein Bruder zu der Zeit reagiert hatte.

Aber vielleicht war das ja gerade seine Chance, dachte Hans. Wenn es ihm gelang, Hermann davon zu überzeugen, wie nötig Hannah ihn zu ihrem Schutz brauchte, konnte er ihn möglicherweise auf seine Seite ziehen. Er musste ihm nur verschweigen, dass Hannah und er geheiratet hatten und sie ein Kind von ihm erwartete. Mit etwas Glück war ein Fünkchen von Hermanns Liebe übriggeblieben und er bereit, ihnen zu helfen.

Der Gedanke, was passieren würde, sollte Hermann jemals die Wahrheit erfahren, kam Hans nicht. Für ihn galt im Augenblick nur, für seine Frau und das Baby da zu sein. Alles andere war im Moment unwichtig. Kurz entschlossen nahm er seine Jacke vom Haken und machte sich auf den Weg zur Schreinerei.

Als er eine halbe Stunde später auf dem Hof angekommen war, kamen ihm erste Zweifel. Vielleicht war die Idee, zu seinem Bruder zu gehen, doch nicht die richtige. Gerade als er überlegte, noch einmal darüber nachdenken und wieder gehen wollte, entdeckte ihn Hermann, der gerade aus der Werkstatt trat. Verwundert sah er zu Hans hinüber, der unentschlossen stehen blieb. Da es nun für eine Umkehr zu spät war, atmete er tief durch. Es fühlte sich seltsam an, seinem Bruder nach so langer Zeit gegenüberzustehen.

In der Zwischenzeit war Hermann auf ihn zugelaufen und musterte den überraschenden Besuch argwöhnisch.

„Was willst du hier?", fragte er.

Mit diesen kurzen unhöflichen Worten gab er Hans erst recht das Gefühl, einen Fehler begangen zu haben. Hermann hatte sich nicht verändert, er war noch immer der gleiche starrköpfige Junge von früher. Wie hatte er nur glauben können, dass sein Bruder ihnen helfen würde? Im Gegenteil, langsam wurde ihm klar, in welche Gefahr er sie alle brachte, wenn er ihm von Hannah erzählte. Trotzdem musste er ihm eine Antwort geben. Immerhin war er zu Hermann gekommen, nicht umgekehrt.

„Ich wollte nur sehen, wie es dir so geht?", wich er der Frage aus.

„Auf einmal?" Hermann sah Hans spöttisch an. „Das glaubst du wohl selber nicht. Es hat dich die ganze Zeit nicht gejuckt, was ich mache. Also, woher kommt dein plötzliches Interesse?"

„Die Spiegels sind tot." Hans hatte keine Ahnung, warum er das sagte.

„Ich weiß, auch das ist nicht neu. Warum bist du wirklich hier?"

„Es geht um Hannah."

Die beiden ungleichen Brüder sahen sich an. In Hermanns Blick lag eindeutiges Misstrauen, wenn er auch nicht mehr ganz so unfreundlich wie am Anfang des Gespräches wirkte.

„Wo ist sie?"

„Ich habe sie fortgebracht. In Barnitz war es zu gefährlich. Hör zu Hermann, ich brauche deine Hilfe. Aber ich werde dir nicht sagen, wo Hannah ist."

„Wovor hast du Angst? Warum sagst du nicht einfach,

welchem Umstand ich dieses Wiedersehen mit dir zu verdanken habe? Kommst du dir nicht blöd vor, mich um Hilfe zu bitten, ohne eine Erklärung abzugeben?“

„Ich habe keine Angst, Hermann.“

Und ob er die hatte, dachte er. Natürlich hatte er welche. Er hatte Angst davor, an die Front zu müssen, seine Frau im Stich zu lassen. Angst davor, vielleicht niemals sein Kind in den Armen zu halten. Aber das alles konnte er Hermann nicht anvertrauen.

„Dann beantworte meine Frage!“, forderte ihn sein Bruder auf. „Was ist mit Hannah? Wie geht es ihr? Und wo hast du sie hingebracht?“

„Ich kann es dir nicht verraten. Du gehörst zu ihnen. Genau wie Mutter befürchtet hat, bist du ein hohes Tier geworden. Wie bitteschön, soll ich dir vertrauen?“

„Du musst mir nicht vertrauen, aber ich lass mich auch nicht belügen. Entweder du sagst endlich die Wahrheit oder du kannst gehen.“

Hans blieb keine Wahl. Wortlos reichte er ihm den Einberufungsbefehl und wartete, bis Hermann das Schreiben gelesen hatte.

„Ich kann diesem Befehl nicht folgen“, sagte er eindringlich. „Wenn ich in Polen kämpfen muss, ist Hannah völlig auf sich allein gestellt. Du weißt selber, wie Hitler über die Juden denkt. Sie braucht mich, Hermann!“

„Der Polenfeldzug ist so gut wie beendet, ich weiß es aus erster Hand. Das bedeutet zwar nicht, dass auch der Krieg vorüber ist, aber wenigstens gewinnst du etwas Zeit. Fahr nach Berlin! Dort meldest du dich beim Bataillon der SS-Standarte Germania. Lass dich als Freiwilliger registrieren, dann hast du eventuell die Möglichkeit, für die SS zu arbeiten. Natürlich bleibt dir nichts anderes übrig, als auch der Partei beizutreten. All das, was du an mir verabscheust, musst du nun selber tun. Oder aber, du gehst an die Front. Es ist deine Entscheidung.“

Entsetzt hatte Hans ihm zugehört und ungläubig den Kopf geschüttelt. Niemals würde er zu den Leuten gehören. Wie konnte Hermann ihm auch nur diesen Vorschlag machen?

Angewidert sah er ihn an.

„Weißt du, was du da verlangst? Ich bin nicht wie du, Hermann. Ich könnte niemals …“

„Woher willst du wissen, wie ich bin?“, unterbrach ihn sein Bruder wütend. „Glaubst du wirklich, dass du etwas Besseres bist? Warum kommst du dann zu mir? Warum hilfst du Hannah nicht selber?“

Erschrocken sah Hans dem Ausbruch seines jüngeren Bruders zu. Ein wenig konnte er ihn sogar verstehen. Hermann hatte ja recht. Er selber war nicht in der Lage, sie aus dieser Situation zu befreien. Dennoch, allein der Gedanke, Teil dieser skrupellosen Gesellschaft zu werden, verursachte ihm eine Gänsehaut. Konnte er Hannah und seiner Mutter überhaupt noch in die Augen schauen, wenn er Hermanns Ratschlag befolgte?

Genau diese Leute hatten Ignatz und Maria in den Selbstmord getrieben. Wegen ihnen musste seine Frau aus ihrer Heimat fliehen. Er konnte doch nicht wirklich dieselbe verabscheuungswürdige Uniform tragen, nur, um nicht an die Front zu müssen.

„Gibt es denn keine andere Möglichkeit?“, fragte er verzweifelt, doch Hermann schüttelte den Kopf.

„Der Bescheid ist eindeutig. Ehrlich gesagt, wundert es mich sogar, dass du nicht schon längst eingezogen bist. Es liegt nun bei dir. Entweder du tust, was ich dir gesagt habe oder du siehst der Tatsache ins Auge, dass du Soldat wirst. Ich für meinen Teil ziehe Ersteres vor. Aber es ist deine Entscheidung, mach was du für richtig hältst. Solltest du dich dazu entschließen, meinem Rat zu folgen, kannst du dich auf mich berufen. Mehr kann ich nicht für euch tun.“

Mit diesen Worten drehte er sich um und ging. Nachdenklich sah Hans ihm nach. Hermann war bereits einige Meter weit weg, als Hans ihn rief. Zögernd drehte er sich zu ihm um.

„Was ist noch?“

„Danke, Hermann“, rief Hans ihm zu. Für einen kurzen Moment lächelten sich die Brüder zaghaft an, dann verschwand Hermann in der Werkstatt.

***

Am 27. September 1939 wurde die polnische Kapitulation gemeldet. Hans erreichte diese Nachricht in Berlin. Nachdem er lange darüber nachgedacht hatte, war er zu dem Entschluss gekommen, auf Hermann zu hören. Noch immer widerte ihn der Gedanke an, der SS und der Partei beizutreten. Dennoch erkannte er, dass es für ihn die einzige Möglichkeit bedeutete, in Hannahs Nähe zu bleiben.

Immer wieder redete er sich ein, dass es nur Äußerlichkeiten waren. An seiner Einstellung würde sich nichts ändern, nur darauf kam es an. Zusammen mit anderen Freiwilligen saß er deshalb an diesem Nachmittag in der Schreibstube des 3. Bataillons der SS-Standarte und wurde registriert. Prüfend sah er in die erwartungsvollen Gesichter der anderen.

An ihren begeisterten Worten erkannte er, dass diese jungen Männer bereit waren, für Führer, Volk und Vaterland zu kämpfen. Sie wollten dabei sein, um ihr Vaterland, ihr Deutschland so zu festigen, dass man für die Ewigkeit daran denken konnte. Dass sie dabei möglicherweise ihr Leben lassen mussten, ignorierten sie. Im Gegensatz zu ihm mussten diese Menschen nicht in den Krieg hineingezwungen werden, sie brannten dafür.

„Herr Schneider", wurde er in diesem Moment aus seinen Gedanken gerissen und schreckte hoch. „Folgen Sie mir bitte!"

Die Kommission, die ihn erwartete, stellte viele Fragen. Warum er erst jetzt Mitglied werden wollte? Weshalb er sich nicht früher für den Nationalsozialismus engagiert hatte und so weiter. Hans versuchte, sich mit seinem Studium zu verteidigen und der wenigen Zeit, die ihm als Arzt blieb. Er spürte selber, wie wenig Überzeugungskraft hinter seinen Worten steckte und glaubte kaum, dass die Männer das übersehen konnten.

Also griff er zu dem letzten, ihm zur Verfügung stehendem, Mittel.

„Mein Bruder Hermann Schneider hat mich letztendlich dazu bewogen, diesen Schritt zu machen. Er selber ist schon lange …"

„Wir wissen, wer Ihr Bruder ist", wurde Hans von einem Herrn mittleren Alters ziemlich reserviert unterbrochen. Dennoch spürte er, dass die Erwähnung von Hermanns Namen die Lage nun zu seinen Gunsten entschied. Die Kommission stellte ihm von sich aus die Frage, ob er nicht im Sanitätsdienst dienen wollte, denn das entspräche eigentlich auch seiner Ausbildung.

Sofort stimmte Hans ihnen erfreut zu und wurde damit amtlich zum Freiwilligen für die Sanitätsgruppe im Heer. Nachdem er unzählige Papiere unterschrieben hatte, entließ man ihn.

„Im Moment haben wir hier nichts für Sie zu tun", sagte der Mann, der ihn so skeptisch gemustert hatte. „Auf deutscher Seite werden nur wenige Verwundete verzeichnet, die bereits versorgt werden. Am besten ist es, Sie gehen weiter Ihrer bisherigen Tätigkeit nach. Wenn wir Sie brauchen, rufen wir Sie."

„Wie viele Verwundete gibt es denn?", fragte Hans ihn neugierig und bereute es sofort, als er in das selbstgefällige Gesicht seines Gegenübers sah.

„Natürlich kann ich Ihnen keine genauen Zahlen nennen, aber der Führer ließ verlauten, dass es sich nur um geringe Verluste handelt. Das mag zwar schmerzlich sein, aber im Vergleich zu dem Erreichten kann es doch als erträglich angesehen werden. Ein Opfergang kostet nun mal Opfer, meinen Sie nicht?"

Hans war da ganz anderer Meinung, schaffte es aber gerade noch rechtzeitig, die Bemerkung, die bereits auf seiner Zunge lag, hinunterzuschlucken. Der Mann sah nicht so aus, als würde er mit ihm über die Sinnlosigkeit dieses Krieges diskutieren wollen. Mit viel Überwindung nickte er ihm zu und verabschiedete sich. Dann stand er endlich draußen auf der

Straße.

Es war lange her, seit er in Berlin gewesen war. Dennoch war die Hauptstadt die gleiche geblieben. So wie früher waren viele Häuser mit Hakenkreuzfahnen geschmückt. Begeisterte Menschen, die nun nach dem Ende des erfolgreichen Feldzuges gegen Polen auf den ersehnten Frieden hofften, jubelten und feierten den großen Sieg und das deutsche Heldentum.

Ihn selber hielt nichts mehr in dieser Stadt. Müde wandte er sich ab und lief Richtung Bahnhof. Zwei Wochen später hatte er fast vergessen, dass er nun Mitglied, der von ihm so verhassten, Partei war. Er ging völlig unbehelligt weiter seiner Arbeit nach und freute sich auf die Wochenenden in Thüringen.

Hannah und seiner Mutter erzählte er nichts davon. Lediglich, dass er Hermann getroffen hatte, berichtete er ihnen. Er war seinem Bruder noch immer dankbar, nur durch ihn konnte er bei seiner Familie sein. Wenn er es schaffte, das Verhältnis zwischen ihm und Lina wenigstens ein bisschen zu bessern, wollte er sein Möglichstes tun. Aus diesem Grund und auch weil er die Wahrheit ja nicht sagen konnte, erwähnte er nur, dass Hermann sich nach ihnen erkundigt und ziemlich vernünftig geklungen hatte. Als Lina nicht darauf einging, beließ er es dabei und sie wandten sich erfreulicheren Themen zu.

Unterdessen begann im besiegten Polen und in weiten Teilen Deutschlands die Ausrottung der Untermenschen, wie Hitler es bezeichnete. Zunächst wurden die Juden in Ghettos und in Konzentrationslagern zusammengesperrt. Viele Menschen fielen dort bereits dem Hunger, Krankheiten und der unglaublichen Brutalität ihrer deutschen Bewacher zum Opfer.

Erst nach dem Angriff der Deutschen Armee auf die Sowjetunion begann der organisierte Völkermord. In den besetzten Gebieten wurden Todesfabriken, Vernichtungslager errichtet, in denen Millionen von jüdischen Männern, Frauen und Kindern der sogenannten Endlösung zum Opfer fielen.

Ab September 1941 wurden auch in Deutschland alle Juden gezwungen, sich in der Öffentlichkeit mit dem gelben Judenstern auf der Kleidung zu zeigen. Zuwiderhandlungen wurden hart bestraft.

Die Lage auf dem Land hingegen war anders als in den Städten. Vom totalen Krieg war dort wenig zu spüren. Die Luftangriffe trafen überwiegend die Städte und selbst die Versorgungslage war ausreichend. Durch die Hamsterfahrten der Städter, die Lebensmittel gegen wertvolle Güter eintauschten, ging es den meisten kleinen Bauern recht gut. Allerdings fehlten durch die Einberufungen zur Wehrmacht auf vielen Höfen die männlichen Arbeitskräfte. Nun mussten die Frauen sie bewirtschaften, die teilweise von ausländischen zwangsverpflichteten Arbeitern unterstützt wurden.

Doch das war nicht die einzige Veränderung. In den Städten und Dörfern war das Ausspionieren und Anschwärzen zum neuen Volkssport geworden. Kleinste Streitereien und Neid führten dazu, sich gegenseitig diverser Vergehen zu beschuldigten. Es kam daher nicht selten vor, dass die Gestapo durchs Dorf fuhr und Razzien durchführte.

Erst am Tag zuvor hatte Gertrud davon erzählt, wie eine Horde SA-Männer das Haus einer Familie im Dorf gestürmt hatten. Mitten in der Nacht waren sie mit Hunden gekommen und zwangen die Bewohner nur mit Nachtwäsche bekleidet auf den Hof. Auf dem Dachboden fanden sie eine jüdische Frau, die sich dort verkrochen hatte. So wie Hannah war sie aus der Stadt aufs Land geflohen und bei ihrer alten Freundin untergekommen. Keiner im Dorf hatte geahnt, dass die Familie sie versteckt hatte.

Die Nachbarn, die dem nächtlichen Schauspiel erschüttert beigewohnt hatten, erzählten, wie die Männer der Gestapo die alte Frau an den Haaren aus dem Haus gezerrt und sie gemeinsam mit Rest der Familie auf einen bereitstehenden Wagen gestoßen hatten. Dann fuhren sie mit ihnen davon. Bis heute waren sie nicht zurückgekehrt und Gertrud vermutete, dass man auch keinen von ihnen jemals wiedersehen würde.

Das Ereignis hatte sie alle zutiefst erschüttert. Nun waren

sich auch Lina und Hannah der Gefahr bewusst, dass jederzeit ihr Hof durchsucht werden konnte. Ängstlich saßen sie in der Stube zusammen und trauten sich kaum Licht zu machen.

Oben in der Kammer aber schlief friedlich das Kind, welches Gott sei Dank nichts von alledem mitbekam. Die Kleine war nun fast anderthalb Jahre und der Stolz der ganzen Familie. Dabei hatte es anfangs gar nicht gut ausgesehen. Es war ein sehr kleines, kränkliches Mädchen. Doch unter der Fürsorge von Lina und Gertrud wuchs sie zu einem gesunden fröhlichen Kind heran.

Unermüdlich lief sie den gackernden Hühnern hinterher und freute sich, wenn sie eines erwischte, was jedoch sehr selten vorkam. Einstimmig hatten Hannah und Hans ihr den Namen ihrer Großmutter gegeben und mit ihrem sonnigen Wesen machte sie Maria alle Ehre.

Natürlich wurde die Lage mit der Geburt des Kindes nicht einfacher. Im Gegenteil, Hannah die verstand, um was es ging, konnte man schnell verstecken. Das Mädchen jedoch entdeckte gerade die Welt. Immer häufiger waren die Frauen auf dem Hof damit beschäftigt, die Kleine zu suchen.

Hans kam nun fast an jedem Wochenende. Kaum war er angekommen, warf sich die Kleine in seine Arme. Maria liebte ihren Vater abgöttisch, vielleicht gerade weil er nicht ständig bei ihr war. Auch heute brachte er sie ins Bett und erzählte ihr eine Geschichte, in dem es um ein Baumhaus ging. Sie verstand nicht alles, lauschte jedoch glücklich seiner Stimme. Erst nachdem sie eingeschlafen war, ging Hans nach unten und setzte sich zu den anderen.

Gertrud hatte auch ihm bereits von dem Vorfall im Dorf berichtet. Nun warteten alle gespannt auf seine Meinung. Doch wenn sie hofften, dass er ihnen etwas von der Last abnehmen konnte, irrten sie sich. Hans hörte nicht zum ersten Mal von solchen Überfällen. Im ganzen Land wurden die Juden zusammengetrieben und abtransportiert.

„Ihr müsst sehr vorsichtig sein!“, mahnte er sie. „Ich werde noch einmal zu Hermann gehen und sehen, ob er dir falsche Papiere besorgen kann.“

„Glaubst du wirklich, er hilft uns?“, fragte Lina skeptisch, wobei Hans ganz unwohl wurde. Noch immer verschwieg er ihnen, dass er wie Hermann nun der SS angehörte. Bis jetzt lief auch alles wie zuvor. Niemand wollte etwas von ihm. Wenn nicht die Papiere wären, würde er selber kaum daran denken.

Mit Hermann hielt er seit dem Tag, als er seine Hilfe benötigt hatte, losen Kontakt. Es war nicht so, dass sich die Brüder plötzlich suchten. Aber wenn sie zusammentrafen, verhielten sie sich freundschaftlich. Trotz allem hatte Hans seinem Bruder Hannahs Aufenthaltsort verschwiegen. Aber er versprach Hermann, ihn auf dem Laufenden zu halten, wie es ihr und Lina ging.

„Ja Mutter“, antwortete er nun. „Ich glaube schon, dass Hermann versuchen wird, uns zu helfen. Er hat sich verändert. Ich glaube, er ist gar nicht so glücklich darüber, welchen Weg er damals eingeschlagen hat.“

Hans bemerkte, wie Lina nachdenklich dasaß und an ihrer Unterlippe kaute. Auch sie vermisste ihren jüngsten Sohn. Dennoch konnte sie sich nicht damit abfinden, welcher Sache er diente. Wenn er ihnen aber nun half, gab es vielleicht doch irgendwann die Möglichkeit einer Annäherung von Mutter und Sohn.

Und Hans behielt recht. Ohne zu zögern besorgte Hermann neue Papiere. Wie er das anstellte, verriet er nicht und Hans stellte keine Fragen. Hannah hieß nun Gerda Häfner und konnte sich so jederzeit als Gertruds Verwandte ausweisen.

Lina freute sich sehr über den Sinneswandel ihres Jüngsten. Damit hatte Hermann bewiesen, dass Hannah ihm doch nicht gleichgültig war. Also konnte er nicht so schlecht sein, wie sie gedacht hatte.

***

Das Leben auf dem Hof ging weiter seinen üblichen Gang. Die Frauen waren es gewohnt, ihre Arbeit ohne männliche

Hilfe zu verrichten und lehnten deshalb die Unterbringung von Zwangsarbeitern ab. Wären nicht all die Schreckensnachrichten gewesen, von denen Hans bei seinen regelmäßigen Besuchen erzählte, hätten sie auf Gertruds Hof unbeschwert leben können.

Im Dorf selber hatte sich einiges verändert. Fast an jedem Wochenende kamen nun die Jungen von der Hitlerjugend zu Arbeitseinsätzen. Sie sammelten Kräuter und Pilze oder waren auf den Feldern unterwegs, um Kartoffeln zu lesen. Manche Dorfbewohner hatten Angst vor den stämmigen jungen Männern und verschanzten sich in ihren Häusern, doch die meisten standen ihnen wohlgesonnen gegenüber. Laut marschierten sie durch die Straßen und sangen mit Begeisterung nach der Melodie eines Liedes.

„Die Juden ziehen dahin, daher. Sie ziehen durch das rote Meer. Die Wellen schlagen zu, die Welt hat Ruh."

Die Jungen sangen dieses Lied nicht aus Gedankenlosigkeit, sondern aus ihrem Empfinden und ihrer Überzeugung heraus. Man hatte ihnen beigebracht, die Juden zu hassen und das taten sie. Wenn sie so lauthals in aller Öffentlichkeit diesen schäbigen Text sangen, gab es keine Einwände bei den braven Bürgern. Wo doch die Juden, wie Hitler sagte, sich im Krieg mit Deutschland befanden. Sie waren zu Feinden geworden, die man überall da, wo es möglich war, bekämpfen musste.

Auch vor Gertruds Hof machten sie keinen Halt. Anfangs waren die Besuche nur selten, doch seit einigen Wochen ließen sich vor allem zwei junge Männer regelmäßig blicken.

Immer öfter ermahnte sie Hannah, sich in dieser Zeit zu verstecken. Sie ahnte nicht, dass die Männer die junge Frau längst entdeckt und einer von ihnen ein Auge auf sie geworfen hatte. Als sie die Beiden an diesem Samstagabend auf den Hof zukommen sah, zuckte Gertrud zusammen. Ängstlich sah sie zum Haus. Den ganzen Nachmittag war sie damit beschäftigt gewesen, die Hühnerställe auszumisten und hatte nicht auf die Zeit geachtet. Nun war es für eine Warnung zu spät. Sie konnte nur hoffen, dass Hannah bemerkte, wer da auf ihr Grundstück zumarschierte und sich rechtzeitig versteckte.

„Heil Hitler", schrie ihr in diesem Moment auch schon einer der Burschen entgegen. Gertrud blieb nichts anderes übrig, als seinen Gruß zu erwidern.

„Guten Tag", bemühte sie sich um einen freundlichen Ton. „Kann ich euch irgendwie helfen?"

„Sicher können Sie das, wir haben Durst. Wie wäre es mit einem Krug Wasser?"

Mit diesen Worten ließen sie sich auf der Bank vor dem Haus nieder und streckten die Beine aus. Gertrud legte die Schaufel beiseite und ging an ihnen vorbei ins Haus. Aufatmend stellte sie fest, dass von Hannah und dem Kind nichts zu sehen war. Schnell füllte sie den Krug. Je eher sie die Beiden wieder loswurde, umso besser. Doch auch nachdem die Männer getrunken hatten, machten sie keine Anstalten zu gehen. Nervös beobachtete Gertrud, wie sie sich auf dem Hof umsahen. Zu ihrer Erleichterung stellte sie fest, wie ihr Interesse rasch nachließ, als es außer den Hühnern nichts zu sehen gab.

„Komm Fritz, lass uns gehen!", forderte der Kleinere seinen Kameraden auf.

Gelangweilt schaute er sich um. Für Gertrud war klar, dass der Angesprochene den Ton angab. Wenn er die Meinung des anderen nicht teilte, würden sie hier sitzen bleiben und Gertrud konnte nichts dagegen tun. Doch sie hatte Glück. Dieser Fritz, wie er genannt wurde, ließ noch einmal seinen Blick über das Haus und den Hof wandern und wandte sich dann enttäuscht ab.

„Du hast recht, hier ist sowieso nichts los. Gehen wir zu den anderen."

In diesem Moment hörten sie helles Kinderlachen. Gertrud erstarrte. Die Männer, die gerade dabei waren, den Hof zu verlassen, sahen sich überrascht um. Aus der Scheune kam die kleine Maria gelaufen und ging ohne zu zögern auf sie zu.

„Wen haben wir denn da?", fragte Fritz freundlich und beugte sich zu dem Kind. Glücklich über die Aufmerksamkeit hielt Maria ihm ein Ei unter die Nase, welches sie in der Scheune gefunden hatte.

„Ei“, plapperte sie fröhlich und strahlte über das ganze Gesicht.

„Du bist aber ein hübsches Mädchen, wie heißt du denn?“

Gertruds Herz schlug bis zum Halse, als sie selbst den Männern antwortete.

„Das Mädchen heißt Maria, sie ist die Tochter meiner Nichte. Aber nun muss sie ins Haus. Es wird Zeit fürs Abendbrot, nicht wahr, mein Kind?“

Doch so schnell ließen sich die Männer nicht abwimmeln. Neugierig geworden, stellten sie sich Gertrud, die Maria auf den Arm genommen hatte, in den Weg.

„Wo ist denn Ihre Nichte? Außer Ihnen haben wir hier noch keinen anderen Menschen gesehen.“

Hilflos zuckte Gertrud mit den Achseln. Was sollte sie ihnen antworten? Sie konnte ja schlecht sagen, dass die Mutter der Kleinen Jüdin war und sich versteckte. Krampfhaft überlegte sie sich eine Antwort, doch ihr fiel nichts ein. Mit Grauen sah sie zu, wie sich dieser Fritz erneut an Maria wandte. Heimtückisch grinste er das Mädchen an.

„Nun meine Kleine, vielleicht weißt du ja, wo deine Mama ist.“

„Bitte lieber Gott“, flehte Gertrud. „Lass sie nicht antworten!“ Die Angst schnürte ihr die Kehle zu, als sie zusah, wie Maria die beiden arglos anlächelte.

„Mama“, gab sie bereitwillig Auskunft und zeigte auf das Haus.

„Du bist ein braves Mädchen“, lobte der Kerl sie und streichelte ihr über den Kopf. Dann sah er zu Gertrud, der man den Schrecken förmlich am Gesicht ablesen konnte.

„Dann wollen wir doch mal ins Haus gehen und die anderen Bewohner kennen lernen. Sie haben doch sicher nichts dagegen, wenn wir uns ein wenig umschauen. Wissen Sie, ein bisschen merkwürdig ist es schon, dass wir bisher immer nur Sie zu Gesicht bekommen haben.“

Gertrud blieb nichts weiter übrig, als ihnen zu folgen. Immer wieder betete sie, Hannah möge sich nicht im Haus befinden. Gleichzeitig ahnte sie, dass ihre Gebete zwecklos waren. Sie war es schließlich gewesen, die das Mädchen aufgefordert hatte, sich an den Wochenenden drinnen aufzuhalten.

Als erstes stießen sie auf Lina, die in der Küche nichts von dem Vorfall mitbekommen hatte. Erschrocken sah sie beim Klang der schweren Stiefel auf, die auf die Treppe schlugen. Ein Blick in Gertruds verzweifeltes Gesicht genügte, um zu erkennen, welche Gefahr ihr, vor allem aber Hannah, drohte. Im Gegensatz zu der Freundin wusste sie jedoch, dass ihre Schwiegertochter in den Wald gegangen war, um die letzten Pilze zu sammeln. Dennoch wurde auch ihr unter dem misstrauischen Blicken der Männer angst und bange.

„Ist das die Mutter des Kindes?"

Die Frage kam kurz und bestimmend und duldete keine Ausflüchte. Für einen kurzen Moment dachte Lina daran, einfach mit ja zu antworten. Wer konnte das Gegenteil beweisen? Doch wieder war es Maria, die ihre Pläne durchkreuzte.

„Omi", rief sie und schmiegte sich in Linas Arme. Zärtlich streichelte sie über das Haar ihrer Enkelin. Das Kind traf keine Schuld. Wie hätte es ahnen können, in welche Bedrängnis es die Erwachsenen brachte? Lina riss sich zusammen. Sie musste diese Situation meistern und die Kerle dazu bringen, endlich zu verschwinden. Wie sie das anstellen sollte, wusste sie allerdings nicht.

„Ihre Papiere bitte! Sie haben doch sicher einen Ausweis, oder?"

Kühl lächelte der Mann sie an.

„Und wenn Sie einmal dabei sind, würde ich auch gerne den Ausweis der Mutter der Kleinen sehen!"

Mit zittrigen Händen öffnete Lina die Schublade des großen Bauernschrankes. Dann hielt sie den Männern ihre und die falschen Papiere von Hannah entgegen. Wortlos studierten sie die Daten, während Lina und Gertrud sich ängstliche Blicke zuwarfen. Erst als man ihr die Ausweise zurückgab, atmeten die Frauen auf.

„Scheint alles in Ordnung zu sein", bemerkte der Jüngere.

Man hörte an seiner enttäuschten Stimme, dass er mehr erwartet hatte.

Es kam häufiger vor, dass man gerade auf dem Land Juden versteckte. Erst vor kurzem hatte die Gestapo in diesem Dorf, auf den Hinweis eines Kameraden hin, eine ganze Familie verhaftet. Von der Gauleitung persönlich war er dafür belobigt wurden. Es wäre zu schön, wenn sie etwas Ähnliches auf die Beine stellen konnten. Doch wie es aussah, gab es hier nichts zu holen. Die beiden Frauen sahen nun mal gar nicht wie Juden aus und auch das Kind wirkte sehr deutsch auf sie.

„Wo ist denn nun Ihre Nichte?“, fragte der Anführer Gertrud. Aber es lag keine Drohung mehr in seiner Stimme. Er stellte die Frage nunmehr nur noch aus Neugierde.

„Ich weiß es wirklich nicht“, beteuerte sie. „Vielleicht macht sie Besorgungen im Dorf.“ Erleichtert stellte sie fest, wie die Männer sich damit zufriedengaben und sich verabschiedeten.

„Gott sei Dank“, flüsterte Lina, als die Kerle sich vom Hof entfernten. Erschöpft ließ sie sich auf den nächstbesten Stuhl fallen. Sie hatte das Gefühl, die anstrengendsten Minuten ihres Lebens hinter sich gebracht zu haben.

„Das kannst du laut sagen“, stöhnte auch Gertrud. „Ich habe die Bilder schon vor mir gesehen, wie sie uns alle verhaften.“

„Wenigstens wissen wir jetzt, dass die Papiere, die Hermann besorgt hat, gut sind. Im Grunde kann uns also nichts passieren.“

„Ach Lina, da wäre ich mir nicht so sicher. Es gab Fälle, wo selbst Deutsche als Juden abgeführt worden, da nützten auch keine Papiere etwas. Aber du hast recht, heute zumindest haben sie uns den Hals gerettet. Wir müssen halt noch vorsichtiger sein. Wo ist denn Hannah überhaupt?“

„Sie ist in den Wald Pilze sammeln, du brauchst dir also keine Sorgen zu machen. Komm, lass uns einen Tee trinken, den haben wir uns redlich verdient!“

Von diesem Tag an ließen sich Fritz und Günter, wie der andere Bursche hieß, regelmäßig auf dem Hof blicken. Für die

Frauen stellte die Zeit ihrer Besuche eine enorme Zerreißprobe dar. Ständig mussten sie auf der Hut sein, keine unbedachten Bemerkungen zu machen.

Hans, der regelmäßig seine Familie besuchte, hörte davon mit Besorgnis. Dass Maria so ein aufgewecktes Kind war, machte die Sache nicht einfacher. Ohne Argwohn ging sie auf die Männer zu, die stets freundlich mit der Kleinen umgingen. Besonders Lina konnte den Anblick kaum ertragen, wie die Kerle mit ihrer Enkelin spielten.

Doch es nützte nichts, sie mussten freundliche Miene machen und konnten sich keinen Fehler erlauben. Mittlerweile hatten die Männer auch Hannah kennengelernt. Es war fast unmöglich, sie länger vor ihnen zu verstecken. Da sie nun einmal von ihrer Existenz wussten, hätte es sie nur misstrauisch gemacht, wenn sie die junge Frau nie zu Gesicht bekamen. Zwar versuchte sie, sich nie länger als nötig bei ihnen aufzuhalten, doch sie konnte nicht verhindern, dass Fritz immer größeres Interesse an ihr zeigte. Anfangs beließ er es bei sehnsüchtigen Blicken und einigen hingeworfenen Komplimenten. Doch von Wochenende zu Wochenende wurde sein Drängen stärker.

Auch heute wieder lief er ihr auf Schritt und Tritt nach. Als er in die Küche kam, war Hannah gerade damit beschäftigt Kartoffeln zu schälen. Außer ihren zittrigen Händen, die das Messer umkrampften, ließ sie sich nichts von ihrer Angst anmerken.

Eine Kartoffel nach der anderen wanderte in den Topf. Schweigend sah Fritz ihr zu. Er hatte keine Ahnung, was in ihn gefahren war. Aber das Mädchen, diese Gerda, ging ihm einfach nicht mehr aus dem Kopf. Dass sie ein Kind hatte, störte ihn nicht, schließlich wollte er sie ja nicht gleich heiraten.

Gertrud hatte ihm von Gerdas Ehemann erzählt. Er war im Polenfeldzug gefallen. Fritz zweifelte nicht an der Geschichte. Im Gegenteil, es bestärkte ihn nur darin, weiter um sie zu werben. Zu seinem Verdruss ging die junge Frau aber so gar nicht darauf ein, was seine Eitelkeit von Mal zu Mal mehr verletzte. Er musste wohl deutlicher werden, wahrscheinlich zierte sie sich nur. Kein Wunder, sie lebte ja hier nur mit alten Schachteln zusammen und war Abenteuer nicht gewohnt.

Die junge Frau hörte nicht, wie er aufstand und hinter sie trat. Sie hatte nur Augen für ihre Arbeit. Plötzlich umfassten starke Arme ihren Körper. Hannah schrie laut auf. Von ihrem Daumen tropfte Blut, sie hatte sich vor Schreck in den Finger geschnitten. Doch das war es nicht, was sie nun kreidebleich werden ließ.

Sie hatte vor Schmerz aufgeschrien. Aber nicht etwa in deutscher Sprache, sondern ihrem ersten Impuls folgend mit einem jüdischen Schimpfwort, welches sie als kleines Kind von ihrem Vater gelernt hatte. Es waren nur zwei Worte und doch konnten sie ihr Verderben sein.

Ängstlich und innerlich bebend, wartete sie auf eine Reaktion. Doch das Unheil blieb aus. Zögernd drehte sie sich zu dem Mann um. Vielleicht hatte er in seinem Verlangen nach ihr gar nicht gehört, was sie sagte. Fritz verhielt sich nicht ungewöhnlich, er ließ lediglich seine Hände von ihr. In diesem Moment kam Gertrud in die Küche gerannt, im Schlepptau den Kameraden.

„Was ist hier los?“, fragte sie wütend und versicherte sich mit einem Blick auf Hannah, dass es ihr gut ging. In Fritz Gesicht kehrte ein Lächeln. Freundlich ging er auf Gertrud zu.

„Entschuldigen Sie, es war meine Schuld. Ich habe Ihre Nichte erschreckt, dabei hat sie sich in den Finger geschnitten. Das war dumm von mir, es tut mir leid.“

Fragend sah Gertrud Hannah an, die ihr beruhigend zunickte. Sie konnte gar nicht fassen, so glimpflich davongekommen zu sein. Nicht auszudenken, was passiert wäre, wenn Fritz ihre Worte verstanden hätte.

„Schon gut“, sagte sie befreit. „Es ist halb so schlimm, ich werde ein Pflaster darauf machen.“ Sie schaffte es sogar, Fritz anzulächeln, was dieser scheinbar froh erwiderte. Gertrud jedoch hatte ein komisches Gefühl dabei. Irgendwie benahm sich der junge Mann seltsam. Wenige Minuten nach diesem Vorfall verließen die Männer das Haus und entfernten sich mit großen Schritten vom Hof.

„Warum hast du es denn so eilig?", fragte Günter, der Mühe hatte, mit dem Kameraden Schritt zu halten.

„Wir müssen sofort in die Stadt. Du glaubst nicht, was eben passiert ist."

Verwundert sah Günter, wie sich das Gesicht seines Freundes vor Aufregung rot färbte. Er fragte sich, was wohl der Grund dafür war. In der Küche eben hatte man ihm nichts davon angemerkt. Andererseits hatte Fritz ihm mehr als einmal bewiesen, welch großartiger Schauspieler er sein konnte. Als der Kamerad schwieg, fragte er ungeduldig.

„Sag schon, was los war! Lass dir nicht jedes Wort aus der Nase ziehen!"

„Diese Gerda", klärte Fritz ihn auf. „Oder wie immer sie heißen mag, die ist nicht koscher. Als ich sie vorhin in der Küche erschrocken habe, hat sie jüdisch gesprochen."

„Aber wir haben doch ihre Papiere gesehen?" Günter sah ihn ungläubig an. „Bist du sicher, dass du dir nichts eingebildet hast?"

„Glaubst du etwa, ich bin blöd? Natürlich bin ich mir sicher. Du hättest nur mal sehen müssen, wie nervös sie danach war. Ich habe mir natürlich nichts anmerken lassen. Soll sich die ganze Brut ruhig in Sicherheit wiegen. Und die Papiere sind natürlich gefälscht. Mich ärgert nur, dass wir das nicht gleich gemerkt haben."

„Was hast du jetzt vor?"

„Zur Kreisleitung gehen, habe ich doch gesagt. Die werden sich freuen, vielleicht werde ich sogar zum Rottenführer befördert."

Fröhlich vor sich hin pfeifend lief er weiter und sonnte sich in der Bewunderung des Jüngeren. Hoffentlich konnte er dabei sein, wenn sie den Hof stürmten. Immerhin war es sein Verdienst, dass dieses Judenpack entdeckt worden war.

***

Währenddessen nahm Gertrud Hannah ins Gebet. Sie hatte beobachtet, wie aufgeregt sich die Männer unterhielten, als sie vom Hof gingen. Dieser Fritz war ganz rot im Gesicht gewesen. Irgendetwas stimmte hier nicht, sie wusste nur noch nicht was.

„Was ist in der Küche geschehen?“, fragte sie zum wiederholten Mal.

„Ich hab’s dir doch gesagt. Der Kerl hat mich erschreckt, dabei habe ich mir in den Finger geschnitten.“

„Und das war alles?“ Gertrud konnte sich dem Gefühl nicht erwehren, dass das Mädchen ihr etwas verschwieg.

„Du musst mir die Wahrheit sagen Hannah! Ich habe doch gemerkt, wie verstört du warst. Also, was war da noch?“

Nur mit Mühe konnte Hannah die Tränen zurückhalten. Sie schämte sich für ihre Unachtsamkeit. Wie oft hatte Gertrud sie ermahnt, vorsichtig zu sein? Wenn sie ihr jetzt erzählte, was sie getan und sie damit alle in Gefahr gebracht hatte, wollte sie gar nicht wissen, wie Gertrud reagierte. Außerdem war doch alles gut gegangen. Fritz hatte nichts bemerkt, sonst hätte er sich wohl kaum entschuldigt.

Doch Hannah unterschätzte Gertruds Hartnäckigkeit. Die alte Hebamme würde erst Ruhe geben, bis sie wusste, was in der Küche geschehen war. Schließlich gab sie auf und erzählte Gertrud alles. Entsetzt ließ sich die alte Frau auf den Stuhl fallen und starrte Hannah an.

„Oh mein Gott“, stöhnte sie. „Oh mein Gott.“

„Er hat nichts bemerkt“, versuchte Hannah sie zu beruhigen. „Es tut mir so leid, Gertrud. Aber es ist noch mal gut gegangen. Ist das nicht die Hauptsache?“

„Bist du dir da sicher, Mädchen?“

„Ja, nein, ach ich weiß es doch auch nicht. Aber sie haben nichts unternommen. Zeigt das nicht, dass er nicht gehört hat, was ich gesagt habe?“

Müde schüttelte Gertrud den Kopf. Sie war da ganz anderer Meinung. Jetzt verstand sie auch, warum die Männer so schnell gegangen waren. Wahrscheinlich saßen sie bereits in diesem Moment bei einem ihrer Vorgesetzten und erstatteten Meldung. Sie dachte an die Familie aus dem Dorf, die man nie wiedergesehen hatte. Würden sie nun dieses Schicksal teilen?

Plötzlich kam Leben in sie. Sie würden sich nicht einfach kampflos wie Lämmer zur Schlachtbank führen lassen. Fieberhaft suchte sie nach einer Möglichkeit. Für eine Flucht war es zu spät. Außerdem würde es auffallen, wenn vier Leute gleichzeitig den Hof verließen.

Zuallererst musste Maria in Sicherheit gebracht werden. Nicht auszudenken, was mit dem Kind geschehen würde, wenn hier eine Razzia stattfand. Und, dass die passieren würde, dessen war sich Gertrud nun ganz sicher. Laut rief sie nach Lina, die wenig später ins Zimmer kam. Gertrud erzählte ihr kurz, was geschehen war. Doch für weitere Fragen blieb keine Zeit.

„Wir müssen handeln", forderte sie die geschockten Frauen auf. „Wenn wir nichts tun, werden wir alle verhaftet. Lina, du packst sofort deine Tasche! Wenn du dich beeilst, gelingt es dir vielleicht, mit Maria zu fliehen. Kehr nach Barnitz zurück! Hans wird wissen, was zu tun ist."

„Was sagst du denn da?", schrie Hannah auf. „Ihr könnt mir doch nicht mein Kind wegnehmen." Mit angsterfüllten Augen sah sie Gertrud an, aber die setzte sich über den Einwand hinweg.

„Es geht nun mal nicht anders. Wenn wir Maria nicht fortschaffen, tun es die anderen. Ich weiß genau, dass ich sehr viel von dir verlange, aber denk an deine Tochter."

„Lasst mich mit ihr gehen!", flehte Hannah. „Es ist mein Kind, ich kann sie nicht allein lassen."

„Sei vernünftig! Du bist die Erste, nach der sie suchen werden."

Trotz aller Sorge überkam sie Mitleid mit der jungen Frau. Begütigend legte sie ihre Hand auf Hannahs Arm.

„Vielleicht liege ich ja auch falsch und die Männer ahnen wirklich nichts. Dann siehst du deine Tochter schneller wieder, als du dir vorstellen kannst. Aber im Moment müssen wir von dem Schlimmsten ausgehen und Maria schützen. Du verstehst das doch, Hannah?"

Von einem Moment auf den anderen wurde die junge Mutter ruhig. Ihre Wangen waren feucht, aber die Tränen versiegten. Starr richtete sich ihr Blick aus dem Fenster und streifte über die Landschaft. Sie hatte sich so wohl gefühlt auf dem Hof, so schöne Stunden verbracht. Ich werde nie wieder glücklich sein, dachte sie wehmütig. Eine Sekunde Unachtsamkeit hatte gereicht, um ihr Leben zu zerstören.

Sie ahnte, dass sie ihr Kind niemals wiedersehen würde. Gleichgültig was Gertrud ihr auch versprach. Aber wenigstens sollte die Kleine ihr Schicksal nicht teilen. Sie war bereit, alles dafür zu tun, auch wenn ihr dabei das Herz brechen würde. Wie in Trance wandte sie sich an Lina und ergriff bittend ihre Hände.

„Versprich mir, dass du für Maria sorgst. Bring sie zu ihrem Vater! Vielleicht gelingt es euch, sie so normal wie möglich aufwachsen zu lassen."

Lina spürte den Kloß in ihrem Hals. Auch sie ahnte, es war ein Abschied für immer. Es wäre naiv zu glauben, dass man Hannah, nachdem sie als Jüdin entlarvt worden war, verschonte. Selbst ihr und Gertrud, die beschlossen hatte, auf dem Hof zu bleiben, konnte nur noch ein Wunder helfen. Und die, das wusste Lina, waren selten geworden in dieser Zeit. Trotzdem versuchte sie nun, ihrer Schwiegertochter ein wenig Zuversicht zu schenken.

„Ich werde gut auf sie aufpassen, ich verspreche es dir. Wir sehen uns bald wieder, dann kannst du dich selber davon überzeugen. Und nun geh zu deinem Kind! Sag ihr, dass ihre Oma mit ihr zu Papa fährt. Sie soll nichts davon mitbekommen, wie schlecht es um uns steht. Es geht nun mal nicht anders."

Den letzten Rest Widerstand spürend, küsste sie ihre Schwiegertochter behutsam auf die Stirn. „Hab keine Angst, Hannah! Dein Kind ist bei mir in guten Händen. Vertrau mir!"

***

Es war bereits dunkel, als die Autos auf den Hof fuhren. Gertrud erwartete sie in der Küche. Ruhig sah sie vom Fenster aus zu, wie die Männer von den Wagen sprangen. Sie hielten Taschenlampen in den Händen, die sie nun über das dunkle Anwesen streifen ließen. Die Hunde, die sie mitführten, bellten aufgeregt in Erwartung, was kommen würde.

Den ganzen Nachmittag hatte sie damit zugebracht, jedes einzelne ihrer Hühner zu schlachten und im Garten einzubuddeln. Nicht ein einziges ihrer Tiere wollte sie den Bastarden überlassen. Entsetzt hatte Hannah ihr schweigend dabei zugesehen, dann suchten sie ein Versteck für die junge Frau. Beide hatten dabei kaum ein Wort gewechselt. Jede für sich war sich der Sinnlosigkeit ihres Tuns bewusst. Trotzdem hatten sie in der Scheune eine Höhle gebaut, in der Hannah in diesem Moment zitternd vor Angst und Kälte ihrem Schicksal entgegensah.

Laut krachend donnerte die Eingangstür unter den Fäusten und Gewehrkolben der Männer auf. Dann standen zwei Herren in langen Ledermänteln vor Gertrud.

„Wo ist sie?", fragte einer von ihnen unerwartet freundlich. Seine ruhige Stimme stand im krassen Gegensatz zu dem gewaltsamen Eindringen und machte die Situation unwirklich. Doch Gertrud beachtete ihn nicht. Ihr Blick war starr gerade ausgerichtet.

Nun wurde der Ton schärfer.

„Wo hast du die Judensau versteckt, Weib? Wir finden sie sowieso, besser du sagst uns gleich, wo sie ist. Oder willst du Bekanntschaft mit den Hunden machen?"

Abwartend, wie die Drohung auf die alte Frau wirken würde, sahen sie Gertrud an. Verblüfft beobachteten die Männer, wie sich ein Lächeln auf ihrem Gesicht breitmachte. Dann öffnete sie ihre Lippen und begann laut zu singen. Sie sang Lili Marleen, immer wieder. Man konnte es bis auf den Hof hören, wo die anderen der Truppe erstaunt zum Haus blickten. Hell und klar drang die Stimme durch das geöffnete Fenster hinaus zum Hof, über die Wiese zum Fluss, bis sie irgendwo hinter den Wipfeln der Bäume verschwand.

Wütend schleiften sie Gertrud auf den Hof hinaus.

„Die Alte ist völlig verrückt", stellte der Kommandant der

Gruppe fest, während sie noch lauter zu singen begann.

„Halts Maul!“, wurde sie angeschrien. Eine Faust klatschte ihr ins Gesicht. Ohne einen Mucks sackte sie zusammen. Für einen Moment war es still auf dem Hof, nur die Hunde beugten sich über den scheinbar leblosen Körper und knurrten. Dann fing Gertrud erneut zu singen an.

In ihrem Versteck hörte Hannah das Lied und bekam eine Gänsehaut. Sie wusste, was das bedeutete. Dann fiel ein Schuss und es war still. Nur mühsam unterdrückte das Mädchen ein lautes Schluchzen und biss sich auf die Lippe.

Kurz darauf hörte sie das Stampfen der Stiefel, die sich der Scheune näherten. Der Klang der sich nähernden Schritte ließ Hannah wie eine Wahnsinnige an den Strohballen ziehen. Endlich lösten sich zwei von ihnen und sie konnte sie fester über sich ziehen. Nun bedeckte das Stroh ihren gesamten Körper. Vom Staub tat ihr das Atmen weh, ihr Magen krampfte sich ängstlich zusammen.

Die Schritte kamen näher. Als der Lichtstrahl einer Taschenlampe durch die Tür fiel, kauerte sie sich noch mehr zusammen. Er leuchtete über die Decke und den Boden und blieb bei den Strohballen hängen. Dort kam er zur Ruhe.

„Komm raus oder wir hetzen die Hunde auf dich!“

Laut hörte Hannah ihr eigenes Herz schlagen. Man hatte sie entdeckt, es gab keinen Ausweg mehr. Sie spürte, wie ihr Puls raste. Wie aus weiter Ferne hörte sie die Stimmen der Männer, dann wurde es dunkel um sie herum.

Sie bekam nicht mit, wie die Hunde an ihren Kleidern zerrten, bevor die Männer sie auf den Wagen warfen. Sie sah nicht das Lachen in ihren Augen und den Stolz, wieder einen von diesen Untermenschen ihrer gerechten Strafe zuzuführen. Und sie sah nicht die leblose Gestalt, die in einer großen Blutlache auf dem Hof lag.

Als sie zu sich kam, fand sie sich in einem dunklen Raum wieder, in dem es weder Fenster noch sonst eine Lichtquelle gab. Im ersten Moment wusste sie nicht, wo sie sich befand, sie hatte jegliche Orientierung verloren. Dann fiel ihr alles wieder ein. Bei dem Gedanken an Gertrud schluchzte sie laut auf.

„Sei still! Oder willst du, dass sie wiederkommen?"

Die Stimme kam seitlich von ihr. Verwundert stellte sie fest, dass sie nicht die Einzige in dem Raum war. Eingeschüchtert durch die groben Worte schwieg sie und sah sich vorsichtig um. Langsam gewöhnten sich ihre Augen an die Dunkelheit. Sie erkannte erste schemenhafte Umrisse. Zu ihrem Erstaunen bemerkte sie die Anwesenheit von mindestens zwanzig, dreißig Leuten, die eng zusammengedrückt am Boden lagen.

„Wo sind wir hier?", flüsterte sie fragend.

„Woher sollen wir das wissen?", fuhr sie die Frau von eben barsch an.

„Lass das Mädchen in Ruhe! Sie kann schließlich auch nichts dafür, dass wir hier eingesperrt sind."

Eine stämmige Frau, deren Gesicht Hannah nicht erkannte, kam auf sie zu. Vorsichtig stieg sie über die schlafenden Körper, wobei sie versuchte, keinen von ihnen zu treten oder aufzuwecken. Dann schob sie Hannahs Nachbarin einfach beiseite und setzte sich neben sie.

„Mach dir nichts draus!", forderte sie die junge Frau auf. „Eigentlich sind die Frauen hier ganz in Ordnung. Aber wenn man wie Vieh in einem Stall eingepfercht wird, bleibt es nicht aus, dass der eine oder andere die Nerven verliert."

„Wie viele Frauen sind denn hier? Und seit wann?"

„Die meisten von uns kamen gestern oder vorgestern. Ich nehme an, du bist auch Jüdin. So, wie wir alle. Ein paar von den Frauen sind schon länger hier. Von ihnen weiß ich, dass vor fünf Tagen ein Transport ging. Wahrscheinlich sind wir als nächstes dran. Ungefähr fünfzig Frauen sind hier eingeschlossen und vier Kinder."

„Kinder?"

Vor Schreck bemerkte Hannah nicht, wie ihre Stimme durch den ganzen Raum schallte. Sofort erntete sie missbilligendes Gemurmel und Beschimpfungen.

„Du musst leise sein!", mahnte sie die Frau neben ihr und Hannah verstummte.

„Ich heiße, Ruth und du?"

„Hannah“, flüsterte sie. „Hannah Spiegel.“

„Versuch noch ein bisschen zu schlafen, Hannah! Viel Zeit bleibt nicht mehr und wer weiß, was der neue Morgen bringt.“

***

„Alle raus hier!“, wurden Hannah und die anderen Frauen bereits zwei Stunden später unsanft geweckt. Erschrocken sah sie zum Tor, welches nun weit geöffnet war und die hellen Sonnenstrahlen hereinließ. Mehrere bewaffnete Männer mit Hunden hatten sich dort aufgebaut und trieben die schlaftrunkenen Gefangenen aus der dürftigen Behausung. Nun, im Licht erkannte sie, dass es sich um einen fensterlosen Wehrmachtspferdestall handelte. Einige der Frauen versuchten schnell, ihre wenigen Habseligkeiten an sich zu raffen, aber die Männer waren ungeduldig.

„Macht schon! Oder soll ich die Hunde zu euch rein lassen?“

Draußen angekommen, mussten sie sich in Dreierreihen aufstellen, während einer der Männer an ihnen vorüberging und laut ihre Namen von einer Liste ablas. Bei Hannah blieb er stehen. Prüfend sah er sie an.

„Bist du das Miststück mit den falschen Papieren?“

Hannah wagte nicht, ihn anzuschauen. Ihr richtiger Ausweis befand sich bei Hans, aber das konnte sie dem bulligen Kerl vor ihr kaum antworten. Das Beste war, sie schwieg, so konnte sie nichts falsch machen.

Als sie sich hilflos umsah, bemerkte sie, wie die Augen aller anderen auf sie gerichtet waren. Ihr Blick blieb an einer jungen Frau hängen, die ein kleines Mädchen auf dem Arm trug. Ängstlich klammerte das Kind sich an sie und sah Hannah mit großen Augen an. Die Kleine erinnerte sie an Maria, von der sie weder wusste, wo sie sich im Moment aufhielt noch ob es ihr gut ging. Schmerzlich krampfte sich ihr Herz zusammen bei dem Gedanken, ihr Kind nie wieder zu sehen.

„Du willst mir wohl nicht antworten, du Judenschlampe?“, fuhr der Mann sie wütend an. „Na, dann wollen wir doch mal sehen, ob wir dich nicht zum Reden bringen.“

Ohne eine weitere Vorwarnung stieß er ihr den Karabiner in die Rippen. Hannah krümmte sich vor Schmerzen zusammen. Das kleine Mädchen begann laut zu weinen. Erschrocken hielt die Mutter ihr die Hand vor den Mund. Gerade als der Kerl erneut zuschlagen wollte, kam ein anderer Mann auf sie zugelaufen.

„Was ist los? Wie weit seid ihr? Die Wagen stehen bereit. Seht zu, dass die Weiber fertig werden.“

„Alles klar“, antwortete sein Kollege und wandte sich endlich von ihr ab, nicht ohne ihr hämisch ins Gesicht zu lachen.

„Weißt du was, du Sara? Dein Scheißname interessiert sowieso niemanden. Da wo du hinkommst, brauchst du keinen. Also vorwärts, auf die Wagen mit euch!“

Die Fahrt dauerte mehrere Stunden. Man hatte sie auf zwei Lastwagen aufgeteilt, trotzdem war es furchtbar eng. Dazu kam, dass sie auf der offenen Ladefläche Wind und Wetter ausgesetzt waren. Seit dem Morgen hatte es begonnen zu regnen, nun waren die Kleider der Frauen vollständig durchnässt. Frierend drückten sie sich aneinander, um wenigstens ein wenig Wärme abzubekommen.

Zu allem Übel kauerte neben Hannah die Frau, die sie in der Nacht so barsch angefahren hatte. Stur saß sie da und starrte in die Luft. Hannah spürte, dass sie dringend auf eine Toilette musste, doch sie wagte es nicht, danach zu fragen. Entsetzt sah sie zu, wie eine der Frauen aufstand und zu dem Eimer ging, der ganz hinten auf der Ladefläche stand. Dort zog sie ihren Rock nach oben und erleichterte sich. Erst da begriff Hannah, dass der Eimer zu diesem Zweck aufgestellt war. Sie erschauderte. Niemals, so dachte sie, würde sie diesen Notbehelf benutzen. Lieber würde sie in die Hose machen.

Trotz Sprechverbot fingen vor allem ein paar der älteren Frauen an zu wimmern. Seit dem letzten Abend hatten sie weder zu essen noch etwas zu trinken bekommen. Das, und die Angst vor dem, was kommen würde, brachten sie dazu, leise zu weinen.

Als der Wagen mit einem Ruck hielt, schrien die Frauen auf. Sie beobachteten, wie die Männer der Schutzpolizei mit Karabinern bewaffnet absprangen. Ihr erster Gedanke war, dass man sie nun am Straßenrand erschießen würde. Doch zu ihrer Erleichterung verschwanden sie hinter ein paar Bäumen und pinkelten.

Dann ging es weiter. Sie kamen an Dörfern und kleinen Städten vorbei. Neugierig blieben Leute stehen und beobachteten den ungewöhnlichen Transport. Einige Kinder winkten sogar. Hannah sah, wie der Fahrer des Wagens fröhlich zurückwinkte.

Es war bereits Abend, als sie in den Wald kamen. Vor ihnen lag eine endlose Allee. Beim genauen Hinsehen erkannte Hannah, dass es sich ausschließlich um Buchen handelte, die den Weg bergauf säumten. Es war Spätherbst, die Blätter leuchteten in greller roter Farbe.

„Macht euch fertig, wir sind da!“, rief ihnen der Fahrer zu.

Hannah versuchte, einen Blick nach vorn zu erhaschen, doch die Frau neben ihr nahm ihr die Sicht. Sie passierten das Tor und fuhren quer über den Platz zu einer Sammelstelle. Dort wurden sie bereits von mehreren Frauen in SS-Uniform erwartet. Hatten die Männer des Transportes schon unfreundlich gewirkt, wurden sie nun von den boshaften Blicken dieser Frauen übertroffen.

„Runter vom Wagen!“, schrien sie und schlugen mit Stöcken auf sie ein. Im Eiltempo kletterten die Frauen von den Lastwagen. Eine beklemmende Stimmung legte sich wie ein dunkler Schleier über das Lager. Die Neuankömmlinge waren erschöpft, müde und hungrig und nun der Willkür der Aufseherinnen ausgeliefert. Weinend brachen die ersten von ihnen zusammen.

Besonders eine der Bewacherinnen fiel Hannah unangenehm auf, da sie die Frauen immer wieder mit der Peitsche attackierte. Man sah ihr an, welchen Spaß ihr diese Schikane bereitete. In diesem Moment ging sie auf eine alte

Frau zu, die am Boden lag.

„Steh sofort auf und stell dich zu den anderen!“, forderte sie.

Hilflos sah die wehrlose Frau zu ihr auf.

„Willst du nicht oder kannst du nicht?“, wurde sie nun freundlich gefragt. Froh über das scheinbare Mitgefühl antwortete die Gefangene arglos.

„Es tut mir leid, aber ich kann nicht. Die Fahrt hat mich erschöpft. Kann ich vielleicht ein wenig Wasser haben?“

Sofort verschwand das vorgeheuchelte Verständnis von dem Gesicht der Aufseherin. Kalt und emotionslos sah sie die alte Frau an.

„Was glaubst du, was das hier ist, ein Sanatorium? Wenn das so ist, will ich dich gleich aufklären. Hier ist kein Platz für Kranke! In diesem Lager gibt es nur Gesunde oder Tote. Also überleg dir gut, wo du hinhörst.“

Wie erstarrt blieb die Frau am Boden sitzen. Ungläubig sah sie zu den anderen Frauen. Doch deren Blicke waren erschrocken zu Boden gerichtet. Jede Einzelne von ihnen spürte, dass die alte Frau damit ihr eigenes Todesurteil fällte.

In diesem Moment löste sich Hannahs nächtliche unfreundliche Schlafnachbarin aus der Reihe und half der Frau unter den spöttischen Blicken der Aufseherin auf die Beine. Wortlos stellten sie sich zurück in die Reihe.

Für einen Moment herrschte gespanntes Schweigen. Alle Blicke waren nun auf die Aufseherin gerichtet. Wie würde sie reagieren? Würde sie den mutigen Vorstoß der Frau dulden? Doch die hatte bereits das Interesse an ihnen verloren und drängte sie weiter zu einem sogenannten Desinfektionsgebäude.

Dort zwang man sie zur Abgabe ihrer Zivilkleidung und von allem, was sie bei sich trugen. Dann mussten sie sich nacheinander nackt auf einen Stuhl setzen und sich die Haare scheren lassen. Traurig sah Hannah zu, wie eine Locke nach der anderen zu Boden fiel. Sie spürte, dass ihr mit dieser Prozedur nicht nur die Haare, sondern der letzte Rest von Stolz genommen wurde.

Doch es blieb keine Zeit, länger über diese Demütigung nachzugrübeln. Kaum war auch der letzte Kopf kahl rasiert, wurden sie in einen großen gefliesten Raum getrieben. Als sich die Türe hinter ihnen schloss, klammerten sie sich ängstlich aneinander. Keiner von ihnen wusste, was nun passieren würde. Befreit kreischten sie auf, als die ersten Wassertropfen aus den Duschköpfen über ihnen auf sie herunter prasselten. Im Anschluss daran bekam jede von ihnen in der Effektenkammer ein Bündel mit Einheitskleidung in den Arm gedrückt.

„Das sind eure Drilliche. Jeder einzelne ist mit einem Winkel gekennzeichnet. Da ihr Juden seid, tragt ihr den Judenstern. Wenn ich eine von euch erwische, die den Winkel nicht trägt, werdet ihr alle dafür bestraft. Habt ihr verstanden? Und nun zieht euch an, danach bekommt ihr eure Nummer."

Hastig stieg Hannah in die Kleidung. Auf der linken Brustseite und dem rechten Hosenbein war ein auf der Spitze stehendes farbiges Stoffdreieck genäht. Unter dem Winkel mit der Farbe der Haftgruppe gab es bei ihr und den Frauen zusätzlich ein gelbes Dreieck, welches so übernäht war, dass sich der Umriss eines Sterns ergab. Der Drillich selber war weiß blau gestreift und hatte keine Besonderheiten.

Hannah war es gleichgültig, wie zerlumpt sie aussah. Wie in Trance hörte sie die nüchternen kalten Stimmen der Aufseherinnen. Sie war kurz davor, ohnmächtig zu werden, nur das plötzliche Schreien der Frauen bewahrte sie davor. Erst jetzt bemerkte sie, dass zwei Frauen gekommen waren und begannen, die Kinder aus ihrer Mitte zu reißen. Die Kleinen weinten voller Angst und klammerten sich schreiend an ihren Müttern fest. Nie zuvor hatte Hannah etwas Schrecklicheres erlebt.

Einige der Gefangenen jammerten und winselten. Andere gingen blind vor Wut mit den Fäusten auf die Aufseherinnen los. Doch gegen deren Stöcke und Peitschen hatten die geschwächten Frauen nicht die geringste Chance. Hilflos mussten sie mit ansehen, wie man ihre Kinder fortschaffte. Erst Wochen später sollten sie erfahren, dass man sie in den

Kinderblock gebracht hatte, von wo aus sie später in ein Lager im Osten transportiert wurden.

Hannah selber brachte man zu Block 22, der direkt an den Appellplatz angeschlossen war. Dort verbrachte sie gemeinsam mit anderen Häftlingen weitere zwei Stunden damit, den Einweisungen in die Regeln der Lagerordnung zu folgen. Hannah verlor jedes Zeitgefühl. Starr richtete sie ihren Blick auf den Schotter des Platzes. Noch ahnte sie nicht, dass der Appellplatz der Schrecken aller Lagerinsassen war. Als sie sich umsah, bemerkte sie den drei Meter hohen Stacheldrahtzaun und die mit Maschinengewehren bestückten dreistöckigen Wachtürme, die das Lager umgaben.

Fröstelnd lauschte sie den Anweisungen.

„Ihr seid Juden, jeglicher Kontakt zu anderen Häftlingen ist euch untersagt! Zuwiderhandlungen werden bestraft! Alle Befehle des Wachpersonals sind sofort zu befolgen, ansonsten werdet ihr dafür bestraft! Sollte eine von euch auf die Idee kommen zu fliehen, kann ich sie nur warnen. Auf Flucht steht die Todesstrafe. Jeder, der dem Zaun zu nahekommt, wird sofort erschossen. Der Krankenbau ist für euch nicht zugänglich! Ihr dürft dafür ein Judenrevier in Anspruch nehmen. Aber ich warne euch, wenn ich eine erwische, die vorgibt, krank zu sein, um sich vor der Arbeit zu drücken, lernt ihr mich kennen. Jeden Morgen werdet ihr euch vollzählig zum Appell einfinden! Dann werdet ihr auch zur Arbeit eingeteilt. Juden arbeiten hauptsächlich im Steinbruch. Sollte jemand etwas dagegen haben, kann er gerne die Latrinen putzen oder sich für das Leichenträgerkommando melden. Ich hoffe, ihr habt mich verstanden!

Zum Schluss noch eines. Vielleicht ist einem von euch das Tor des Lagers aufgefallen. Es trägt eine Inschrift. ‚Jedem das Seine' steht darauf. Diese Inschrift wird euch jeden Tag daran erinnern, dass ihr nicht grundlos hier seid, sondern nur das bekommt, was ihr verdient."

Mit diesen Worten drehte sie sich um und ging. Die Frauen blieben wartend stehen. Niemand hatte ihnen erlaubt, den Appellplatz zu verlassen und sie gerade erst gehört, welche

Strafen sie erwartete, wenn sie nicht taten, was man von ihnen verlangte. Sie standen auch noch, als es dunkelte und die Nacht hereinbrach. Dichter Nebel zog über dem Lager auf, die feuchte Kälte kroch unter ihre Kleidung.

Hannah wusste nicht mehr, wann ihre Zähne damit begonnen hatten, laut aufeinander zu schlagen und wann sie aufgehört hatte, ihre erfrorenen Füße in den unbequemen Holzpantinen zu spüren. Sie war kaum fähig, überhaupt noch einen klaren Gedanken zu fassen. Langsam schwanden ihr die Sinne. Hunger und Kälte forderten ihren Tribut.

Neben ihr brach jemand lautlos zusammen. Aus einem instinktiven Reflex heraus griff sie nach einem Arm und versuchte, die Frau nach oben zu ziehen. Doch ihr Bemühen blieb ohne Erfolg. Mit einem dumpfen Aufschlag fiel die Gestalt zu Boden und blieb reglos liegen.

Hannah hatte keine Kraft mehr und bat die anderen um Hilfe. Sie konnten die Frau doch nicht einfach ihrem Schicksal überlassen. Als sie keine Antwort bekam, schaute sie sich um und sah in leere Gesichter. Ein Gefühl der Gleichgültigkeit überkam sie. Warum sollte sie sich nicht auch einfach fallen lassen und der Qual ein Ende bereiten? Welchen Sinn machte es noch auszuharren? Man konnte sie bis zum nächsten Morgen hier stehen lassen. Irgendwann würden sie sowieso alle vor Erschöpfung zusammenbrechen. Warum also nicht gleich?

Jeder einzelne ihrer Gedanken war von tiefer Hoffnungslosigkeit bestimmt. Nach allem, was sie heute gesehen und erlebt hatte, war jedes Fünkchen Zuversicht, Hans und ihr Kind jemals wiederzusehen, gestorben. Es war genau, wie diese Aufseherin gesagt hatte. Niemand von ihnen würde dieses Lager wieder verlassen, zumindest nicht lebend. Gerade als sie dem Wunsch nachgeben wollte, erreichte eine herrische Stimme ihr Bewusstsein.

„Block 22, geht in eure Baracken! Falls es Kranke oder Tote gibt, liegenlassen!“

Die Häftlinge setzten sich langsam in Bewegung. Wie eine Herde gehorsamer Kühe trabten sie zu der Holzbaracke. Zuvor erhielt jede von ihnen ein Stück hartes Brot und einen

Schluck Wasser. Hannah konnte sich kaum noch daran erinnern, wann sie zum letzten Mal gegessen hatte. Gierig schlang sie die karge Mahlzeit herunter. Dann gingen sie in ihr neues Zuhause.

Die Baracke, die sie betraten, war klein, düster und muffig. Rechts und links waren Verschläge bis zum Dach gebaut. An den Wolldecken darauf erkannte sie, dass es sich dabei um ihre Schlafplätze handelte. Zwischen diesen Brettergestellen befand sich ein schmaler Gang, der zu einem winzigen Fenster führte. Mehr gab es nicht zu sehen. Hoffnungslosigkeit erfüllte den Raum.

Sofort machten sich die Frauen daran, einen guten Platz zu ergattern. Wer schnell war, konnte oben schlafen und war damit ein wenig geschützt vor der Kälte, die unter der Tür hereinkroch.

Hannah war alles gleichgültig. Hauptsache, sie konnte sich irgendwo hinlegen und ausruhen. Noch immer schmerzte die Stelle, an der der Karabiner sie getroffen hatte. Möglicherweise war eine Rippe gebrochen. Aber auch das war nun gleichgültig.

Kaum hatte sie sich gemeinsam mit zwei anderen Frauen hingelegt, fiel sie in einen unruhigen Schlaf. In ihren Träumen war es Maria, die ihr gleich bei der Ankunft im Lager weggerissen wurde. Laut schreiend entfernte sich ihr Kind immer weiter von ihr. Dann war die Kleine verschwunden, an ihrer Stelle lag Gertrud blutend am Boden vor ihr. Neben ihr stand Fritz und hörte nicht mehr auf zu lachen. Schweißgebadet wachte sie mehrmals auf, nur, um gleich wieder in einem dieser wirren Träume zu versinken.

***

Hannah war mit ihren Alpträumen nicht allein. Auch Hans wälzte sich unruhig im Bett hin und her. Immer wieder hatte er die schrecklichsten Bilder vor Augen, was mit Hannah geschehen sein musste. Völlig erschöpft stand er auf und lief nervös durch die Barnitzer Wohnung. Der Gedanke daran, was man seiner Frau womöglich angetan haben könnte, machte ihn wahnsinnig vor Angst.

Gleich nachdem Lina mit seiner Tochter, für ihn völlig unerwartet, in Barnitz angekommen war, hatte er sich auf den Weg in das kleine Dorf gemacht. Als er auf Gertruds verlassenem Hof ankam, ahnte er nicht, dass nur eine Stunde zuvor ein Wagen mit ihrer Leiche davongefahren war.

Stundenlang suchte er nach einem Hinweis auf den Verbleib der beiden Frauen. Sogar den angrenzenden Wald durchkämmte er in der Hoffnung, dass sie sich dort versteckt hielten. Nur durch Zufall entdeckte er später die Decke und eine Lampe hinter dem Strohhaufen und erkannte, dass sie hier Zuflucht gesucht hatte.

Bei dem Gedanken, wie sie sich zitternd und ängstlich vor ihren Peinigern, die immer näherkamen, verkrochen haben musste, wurde ihm schwindelig. Mit weichen Knien setzte er sich auf einen Strohballen. Für ihn stand nun fest, dass man seine Frau verhaftet hatte.

Aber wo war Gertrud? War es möglich, dass man die treue Seele ebenfalls verhaftet hatte? Und wohin waren die zwei verschleppt worden?

Müde stand er auf. Hier würde er keine Antwort finden. Da er es nicht riskieren konnte, ins Dorf zu gehen und Fragen zu stellen, lief er zum Bahnhof und fuhr zurück nach Barnitz. Er musste zu Hermann gehen oder am besten gleich zur Kreisleitung. Wenn er es geschickt anstellte, würde er vielleicht erfahren, was mit den Frauen geschehen war.

Zum ersten Mal, seit er Mitglied der SS geworden war, hatte er das Gefühl, dass es ihm von Nutzen sein konnte. Natürlich musste er vorsichtig sein, um kein Misstrauen zu erregen. Aber vielleicht konnte er herausfinden, wohin man Hannah und Gertrud gebracht hatte.

Gleich vom Bahnhof aus lief er zur Schreinerei, fand aber zu seiner Enttäuschung seinen Bruder nicht vor. Nur der mürrische Schröder stand breitbeinig im Hof.

„Hermann ist nicht hier“, rief er Hans entgegen. „Keine

Ahnung, wo er sich wieder rumtreibt. Dabei gibt es Arbeit genug. Noch nicht mal Bescheid gesagt hat er. Denkt wohl, er kann sich alles erlauben. Aber dem werde ich was erzählen."

Hans machte auf dem Absatz kehrt. Er verspürte keine Lust, sich das Gejammer des Schreiners länger anzuhören. Außerdem drängte die Zeit. Mit einem kurzen Gruß verabschiedete er sich und ließ den immer noch schimpfenden Schröder stehen. Ihm blieb nichts weiter übrig, als zur Wohnung zurückzugehen, wo Lina und Maria auf ihn warteten.

Nun stand er am Fenster und dachte nach. Wenn er Hermann nicht erreichte, würde er selbst nach Berlin fahren und dort vorsichtig Erkundigungen anstellen. Irgendjemand musste doch etwas über den Verbleib der Frauen wissen. Selbst Juden verschwanden nicht einfach so von der Bildfläche.

Ganz in Gedanken hörte er nicht, dass es an der Tür klopfte. Erst nachdem Lina in sein Zimmer trat, sah er auf.

„Hans, dein Bruder ist hier und will mit dir reden", sagte sie und ließ Hermann an sich vorbei. Einen kurzen Moment blieb sie noch stehen und sah zu den Beiden hin, dann zuckte sie die Schultern und ging.

„Was ist los?", kam Hermann gleich zur Sache. „Schröder hat mir von deinem Besuch erzählt."

„Hast du etwa Schwierigkeiten bekommen? Er schien ziemlich aufgebracht."

„Ach der", winkte Hermann ab. „Wenn Schröder nicht sein Maul aufreißen kann, ist er krank. Aber mehr als hohle Sprüche hast du von dem nicht zu erwarten. Aber nun sag schon! Was wolltest du von mir?" Und mit einem Blick auf Hans fügte er hinzu. „Du siehst echt beschissen aus, weißt du das?"

„Sie haben Hannah mitgenommen. Ich weiß nicht, wo sie sie hingebracht haben, aber ich bin sicher, dass sie verschleppt wurde."

„Nun mal langsam! Was heißt, sie haben Hannah? Ich dachte, ihr Versteck sei sicher. Außerdem habe ich ihr doch Papiere besorgt."

„Leider hat das wohl nicht gereicht. Hannah selber hat sich

verraten."

Dann erzählte Hans, was er von seiner Mutter erfahren hatte.

Langsam verstand Hermann, warum sein Bruder so verstört wirkte. Wenn auch nur die Hälfte davon wahr war, was er da stammelte, sah es schlecht aus für Hannah. Im Gegensatz zu Hans wusste er sehr genau, wie man mit den Juden, die sich versteckt hielten, verfuhr. Erst letzte Woche war er in Berlin dabei gewesen, als ein Transport nach Auschwitz ging.

Eigentlich sollte er zu denen gehören, die den Zug begleiteten. Nur ein Zufall hatte ihn davor bewahrt. Aus diesem Grund war Hermann auch heute nach Barnitz zurückgekommen und hatte durch Schröder von Hans Besuch erfahren.

Nachdenklich sah er seinen Bruder an. Es machte keinen Sinn, ihm die Wahrheit vorzuenthalten. Früher oder später würde er doch von den Transporten erfahren. Vorher allerdings hatte er noch ein paar Fragen.

„Wo genau hattet ihr sie versteckt? Gab es vielleicht eine größere Stadt in der Nähe?"

„Warum willst du das wissen? Es ist doch nicht mehr wichtig. Sie ist nicht mehr dort."

„Es ist wichtig, Hans, sehr sogar. Normalerweise bringen sie die Frauen und Kinder nach Auschwitz. Ich weiß nicht, ob du schon davon gehört hast. Überall in Deutschland und Polen gibt es jetzt diese Lager. Wenn ich mich aber richtig erinnere, sagtest du, Hannah sei in Thüringen. Beantworte meine Frage, war es so?"

„Ja, sie war in Thüringen. Sie versteckte sich auf einem Bauernhof, die nächste größere Stadt ist Gotha. Aber ich verstehe nicht, wie uns das weiterhilft."

„Dann ist sie bestimmt nach Buchenwald gekommen. Das erleichtert unsere Suche. Dieses Lager gibt es noch nicht so lange."

Bis spät in die Nacht saßen die Brüder zusammen und überlegten, wie sie Hannah helfen konnten. Keiner von ihnen ließ den Gedanken zu, dass die junge Frau vielleicht nicht mehr am Leben war. Hans hatte das nervöse Zucken von Hermanns Auge bemerkt und zog daraus seine Schlüsse. Sein Bruder liebte Hannah immer noch, daran gab es keinen Zweifel. Er war sich sicher, dass sie es allein diesem Gefühl zu verdanken hatten, dass er ihnen nun half.

Niemals, so schwor er sich, durfte Hermann von der Hochzeit und ihrer Tochter erfahren. Er hatte in der Vergangenheit mehr als nur einmal erlebt, wie unberechenbar sein Bruder sein konnte. Nicht auszudenken, was geschah, wenn er jemals die Wahrheit erfuhr.

Als Hermann früh am nächsten Morgen ging, hatten sie sich einen Plan zurechtgelegt. Es war ein riskantes Vorhaben und ihnen war klar, dass sie ihr Leben aufs Spiel setzten, sollte man sie durchschauen. Aber es war ihre letzte Möglichkeit. Noch heute Abend wollten sie sich gemeinsam auf den Weg nach Weimar machen.

***

Sobald Hermann die Wohnung verlassen hatte, weckte Hans seine Mutter und weihte sie in die Pläne ein. Ihre Ängste und Bedenken wischte er beiseite. Noch einmal beschwor er sie, Marias Identität verborgen zu halten und vor allem Hermann nichts zu verraten. Dann legte er sich hin, um ein wenig zu schlafen. Für das, was sie vorhatten, brauchte er all seine Kräfte und einen klaren Verstand.

Um 23 Uhr fuhr der Zug in den Bahnhof von Weimar ein. Aus dem ersten Abteil stiegen zwei junge Männer in SS-Uniform, jeder mit einem kleinen Koffer in der Hand. Ohne sich weiter umzuschauen, wanden sie sich zielstrebig dem Ausgang zu. Da sie schlecht so spät am Abend zur Kommandantur gehen konnten, führte sie ihr Weg zu einer kleinen Pension. Auf ihrem Zimmer gingen sie erneut alle Einzelheiten durch, dann legten sie sich schlafen. Acht Stunden später standen beide vor der Kommandantur.

„Lass mich reden!“, forderte Hermann Hans auf, und dieser nickte ihm zu. Entschlossen betraten sie den Raum.

„Heil Hitler“, riefen sie gleichzeitig und schlugen die Hacken zusammen. Der große hagere Mann hinter dem Schreibtisch ließ erschrocken eine Akte fallen. Ohne ihm Zeit zum Nachdenken zu geben, knallten sie ihm ihre Parteibücher vor die Nase.

„Heil Hitler“, stotterte der Mann. „Haben Sie mich erschreckt. Setzen Sie sich!“

Hans und Hermann nahmen Platz. Flüchtig ließ Hans seinen Blick schweifen. Das Zimmer wurde fast vollständig von dem wuchtigen Schreibtisch beherrscht. Er war voll von Akten und Papieren. An der Wand dahinter prangte ein überdimensionales Hitlerporträt.

„Was kann ich für Sie tun, meine Herren?“

Hermann rückte seinen Stuhl zurecht und räusperte sich bedeutungsvoll. Dann sah er den Beamten verschwörerisch an.

„Nun, es geht hier um eine heikle Sache. Ehrlich gesagt, weiß ich nicht, ob Sie der richtige Mann dafür …“

„Da können Sie ganz sicher sein“, unterbrach ihn der Mann hinter dem Schreibtisch und richtete sich automatisch auf. Neugierig sah er auf die Brüder.

„Um was handelt es sich? Sie können ganz offen sein.“

„Mein Bruder und ich gehören der SS an, wie Sie unschwer erkennen können. Da wir es selbstverständlich als unsere Pflicht ansehen, Verrätern des Deutschen Reiches das Handwerk zu legen, haben wir eine Meldung zu machen.“

Nun war der Beamte erst recht hellhörig geworden. Er ahnte nicht, dass die Brüder geschlagene zwei Stunden an dieser Rede gebastelt hatten.

„Interessant, wen wollen Sie melden?“

„Es handelt sich um eine junge Frau. Ihr Name ist Hannah Spiegel, Jüdin, Sie verstehen? Sie ist verschwunden, nachdem sie sich hier in Thüringen versteckt gehalten hat. Leider haben wir erst jetzt von diesem Versteck erfahren, sonst hätten wir es natürlich sofort gemeldet.“

Im Stillen amüsierte es Hermann, wie sein Gegenüber

große Augen machte. Doch er durfte nicht leichtsinnig werden.

„Hatte das Weib zufällig falsche Papiere?"

Hans spürte, wie ihm das Herz bis zum Hals klopfte. Er hoffte, dass man ihm die Aufregung nicht anmerkte.

„Kann schon sein", Hermann schaute scheinbar gelangweilt. „Wieso fragen Sie?"

Nun hatten sie vollends die Aufmerksamkeit des Beamten. Eifrig kramte er in den Unterlagen auf seinem Schreibtisch, bis er eine Liste in den Händen hielt.

„Ich hab's doch gewusst", strahlte er die Brüder an. „Hier, das ist die Liste vom letzten Transport. Lassen Sie mal sehen, da, das ist sie. Verhaftet in der Nähe von Gotha, Name und Herkunft unbekannt. Und Sie sagen, Sie wissen, wer das ist?"

In seinem Eifer bemerkte er nicht die Blicke, die die jungen Männer sich zuwarfen. Sie hatten gefunden, wonach sie gesucht hatten. Nun galt es nur noch herauszufinden, wohin der Transport gegangen war.

„Wir glauben, dass es sich, wie schon gesagt, um diese Spiegel handelt. Wenn ihr sie gefunden habt, ist es ja gut. Wo habt ihr sie eigentlich hingebracht?"

„Na, wohin wohl?", lachte der Kerl. „Da, wo wir die Juden halt hinbringen, ins KZ, oben auf dem Ettersberg."

Hans und Hermann standen auf, sie wussten nun Bescheid. Freundlich verabschiedeten sie sich von dem Beamten, der sich nochmals für ihre Hilfe bedankte.

„Dass Sie extra den weiten Weg auf sich genommen haben, ist wirklich beeindruckend. Das zeigt, dass Sie voll und ganz hinter unserer Sache stehen. Solche Männer braucht das Deutsche Reich. Warum kommen Sie heute Abend nicht in mein Haus, wenn Sie einmal da sind? Mein Jüngster feiert seinen siebten Geburtstag, da können Sie gleich einige interessante Leute kennenlernen. Vielleicht interessiert es Sie, wie in dem Lager gearbeitet wird."

Überrascht sahen sich die Brüder an. Plötzlich nahm das Gespräch eine völlig unerwartete Wendung. Das konnte ihre Chance sein, mehr zu erfahren.

„Ist das Ihr Ernst?", fragte Hans staunend. „Sie kennen uns

doch gar nicht."

„Aber sicher meine ich das ernst. Mein Name ist Schubert, Karl Schubert. So, nun kennen Sie mich. Wir wohnen direkt gegenüber dem Rathaus, Sie finden das ganz leicht. Und jetzt meine lieben Parteigenossen, habe ich noch ein wenig zu tun. Ich will ja schließlich früh Feierabend machen. Also, wir sehen uns heute Abend, Heil Hitler, meine Herren."

Mit diesen Worten schob er die zwei Männer aus dem Büro. Hans und Hermann blieb nichts anderes übrig, als ihm kurz zuzunicken.

Und auch der Abend im Hause von Karl Schubert gestaltete sich ganz anders, als sie jemals für möglich gehalten hatten. Sofort waren sie herzlich in die Gruppe der Gäste, die fast ausschließlich aus Offizieren und SS-Männern bestand, aufgenommen worden.

Bereits vor ihrem Erscheinen hatte Schubert in den höchsten Tönen von ihrem Eifer geschwärmt, sich für das Regime einzusetzen. So fiel es niemanden auf, dass vor allem Hans sich äußerst unwohl fühlte. Im Gegensatz zu Hermann, der die Situation sichtlich genoss, wurde ihm fast schlecht, als man ihnen immer wieder für ihren Einsatz anerkennend auf die Schulter klopfte.

Die Brüder mussten unzählige Fragen beantworten, ein Verhör wäre wahrscheinlich nicht gründlicher ausgefallen. Nachdem Hans erklärt hatte, dass er zwar in der SS, aber als allgemeiner Arzt tätig war, kam ein kleiner dicker Mann auf ihn zu.

„Mein Name ist Brauer, Heil Hitler, Herr Schneider. Ich gehöre zur politischen Abteilung vom Lager. Ich habe von Ihrem Verdienst gehört und möchte Ihnen danken. Gäbe es mehr Männer wie Sie, hätten wir dieses Judenpack wahrscheinlich längst ausgerottet. Na, zumindest eine mehr haben wir aus ihrem Loch geholt. Diese Jüdin, auf deren Spur Sie waren, wurde verhaftet und befindet sich in Buchenwald."

Hans bemühte sich, ein zufriedenes Gesicht vorzutäuschen, doch seine Lippen waren krampfhaft zusammengepresst. Die Gedanken in seinem Kopf überschlugen sich. Das war sein

Mann! Es musste ihm nur gelingen, das Gespräch aufrecht zu erhalten. Und das versuchte er mit allen Mitteln.

Nach einer kurzen Konversation, bei der es um Hitler, Deutschland und den Krieg ging, kamen sie endlich auf das Lager zu sprechen. Hans nutzte die erste Gelegenheit, die sich ihm bot.

„Bitte entschuldigen Sie meine Neugier! Aber ich bin noch nie in einem Konzentrationslager gewesen. Glauben Sie, es wäre möglich, das Lager zu besichtigen?“

Als die Frage ausgesprochen war, wurde ihm ganz flau im Magen. Dieser Balanceakt zwischen Lüge und Wahrheit fiel ihm ungeheuer schwer. Er hatte Mühe, seine Nervosität zu verbergen.

„Hm.“ Brauer nahm ein frisches Glas Bier und trank einen großen Schluck. Dann zündete er sich eine Zigarette an. Mittlerweile spürte Hans, wie ihm der Schweiß den Rücken herunter lief. Unruhig sah er sich nach seinem Bruder um. Doch von Hermann war keine Hilfe zu erwarten, der unterhielt sich angeregt mit Schubert.

„Hm,“ wiederholte Brauer. „Sie haben Glück, ich habe morgen meinen freien Tag. Wenn Sie wollen, hole ich Sie um neun Uhr ab. Ihren Bruder können Sie auch mitbringen. Schauen Sie sich das Lager an! Vielleicht gefällt es Ihnen ja so gut, dass Sie sich dazu entscheiden, dort zu arbeiten. Wir können gute Ärzte gebrauchen.“

Eine Überraschung jagte die nächste. Wie gerne wäre er zu Hermann gegangen, um ihm das neue Angebot zu unterbreiten, aber er musste sich zusammenreißen. Wenn er jetzt zu viel Freude zeigte, würden sich die anderen Gäste wundern. Aber das, was er im Moment nicht brauchte, war zu viel Aufmerksamkeit. Deshalb versuchte er, seine Stimme so neutral wie möglich klingen zu lassen, obwohl sein Herz bis zum Halse schlug.

„Ich nehme Ihr Angebot gerne an, möglicherweise ist es ja so, wie Sie sagen. Ich könnte mir einen Arbeitsplatzwechsel durchaus gut vorstellen. Aber zuerst schauen wir mal. Sicher ist es nicht einfach, in so einem Lager zu leben.“

„Bestimmt nicht, vor allem nicht als Jude, ha, ha.“ Brauer lachte und schien unheimlich amüsiert über seine Worte. Hans hasste ihn dafür. Aber der fuhr unbeirrt fort.

„Glauben Sie mir Schneider, wenn Sie das Lager sehen und erkennen, welche Möglichkeiten sich Ihnen bieten, wollen Sie gar nicht mehr weg. Wo hat man sonst die Gelegenheit, Experimente an lebenden Objekten durchzuführen? Für Sie als Arzt müsste das doch ungeheuer interessant sein.“

Hans war da ganz anderer Meinung, aber er hütete sich, sie laut zu vertreten. Schnell schnitt er ein anderes Thema an und schaffte es so, einigermaßen unbefangen den Abend zu überstehen.

***

Wie versprochen, hielt am nächsten Morgen ein Wagen vor der Pension. In rasantem Tempo fuhren sie aus Weimar heraus und den Ettersberg hinauf. Ganz anders als an dem Tag, an welchem Hannah denselben Weg fuhr, herrschte heute strahlender Sonnenschein und ließ das rote Laub der Buchen leuchten. Doch Hans hatte keinen Blick für die Schönheiten der Natur. Er fieberte den Moment entgegen, in dem sie das Lager betraten. Zuallererst fiel ihm das große Tor auf.

„Jedem das Seine“, las er laut die Inschrift. Fragend schaute er zu Brauer, der über seinen verwunderten Blick laut auflachte.

„Jedem das seine, Schneider. Verstehen Sie nicht? Diese Worte sind gezielt gewählt. Die Häftlinge sollen jeden Tag daran erinnert werden, dass sie nur bekommen, was sie verdienen. Begreifen Sie nun?“

Hans schauderte und steckte fröstelnd die Hände in seine Manteltaschen. Brauer und Hermann waren bereits weitergelaufen. Er beeilte sich, die beiden Männer einzuholen.

„Buchenwald ist eines der am besten organisierten Konzentrationslager“, erklärte Brauer Hermann gerade stolz.

„Es wird effizient geführt und ist sehr erfolgreich im Arbeitseinsatz. Wir lassen die Häftlinge hauptsächlich für die Rüstungsindustrie arbeiten, aber viele sind auch im Steinbruch tätig. So sind sie doch wenigstens produktiv, nicht wahr?“

Gerade als Hans seiner Empörung darüber Luft machen wollte, schubste ihn Hermann warnend an.

„Sei bloß still!“, flüsterte er ihm zu und sah ihn bedeutungsvoll an.

Das Lager war in drei voneinander abgesonderte Bereiche unterteilt. Vom Haupttor aus hatte man einen vollständigen Überblick. Sofort bemerkte Hans den hohen Stacheldrahtzaun und die Mündungen der Maschinengewehre auf den Wachtürmen. Die Häftlinge selber waren in schäbigen Holz- und Steinbaracken untergebracht.

Für die Juden hatte man ein abgetrenntes Lager innerhalb des Schutzhaftlagers errichtet. Ihre Baracken waren in weitaus schlechterem Zustand. Aus einiger Entfernung sahen die Brüder mehrere Männer und Frauen in ihren dünnen Drillichen auf dem Appellplatz stehen. Doch ihnen blieb keine Zeit zum Schauen. Jedes einzelne Gebäude genau erklärend, drängte Brauer sie weiter.

„Das ist unser Krematorium.“ Voller Stolz zeigte er auf ein graues Gebäude. „Es ist gerade erst fertiggestellt worden und noch nicht lange in Betrieb. Sie können sich also glücklich schätzen, es bewundern zu dürfen.“

Wenig später besichtigten sie den Verbrennungsraum im Keller, einen Sezierraum und die Pathologie. Freundschaftlich klopfte Brauer Hans auf die Schulter.

„Das könnte Ihr Bereich sein, Wenn Sie möchten, leg ich ein gutes Wort für Sie ein. Hier finden die interessantesten Experimente statt, habe ich mir sagen lassen. Natürlich alles im Dienste der Medizin. Dort hinten in der Pathologie werden den Toten die Goldzähne herausgebrochen. Sie glauben gar nicht, wie viele dieser Drecksjuden das wertvolle Metall in ihrem Maul haben. Nun, wenn sie hier landen, sind sie es jedenfalls los.“

Brauer lachte wie über einen guten Witz. Einen Hauch von

Menschlichkeit suchte man in seinem Gesicht vergeblich. Besorgt sah Hermann zu Hans, der kreidebleich geworden war. Doch er konnte nicht verhindern, dass sein Bruder den Kopf beugte und würgte. Verblüfft drehte Brauer sich zu ihm um.

„Na, das ist wohl doch nicht nach Ihrem Geschmack?"

Das freundliche Lachen verschwand. Misstrauen machte sich auf seinem Gesicht breit. Sofort versuchte Hermann ihn zu beschwichtigen.

„Nein, nein, kein Grund zur Sorge. Er hat bloß nicht gefrühstückt. Dabei habe ich ihm gleich gesagt, wer am Abend trinkt, muss in der Früh was essen. Aber mein Bruder wusste es besser. Dabei ist so ein Kater nicht zu unterschätzen. Ich weiß, wovon ich rede."

„Ach so ist das." Brauers Lachen kehrte zurück. Aufmunternd legte er einen Arm um Hans Schulter.

„Dann gehen wir wohl besser in einen angenehmeren Bereich, was?"

Sie liefen zur Lagerverwaltung, die südlich des Schutzhaftlagers ganz in der Nähe des Tores lag. Brauer hatte es sich nicht nehmen lassen, ihnen zuvor noch die Arrestzellen im Torgebäude zu zeigen, in denen die Häftlinge durch entsprechende Behandlung zu Geständnissen erpresst wurden.

Die Lagerverwaltung selber bestand aus der Kommandantur mit ihren Büros, den Einrichtungen des Truppenstabes und der politischen Abteilung. Nicht weit davon folgte eine SS-Kaserne, deren Gebäude im Halbrund angeordnet waren. Es waren Häuser der SS-Totenkopfstandarte Thüringen mit Kasinos, Waffenkammer, Truppenlazarett und Schieß- und Exerzierplätzen. Zu ihrem Erstaunen war zur Unterhaltung der Offiziere und ihrer Familien unweit des Zaunes sogar ein Zoo eingerichtet. Die Tiere darin lebten wahrscheinlich in besseren Verhältnissen als die Häftlinge, dachte Hans.

Die ganze Zeit über hatte ihnen Brauer in prahlerischem Ton jede Einzelheit des Lagers erläutert. Hans konnte seine Stimme kaum noch ertragen. Er atmete erleichtert auf, als sie endlich in dessen Büro ankamen. Dort kramte Brauer geschäftig in seinen Unterlagen, bis er eine Liste in der Hand hielt. Hans und Hermann erkannten sie sofort. Erst gestern hatte Schubert sie ihnen gezeigt.

„Hier", sagte Brauer. „Das ist die Liste. Ah, Schubert hat schon ein Kreuzchen gemacht. Wie sagten Sie, heißt die Frau?"

„Spiegel, Hannah Spiegel."

„Gut, dann kann ich ja jetzt den Namen einfügen. Die Kameraden haben ihre Angaben überprüft. Es ist genau, wie Sie gesagt haben. Diese Jüdin hielt sich auf einem Hof versteckt, die Besitzerin lebte dort ziemlich abgeschieden. Die Alte muss bei der Verhaftung durchgedreht sein, völlig wahnsinnig sei sie geworden. Den Kameraden blieb nichts anderes übrig, als sie zu exekutieren."

„Gibt es hier eine Toilette?", unterbrach Hans sein Gerede und rannte, sofort nachdem Brauer auf eine Tür gezeigt hatte, los. Minutenlang beugte er sich über die Kloschüssel und würgte. Gertrud war tot! Man hatte sie umgebracht, deshalb hatte er vergeblich nach ihr gesucht. Voller Wehmut dachte er an diese gute Frau, die für Hannah zu einer zweiten Mutter geworden war. Nun hatte sie dafür büßen müssen, dass sie bereit gewesen war, anderen das Leben zu retten.

„Schneider, geht es Ihnen gut?", klang von draußen die besorgte Stimme Brauers zu ihm. Als er nicht antwortete, hörte er, wie er mit Hermann sprach.

„Na, das muss ja ein ziemlich großer Kater sein, den Ihr Bruder da hat. Ich hoffe nur, er erholt sich wieder."

Und nach einer kurzen Pause fuhr er fort. „Und? Wie gefällt Ihnen das Lager? Könnten Sie sich vorstellen, hier zu arbeiten? Natürlich muss das alles erst in trockene Tücher gebracht werden. Aber ich glaube, Sie wären genau die Richtigen für uns."

Während sich Hans erneut übergab, wurden sich im Büro Hermann und Brauer einig.

***

Im Gleichschritt ging die Arbeitskolonne zum Steinbruch.

Wieder herrschte dichter Nebel, die Gefangenen froren erbärmlich. Ihre Drilliche waren längst feucht und ließen jeden Windzug auf die Haut. Doch die Kälte hielt sie nicht davon ab, laut zu singen. Es war Standard, dass beim Marsch der Arbeitskolonne oder bei Appellen das Buchenwaldlied gesungen wurde. Ihre Füße marschierten im Takt der Musik.

Wenn der Tag erwacht, eh die Sonne lacht,
die Kolonnen zieh'n zu den Tages Müh'n
hinein in den grauenden Morgen.
Und der Wald ist schwarz und der Himmel rot,
und wir tragen im Brotsack ein Stückchen Brot
und im Herzen, im Herzen die Sorgen.

O Buchenwald, ich kann dich nicht vergessen,
weil du mein Schicksal bist.
Wer dich verlässt, der kann es erst ermessen,
wie wundervoll die Freiheit ist!
O Buchenwald, wir jammern nicht und klagen,
und was auch unser Schicksal sei,
wir wollen trotzdem ja zum Leben sagen,
denn einmal kommt der Tag: Dann sind wir frei!

Als Hannah zum ersten Mal dieses Lied hörte, konnte sie kaum glauben, dass man sie diesen Text singen ließ. Die Zeilen des Liedes vermittelten eindeutig Hoffnung und den Drang nach Freiheit. Es widersprach all dem, was sie hier täglich erlebten.

Sie selber hatte jede Hoffnung aufgegeben, dass sich irgendwas in ihrem Leben wieder zum Guten wenden würde. Das Gute, wenn es das in diesen Zeiten überhaupt gab, war vor dem Tor zurückgeblieben.

Hannah war kaum wiederzuerkennen. Sie hatte stark an Gewicht verloren, was die sowieso schon schlanke Frau dürr und ausgemergelt aussehen ließ. Ihr Gesicht war grau und eingefallen. Unter ihren Augen, die in tiefen Höhlen lagen, glänzten dunkle Ringe. Von Tag zu Tag verlor sie mehr Kraft und wurde abwechselnd von Bauchkrämpfen und Hunger geplagt. Die harte Arbeit und die unerträglichen Schikanen hatten sie mürbe gemacht.

Nur der Gedanke an ihre Tochter ließ an seltenen Tagen ein Lächeln auf ihrem Gesicht erscheinen. Es geschah immer dann, wenn sie einen Brief von Lina erhielt. Anfangs war es ihnen noch erlaubt, Postkarten nach Hause zu schicken und hin und wieder bekamen sie Antwort. Die Formulare waren vorgedruckt, der Inhalt wurde streng kontrolliert.

Hannah hatte zwei Briefe, die sie wie einen kostbaren Schatz hütete. Doch in den vergangenen zwei Wochen war keine Post mehr gekommen, weder für sie noch für die anderen. Stattdessen wurden die Quälereien von Tag zu Tag schlimmer. Der erste Schnee war gefallen und bedeckte den schlammigen Boden. Am Morgen hatte man die Häftlinge gezwungen, ihn mit bloßen Händen wegzuschaufeln. Ihre Hände brannten noch immer, zwei ihrer Finger fühlten sich seitdem taub an.

Eine der Frauen war mit ihren erfrorenen Händen zum Häftlingskrankenbau gegangen. Da dort seit kurzem immer mehr Gefangene mit Typhus lagen, wollten allein wegen der Ansteckungsgefahr ein paar der Häftlinge, die Frau von ihrem Vorhaben abbringen. Doch weder Ruhr noch Typhus und auch nicht die Warnungen, dass viele nicht mehr aus dem Krankenbau zurückkamen, hielten sie auf. Ihre erfrorenen Hände reibend, machte sie sich auf den Weg.

Kurze Zeit später kam sie tränenüberströmt zurück zum Block und reihte sich schweigend in die Kolonne ein. Erst Tage später erzählte sie den Frauen, was vorgefallen war. Ein SS-Arzt hatte sich ihre Hände gar nicht erst angesehen, sondern sie sofort ausgelacht.

„Sie sind also krank?“, hatte er zynisch gefragt. „Glauben Sie, ich hätte ein warmes Bett und heißen Tee für Sie? Dann muss ich Sie enttäuschen. Leider sind wir hier kein Sanatorium, gute Frau. Aber ein Krematorium, das haben wir. Wenn sie dort einen Platz in Anspruch nehmen wollen, nur zu!“

Vor Angst hatte sich die Frau in die Hose gemacht. Jeder hier wusste, dass der einzige Weg diesen Ort zu verlassen, der durch die Schornsteine des Krematoriums war. Der Gestank nach verbranntem Fleisch lag tagelang über dem Lager. Entsetzt und gedemütigt, hatte sie den Arzt angefleht.

„Aber sie sind doch Arzt."

„Das bin ich, aber gewiss nicht für Leute wie sie. Für Juden stelle ich nur Totenscheine aus." Damit ließ er sie stehen. Noch Wochen danach traute sich keiner in die Nähe des Krankenbaus.

Mit schmerzenden Gliedern marschierte Hannah mit den anderen zum Steinbruch. Sie wusste nicht, wie sie diesen Tag überstehen sollte. Doch das hatte sie an all den anderen vergangenen Tagen auch nicht gewusst. Mit Pickeln versuchten sie, den schneebedeckten Kies aus dem Hang zu brechen. Ihre Aufgabe war es, eine der schweren Loren heranzuschieben, sie zu befüllen und zu den bereitstehenden Lastwagen zu bewegen. Das alles geschah unter den lauernden Augen der Wächter, die nur darauf warteten, dass man Schwäche zeigte. Die ganze Zeit über hielten sie ihre Karabiner und die Hunde bereit. Und als wäre die harte Arbeit ein Spiel, rief einer der Männer ihnen zu.

„Und eins, und zwei, und drei."

Dann, nach endlosen Stunden, war auch das geschafft.

„Schluss für heute", rief der Kapo. Im Gleichschritt ging es zurück zum Lager.

Sie kamen gerade rechtzeitig zum Lagerappell und formierten sich. Nun folgte eine Ansprache über Gehorsam, Fleiß und Opfersinn. Dann ließ der Blockälteste laut durchzählen und gab die Anzahl der anwesenden Häftlinge an den SS-Hauptsturmführer weiter. Fehlte auch nur ein Häftling, mussten alle anderen so lange stillstehen, bis er gefunden war. Meistens handelte es sich um einen Toten, der auf dem Weg zur Arbeit oder durch die Arbeit zusammengebrochen war. Das änderte jedoch nichts an dem Befehl stehen zu bleiben. So lange, bis der Fall aufgeklärt war. Oft vergingen mehrere Stunden.

An diesem Tag war die Gruppe vollzählig. Aber auch heute wurden wieder Strafen verhängt für diejenigen, die ihre Arbeit nicht ordnungsgemäß verrichtet hatten. Diese Strafen erfolgten völlig willkürlich und waren den Verfehlungen kaum angemessen. Es reichte aus, einen Spaten falschherum zu tragen, um drei, vier Tage im Bunker zu landen. Es konnte jederzeit jeden treffen.

Mit gesenkten Köpfen standen sie auf dem Platz und warteten, wen es wohl heute treffen würde. Die Wahl fiel auf eine junge Frau zwei Reihen vor Hannah. Sie hatte es gewagt, während der Arbeit zu einem Busch zu laufen, um sich zu erleichtern. Sie trug Nummer 27665 und bekam dafür die Pfahlstrafe. Eine Folter, vor der sich jeder besonders fürchtete.

An einem Pfahl wurden der Verurteilten die Hände zusammengebunden und mit einer Eisenkette auf den Rücken gefesselt. Die befestigte man dann so hoch, dass die Füße der Gefangenen den Boden nicht berühren konnten. So hing sie dort mehrere Stunden. Als die Frau die Strafe hörte, brach sie weinend zusammen.

„Bitte nicht“, flehte sie. „Ich musste doch mal, was sollte ich denn machen?“

„Jeder von euch weiß, dass es verboten ist, sich unerlaubt zu entfernen. Wer das Verbot missachtet, ist selber schuld. Und jetzt steh sofort auf oder du landest im Bunker!“

Unzählige Male hatte Hannah das nun schon erlebt. Bisher war sie davon verschont geblieben, aber wie lange noch? Noch spät am Abend hörte sie die Schreie der Verurteilten, während sie in der Baracke hockte und an einem trockenen Stück Brot kaute.

***

Es war an einem Sonntag, als Hannah Hermann sah. Wie immer fanden sich die Häftlinge zum morgendlichen Appell ein und wie gewöhnlich waren sie noch vor Tagesbeginn durch

Schläge geweckt worden. Nach der üblichen morgendlichen Waschtortur traten sie hinaus zum Zählappell. Zuvor hatte jeder von ihnen eine dünne Wassersuppe bekommen.

Normalerweise ging es danach zur Arbeit. Aber heute war Sonntag, was bedeutete, dass ihnen die schwere Schufterei für ein paar Stunden erspart blieb. Der Lagerkommandant selber hatte es sich zur Gewohnheit gemacht, eine sonntägliche Ansprache zu halten, bei der er von den großen Siegen der Deutschen Wehrmacht in Russland sprach. Danach folgte üblicherweise eine Hetztirade auf die Juden.

Hannah hörte nicht zu. Sie interessierte es nicht, mit wem Deutschland alles Krieg führte. Sie hatte längst den Überblick verloren. Außerdem hatten sie hier ihren eigenen Krieg zu führen. Sie dachte an Maria und wie glücklich sie sein konnte, dass ihre Tochter in Sicherheit war. Erst als der Kommandant mit lauter Stimme direkt auf sie einredete, schaute sie auf. Sie wusste, was kommen würde. Es war jeden Sonntag dasselbe.

„Wer ist unser Unglück?“, schrie er in den schlotternden Haufen.

Und einstimmig antworteten sie ihm: „Die Juden!“

Zitternd vor Kälte stand Hannah da und schaute erneut zu Boden. Auch was nun folgen würde, war bereits Routine. Jeden Tag nahmen die jeweiligen Rapportführer ihre sogenannte Sichtkontrolle vor. Alte, Kranke und Schwache wurden aussortiert, was einem Todesurteil gleichkam. An den Sonntagen übernahm diese Aufgabe der Lagerkommandant höchstpersönlich.

Kurz bevor er mit seinem Rapportführer auf sie zukam, holte sie tief Luft und spannte ihren Körper an. Ein Mithäftling hatte ihr diesen Trick verraten, um so mehr Kraft vorzutäuschen. Schaffte man es nicht ihn zu überzeugen, wurden Name und Nummer notiert und man gehörte zum Invalidenteil. Keiner von ihnen kam je zurück.

Aus den Augenwinkeln heraus erkannte Hannah, dass sie nun an der Reihe war. Prüfend sah der Kommandant sie an und ging weiter. Er überließ es dem Rapportführer, die Häftlinge einzuteilen.

„Wo arbeitest du?"

Es waren nur drei Worte, doch für Hannah bedeuteten sie alles. Fassungslos sah sie auf. Hermann, formten ihre Lippen tonlos, sie hatte seine Stimme sofort erkannt. Mit großen Augen sah sie ihn fragend an.

War das wirklich Hermann oder waren ihre Gedanken mittlerweile so vernebelt, dass sie sich einbildete, ihn zu sehen? Der Mann vor ihr zeigte jedenfalls kein Zeichen des Erkennens. Ungläubig schüttelte sie den Kopf. Sie bemerkte nicht, dass der Kommandant sich zu ihnen umsah. Er wartete ebenso wie der Rapportführer auf ihre Antwort.

„Wo du arbeitest, will ich wissen?"

Die vertraute Stimme klang nun schneidend. Im Gegensatz zu ihr, bemerkte Hermann den Blick des Kommandanten. Er hatte befürchtet, dass Hannah so reagieren würde. Doch eine Möglichkeit sie zu warnen, gab es nicht. Wenn sie jetzt nicht antwortete, würde sie bestraft werden, soviel war sicher. Vor Aufregung begann sein Auge zu zucken, eindringlich sah er Hannah an. Er ahnte nicht, dass es gerade das Zucken seines Augenlids war, das die junge Frau nun überzeugte. Und plötzlich breitete sich ein fast unmerkliches Lächeln auf ihrem Gesicht aus.

Ja, es war Hermann, nun wusste sie es ganz sicher. Noch ahnte sie nicht, aus welchem Grund er hier war. Aber allein sein Gesicht zu sehen, beruhigte sie.

„Im Steinbruch, Standartenführer."

„Ab morgen arbeitest du in der Küche. Die Hälfte der Leute liegt im Krankenbau. Du kannst doch kochen, oder?"

„Natürlich Standartenführer, ich kann sehr gut kochen."

Hermann ging weiter. „Wo arbeitest du?", fragte er den Häftling neben ihr.

Von diesem Tag an begann für Hannah eine bessere Zeit. Auch wenn sie Hermann nur selten sah und noch keine Möglichkeit gefunden hatte, ein paar Worte mit ihm zu wechseln, sorgte er dennoch dafür, dass sich ihre Lebensbedingungen erheblich verbesserten. Die Arbeit in der Küche gefiel ihr, vor allem, wenn sie an den Steinbruch dachte.

Zwar war es in der Küchenbaracke auch zugig und nur selten fiel ein Happen zum Essen ab, aber wenigstens blieben ihr die Kälte und die Knochenarbeit erspart. Jeden Abend, wenn sie sich auf ihrem Schlafplatz legte, dankte sie Gott dafür, dass er ihr Hermann geschickt hatte.

Eines Morgens, sie war gerade dabei Kartoffeln zu schälen, betrat Hermann den Raum. Vorsichtig sah er sich nach allen Seiten um. Als er feststellte, dass die anderen in der Küche beschäftigt waren und keine Notiz von ihm nahmen, ging er zu ihr hin.

„Wie geht es dir, Hannah? Schaffst du es?"

Dankbar sah sie ihn an.

„Aber ja. Jetzt, wo ich nicht mehr in den Steinbruch muss, geht es mir gut. Ich bin dir so dankbar, Hermann. Aber wie kommt es eigentlich, dass du hier bist?"

„Das ist kein Zufall, wir haben nach dir gesucht. Hans ist auch im Lager, er arbeitet als Arzt. Wenn es eine Möglichkeit gibt, wird er zu dir kommen. Aber wir müssen vorsichtig sein."

„Hans ist hier, ist das wahr?"

„Ja, Hannah, du kannst mir vertrauen. Ich weiß, dass unser Verhältnis in den letzten Jahren nicht gerade gut war. Aber ich bin hier, um dir zu helfen, glaub mir!"

Hannah sah nicht die Liebe, die aus Hermanns Augen sprach. Sie dachte nur noch an Hans. Ihr Mann war hier im Lager. Jetzt würde alles gut werden.

„Ich glaube dir, Hermann und ich bin so froh. Du kannst dir nicht vorstellen, wie einsam ich mich gefühlt habe. Und nun seid ihr hier, ich kann es kaum glauben."

„Ich muss gehen, sonst werden die anderen aufmerksam. Und denk daran, zu keinem ein Wort! Tu einfach so, als kennst du uns nicht! Oft werden wir uns sowieso nicht sehen. Mach's gut Hannah, pass auf dich auf!"

Mit diesen Worten verschwand Hermann. Hannah aber, die sonst so still ihre Arbeit verrichtete, summte leise vor sich hin.

„Wir wollen trotzdem ja zum Leben sagen, denn einmal kommt der Tag, dann sind wir frei."

Etwa zur selben Zeit wartete Hermann ungeduldig auf

seinen Bruder. Sie hatten verabredet, dass er zu Hannah ging. Hans, der ja als Arzt arbeitete, hätte in der Küche zu viel Aufmerksamkeit erregt. Wenn es ihn auch mit jeder Faser danach drängte, Hannah endlich wiederzusehen, sah er ein, dass er vernünftig bleiben musste.

Im Revier des SS-Lazaretts gab es für ihn nicht viel zu tun. Außer ein paar Grippefällen oder oberflächlichen Verletzungen gab es kaum Patienten. Nachdem er anfangs drei Tage im Häftlingskrankenbau gearbeitet hatte, weigerte er sich, dort länger zu bleiben. Das Pflegepersonal bestand hauptsächlich aus Gefangenen, mit dem Revierkapo an der Spitze. Da dieser keiner Kontrolle unterlag, er im Gegenteil jede Entscheidungsfreiheit genoss, nutzte er seinen Posten gnadenlos aus. Schon nach einem Tag wusste Hans, dass er noch nie einen sadistischeren Menschen als diesen Mann kennengelernt hatte.

Sein Lieblingsinstrument war eine Giftspritze, die er mehr als nur einmal benutzte. Hans besaß zwar die Oberaufsicht, aber er ahnte, dass er dem Treiben des Kapos niemals Herr werden konnte. Nach einer kurzen Unterredung mit dem Kommandanten übernahm Hans daher die Leitung des SS-Lazaretts. Lieber kümmerte er sich um die arroganten Offiziere und SS-Männer, als täglich das Elend der Häftlinge zu sehen.

Er wusste, dass es feige war, die Augen davor zu verschließen. Dadurch wurde das Leid der Gefangenen nicht weniger. Aber er schaffte es nicht, sich zu überwinden, wenn die Möglichkeit Hannah zu sehen, dadurch auch geringer wurde.

„Da bist du ja endlich“, empfing er Hermann, der gerade die Tür öffnete. „Nun sag schon! Wie geht es ihr? Hast du ihr erzählt, dass ich auch hier bin?“

„Langsam, langsam“, unterbrach ihn Hermann. „Lass mich erst einmal richtig reinkommen!“

Aufreizend langsam setzte er sich auf den Behandlungsstuhl. Es ärgerte ihn, dass Hans so eifrig reagierte, wenn es um Hannah ging. Sollte er doch selber zur Küche laufen, wenn es ihm nicht schnell genug ging. Immerhin ging er das Risiko ein, erwischt zu werden. Ein wenig Dankbarkeit war da wohl nicht zu viel verlangt.

„Ich kann dich beruhigen, Hannah geht's gut. Durch die Arbeit in der Küche, die ich ihr übrigens verschafft habe, bleibt ihr Einiges erspart."

„Hat sie nach mir gefragt?" Gespannt wartete Hans auf eine Antwort.

„Ich habe ihr erzählt, dass du hier bist. Gefragt hat sie eigentlich nicht. Aber wenn du ehrlich bist, verstehst du auch, warum. Es ist so, wie es immer war. Ich bin es, der sie beschützt und ihr hilft, nicht du."

In der letzten Zeit hatte sich die Beziehung der Brüder deutlich verbessert. Zum ersten Mal in seinem Leben war Hans stolz auf Hermann. Völlig uneigennützig hatte er ihnen beigestanden und geholfen, wo es ging. Jetzt, nachdem sein Bruder bei Hannah gewesen war, spürte Hans, wie das alte Misstrauen und die bekannte Eifersucht zurückkehrten. Dabei ahnte sein Bruder nicht einmal, was ihn und Hannah verband. Und das war gut so. Hermann liebte Hannah noch immer, dass hatte seine Reaktion eben deutlich gezeigt. Hans wusste nicht, ob er sich darüber freuen oder eher entsetzt sein sollte. Doch eines war sicher. Solange Hermann sie liebte, würde Hannah nichts geschehen.

„Du hast recht", antwortete er deshalb. „Du bist derjenige, der alles auf eine Karte setzt. Hannah kann wirklich froh sein, dass du ihr hilfst."

„Genauso sehe ich das auch." Zufrieden streckte Hermann die Beine aus. Er war beruhigt. Hans verstand anscheinend endlich, wer von ihnen mehr leistete. Unvermittelt wechselte er das Thema.

„Hat Mutter eigentlich geschrieben? Der letzte Brief ist mindestens drei Wochen her."

Zum Glück bemerkte er nicht, wie sich Hans Wangen rot färbten. Schnell drehte er sich um und kramte in einer Tasche. Er und Lina schrieben sich alle zwei Tage. Dazwischen folgte regelmäßig ein Brief für beide Brüder, in denen sie sich nach ihrer Gesundheit erkundigte.

Der Inhalt der Schreiben an Hans jedoch war ganz anders. Immer wieder fragte seine Mutter nach Hannah. Aus jedem einzelnen Wort sprach die Sorge, die allgegenwärtig war. Da nur die Post an die Häftlinge kontrolliert wurde, konnten sie offen darüber schreiben.

Besonders glücklich war Hans, wenn er erfuhr, wie gut es seiner Tochter ging. Er musste so schnell wie möglich einen Weg finden, Hannah die Briefe zu zeigen. Doch im Moment war er auf Hermann angewiesen, ob es ihm gefiel oder nicht.

„Ja", wandte er sich an ihn. „Mutter hat geschrieben, der Brief ist heute Morgen reingekommen. Ich hatte noch gar keine Zeit. Wenn du willst, kannst du ihn hier gleich lesen. Die Zeitung von heute liegt übrigens auch dabei. Allerdings musst du dich in mein Büro setzen, ich bekomme gleich einen Patienten."

„Alles klar, ich verschwinde. Darf ich in deinem Zimmer rauchen?"

„Ich warne dich, Hermann! Du weißt, dass ich den Qualm nicht ausstehen kann. Wenn du rauchen willst, dann nicht in meinem Büro."

Hermann lachte. Er hatte die Frage nur gestellt, um Hans zu provozieren. Immer wieder fiel der darauf rein. Zufrieden schnappte er sich die Post, um es sich wenig später im Büro gemütlich zu machen.

***

Der Winter ging vorüber. Viele Häftlinge starben vor Kälte, Hunger oder durch Krankheiten. Es kam nicht selten vor, dass man am Abend mit einem Mithäftling sprach und diesen am nächsten Morgen tot neben sich fand. Die ersten sowjetischen Kriegsgefangenen wurden nach Buchenwald gebracht. Viele von ihnen wurden sofort nach ihrer Ankunft hingerichtet.

Entsetzt hörte Hans davon, dass in den Baracken 44 und 49 medizinische Versuche an Häftlingen durchgeführt wurden.

Noch immer hatte er sich an den Gedanken, dass in dem Lager Gefangene totgespritzt wurden, nicht gewöhnt. Was nun aber geschah, war weitaus schrecklicher.

Seit einigen Tagen wurden vor allem jüdische Häftlinge mit Testimpfstoffen infiziert. Sie bekamen Typhus, Ruhr und Fleckfieber. Da man sie nicht behandelte, breiteten sich die Seuchen rasant aus. Die meisten der Versuchsopfer starben schon wenige Tage später.

Jeden Tag betete Hans, dass Hannah davon verschont blieb. Untätig musste er zuschauen, wie sich die Zahl der Juden im Lager immer weiter dezimierte. Zum Glück gelang es Hermann, Hannah weitgehend zu schützen. Aber auch er konnte nicht mehr tun, als ein Auge auf sie zu haben.

Unkonzentriert nahm Hans einem Sturmbannführer Blut ab. Der Mann hatte sich am Stacheldraht verletzt. Der rote Streifen an seiner Hand wies möglicherweise auf eine Blutvergiftung hin. Ununterbrochen redete der Mann auf ihn ein, während Hans‘ Gedanken bei seiner Frau waren. Nur zweimal hatten sie sich in der ganzen Zeit gesehen und auch das nur für wenige Minuten.

Bei ihrem ersten Wiedersehen hatte er sein Erschrecken kaum verbergen können. Außer dem Leuchten ihrer Augen, als sie Hans sah, unterschied sich die Frau vor ihm in nichts von den anderen Gefangenen. Derselbe ausgemergelte Körper, dieselben kurzen Haare unter einem Kopftuch verborgen, dieselbe graue ungesunde Gesichtsfarbe.

In der wenigen Zeit, die ihnen blieb, erzählte er ihr von Maria. Als dann ein Lächeln über ihre hohlen Wangen huschte, erkannte er seine alte Hannah wieder. Glücklich faltete sie ihre Hände und sah ihn gespannt an.

„Fragt sie manchmal nach ihrer Mutter?“, flüsterte sie.

„Natürlich fragt sie nach dir, jeden Tag.“

„Es weiß doch keiner, dass sie meine Tochter ist, oder? Ich habe solche Angst um sie Hans. Mit mir sind andere Kinder ins Lager gekommen, sie waren in Marias Alter. Weißt du, was mit ihnen passiert ist?“

„Nein, Hannah, ich habe keine Ahnung. Wahrscheinlich

sind sie im Kinderblock."

Ihm war klar, wie sinnlos diese Lüge war. Jeder sah, dass es im Lager keine Kinder gab. Und Marias Blick zeigte ihm, dass auch sie wusste, was mit den Kleinen geschah.

„Denk nicht daran!", forderte er. „Denk lieber an Maria! Ihr geht es gut, nur das ist wichtig. Wenn du hier rauskommst, wirst du sie nicht wiedererkennen, so groß ist sie geworden."

Traurig sah Hannah zu Boden. „Glaubst du das wirklich, ich werde diesen schrecklichen Ort jemals wieder verlassen?"

Er sah, wie Tränen über ihr Gesicht liefen, seine Kehle schnürte sich zusammen. Sie durfte nicht aufgeben! Sie musste durchhalten! Nicht nur für Maria, auch für ihn. Ohne zu überlegen, rüttelte er sie.

„Ich bin bei dir, Hannah! Ich liebe dich, wir schaffen das, hörst du!"

„Wer spricht da?", schallte plötzlich eine Stimme zu ihnen. Der Schein einer Taschenlampe näherte sich. Erschrocken fuhren die zwei auseinander. Für eine Flucht war es zu spät. Eindringlich fasste Hans seine Frau am Arm. Er spürte, wie sie zitterte und ihm selber der Schweiß auf der Stirn stand.

„Geh zurück in deinen Block!", flüsterte er. „Ich krieg das schon hin. Aber lauf langsam, lass dir nichts anmerken! Tu, als wäre nichts geschehen!"

Gerade als Hannah hinter der Baracke verschwand, kam der Blockführer um die Ecke.

„Wer ist da, verdammt?" Wütend leuchtete er zu der Stelle, wo eben noch die junge Frau gestanden hatte. Dann sah er Hans. Verwundert schaute er den Arzt an.

„Sie? Was machen Sie denn um diese Zeit hier? Und ich dachte immer, Sie verlassen den Krankenbau nie. Haben Sie gesprochen? Mir war, als hätte ich jemand reden gehört."

Hans atmete erleichtert auf. Der Mann hatte Hannah nicht gesehen. Jetzt musste es ihm nur noch gelingen, ihn abzulenken.

„Das war nichts", sagte er. „Ich bin gestolpert und habe geflucht. Da fällt mir ein, was macht Ihr Rücken? Sie wissen, das damit nicht zu spaßen ist."

Die nächste halbe Stunde blieb ihm nichts anderes übrig, als sich die gesamte Krankengeschichte des Mannes anzuhören. Scheinbar völlig interessiert daran, dirigierte er den Blockführer geschickt in Richtung Lazarett. Dort angekommen, versuchte er ihn so schnell wie möglich loszuwerden.

„Wissen Sie was?", sagte er freundlich. „Ich glaube, ich habe erst gestern einen Bericht über eine neue Behandlungsmethode gelesen. Ich werde mir den Artikel noch einmal zu Gemüte führen. Möglicherweise kommt ja etwas davon für Sie infrage."

„Solange Sie mir kein Fleckfieber spritzen, soll's mir recht sein."

Der Mann lachte laut. Hans sah ihn geschockt an. Da wurden Menschen mit voller Absicht diesen Krankheiten ausgesetzt und dieser widerwärtige Kerl stand hier und lachte. Was würde er wohl sagen, wenn man ihm wirklich eine solche Spritze unter die Nase hielt? Lachen würde er dann wohl kaum noch.

Der Blockführer bemerkte die Distanz, die plötzlich zwischen ihnen lag und versuchte, den Patzer wiedergutzumachen.

„Das war nur ein Scherz, Doktor. Meinen Sie, ich weiß nicht, dass die Spritzen den Häftlingen vorbehalten sind? Ich wollte Ihnen doch nicht unterstellen …"

„Schon gut", unterbrach ihn Hans. Der Kerl bemerkte gar nicht, dass er alles noch schlimmer machte.

„Es ist schon spät und der Bericht, Sie wissen schon. Ich werde dann mal gehen."

„Gute Nacht, Doktor und einen schönen Abend noch."

Endlich ging der Mann, Hans lehnte sich erschöpft an die Mauer. Mittlerweile war es Nacht. Nur ab und an warf der Mond sein fahles Licht durch die dichten Wolken. Er dachte an Hannah und überlegte, wie er ihr helfen konnte. Irgendwie musste es ihm gelingen, ihr neue Kraft zu geben. Grübelnd lauschte er dem Rauschen der Buchen. Mindestens eine halbe Stunde stand er so in der kalten Nacht, dann glaubte er eine

Lösung gefunden zu haben.

***

Der nächste Morgen zeigte sich grau und trübe. Über Nacht war neuer Nebel aufgezogen und tauchte das Lager in dichte Dampfschwaden. Hans hatte sich zwei Tage freigenommen und fuhr mit dem geliehenen Kübelwagen Richtung Weimar. Der Boden war noch teilweise gefroren und der Wagen kam nur schwer voran. Immer wieder schlenkerte er zur Seite. Hans musste aufpassen, in der Spur zu bleiben. Doch das änderte nichts an seiner guten Laune.

Er war auf dem Weg nach Barnitz. Wenn er sich ranhielt, würde er schon heute Nachmittag seine Tochter in den Armen halten. Lina wusste nichts von dem überraschenden Besuch, die Idee dazu war ihm ja erst gestern Abend gekommen. Sie und Maria würden sicherlich staunen. Die Vorfreude ließ ihn laut singen, so dass die Häftlinge, die in einer Kolonne auf dem Weg zur Arbeit waren, ihm erstaunte Blicke zuwarfen.

Natürlich hatte sein Besuch einen besonderen Grund. Allein die beiden Briefe von zu Hause hatten Hannah so viel Freude bereitet. Was würde sie erst sagen, wenn er ihr ein Foto von Maria mitbrachte? Fast ein Jahr hatte sie ihr Kind nun schon nicht mehr gesehen, ein Bild half ihr da sicher. Es sollte sie daran erinnern, dass es sich lohnte zu kämpfen, wenn ihr dieser Kampf im Augenblick auch aussichtslos erschien.

Einige Stunden später kam er in der Stadt an. Mit pochendem Herzen stand er vor der vertrauten Eingangstür. Auf sein Klopfen öffnete sie sich einen Spalt, durch den ein kleiner Wuschelkopf lugte. Hans konnte seine Tasche gar nicht so schnell fallen lassen, wie die Kleine auf ihn losstürmte, als sie ihn erkannte.

„Papa“, rief sie. „Oh Papa.“ Glücklich schloss er sein Kind in die Arme. Immer wieder sah sie ihn an, nur um sich zu vergewissern, dass es auch wirklich ihr Vater war, der sie da in den Armen hielt.

„Was sagst du da, Maria?“ Aufgeregt kam Lina in den Flur gelaufen. „Ich habe dir doch verboten, die Tür aufzumachen.“

In diesem Moment erkannte sie, wen das Kind da eingelassen hatte und ging strahlend auf ihren Sohn zu.

„Hans, wo kommst du denn her? Warum hast du nicht geschrieben?“

Vorsichtig setzte Hans seine Tochter am Boden ab, die sofort lautstark protestierte. Dann umarmte er seine Mutter, der mittlerweile Tränen über die Wangen liefen.

„Warum weinst du denn Omi?“, fragte die Kleine verwundert. „Freust du dich denn nicht, dass der Papi da ist?“

„Doch, natürlich freue ich mich.“ Zärtlich strich sie Maria übers Haar. „Ich freue mich so sehr, dass ich halt weinen muss, verstehst du?“

Beruhigt nickte die Kleine ihr zu, während sie gemeinsam die Stube betraten. Dort erzählte Hans seiner Mutter von dem Treffen mit Hannah. Wie es um ihren Gesundheitszustand bestellt war, wusste sie bereits aus den Briefen. Dass Hannah aber so gar keine Hoffnung mehr hatte, war auch für sie neu.

„Ach Hans“, seufze sie voller Mitleid. „Wenn wir ihr nur helfen könnten, dieses tägliche Martyrium durchzustehen. Kein Wunder, wenn sie daran zerbricht.“

„Deshalb bin ich ja hier, Mutter. Das Einzige, was Hannah am Leben hält, ist Maria. Wenn ich ihr nur von unserer Tochter erzähle, blüht sie auf. Ich habe mir gedacht, wir lassen ein Foto von der Kleinen machen. Irgendwie werde ich es schaffen, ihr das Bild zu geben. Verstehst du, Mutter? Sie kann nicht einfach aufgeben, wenn sie Maria am Herzen trägt. Irgendwann wird dieser verdammte Krieg vorbei sein und sie kommt frei. Sie muss nur durchhalten. Und ich bin bereit, alles dafür zu tun, dass es ihr gelingt.“

Voller mütterlichem Stolz sah Lina ihn an. Er war so ein guter Mensch und hätte weiß Gott ein anderes Leben verdient. Aber so war es nun mal, man konnte es nicht ändern. Sie war sicher, er würde auch dieses Mal das Richtige tun, so wie er es immer getan hatte.

„Das ist eine gute Idee, Hans", pflichtete sie ihm bei. „Wenn du willst, gehen wir noch heute zum Fotografen. Dann sind die Bilder nächste Woche fertig."

„Ich werde dann aber nicht mehr hier sein. Ein Wunder, dass ich überhaupt Urlaub bekommen habe. Spätestens Montag muss ich zurück im Lager sein. Aber du kannst mir die Bilder zuschicken, auf zwei Tage kommt es nun auch nicht mehr an."

Sie beschlossen, in die nächste Kreisstadt zu fahren, da der Fotograf in Barnitz Hans schon als kleinen Junge kannte und sich sicherlich wundern würde, wenn er mit Maria auftauchte. Da er sowieso den Wagen hatte und unnötigen Fragen entgehen wollte, nahmen sie die halbstündige Fahrt in Kauf und bereiteten seiner Tochter gleichzeitig einen riesigen Spaß. Maria fuhr zum ersten Mal in ihrem Leben in einem Auto und hüpfte ausgelassen auf der Rückbank umher.

Nachdem sie fertig waren und ihnen der Fotograf versprochen hatte, die Bilder so schnell wie möglich zu entwickeln, nutzten sie die Gelegenheit und schlenderten durch die Straßen. An einem Café machten sie Halt. Während Lina und ihr Sohn eine Tasse Kaffee tranken, verputzte Maria ein großes Stück Kuchen.

Die Kleine wusste kaum, wie ihr geschah. Erst kam ihr geliebter Vater nach Hause. Dann fuhr sie zum ersten Mal in ihrem Leben in einem Auto, zu einem Fotografen wohlgemerkt, wo sie zum ersten Mal Fotos machen ließ und dann saß sie auch noch in einem feinen Café und aß leckeren Kuchen. Umso schmerzlicher war der Abschied am nächsten Tag. Weinend klammerte sie sich an ihren Vater fest. Lina hatte alle Mühe, sie zu beruhigen.

„Geh nicht wieder fort, Papi! Bleib hier bei mir!"

Trotz aller Versuche war sie nicht zu trösten. Hans blieb nichts weiter übrig, als so schnell wie möglich zu gehen, um den Abschiedsschmerz nicht länger hinzuzögern. Noch auf der Straße hörte er das laute Schluchzen seines Kindes. Traurig sah er nach oben zum Fenster.

„Ich komme bald wieder, ich verspreche es dir", flüsterte er und stieg in den Wagen.

***

So, wie an den vergangenen Tagen führte ihn auch heute sein erster Weg zur Poststelle. Wie immer sah der Gefreite betont langsam den Stapel Briefe durch. Ungeduldig wippte Hans auf den Zehen und wartete.

„Ist etwas für mich dabei?"

„Doktor Schneider, nicht wahr?" Jeden Morgen fragte der Kerl nach seinem Namen und jeden Morgen nickte Hans.

„Nee, für Sie ist nichts dabei."

„Sind Sie ganz sicher?" Eigentlich musste der Brief längst da sein, dachte Hans.

„Vielleicht kommt ja morgen etwas, wir holen die Post immer erst am Nachmittag. Wenn Sie Zeit haben, fahren Sie doch nach Weimar, dort könnte was liegen. Oder Sie warten eben bis morgen, die Entscheidung liegt bei Ihnen."

Gelangweilt richtete er seine Aufmerksamkeit wieder auf die Stapel von Briefen vor sich, während Hans enttäuscht ins Lazarett zurückging. Er konnte nicht nach Weimar fahren, gerade heute hatte sich die Frau vom stellvertretenden Kommandanten angemeldet. Sie kam wegen Durchfall und Magenkrämpfen zu ihm. Er konnte ihr schlecht absagen, nur, weil er in die Stadt wollte.

Schon von einiger Entfernung sah er, dass sich eine Schlange vor dem Krankenbau gebildet hatte. Also hatte sich das Virus, wie er erwartet hatte, ausgebreitet. Hans fluchte. Kein Wunder, wenn man es ablehnte, in Quarantäne zu gehen. So wie die Lage ausschaute, würde er heute bis zum Nachmittag zu tun haben. Seufzend ging er auf die Leute zu.

Etwa zur gleichen Zeit war Hermann unterwegs zum Postamt. Er hatte seinen freien Tag genutzt, um zum Friseur zu gehen. Anschließend nahm er im Dorfkrug eine kräftige Linsensuppe zu sich und trank ein Glas Bier. Dann schlenderte er gemütlich durch die Straßen. Auf dem Weg zum Wagen fiel ihm ein, dass er noch Briefmarken brauchte, da Hans die letzte für einen Brief an ihre Mutter benutzt hatte.

Also beschloss er, zum Postamt zu gehen. Die ersten warmen Sonnenstrahlen lockten die Menschen auf die Straßen. Hermann schaute durchweg in freundliche Gesichter. Fröhlich ging er in das alte Postgebäude und erstand seine Marken. Der Beamte hinter dem Schalter kannte ihn bereits und grüßte freundlich.

„Na, Herr Schneider, freien Tag heute?"

Hermann hatte Zeit, ihn drängte nichts. Also ließ er sich auf einen kurzen Plausch mit dem grauhaarigen Mann ein. Sie sprachen über das schöne Wetter, über die Stadt und über die neuesten Fußballergebnisse.

Seine Arbeit im Konzentrationslager wurde mit keinem Ton erwähnt. Schon mehrmals hatte Hermann verwundert festgestellt, dass die Einwohner Weimars dieses Thema tunlichst vermieden. Zwar war es offensichtlich, was auf dem Ettersberg vor sich ging, aber es schien ungefährlicher, dieses Thema nicht anzuschneiden. Am besten war es, man tat so, als wüsste man nichts. Dann brauchte man auch keine Angst vor der gefürchteten Gestapo zu haben. Nur zu deutlich erinnerten sich die Menschen daran, was mit der Frau passiert war, die Mitleid mit den Gefangenen gezeigt hatte.

Wie jeden Tag war die Arbeitskolonne auf dem Weg in die Industriebetriebe an ihrem Haus vorbeigezogen. Jeder, der sie sah, konnte erkennen, wie ausgehungert sie waren. Voller Mitgefühl hatte die Frau einen Laib Brot in die Gruppe geworfen. Ein fataler Fehler, wie sich noch am selben Abend herausstellte. Ohne große Erklärungen wurde sie von der Gestapo verhaftet und kam erst Tage später als gebrochene Frau zurück. Niemand wusste, was man ihr angetan hatte. Aber seit diesem Tag waren die Menschen noch vorsichtiger geworden.

„Wollen Sie die Post fürs Lager gleich mitnehmen?", fragte der Beamte, als Hermann ging.

„Warum nicht, wenn ich einmal hier bin. Ich sag dann dem

Kameraden Bescheid, dass er sich den Weg sparen kann."

Der Beamte stopfte einen großen Stapel Briefe in eine Papiertüte und legte sie auf den Haufen Zeitungen. „Geht das oder soll ich Ihnen helfen?"

„Nein, nein, das geht schon. Ich habe gleich um die Ecke den Wagen stehen, aber trotzdem danke. Also, schönen Tag noch!"

„Ihnen auch Herr Schneider und grüßen Sie ihren Bruder von mir. Ihn bekomme ich ja häufiger zu Gesicht."

Hermann war gerade dabei, das Postamt zu verlassen. Er hielt die Klinke schon in der Hand. Doch die Worte des Beamten machten ihn stutzig. So drehte er sich nochmals zu ihm um.

„Wie meinen Sie das? Warum sehen Sie meinen Bruder öfter? Ich wusste gar nicht, dass er überhaupt schon hier war."

Erstaunt sah der Beamte ihn an. „Aber er gibt doch jede Woche mindestens zwei Briefe hier ab. Ich habe mich auch schon gefragt, warum er sie nicht einfach mit runter schickt. Aber es wird schon einen Grund dafür geben, nicht wahr?"

„Wissen Sie vielleicht auch, an wen die Briefe adressiert sind?", fragte Hermann misstrauisch.

„Ja natürlich. Er hat mir doch selber erzählt, dass Sie beide regelmäßig an Ihre Mutter schreiben. Die Adresse ist immer dieselbe, Lina Schneider in Barnitz."

Hermann war ganz benommen. Was waren das für Briefe? Hans hatte nichts davon erwähnt. Im Gegenteil, er hatte sich mit ihm zusammen hingesetzt, um an ihre Mutter zu schreiben und dabei so getan, als wüsste er auch nicht mehr. Deshalb also kam so selten Post von ihr. Wenn Hans ihr heimlich schrieb, war es umgekehrt wahrscheinlich genauso.

Grübelnd verließ Hermann das Postamt und ging zu seinem Wagen. Was hatten sich die Beiden zu schreiben, wovon er nicht wissen sollte? Eine innere Stimme sagte ihm, dass es etwas mit Hannah zu tun hatte. Die Drei verband ein Geheimnis, aber welches? Er musste herausfinden, was es war, wenn er auch im Moment noch nicht wusste, wie er das anstellen sollte.

Je länger er darüber nachdachte, umso wütender wurde er. Hatte er nicht alles getan, um ihnen zu helfen? Alleine wäre Hans nicht einmal in die Nähe von Hannah gekommen. Nur ihm, Hermann und seinen Kontakten, hatte er es zu verdanken, dass sie im Lager arbeiteten. Und das war nun der Dank? Es war genauso, wie es immer gewesen war. Seine Mutter und Hans hielten zusammen, während er für die Drecksarbeit gut genug war.

Enttäuscht und gedemütigt warf Hermann die Post auf den Beifahrersitz, die dabei vom Sitz rutschte und auf den Boden fiel. Laut fluchend sammelte er die Briefe wieder ein. Sofort erkannte er auf einem Kuvert die Schrift seiner Mutter. Neugierig nahm er ihn hoch und schaute auf die Anschrift. Wie erwartet, war der Brief nicht an beide Brüder, sondern nur an Hans gerichtet. Ohne zu zögern riss er ihn auf und begann zu lesen.

Lieber Hans,

endlich sind die versprochenen Fotos fertig geworden. Ich weiß, wie sehnsüchtig Du darauf wartest, doch es ging wirklich nicht eher.

Dafür sieht Maria auf ihnen wunderschön aus, aber das siehst Du ja selber. Ich finde, sie sieht Hannah von Mal zu Mal ähnlicher. Ich hoffe wirklich von ganzem Herzen, die Fotos bauen Hannah ein wenig auf und schenken ihr Zuversicht. Sie soll immer daran denken, dass ihre Tochter auf sie wartet und natürlich auch auf Dich. Für sie bist Du der beste Vater, den man sich wünschen kann.

Also, mein lieber Junge, bis bald. Ich schreibe morgen noch einen Brief an Dich und Hermann.

In Liebe, Deine Mutter.

Das war es also. Fassungslos sah Hermann auf die wenigen Zeilen. Hannah hatte ein Kind und Hans war der Vater. Es war unglaublich, aber dennoch die Wahrheit. Hermann wusste genau, was das bedeutete. Niemals würde sein anständiger Bruder ein Mädchen schwängern und im Stich lassen. Die beiden hatten geheiratet, da war er sich ganz sicher. Und Hans hatte es absichtlich verschwiegen.

Als er den Brief zurück in den Umschlag stecken wollte, fiel ihm das Foto in die Hände. Wie gebannt starrte er auf das kleine Mädchen, welches ihm entgegen lachte. Er spürte nicht, wie ihm Tränen in die Augen stiegen und einige Passanten verwundert zu ihm herübersahen, da er teilnahmslos neben dem Auto stand.

Da war sie, seine kleine Hannah. Dieselben braunen Locken um das mit Sommersprossen bedeckte Gesicht. Es war haargenau das gleiche Lächeln. So hatte seine kleine Freundin ihn damals angestrahlt. Damals, als die Welt noch in Ordnung war.

Immer wieder redete er sich ein, dass er sich irren musste. Hannah hatte mit keinem Wort erwähnt, dass sie und sein Bruder verheiratet waren. Andererseits hatte sie ihm gegenüber auch nicht von dem Kind gesprochen. Und dass das Mädchen auf dem Foto ihre Tochter war, daran gab es keinen Zweifel. Er konnte sich die Wahrheit ruhig eingestehen. Alle, seine Mutter, Hans und Hannah, hatten ihn belogen und betrogen.

Mit einem heftigen Ruck drehte Hermann den Schlüssel im Zündschloss und gab Gas. Gequält heulte der Motor laut auf, dann schoss der Wagen aus der Stadt Richtung Ettersberg. Hermann hatte keinen Blick mehr für die Leute, die vorüberliefen und dem Auto erstaunt nachsahen. In seinem Kopf überschlugen sich die Gedanken.

Wie hatte er nur glauben können, dass sich das Verhältnis zu seinem Bruder gebessert hatte? Hans spielte ihm die ganze Zeit etwas vor. Für ihn war nur Hannah wichtig, gleichgültig um welchen Preis. Ihn hatte er für diese Zwecke nur benutzt. Sein ganzes Gerede über Brüderlichkeit war erstunken und erlogen. Wie gut, dass er heute in Weimar gewesen war. Ansonsten hätte er ihr dreckiges Spiel wohl nie durchschaut.

Ohne die Geschwindigkeit zu drosseln fuhr er durchs Lagertor.

„Jedem das Seine“, las er und nickte. Genau das würde sein Bruder bekommen. Sollte er doch bei Hannah bleiben. Mit seiner Hilfe brauchte er nicht länger rechnen. Vorher aber würde er ihn zur Rede stellen. Er wollte mit eigenen Ohren hören, was Hans zu seinen Vorwürfen zu sagen hatte.

Im Krankenbau angekommen, wartete er ungeduldig, bis der letzte Patient den Behandlungsraum verließ. Dann stürmte er mit rotem Kopf auf seinen Bruder zu. Erschrocken wich Hans zurück. Noch ahnte er nicht, warum Hermann sich wie ein Irrer aufführte. Aber sein wütender Gesichtsausdruck sagte ihm, dass es nichts Gutes bedeutete. Lange musste er nicht auf eine Erklärung warten. Auf der Fahrt ins KZ war Hermanns Zorn immer größer geworden, nun leuchtete aus seinen Augen blanker Hass.

„Warum hast du mir verschwiegen, dass Hannah und du ein Kind habt? Hast du gedacht, ich erfahre es nicht?"

Voller Abscheu warf er ihm den Brief entgegen. Dabei fiel Marias Foto aus dem Umschlag und landete vor seinen Füßen. In diesem Moment wusste Hans Bescheid. Stumm sah er Hermann an. Es gab nichts mehr zu sagen. Jede Entschuldigung wäre sinnlos und würde seinen Bruder nur noch mehr aufbringen. Also schwieg er.

„Hast du mir nichts zu sagen?"

Hermann steigerte sich immer mehr in Rage. Seine Stimme bebte vor Zorn.

„Ich weiß nicht, wovon du sprichst", unternahm Hans einen letzten hilflosen Versuch und starrte auf den Boden.

„Dann muss ich wohl deutlicher werden", brüllte Hermann. „Du und Hannah, ihr habt ein Kind. Oder wer ist das da?"

Hermann zeigte auf das Foto. Hans sah ein, dass es zwecklos war, länger zu leugnen. Damit machte er wahrscheinlich alles nur noch schlimmer.

„Ja, wir haben ein Kind, Maria ist unsere Tochter", sagte er deshalb. „Als Hannah auf dem Land war, haben wir geheiratet."

„Und Mutter? Wusste sie davon?"

„Sie war bei der Hochzeit dabei."

Hermann spürte, wie ihm schwindelig wurde. Seine Augen hatten sich vor Entsetzen geweitet, als er sich nun auf Hans stürzte und auf ihn einschlug.

„Ihr habt mich benutzt, die ganze Zeit über habt ihr mir etwas vorgespielt."

„Bitte, Hermann", versuchte Hans ihn zu beruhigen. „Lass es mich erklären! In Ruhe, heute Abend. Hier können jederzeit Patienten kommen. Du weißt, wie gefährlich das werden kann."

Doch Hermann lachte ihn höhnisch aus.

„Gefährlich? Vielleicht für dich. Du bist derjenige, der mit einer Jüdin verheiratet ist. Ein SS-Arzt, der die Rassengesetze missachtet. Was glaubst du wohl, was die Kameraden dazu sagen werden?"

„Du bist mein Bruder Hermann, das kannst du nicht tun!"

„Vielleicht hättest du mal darüber nachdenken sollen, bevor du mich belogen hast. Aber du hast recht, ich bin dein Bruder. Und wenn du es auch nicht verdient hast, ich werde dich nicht verraten. Allerdings kannst du in Zukunft selber sehen, wie du damit fertig wirst. Mit meiner Hilfe braucht ihr nicht länger rechnen."

Die beiden Brüder bemerkten nicht, wie sich die Tür geöffnet hatte. Der stellvertretende Kommandant selber lauschte in diesem Moment ihrem Gespräch. Da es seiner Frau überraschend schlechter ging, sah er sich gezwungen, den Arzt zu holen. Was ihn allerdings in der Praxis erwartete, damit hatte er nicht gerechnet. Schon vor der Tür drangen die aufgebrachten Stimmen an sein Ohr, so dass er neugierig stehen geblieben war. Was er dann in den nächsten Minuten hörte, verschlug sogar ihm die Sprache.

Doktor Schneider war verheiratet, mit einer Jüdin. Und wenn er es richtig verstanden hatte, war die sogar hier im Lager. Er musste sofort Meldung machen. Leise schloss er die Tür und ging mit großen Schritten zur Kommandantur. Bereits eine halbe Stunde später hämmert es an die Tür des Behandlungsraumes.

„Sofort aufmachen!"

Verwundert ging Hans zur Tür, die wie immer nicht verschlossen war. Er fragte sich, warum die Leute nicht einfach hereinkamen. Vor ihm standen zwei Gefreite und ein Unterscharführer. Entsetzt stellte er fest, dass sie Karabiner bei sich trugen, die auf ihn gerichtet waren. Nun wusste er, was kommen würde. Die Männer waren hier, um ihn zu verhaften. Sein Geheimnis war aufgeflogen, es war vorbei.

Der Gefreite sah ihn scharf an.

„Doktor Schneider?"

Hans nickte. Der Gefreite wusste, wer er war, er hatte ihn mehrmals behandelt. Die Frage war nur pro forma gestellt worden. In diesem Moment drehte er sich zu dem Unterscharführer um und nickte ihm zu. Hans ahnte, was das bedeutete.

„Hans Schneider, ich soll Sie zum Kommandanten bringen, kommen Sie!"

***

Über drei Stunden dauerte das Verhör. Von Weimar war ein schwarzes Auto der Gestapo auf den Ettersberg gefahren. Immer wieder stellten sie Hans dieselben Fragen. Er hatte zugegeben, eine nichtarische Frau geheiratet zu haben, doch trotz aller Folter verriet er ihren Namen nicht.

Vor Schmerzen gekrümmt, saß er auf dem einfachen Holzstuhl in der Mitte des Raumes. Sein linkes Auge war zugeschwollen, von den aufgeplatzten Lippen tropfte Blut herunter. Einer der Männer hatte ihm die Spiegel am Revers und den Adler am Ärmel seiner Uniform abgerissen und ihm stattdessen einen gelben Stern an der Brust befestigt. Mit gesenktem Kopf saß Hans da und dachte an Hannah.

Er hatte Angst. Doch diese Angst galt nicht ihm selber. Vielmehr fürchtete er, unter der Folter zusammenzubrechen und wenn auch ungewollt, ihren Namen preiszugeben. Wenn er das tat, war Hannahs Schicksal besiegelt. Fest presste er die Lippen aufeinander.

„Wie ist der Name?"

Er tat so, als höre er die Frage nicht. Stumm starrte er auf den Boden. Doch die erwarteten Schläge blieben aus. Ohne aufzusehen, vernahm er, wie einer der Männer zu den anderen sagte, dass es sinnlos sei.

„Lassen Sie zum Appell antreten, sofort!"

Auch Hermann erreichte dieser Befehl. Noch ahnte er nicht, was ihn erwarten würde. Seine Wut auf Hans war nicht weniger geworden. Mürrisch saß er auf seinem Bett und zerriss die wenigen Briefe seiner Mutter. Als ein Kamerad ihn aufforderte, mit zum Appellplatz zu kommen, sah er ihn trotzig an.

„Was ist nun schon wieder los? Ich habe meinen freien Tag. Interessiert das hier keinen?"

„Komm schon mit, der Befehl kam von ganz oben. Irgendetwas ist passiert. Im Lager wimmelt es nur so von Gestapo."

„Gestapo?" Hermann horchte auf. Ein mulmiges Gefühl machte sich in seiner Magengegend breit. Bisher hatte er nur einmal erlebt, dass eine Horde dieser schwarzen Lackaffen, wie er sie im Geheimen nannte, öffentlich im Lager auftrat. Damals hatte ein Kamerad unerlaubt das Gelände verlassen. Er war nach Hause zu seiner Mutter gefahren, die sterbend im Bett lag. Da er es aber versäumte, ordnungsgemäß Urlaub einzureichen, war ihm kurzerhand der Prozess gemacht worden. Nachdem man ihn wegen eigenmächtigen Entfernens von der Truppe, wegen feigen Verlassens der Kameraden und Beeinträchtigung der Wehrkraft angeklagt hatte, war er vor den Augen der Kameraden erschossen wurden. Würde sie heute etwas Ähnliches erwarten?

Der Appell fand bei Einbruch der Dämmerung statt. Missmutig gingen die Kameraden zum Platz und warteten verdrossen auf das, was kommen würde. An ihren Gesichtern konnte man erkennen, dass sie ihre Zeit viel lieber in einer warmen Stube verbracht hätten, als hier in der Kälte zu stehen. Verhaltenes Gemurmel war zu hören, ab und an leises Gelächter. Auch Hermann gliederte sich in die Gruppe ein. Nervös wartete er, den Grund für den späten Apell zu erfahren.

Dann sah er den Pfahl. Zwei Männer liefen über den Platz direkt darauf zu. Die nächsten Minuten waren sie damit beschäftigt, einen Strick daran zu befestigen. Das Gemurmel und das gelegentliche Lachen verstummten bei diesem Anblick. Beklemmende Stille folgte jeder ihrer Bewegungen. Die Verdrossenheit in den Mienen der Männer verschwand und wandelte sich um in Neugier.

In diesem Moment sah Hermann ihn. Eingekeilt zwischen zwei Uniformierten stolperte Hans auf den Appellplatz zu. Er konnte sich kaum auf den Beinen halten. Sein Gesicht war unter all den Blutergüssen und Schwellungen kaum wiederzuerkennen. Mit leerem Blick folgte er seinen Begleitern. Einer der Männer stieß ihm immer wieder den Gewehrkolben in den Rücken. Der Drillich färbte sich an dieser Stelle bereits rot vom Blut. Hermann blieb die Luft weg. Aufgeregt wandte er sich an den Kameraden neben ihm.

„Was geht hier eigentlich vor?“

„Das siehst du doch, eine Hinrichtung“, kam die zögernde Antwort. Noch war sich niemand ganz sicher. In diesem Moment trat der Lagerführer vor.

„Bataillon stillgestanden!“

Durch die Reihen ging ein Ruck, eine unheimliche Ruhe folgte. Die Männer waren es gewohnt, die Befehle zu befolgen. Für sie gab es klare Richtlinien. Die einen führten, während die anderen folgten.

Dann trat ein Mann in langem schwarzem Mantel und glänzenden Stiefeln vor und kramte einen Zettel aus seiner Tasche. Auf den ersten Blick erkannte man, dass er zur Geheimen Staatspolizei gehörte. Kalt wandte er sich an Hans und begann mit lauter Stimme zu lesen.

„Das Kriegsgericht der SS hat aus besonderen Gründen folgende Entscheidung getroffen. Hans Schneider, SS-Arzt des Konzentrationslagers Buchenwald wird wegen Verrat an Volk und Vaterland und wegen des Verstoßes gegen die deutschen Rassengesetze, zum Tod durch den Strang verurteilt. Das Urteil wird sofort vollstreckt.“

Hermann spürte, wie seine Beine nachgaben. Mit vor Entsetzen geweiteten Augen sah er, wie sein Bruder zum Galgen geführt wurde. Noch immer zeigte er keinerlei Reaktion. Erst als sie ihm die Schlinge um den Hals legten, blickte er auf. Seine Augen wandten sich zum Schutzhaftlager, wobei ein Lächeln in sein geschundenes Gesicht trat. In diesem Moment begann er laut zu beten. Zuerst war seine Stimme leise, kaum hörbar, doch mit der Zeit wurde sie lauter und lauter und hallte durch das Lager.

Vatik jehemu na Rachamekha,
v'chusa na al Ben ahuwekha,
ki seh kamah nikhsof nikhsafti,
lir'ot m'herah b'Tiferet Us'kha,
eleh Chamdah Libi,
v'chusa na v'al tit'alem.

„Oh Gott", stöhnte Hermann, als er erkannte, was Hans da von sich gab. Bis zu dem Moment hatte er gehofft, dass es sich um einen Irrtum handelte. Mit diesem Gebet hatte Hans sein Todesurteil endgültig besiegelt.

„Beendet dieses Theater! Macht endlich, dass Ruhe ist!", schrie der Kommandant die Männer am Galgen wütend an.

„Nein", schrie Hermann, doch es war ein stummer Schrei. Keiner der anderen Kameraden nahm Notiz von ihm. Gebannt sahen sie zu, wie dem Lagerarzt die Kisten unter den Füßen weggetreten wurden. Hermann, der den Anblick nicht ertragen konnte, starrte hoch in den dunklen Himmel. Als er seinen Blick senkte, sah er die schlaffe, leblose Gestalt am Strick hängen.

***

Noch am selben Abend wurde Hermann abgeholt. Genau

wie sein Bruder war er nun stundenlangen Verhören ausgesetzt. Da man ihm jedoch nicht beweisen konnte, von der Ehe seines Bruders gewusst zu haben und Hermann alles vehement abstritt, ließ man ihn schließlich gehen.

Völlig erschöpft fiel er auf sein Bett. Erst dort liefen ihm die Tränen übers Gesicht. Heftige Vorwürfe plagten ihn. Er war für den Tod seines Bruders verantwortlich. Er konnte sich noch so oft einreden, dass er ihn nicht absichtlich verraten hatte, das Gefühl der Schuld blieb. Auf seinem Bett hatte er einen Karton mit persönlichen Sachen von Hans gefunden. Während dieser verhört wurde, hatte man sofort damit begonnen, jegliche Spuren des Vaterlandsverräters im Krankenbau zu beseitigen. Gleich oben auf lag der Brief, der ihm zum Verhängnis geworden war.

Hermann nahm ihn heraus und hielt Marias Foto in den Händen. Er musste dafür sorgen, dass Hannah das Bild bekam. Wenn er noch irgendetwas für seinen Bruder tun wollte, durfte er nicht zulassen, dass sie den Mut verlor. Jetzt musste sie erst recht kämpfen, das war sie Hans schuldig. Zärtlich strich er über das Bild der Kleinen.

„Verzeih mir", flüsterte er. „Bitte, verzeih mir!"

Die ganze Nacht über grübelte Hermann nach. In seiner Verzweiflung schmiedete er Pläne, wie er Hannah zur Flucht aus dem Lager verhelfen konnte. Er nahm sich vor, gleich am nächsten Tag eine Uniform der SS-Aufseherinnen zu beschaffen. Sie mussten nur Geduld haben. Im Moment würde er sicherlich unter Beobachtung stehen. Aber mit der Zeit würde Gras über die Sache wachsen, dann konnte er seine waghalsigen Pläne in die Tat umsetzen.

Er dachte nur noch an Hannah. Sie würde frei sein. Irgendwann würde sie über den Tod von Hans hinwegkommen und mit Maria ein neues Leben beginnen. Dann wollte er ihnen zur Seite stehen und alles tun, was in seiner Macht stand, um das Geschehene gutzumachen. Erst in den späten Morgenstunden fiel Hermann in einen unruhigen Schlaf.

Etwa zur selben Zeit herrschte im Block 22 große

Aufregung. Man hatte von der Hinrichtung des Arztes erfahren und stellte nun Vermutungen an, was das für sie bedeutete.

„Ich habe es doch ganz deutlich gehört. Der Doktor war mit einer von uns verheiratet. Hier im Lager soll sie sein."

Die Rednerin war ganz aufgebracht. Misstrauisch sah sie die Frauen in der Baracke an. Sofort schüttelten einige von ihnen den Kopf.

„Wenn das wahr ist", sagte eine andere, „werden sie uns nicht ungestraft davonkommen lassen."

Ängstliches Gemurmel folgte. Meinungen wurden ausgetauscht und doch konnte keine von ihnen diese Situation einschätzen. Mit klopfenden Herzen harrten sie der Dinge. Nur eine der Frauen blieb still.

Keiner nahm Notiz von Hannah, die zusammengekrümmt auf ihrem Schlafplatz lag und leise in sich hineinschluchzte. Die Nachricht von der Hinrichtung hatte sie wie ein Schlag getroffen. Hans war tot, der Vater ihres Kindes war öffentlich erhängt worden, weil sie seine Frau war. Sie dachte nicht darüber nach, wer ihr Geheimnis verraten hatte, wie sie dahinter gekommen waren. Es war nicht mehr wichtig. Hans lebte nicht mehr. Alles, wofür sie gekämpft hatten, war nun sinnlos geworden.

Am anderen Ende der Baracke wurde die Tür geöffnet, ein Mann huschte herein. Gespannt sahen die Häftlinge ihm entgegen. Es war verboten, nachts den Block zu verlassen. Also musste es wichtig sein, was er ihnen zu sagen hatte.

„Morgen früh oder vielmehr heute früh, will die Lagerleitung ein Exempel statuieren. Keiner von uns geht zur Arbeit. Die Blockältesten haben bereits Befehl bekommen, jeden einzelnen Häftling zum Appell antreten zu lassen."

„Und was bedeutet das?", fragte eine Frau dazwischen.

„Sie sind auf der Suche nach der Frau, die mit dem Lagerarzt verheiratet war. Sie wollen solange Juden erschießen, bis sie sich freiwillig meldet."

Entsetzte Aufschreie folgten dieser furchtbaren Aussage. Erschrocken sahen sie sich an. Einige der Frauen fingen an zu weinen, andere begannen sich lauthals zu streiten.

„Aber was können wir denn dafür? Ich war nicht mit ihm zusammen."

Wütend sah sich eine ältere Frau um.

„Ich bin fast sechzig Jahre alt. Ich kann gar nicht seine Frau gewesen sein. Ich lasse mich nicht abknallen für etwas, was ich nicht getan habe."

„Sie hat recht", rief eine andere Gefangene. So ging es weiter bis zum Morgen. Keiner der Häftlinge hatte ein Auge zugetan, als der gefürchtete Befehl erklang.

„Raustreten zum Appell, schneller!"

Ein letztes Mal sah Hannah sich in der Baracke um. Hier hatte sie die schrecklichste Zeit ihres Lebens verbracht. Doch das würde nun vorbei sein.

„Komm, mein Kind!", forderte die Frau neben ihr sie auf. „Uns bleibt ja doch keine Wahl."

Die Häftlinge spürten sofort, dass der Appell anders als sonst verlaufen würde. In der Mitte des Platzes stand nicht wie wochentags üblich nur der Unterscharführer, der sie zur Arbeit einteilte. Neben ihm hatten sich weitere SS-Männer mit Karabinern und Hunden aufgebaut. Entschlossen trat der zuständige Führer vor sie und begann mit schneidender Stimme zu reden.

„Gestern Abend wurde SS-Arzt Schneider hingerichtet. Er wurde angeklagt und verurteilt, weil er die Reinheit des Deutschen Blutes missachtet hat und sich mit einer von euch einließ. Aus sicherer Quelle wissen wir, dass sich die Schlampe des Doktors in euern Reihen befindet."

Er machte eine bedeutungsvolle Pause und musterte die Frauen unter den Häftlingen, die mit gesenktem Kopf dastanden.

„Nun", begann er von neuem. „Sie hat jetzt die Möglichkeit vorzutreten und euch vor Strafen zu bewahren. Sollte sie es nicht tun, werden wir eine nach der anderen erschießen. Es liegt also an euch. Wenn eine weiß, wer die Frau vom Doktor ist, wäre es besser, sie macht jetzt den Mund auf."

Bedrückende Stille folgte, die nur durch das Knurren der Hunde unterbrochen wurde. Misstrauisch sahen die Frauen sich gegenseitig an. Man konnte ihre unbändige Angst förmlich riechen.

„Also los", kommandierte der Führer. „Fangt an!"

Einer der SS-Männer ging wahllos auf die Häftlinge zu, die zitternd zurückwichen. Aus einer der hinteren Reihen klang leises Schluchzen. Dann folgte ein markerschütternder Schrei. Der Mann hatte eine junge Frau gepackt und versuchte sie nach vorne zu schleifen. Ihre Augen waren unnatürlich geweitet.

In diesem Moment löste sich Hannah aus den Reihen. Betroffen machten die anderen ihr Platz, so dass ein Tunnel entstand. Wie in Trance ging die junge Frau, ohne nach rechts oder links zu schauen, Schritt für Schritt nach vorne. An ihrem linken Ärmel und dem rechten Hosenbein klafften Löcher. Sie hatte den Judenstern abgerissen.

In der Mitte des Platzes schaute ihr der Kommandant dieses Einsatzes zufrieden entgegen. Na also, er hatte es doch gewusst. Man musste dieses Judenpack nur ein wenig einschüchtern, dann spurten sie. Er nickte den Männern kurz zu und gab ihnen damit das Zeichen, ihre Karabiner runterzunehmen. Lächelnd trat er auf Hannah zu.

„Bist du die Frau des Verräters?"

Hannah nickte.

„Abführen! Und die anderen fertig zur Arbeit, aber zackig!"

Man brachte Hannah zum Tor, wo bereits ein Wagen auf sie wartete. Sie wusste nicht, was mit ihr geschehen würde und wohin man sie brachte, aber es war ihr auch gleichgültig. Einzig und allein der Gedanke, dass ihre Tochter in Sicherheit war und niemand von ihrem Aufenthaltsort wusste, hielt sie noch auf den Beinen. Wie ein Film spulte sich ihr Leben vor ihren Augen ab. Dankbar dachte sie an Lina, an Gertrud, Frau Becker, all die Menschen, die ihnen geholfen und dafür ihr eigenes Leben riskiert hatten.

Selbst dann noch, als man sie am Weimarer Bahnhof zusammen mit den vielen anderen in einen Viehwaggon stieß und der Transport sich auf den Weg nach Auschwitz machte, war Hannah in Gedanken zurück auf dem Hof.

Sie sah die bunten Blumen, die grünen Wälder und die blühenden Apfelbäume. Ein seliges Lächeln erschien auf ihrem Gesicht. Sie dachte an ihre Hochzeit zurück und das weiße Kleid, welches sie getragen hatte.

Traurig sah sie auf ihre Hand. Wie schön der Ring geglänzt hatte, den Lina ihr gerettet hatte. Die ganze Zeit im Lager hatte sie ihn versteckt, nun musste sie ihren letzten Weg ohne ihn gehen.

***

Im Krankenhaus herrschte Hochbetrieb. Die junge Ärztin, die mit wehendem Kittel durch die Gänge rannte, wirkte erschöpft. Schon zum zweiten Mal wurde sie an diesem Morgen in die Notaufnahme gerufen. Fast stündlich kamen neue Patienten herein.

Seit Tagen herrschten schlechte Wetterverhältnisse, die den Verkehr zum Liegen brachten. Durchgehender Schneefall sorgte für zahlreiche Unfälle, so dass die Notaufnahme der Klinik total überfüllt war.

„Frau Doktor Spiegel, bitte in OP 3! Frau Doktor Spiegel, bitte in OP 3!"

Laut klang die Stimme aus dem Lautsprecher über die Flure.

Maria beeilte sich, so sehr sie konnte. Im Operationssaal wurde sie bereits erwartet. Als sie eintrat, begann man sofort die Instrumente vorzubereiten. Erst vier Stunden später verließ sie den Raum. Mit ihren Kräften am Ende schlug sie den Weg zur Cafeteria ein. Gleichgültig wer jetzt nach ihr rief, sie brauchte dringend einen heißen Schluck Kaffee, sonst würde sie zusammenbrechen und selber bei den Kollegen landen. Mitfühlend lächelte die Bedienung sie an und schenkte ihr die Tasse ein. Maria schlürfte das heiße Getränk und spürte, wie langsam ihre Kräfte wiederkamen.

Was für ein Tag, dachte sie. Nicht nur, dass sie für einen

erkrankten Kollegen eingesprungen und nun schon zwölf Stunden auf den Beinen war. Gerade heute musste sie auch noch die gefürchtete Visite mit Doktor Theisen begleiten.

Keine Frage, der Chefarzt war eine Koryphäe. Was aber nichts daran änderte, dass er sich arrogant und herrisch verhielt. Mehr als einmal hatte Maria seine bissigen Bemerkungen schlucken müssen und war nun nicht länger bereit, seine schlechten Manieren wortlos über sich ergehen zu lassen.

Ein Blick zur Uhr sagte ihr, dass sie besser aufstand, wenn sie nicht schon in den ersten Minuten Streit mit Theisen riskieren wollte. Mit einem sehnsüchtigen Blick auf die erst halb geleerte Tasse ging sie seufzend zum Aufzug. Auf der Station angekommen, hörte sie schon von weitem die aufgebrachte Stimme des Arztes, der aufgeregt mit dem zuständigen Oberarzt diskutierte.

„Wenn der Mann nicht einwilligt, können wir nichts mehr für ihn tun. Wie kann man nur so unvernünftig sein? Dabei hätte er bei der richtigen Behandlung durchaus gute Chancen."

Maria, die nicht wusste, um welchen Patienten es sich handelte, blieb erst einmal in einiger Entfernung stehen. Doch sie hatte nicht mit Theisen gerechnet.

„Was ist?", maulte er sie sofort an. „Wollen Sie dort Wurzeln schlagen?"

„Natürlich nicht, Doktor Theisen", versuchte sie sich zu rechtfertigen. „Aber ich bin nur in Vertretung …"

„Ich weiß, warum Sie da sind. Glauben Sie etwa, ich habe keine Ahnung, was auf meiner Station vor sich geht?"

Genau das störte Maria so sehr. Er fragte nie nach einem Grund. Immer bildete er sich seine eigene Meinung und erwartete von allen anderen, dass man sie akzeptierte. Eigentlich hatte sie sich vorgenommen, ihm endlich mal ihre Sicht der Dinge zu erklären. Aber im Moment war sie müde, erschöpft und hatte Hunger. Alles in allem keine guten Voraussetzungen, um dem bärbeißigen Arzt entgegenzutreten. Resigniert folgte sie ihm ins Krankenzimmer.

Vom Bett am Fenster sah ihnen ein grauhaariger Herr

entgegen. Freundlich blickte er Maria an und ignorierte Theisen, wie sie belustigt feststellte. Auf Anhieb war der Patient ihr sympathisch. Unter den wachsamen Augen Theisens studierte sie sorgfältig die ihr unbekannte Krankenakte. Der Patient litt unter Lungenkrebs im fortgeschrittenen Stadium. Erst jetzt bemerkte Maria auch den röchelnden Atem. Wie sie aus der Akte entnehmen konnte, lehnte der Mann jede Therapie ab und ergab sich seinem Schicksal.

Deshalb war Theisen so wütend gewesen. Wenn sie es auch nicht gerne tat, musste sie ihm recht geben. Sollte der Patient weiterhin stur bleiben, hatte er nicht mehr länger als ein halbes Jahr zu leben. Schon jetzt waren die Spuren der Krankheit deutlich sichtbar. Seine Haut schimmerte grau und sah aus wie Pergamentpapier. Außerdem konnte man hören, wie schwer es ihm fiel zu atmen.

Plötzlich ging das leise Röcheln in heftiges Schnaufen über. Erschrocken sah Maria zu Theisen. Der Patient geriet vermutlich in Panik, was seine weit aufgerissenen Augen erklärte. Sofort kam eine Schwester mit dem Beatmungsgerät gerannt und wenige Minuten später war der Anfall vorüber. Der Patient lag jetzt schlaff in den Kissen und starrte Maria mit leerem Blick an.

Die junge Ärztin wusste nicht, was es war, aber irgendetwas in seinen Augen fesselte sie. Doch ihr blieb keine Zeit, weiter darüber nachzudenken. Nachdem Theisen sich vergewissert hatte, dass alles in Ordnung war, stürmte er bereits ins nächste Zimmer. Maria hatte Mühe, ihm zu folgen.

Kaum hatte sich die Tür hinter ihnen geschlossen, bäumte sich der schmale Körper des Patienten wie im Krampf auf. Zitternd bedeckte er mit den Händen seine Augen. Er konnte es nicht glauben. All die Jahre hatte er auf diesen Tag gewartet, doch seine Suche war erfolglos gewesen. Und nun stand sie vor ihm, einfach so, in einem Moment, indem er am wenigsten darauf vorbereitet war.

Er hatte sie sofort erkannt und wusste, dass ein Irrtum ausgeschlossen war. Die gleichen braunen Locken, die blassen

Sommersprossen neben ihrer schmalen Nase, sogar das Lächeln war identisch. Nur ihre Augen glichen nicht denen ihrer Mutter. Sie besaßen nicht das dunkle Braun mit den hellen Pünktchen, dennoch kannte er sie. Es waren die blauen Augen ihres Vaters, die ihn erst freundlich und später, während des Anfalls, erschrocken angesehen hatten.

Maria! Er hatte sie gefunden. Endlich. Heiße Tränen liefen über die eingefallenen Wangen des kranken Mannes.

***

Auch Maria ging der Patient nicht mehr aus dem Kopf. Gedankenverloren ging sie zur Bushaltestelle, um nach Hause zu fahren. Irgendetwas in seinen Augen war ihr seltsam vertraut vorgekommen. Natürlich wusste sie, dass sie ihn nicht kannte und vermutlich nur überarbeitet war. Dennoch wanderten ihre Gedanken unaufhörlich zu dem Krebspatienten. Sie nahm sich vor, gleich am nächsten Morgen nochmals in die Krankenakte zu schauen. Vielleicht wurde sie ja fündig und erfuhr, was an dem Mann so sonderbar war.

Jetzt aber brauchte sie erstmal eine heiße Dusche und ein warmes Bett. Alles andere konnte warten. Als sie eine halbe Stunde später den moosbewachsenen Weg zu dem kleinen Häuschen ging, nahm sie sich zum wiederholten Mal vor, endlich eine Wohnung in der Nähe des Krankenhauses zu suchen. Doch bisher hatte sie es nicht übers Herz gebracht, auch wenn das Haus für sie alleine viel zu groß war.

Liebevoll schweifte ihr Blick über den Garten, der dringend Hilfe brauchte. Sie hatte es versäumt, im Herbst das Laub zu rechen und die Bäume zu stutzen. Auch die Rosen hätten geschnitten werden müssen, dachte sie schuldbewusst. Seit ihre Großmutter nicht mehr lebte, war sie mit Haus und Garten einfach überfordert. Kein Wunder, bei der vielen Arbeit im Krankenhaus.

Als Lina noch lebte, hatte der Garten immer perfekt

ausgesehen. Jede freie Minute verbrachte sie dort. Das Gemüsebeet, welches sie hinter dem Häuschen angelegt hatte, war jetzt kaum noch zu erkennen. Dicke Grasbüschel überwucherten die letzten Reste von Petersilie und Schnittlauch, die sich hartnäckig verteidigten. Unwillkürlich musste Maria lachen, wenn sie sich in Erinnerung rief, wie ihre Großmutter ihr immer wieder dasselbe erzählt hatte.

„Gertrud hat gesagt, man muss die Erdbeerpflanzen anhäufeln. Gertrud meinte, dass der Feldsalat nicht so dicht gesät werden sollte.“

Gertrud, Gertrud, Gertrud, keinen anderen Namen erwähnte Lina so oft.

Verwundert stellte Maria fest, dass sie seit Monaten zum ersten Mal wieder an Gertrud dachte. Sie selber konnte sich nicht mehr an die Freundin ihrer Großmutter erinnern, sie war zu klein gewesen. Aber die vielen Geschichten, die Lina ihr erzählte, reichten aus, um sie in dankbarer Erinnerung zu halten.

Fröstelnd ging sie ins Haus. Früher war es immer warm gewesen, wenn sie nach ihrer Schicht heimgekommen war, nun musste sie selber dafür sorgen. Sie vermisste Lina sehr. Kaum ein Tag verging, an dem sie nicht an sie dachte. Sie wusste, sie sollte dankbar sein, dass Lina bis zum letzten Tag für ihre Enkelin gesorgt hatte. Dennoch war der Schmerz nicht leicht zu ertragen.

An ihre Eltern erinnerte sich Maria nicht mehr, aber sie kannte ihre Geschichte. Viele Abende hatten Lina und sie zusammengesessen und über sie gesprochen. Mehr als einmal flossen bittere Tränen. Doch am Ende waren sie immer froh gewesen, sich zu haben und irgendwann hatte Maria sich damit abgefunden, wenn sie auch bis heute nicht verstand, was man ihren Eltern angetan hatte.

***

Gleich am nächsten Morgen ging Maria auf die

Krebsstation und suchte die Akte des Patienten heraus. Neugierig las sie seinen Namen. Hermann Steiner. Der Name sagte ihr gar nichts und auch sonst fiel ihr nichts Bemerkenswertes auf. Der Mann hatte Krebs und würde wahrscheinlich daran sterben. Das war bitter, aber auch alltäglich in einem Krankenhaus. Aus der Akte ließ sich nicht erkennen, ob der Patient Angehörige hatte.

Missmutig schüttelte Maria über sich selber den Kopf. Was hatte dieser Mann nur, was ihre Aufmerksamkeit erregte? Ob sie wollte oder nicht, irgendetwas drängte sie, mehr herauszufinden. Entschlossen ging sie zu seinem Zimmer und trat nach einem kurzen Klopfen ein. Sie bemerkte erstaunt, dass der Patient sich aufgerichtet hatte und ihr freundlich entgegensah. Beinahe konnte man den Eindruck gewinnen, er habe mit diesem Besuch gerechnet und nur darauf gewartet, dass Maria sich dazu entschließen würde, nach ihm zu sehen.

Höflich fragte sie ihn nach seinem Befinden und wenig später waren sie in ein Gespräch verwickelt. Die junge Frau bemerkte nicht, wie schnell die Zeit verging. Erst die dringliche Stimme, die sie vom Flur aus rief, riss sie von dem Patienten los. Verblüfft schaute sie auf die Uhr und stellte fest, dass sie mehr als eine Stunde in dem Zimmer zugebracht hatte. Schnell verabschiedete sie sich und ging auf ihre eigene Station.

Auf dem Weg dorthin dachte sie über ihr Gespräch nach. Eigentlich hatte fast ausschließlich sie geredet. Anfangs sprachen sie zwar über seine Krankheit, doch dann waren sie irgendwie auf Lina und ihre Eltern zu sprechen gekommen. Maria konnte sich nur über sich selber wundern, dass sie so gesprächig gewesen war. Normalerweise sprach sie mit niemandem über ihre Vergangenheit. Nicht einmal die wenigen Freunde die sie besaß wussten, dass ihre Eltern in der Nazizeit umgekommen waren.

Und nun erzählte sie diesem wildfremden Mann davon. Was war nur in sie gefahren? Andererseits hatte sie nicht den Eindruck, dass es den Patienten unangenehm berührt hatte. Im Gegenteil, er war der erste Mensch außer Lina, der ihr das Gefühl gab, ihren Eltern nahe zu sein. Möglicherweise lag das daran, dass er selber den Krieg miterlebt hatte. Dem Alter nach musste er damals ungefähr so alt gewesen sein, wie sie heute.

„Doktor Spiegel?“

Maria zuckte erschrocken zusammen. Sie hatte nicht bemerkt, wie der Kollege hinter sie getreten war.

„Geht es Ihnen gut? Sie sehen etwas blass aus heute.“

„Danke, mir geht es gut, wirklich.“

Von diesem Tag an besuchte Maria Hermann Steiner fast täglich. Voller Mitgefühl sah sie, wie sich sein Gesundheitszustand immer weiter verschlechterte. Trotz ihres Zuredens lehnte er auch jetzt noch jegliche Behandlung ab. Erst als die Schmerzen immer heftiger wurden, ließ er es zu, dass man ihm Morphium spritzte.

Es kam nun häufiger vor, dass Maria ihn schlafend vorfand und enttäuscht das Zimmer verließ. Auch heute hielt er die Augen geschlossen, als sie den Raum betrat. Leise drehte sie sich um, um zu gehen.

„Gehen Sie nicht!“, kam die schwache Stimme vom Bett. „Kommen Sie, setzen Sie sich zu mir!“ Maria tat, was er verlangte. Wenn sie den von der Krankheit gezeichneten Mann ansah, spürte sie, dass er längst nicht mehr nur Patient für sie war. Sie hatte ihn in ihr Herz geschlossen und sah mit Besorgnis, wie es ihm von Tag zu Tag schlechter ging.

„Ich komm später wieder, ich habe Sie geweckt.“

„Nein, nein, ich habe nicht geschlafen. Das kann ich bald lange genug. Erzählen Sie mir von Ihrer Großmutter, ich hör Ihnen so gerne zu.“

So war es immer, Maria erzählte und er hörte zu. Manchmal glaubte sie, ihn zu sehr anzustrengen und stockte, wenn sie sah, wie sein Auge nervös zitterte. Doch jedes Mal forderte er sie auf weiterzusprechen. Maria tat ihm den Gefallen.

„Hatte Ihre Großmutter nur das eine Kind?“

Die Frage kam leise und wurde von einem Röcheln begleitet.

„Nein“, antwortete Maria ahnungslos. „Es waren zwei Söhne. Hermann war der Jüngere von beiden, Großmutter hat nie viel von ihm gesprochen. Ich weiß nicht, was aus ihm geworden ist. Gleich nachdem der Krieg vorüber war, sind wir aus Barnitz weggezogen. Sie wollte mit mir aufs Land und vergessen, wie sie sagte."

„Und hat sie es geschafft, zu vergessen?"

„Nein, ich glaube nicht. Sie ist nie darüber hinweggekommen, dass man meinen Vater umgebracht hat. Was mit meiner Mutter geschehen ist, haben wir nie erfahren. Nur, dass sie auf einen Transport geschickt wurde."

Hermann Steiner bekam einen Hustenanfall, nach Luft ringend bäumte er sich auf. Erschrocken rief Maria nach der Schwester mit dem Beatmungsgerät. Als sie endlich kam, hatte der Patient das Bewusstsein verloren. Trotz aller Bemühungen schaffte es Maria nicht, ihn zurückzuholen. Im Moment konnte sie nichts für ihn tun.

Bangend saß sie stundenlang an seinem Bett und betete. Erst tief in der Nacht konnte der Oberarzt sie überzeugen, ein wenig zu schlafen. Erschöpft legte sie sich im Schwesternzimmer auf eine Liege und schloss die Augen. Doch an Schlaf war nicht zu denken, sie war viel zu aufgewühlt. Zwei Stunden später hielt sie es nicht länger aus und machte sich erneut auf den Weg in die Wachstation.

Aber das Bett, in dem Hermann Steiner gelegen hatte, war leer. Ohne zu überlegen rannte sie durch die Gänge und stoppte erst, als sie dem Oberarzt begegnete. Er erwartete sie bereits. An seinem Blick erkannte sie, dass sie zu spät kam. Hatte sie eben noch Hoffnung gehabt, dass man den Patienten verlegt hatte, wurde diese nun zerstört.

„Ist er gestorben?", fragte Maria den Arzt.

„Ja, Kollegin. Und glauben Sie mir, es war das Beste für ihn. Er hätte nur noch leiden müssen, die Schmerzen waren auch so schon unerträglich."

Maria nickte. „Ist er friedlich eingeschlafen?"

„Das ist er. Er kam sogar noch einmal zu Bewusstsein. Er hat mich gebeten, Ihnen das hier zu übergeben. Es lag unter seinem Kopfkissen."

Schweigend nahm Maria das kleine Päckchen entgegen.

Als sie das Krankenhaus verließ, ging gerade die Sonne auf und färbte den Himmel ungewöhnlich rot. Mit einem Lächeln sah sie zum Horizont, bevor sie das Päckchen in ihrer Hand auspackte. Verwundert nahm Maria den Brief und begann zu lesen.

Liebe Maria,

wenn Du das hier liest, werde ich vermutlich nicht bei Dir sein. Möglicherweise wirst Du den Brief auch nie in Deinen Händen halten. Trotz allem werde ich Dir schreiben.

Ich möchte, dass Du weißt, dass ich alleine für den Tod Deiner Eltern verantwortlich bin. Man könnte es auf meine ungestüme Eifersucht, auf den Neid, den ich jahrelang auf Deinen Vater in mir trug oder einfach auf die schreckliche Zeit damals schieben. Aber das käme einer Lüge gleich. Durch nichts ist mein Handeln zu entschuldigen.

Glaub mir Maria, jeden einzelnen Tag denke ich an Deine Eltern und bete, dass sie mir vergeben. Nun ist die Zeit gekommen, in der ich gehen werde. Ich danke Gott dafür, dass er mich zu Dir geführt hat. All die Jahre habe ich auf diesen Tag gewartet.

Ich möchte Dir nun dafür danken, auch für die Zeit, die Du dir für mich genommen hast, obwohl ich Dich im Ungewissen über meine wahre Identität ließ. Aber Du wärest nicht Deiner Eltern Tochter, hättest du anders gehandelt. Sie wären sehr stolz auf Dich.

Ich aber hoffe von ganzem Herzen, dass Du mir ein wenig von meiner großen Schuld vergibst. Verzeih mir, Maria!

In Liebe, Dein Onkel Hermann

Printed in Poland
by Amazon Fulfillment
Poland Sp. z o.o., Wrocław

57188597R00184